BIBLIOTHÈQUE D'HISTOIRE DE LA RENAISSANCE
sous la direction de Denis Crouzet et Nicolas Le Roux
30

La Reine Margot

Ouvrage publié avec le soutien de l'université Paul-Valéry – Montpellier 3
et de l'équipe CRISES – EA 4424

Serge Brunet

La Reine Margot

D'amours et de guerres, un destin politique (1572-1594)

PARIS
CLASSIQUES GARNIER
2025

Serge Brunet est professeur d'histoire moderne à l'université Paul-Valéry – Montpellier 3 et membre senior honoraire de l'Institut universitaire de France. Ses travaux portent sur les guerres de Religion. Parmi ses dernières publications, on peut citer *Les dévots de France, de la Sainte Ligue aux Lumières. Militance et réseaux* (Bordeaux, 2019), co-dirigé avec Éric Suire.

ISBN 978-2-406-17327-4 (livre broché)
ISBN 978-2-406-17328-1 (livre relié)
ISSN 2262-4309

ABRÉVIATIONS

AAV	Archivo Apostolico Vaticano
AD	Archives départementales
AGS	Archivo General de Simancas (Espagne)
AM	Archives municipales
AnF	Archives nationales de France
AnR	Archives nationales de Russie (Moscou)
APM	Archives du Palais de Monaco
BnF	Bibliothèque nationale de France
BnR	Bibliothèque nationale de Russie (Saint-Pétersbourg)

INTRODUCTION

Marguerite de Valois, reine de Navarre et de France, pourrions-nous écrire, titulature inverse de celle fondée par son époux, en réalisant une union de royaumes – bien déséquilibrée – qui restera attachée à la maison royale des Bourbons. Marguerite de Valois fut, effectivement, d'abord reine de Navarre. Dernière enfant légitime des Valois, elle a pu songer, un temps, malgré la loi salique, coiffer cette couronne de France. Mais c'est Henri de Navarre qui prétendra la recueillir, et ce n'est qu'en qualité d'épouse, bien vite rejetée et exilée, qu'elle pourrait la ceindre. Nous ressentons déjà, là, le destin tragique de cette ultime princesse Valois, à contretemps… et à temps contraire.

Nous avons choisi, dans le titre de cet ouvrage, qui touche pourtant au politique, de l'appeler la « Reine Margot ». C'est pour relever ce surnom popularisé par Alexandre Dumas, en 1845, sobriquet d'infamie cher au XIXe siècle romantique, et toujours actif. Tout le monde la reconnaîtra, sans risque de confusion parmi les Marguerite de Valois… et de Navarre.

Ce fut, d'abord, un diminutif hypocoristique, et donc affectueux, par lequel Charles IX, tant aimé d'elle, désignait sa petite sœur. Il est vite sali, dès 1574, dans *Le Réveille matin des Français et de leurs voisins*, puis, bien plus tard, dans l'insultant pamphlet : *Le Divorce satirique*. Cette longue popularité enferme cet être fascinant, dès son temps, dans la mystification, le dénigrement et le fantasme, l'âge romantique forgeant une légende inusable.

L'affabulation, dès son vivant, la suit en contrepoint du mythe, glorieux, de son royal époux, fondateur de la branche royale des Bourbons. Marguerite incarne la lubricité, complétant les tares que l'on accorde à cette fin de race de la branche des Valois. Elle n'est pourtant, dans ses comportements, qu'une femme de cette Renaissance finissante ; les années qui suivront seront moins propices à l'épanouissement de ce type de féminité, tant du fait de la Réforme catholique, que du contrôle moral calviniste.

L'histoire universelle de Jacques-Auguste de Thou, depuis 1543 jusqu'en 1607, qui fait autorité auprès des historiens, jusqu'à nos jours, en passant par les œuvres de Jules Michelet ou de Jean Hippolyte Mariéjol, et celles de leurs continuateurs, enveloppe les derniers Valois de cette tache indélébile de fin de race. Margot, belle, intelligente, cultivée, énergique et jouissant d'une bonne santé, contrairement à ses frères, en assure le sombre éclat. Tout au long de son existence, de nombreux pamphlets, tant protestants que catholiques, l'agressent, tout en visant, à travers elle, sa redoutable mère, Catherine de Médicis, ses frères ou son époux, et tous puiseront, ensuite, dans *Le Divorce satirique, ou les amours de la reine Marguerite*, qui a le malheur de paraître bien informé.

Éliane Viennot attribue celui-ci à Agrippa d'Aubigné, mais Jean-Raymond Fanlo a clairement démontré qu'il n'en était rien[1]. Peu importe, le XIXe siècle romantique élève bien, ensuite, Marguerite de France au rang du mythe. Alexandre Dumas, avec son roman, *La Reine Margot* (1845), en fait, résolument, un personnage de fiction. L'ère radiophonique puis télévisuelle s'en repait, à l'instar d'un Guy Breton qui, dans les années 1950, l'enrichit de fictions érotiques.

Ce n'est que récemment que Jacqueline Boucher révèle, enfin, le sens politique de cette princesse, dans une France écorchée par les guerres civiles et religieuses[2]. Philippe Lauzun l'avait, déjà, bien éclairé durant son séjour en Gascogne[3]. Mais Janine Garrisson, ensuite, considère, malgré tout, « [qu']elle ne possède aucune notion de l'État ou du service public », et elle renchérit, en déclarant qu'elle n'a pas conscience que le royaume se déchire autour d'elle, « car, dans sa vision du monde, la France est un bien de famille, corvéable et taillable à merci pourvu que la maison qui la possède demeure unie et prospère. » Ainsi, par exemple, si elle « aime décidemment beaucoup son petit frère », et si elle le soutient dans ses affaires de Flandre, c'est parce que « son comportement correspond à son idéal du souverain, le roi à cheval à la tête d'une armée victorieuse[4] » !

1 L'auteur de ce pamphlet, à la dévotion du roi et du pape, et en faveur d'un divorce, ne peut être qu'un catholique (Association des Amis d'Agrippa d'Aubigné. www.agrippa-daubigne.org/fausses (consulté le 21/01/2023)_attributions_divorce.html).

2 Boucher Jacqueline, *Deux épouses et reines à la fin du XVIe siècle : Louise de Lorraine et Marguerite de France*, Saint-Étienne, Publications de l'Université de Saint-Étienne, 1995.

3 Lauzun Philippe, *Itinéraire raisonné de Marguerite de Valois en Gascogne, d'après ses livres de comptes (1578-1586)*, Paris, Picard, 1902, et *Revue de l'Agenais*, t. XXIX, 1902.

4 Garrisson Janine, *Marguerite de Valois*, Paris, Fayard, 1994, p. 111, 116 et 125.

Si nous traitions à l'aune d'un Don Quichotte toutes celles, et ceux, qui s'abreuvent de romans de chevaleries, aucun ne survivrait à cette censure. Au-delà de la prégnance, si répandue, de l'idéal chevaleresque, Marguerite révèle une grande culture, dont témoigne sa riche bibliothèque. Il est injuste de lui nier le sens de l'État. Éliane Viennot, qui poursuit l'élaboration de sa biographie, ne rend pas suffisamment compte de sa pensée, et de son action politiques[5]. Détachons Marguerite/Margot des transports affectifs, et changeants, de notre temps, teintés de féminisme ; efforçons-nous, seulement, de faire œuvre d'historien, en portant l'éclairage sur sa « révolte ».

Née à Fontainebleau, le 14 mai 1553, Marguerite est la dernière fille de Catherine de Médicis. Ses premières années nous restent largement méconnues. On ne peut que louer l'excellence de son éducation, au sein d'une cour raffinée, et galante, aux prises avec la séduction des « idées nouvelles ».

> Il faut dire quelque chose de sa belle âme, qui est si bien logée en si beau corps. Or, si elle l'a portée belle dès sa naissance, elle l'a su bien garder et entretenir ; car elle se plait fort aux lettres et à la lecture, et ayant été jeune, et en son âge parfait. Aussi peut-on dire d'elle que c'est la princesse, voire la dame qui soit au monde la plus éloquente et la mieux disante, qui a le plus bel air de parler, et le plus agréable qu'on saurait voir. Lorsque les Polonais, comme j'ai dit ci-devant, lui vinrent faire la révérence, il y eut l'évêque de Cracovie [Adam Konarski, évêque de Posen et non de Cracovie], le principal et le premier de l'ambassade, qui fit la harangue pour tous, et en latin, car il était un savant et suffisant prélat. La reine lui répondit si pertinemment, et si éloquemment, sans s'aider d'aucun truchement, ayant fort bien entendu et compris sa harangue, que tous en entrèrent en si grande admiration, que d'une voix ils l'appelèrent une seconde Minerve ou déesse d'éloquence[6].

Marguerite doit, d'abord, cette remarquable éducation humaniste à Madame de Curton[7]. Celle-ci fut, en effet, « la gouvernante de sept reines

---

5 Viennot Éliane, *Marguerite de Valois, histoire d'une femme, histoire d'un mythe*, Paris, Payot, 1994. Magnien Catherine, et Viénnot Éliane (dir.), *De Marguerite de Valois à la reine Margot : autrice, mécène, inspiratrice*, Rennes, PUR, 2019. La liste exhaustive de la littérature margaritienne, qui occuperait tout un volume, ne peut pas être raisonnablement présentée ici. On peut se reporter aux pages 241-247 de ce dernier ouvrage, pour les publications récentes, en y ajoutant, notamment, celles de Jean-Raymond Fanlo.

6 *Œuvres complètes de Pierre de Bourdeille, seigneur de Brantôme*, Lalanne Ludovic (éd.), Paris, Renouard, t. 8, Des Dames (seconde partie), 1875, p. 40-41.

7 Charlotte de Vienne, troisième épouse (12 février 1547) de Joachim de Chabannes, baron de Curton, seigneur d'Aurières et de Madic, 1er comte de Rochefort (1556), sénéchal de

et princesses », écrit l'historien Antoine Mongez (1747-1835). Après le mariage des princesses Élisabeth et Claude, et de Marie Stuart, Mme de Curton supervise l'éducation de Marguerite, à Vincennes et à Amboise, sous l'autorité de la gouvernante des enfants de France, Marie-Catherine Pierrevive (+1570), elle-même originaire de Chieri (près de Turin), épouse d'Antoine Gondi (+1560) et célèbre humaniste lyonnaise. Marguerite de France décrit Mme de Curton, dans ses *Mémoires*, comme « une dame vertueuse et sage très attachée à la religion catholique », à laquelle elle doit d'avoir été confortée dans cette dernière.

Lorsque Marguerite est fiancée à Henri de Navarre, et que sa mère, à la morale calviniste pointilleuse, vient à la cour de France pour négocier âprement son mariage, celle-ci se plaint, en constatant que Marguerite « était toujours accompagnée de Madame de Curton, si bien qu'il m'était impossible de lui adresser un mot qui ne soit pas entendu par celle-ci. » Une fois le mariage célébré, Charlotte de Curton reste attachée à Marguerite, en devenant sa première dame d'honneur, jusqu'à son décès, survenu en 1575. La jeune Marguerite accordera, aussi, beaucoup d'importance aux conseils d'une autre vénérable duègne, sa Sibille, la duchesse d'Uzès.

Princesse soumise à la raison d'État, en avançant en âge, Marguerite devenait un instrument entre les mains de sa reine mère, et de ses frères, qui songeaient à la marier au gré des combinaisons politiques.

Pour éclairer ses actions, et son sens, politiques, nous nous attacherons, tout d'abord, à décrypter son ambassade en Flandres, pour le compte de François d'Alençon. Marguerite y consacre de nombreuses pages dans ses *Mémoires* qui, écrit-elle, méritent le nom « d'histoire ». Ensuite, après un temps de soumission à son époux volage et madré, nous révèlerons son rôle dans le soulèvement de la Ligue de 1585, orchestré par les Guises. Elle rompait, là, tant avec le roi, son frère, qu'avec le roi, son mari, en s'opposant, ainsi, à l'accession au trône de France de ce dernier. Cet acte, courageux – insensé pour la plupart des censeurs – de la part d'une reine d'à peine 32 ans, qui, d'ailleurs, ne s'achève pas avec sa « fuite » auvergnate, est immédiatement tourné en dérision. Il détermine toute la suite, malheureuse, de son existence.

Toulouse et d'Albigeois, chevalier d'honneur de Catherine de Médicis, gentilhomme de la chambre du dauphin, puis chambellan du roi. Il s'éteint, en août 1559, âgé de 57 ans. Dame de Pont-du-Château et de Lussat, Charlotte, née en 1514, était la sous-gouvernante des enfants d'Henri II. Elle s'éteint, en 1575, en ayant donné trois enfants à son époux.

Quand, plus de trente ans plus tard, rentrant en grâce, elle prend la plume pour narrer sa vie, c'est afin de compléter, et surtout de corriger, ce que son fidèle ami (et amoureux platonique) Brantôme a écrit sur elle dans ses *Dames illustres*[8] comme elle l'exprime avec clarté dans la dédicace qu'elle lui adresse. Si celui-ci discourt sur sa beauté, malheureusement perdue, c'est « en ayant été témoin oculaire », dit-elle. Par contre, en passant de la relation de sa « nature » (caractère, tempérament, physique) à celle de sa « fortune » (son destin, sa vie)

> Ne le pouvant décrire que par rapport [à partir de témoignages qu'on lui a rapportés] (qui est sujet d'être fait par des personnes ou mal informées ou mal affectionnées, qui ne peuvent représenter le vrai ou par ignorance ou par malice), j'estime que vous recevrez plaisir d'en avoir les mémoires de qui le peut mieux savoir, et de qui a plus d'intérêt à la vérité de la description de ce sujet.

C'est, tout particulièrement, la relation que Brantôme a faite de sa révolte agenaise qu'elle veut corriger. Elle poursuit :

> J'y ai aussi été conviée par cinq ou six remarques que j'ai faites en votre discours, où il y a de l'erreur, qui sont lorsque vous parlez de Pau et de mon voyage de France ; quand vous parlez de feu Monsieur le Maréchal de Biron ; quand vous parlez d'Agen, et aussi de la sortie de ce lieu du marquis de Canillac[9].

Marguerite entend faire œuvre d'historienne, en apportant des « preuves » à son récit, capables d'amener « de mon côté » ce fin laudateur. Celui-ci s'éteint, en 1614, et Marguerite, l'année suivante ; a-t-il eu le bonheur de lire tout ou parties de ses *Mémoires* ? Toujours est-il que, lorsqu'ils sont publiés, en 1628, ils s'avèrent inachevés… ou (volontairement ?) incomplets. Ils s'interrompent, brusquement, en 1581.

La prétendue folle équipée de Marguerite à Agen, terminée sur la croupe du cheval de Lignerac, a donc été largement tournée en dérision, salissant sa mémoire, particulièrement par le *Divorce satyrique*[10].

8 *Œuvres complètes de Pierre de Bourdeille, seigneur de Brantôme*, Lalanne Ludovic (éd.), Paris, Renouard, t. 8, Des Dames (seconde partie), 1875, p. 22-85.

9 *Mémoires et autres écrits de Marguerite de Valois, la reine Margot*, Cazaux Yves (éd.), Paris, Mercure de France, 1971, p. 36.

10 De Vaissière Pierre, « Le *Divorce satyrique, ou les amours de la reine Marguerite* », *Revue des Questions historiques*, t. LXIV, mars 1936, p. 131-138. Brunet Serge, *« De l'Espagnol dedans le ventre ! » Les catholiques du Sud-Ouest de la France face à la Réforme (vers 1540-1589)*, Paris, Champion, 2007, p. 682-739. Turenne résume l'affaire d'Agen à : « Elle part de Nérac et va à Agen, où le sieur de Lignerac l'attendait avec cinq ou six de ses amis, la charge en

Sa « fuite » éperdue de Spa n'en était-elle pas les prolégomènes ? Les historiens avaient alors loisir de nier tout sens politique à cette jeune femme[11]. Efforçons-nous d'éclaircir cet aspect toujours méconnu du personnage, et le mystère de sa révolte. Il faut, pour cela, replacer son action dans un contexte précis, à la fois local, national et international, affranchi du roman historique de l'avènement d'Henri IV. Les archives, diplomatiques et d'espionnages espagnoles, mais aussi le fonds Matignon des Archives du Palais de Monaco, joints aux archives locales, nous permettent, tout particulièrement, de comprendre les enjeux de ce que l'on a souhaité ne voir que comme une pantalonnade.

Agen, dont Marguerite est la comtesse, domine les pays de la moyenne Garonne. Catholique, elle est environnée de bastions protestants[12].

---

croupe sans coussinet, et en cet équipage l'amène au mur de Varroz. » (Petitot Claude-Bernard (éd.), *Mémoires de Henri de La Tour d'Auvergne, vicomte de Turenne, et depuis duc de Bouillon*, Paris, Foucault, 1823, p. 209-211).

11 Éliane Viennot voit en Marguerite « une ligueuse de fortune » (Viennot Éliane, *Marguerite de Valois*, *op. cit.*, p. 154-166). Jean-Marie Constant (*La Ligue*, Paris, Fayard, 1996) en fait abstraction. Janine Garrisson (*Marguerite de Valois*, *op. cit.*), et Jacqueline Boucher (*Deux épouses et reines à la fin du XVIe siècle*, *op. cit.*) ont – enfin – révélé le sens et l'action politiques de la princesse. Voir aussi : Solignat Anne-Valérie, « L'exil auvergnat de *Marguerite* de Valois. La cour d'Usson, 1587-1605 », *Hypothèses*, Travaux de l'École Doctorale d'Histoire de l'université Paris I, 2008, p. 39-51, et Shishkin Vladimir, « The Court of Marguerite de Valois in Rebellion, 1585-87 », *The Court Historian, The International Journal of Court Studies*, Routledge, Taylor & Francis Group, n° 21-2, 2016, p. 89-108.

12 Le 18 mars 1578, Henri III, qui n'avait toujours pas versé la dot de sa sœur, lui cédait le pays de Rouergue, les comtés d'Agen, de Quercy et celui de Gaure, ainsi que les quatre jugeries de la sénéchaussée de Toulouse (Rieux, Verdun, Rivière et Albigeois). Cet apanage avait d'abord constitué le douaire d'Éléonore de Portugal, épouse de François Ier, avant de passer à sa fille, Marie, qui venait de mourir (AM Agen, BB 33, f° 30). Source de revenus substantiels, par la nomination à diverses charges, cet apanage constitue, aussi, un atout non négligeable dans l'échiquier politico-religieux de ces contrées. Guy du Faur de Pibrac, chancelier de Marguerite, le gérait. Peu avant sa mort (27 mai 1584), en 1582, « un petit refroidissement » les séparait. Marguerite avait adressé au magistrat poète « une lettre fière, dans laquelle elle lui reprochait sa témérité de ce qu'il avait osé élever ses désirs jusqu'à elle ; ce qui donnait beaucoup de chagrin à Pibrac ». De Thou, auquel il se confie, y trouve quelque justification (*Mémoires de la vie de Jacques-Auguste de Thou*, Rotterdam, Reinier Leers, 1711, p. 76). Tholin Georges, « La ville d'Agen pendant les guerres de Religion du XVIe siècle », *Revue de l'Agenais*, t. XVII, 1890, p. 57-70. Habasque Francisque, « La domination de la reine de Navarre à Agen en 1585 », *Bulletin historique et philologique du Comité des Travaux Historiques et Scientifiques*, 1890, n° 2-3, p. 226-256. Bourrachot Lucille, « Agen et Marguerite de Valois, reine de Navarre », *Marguerite de France, reine de Navarre, et son temps*, Agen, 1994, p. 269-281.

FIG. 1 – Domaines d'Henri de Navarre et apanage de Marguerite de Valois.

Idéalement située à mi-chemin entre deux cités parlementaires et capitales de province, aisément reliées par le fleuve nourricier : Toulouse, ligueuse précoce, et Bordeaux, ligueuse dissimulée, voire velléitaire[13]. Ceux qui s'y installent, comme Blaise de Monluc, peuvent rayonner sur la Guyenne[14]. Pour Henri de Navarre, face à Nérac, l'Agenais contrôle l'accès vers ses coreligionnaires du Périgord, de Saintonge et du Poitou, et donc sa sortie de Guyenne, et, tout autant, l'indispensable circulation de la Garonne, sur laquelle il ne manque pas de lever sa maltôte. L'apanage que Marguerite obtient dans le Sud-Ouest lui est fort précieux. Mais, tout au contraire, c'est avec elle qu'Agen se prépare à devenir la capitale de la Ligue de Guyenne, effacée, elle aussi, des annales par le « devoir d'oubli ».

L'édit du 21 juin 1594, qui déclare la soumission d'Agen, exige cet effacement « de la mémoire de tout ce qui s'est passé », particulièrement en 1585, 1589 et 1591[15]. La paix de 1598 consacre juridiquement cette

---

13 « Elle fut longtemps ligueuse dans ses parties, sans paraître qu'elle le fut dans son tout » (De Caillière Jacques, *Histoire du maréchal de Matignon*, Paris, Augustin Courbe, 1661, p. 248). De modeste extraction, Caillière (ou Caillières) servit les Matignon avant de devenir maréchal des batailles du roi et gouverneur de Cherbourg ; il s'éteint en 1662. Si son ouvrage est bien construit, souvent critique, il n'en demeure pas moins apologétique.

14 Le 9 janvier 1570, Monluc rappelait à Charles IX que c'était parce qu'il avait d'abord pu conserver Lectoure, Agen et Villeneuve que les armées huguenotes « n'ont tenu tout ce pays depuis Toulouse jusques à Bordeaux » (De Ruble Alphonse, *Commentaires et lettres de Blaise de Monluc*, t. 5, Paris, Renouard, 1872, p. 261-265).

15 Article IV de l'édit, daté de Paris, mai 1594, reproduit par : Matthieu Pierre, *Histoire générale des derniers troubles arrivés en France sous les règnes des rois Très Chrétiens Henri III, Henri IV et Louis XIII*, Paris, Jean Petit-Pas, 1622, Édits du roi Henri IV, f° 54v°-58v°. Parmi les différents édits de pacification de villes qu'il publie, il n'y a que pour l'Agenais que l'oubli est précisé dans le détail, démontrant la volonté du roi d'effacer les actes commis par son épouse rebelle et ses affidés. « Voulons aussi que la mémoire de tout ce qui s'est passé esdites villes et lieux, depuis le commencement desdits présents troubles, et à l'occasion d'iceux jusque à présent, demeure éteinte et assoupie, tant en prises des armes, entreprises sur les villes, forcement de châteaux, maisons er forteresses, décimes, impositions et levées de deniers sur les denrées, et marchandises, et vivres, et de quel qu'autre nature que ce soit, fonte d'artillerie et boulets, confection de poudre et salpêtre et autres munitions de guerre, pratiques et levées de gens de guerre, conduites et exploits d'iceux, négociations et traités faits, ventes des biens meubles, coupes de bois taillis et de haute futaie par les particuliers, amendes, butins, rançons, mêmes de ce qui serait advenu en ladite ville d'Agen, ès années mil cinq cent quatre-vingt-cinq quatre-vingt-neuf et quatre-vingt-onze, et pendant trois jours après la surprise d'icelle, et généralement de toutes autres choses qui ont été faites, gérées et négociées, en public ou en particulier, durant lesdits troubles, et en cas d'hostilité, sans que les habitants dudit pays, ni ceux qui y ont commandé, en puissent à l'avenir être aucunement inquiétés, recherchés ou molestés, et dont ils demeureront déchargés, leur en seront expédiés toutes lettres pour ce nécessaires. »

destruction mémorielle. Pourtant, « Porte ouverte » de l'Espagne[16], la Guyenne ligueuse est restée, jusqu'à ce qu'Henri IV déclare la guerre à Philippe II (17 janvier 1594), son talon d'Achille. Le ligueur rallié Nicolas de Neufville, marquis de Villeroy, peut alors écrire au fidèle lieutenant général en Guyenne, le maréchal Jacques de Goyon de Matignon que :

> depuis quatorze ans si la guerre n'était en Guyenne la défiance d'y entrer [que les Espagnols y interviennent] était si grande que elle était continuelle et les autres provinces du royaume étaient en paix ; c'est tout le contraire aujourd'hui car je crois que le roi n'a pays où il soit plus facile de maintenir la paix que en Guyenne[17]

Amnistie/amnésie, et pardon, ont gommé le passé des ligueurs du Sud-Ouest qui, contrairement à leurs partisans parisiens et de la France septentrionale, ne connurent pas de repli bruxellois et l'exil[18]. Pour pallier des archives et mémoires (auto)censurées, nous avons donc, tout particulièrement, outre des archives des consulats et des familles, exploité avec bonheur ces archives diplomatiques de l'Espagne, ainsi que la correspondance du maréchal de Matignon, à Monaco[19].

---

16 Rapport de Pedro de Arze, agent du maître de l'espionnage espagnol et ancien ambassadeur en France, Francés de Álava, à Philippe II, 4 avril 1574 (Archivo General de Simancas (AGS), *Estado* K 1533).

17 Villeroy à Matignon, 4 septembre 1595 (Archives du Palais de Monaco (APM), J 152). Villeroy s'attache à justifier que, pour la première fois depuis 14 ans de gouvernorat, Matignon obtiendra moins de financement pour ses garnisons. La guerre franco-espagnole, déclarée par Henri IV le 17 janvier 1595, devait d'abord toucher la frontière des Pyrénées, avant qu'elle ne se porte sur la Franche-Comté (Brunet Serge, « Le grand siège de Blaye (1593), chant du cygne – et révélateur – de la Ligue hispanophile de Guyenne », dans Piot Céline et Lachaise Bernard (dir.), *La guerre en Aquitaine, les Aquitains en guerre, de l'Antiquité à nos jours)*, Actes du 68e Congrès de la FH SO, Nérac, 6-7 juin 2015, Nérac, Éditions de l'Albret / Amis du Vieux Nérac, 2017, p. 139-171).

18 Brunet Serge et Ruiz Ibáñez José Javier, « Los exilios franceses en la Monarquía Hispánica », in Ruiz Ibáñez José Javier e Pérez Tostado Igor (coords.), *Los exiliados del rey de España*, Madrid, Fondo de Cultura Económica, 2015, 131-159.

19 Prolixes pour les périodes antérieure et postérieures, les archives de Jacques de Matignon ont, de toute évidence, vu disparaître l'essentiel des documents concernant la période de la Ligue, dès avant leur classement, dans les années 1720. Voir, aussi : Provence Jacky (éd.), *Mémoires et mémorialistes à l'époque des guerres de Religion*, Actes du colloque de Montiéramey et Bar-sur-Seine, 24-25 avril 2003, Paris, Champion, 2015.

L'ÉPOUSÉE…, L'ABSENTE

Marguerite est une enfant de six ans quand elle participe aux fêtes qui célèbrent les mariages respectifs de sa sœur aînée, et de sa tante, lesquels scellent le retour de la paix, avec le traité de Cateau-Cambrésis (2-3 avril 1559), mettant fin à la onzième, et dernière, guerre d'Italie. Élisabeth s'unit à Philippe II, roi d'Espagne, et Marguerite, sœur d'Henri II, à Emmanuel-Philibert, duc de Savoie. Le 10 juillet 1559, au tournoi des Tournelles, la petite princesse assiste alors à l'horrible accident au cours duquel Gabriel de Lorges, comte de Montgomery, blesse mortellement son père.

Cette célébration d'une paix, tissée aux liens de l'hymen, s'achève par le trépas du Roi Très Chrétien. S'ouvre alors une série de longues, et combien cruelles, guerres civiles et religieuses sur le sol de France.

La princesse nous rappelle que ses premiers souvenirs remontent à une « répartie que je fis au roi mon père [sur le gentilhomme qu'elle devrait choisir pour la servir] peu de jours avant le misérable coup qui priva la France de repos, et notre maison de bonheur[1]. »

Cette remembrance infantile nous révèle, aussi, combien toute la cour de France était, alors, gagnée par un calvinisme intransigeant, qu'Henri II s'était engagé à écraser. Avec ses frères, malgré son jeune âge, Marguerite en subissait les violents assauts.

> Et la résistance aussi que je fis pour conserver ma religion du temps du colloque de Poissy [septembre-octobre 1561][2], où toute la cour était infectée d'hérésie, aux persuasions impérieuses de plusieurs dames et seigneurs de la cour, et même de mon frère d'Anjou, depuis roi de France [Henri III], de qui l'enfance n'avait pu éviter l'impression de la malheureuse huguenoterie, qui sans cesse me criait de changer de religion, jetant souvent mes [livres d'] heures dans le feu, et au lieu me donnant des psaumes et prières huguenotes, me contraignant les

---

1 *Mémoires et autres écrits de Marguerite de Valois*, *op. cit.*, p. 34.

2 Conférence religieuse où Catherine de Médicis réunit des théologiens, catholiques et protestants, pour tenter, sans succès, de les rapprocher et d'éviter ainsi la guerre.

> porter ; lesquelles soudain que je les avais, je les baillais à Madame de Curton ma gouvernante, que Dieu m'avait fait la grâce de conserver catholique, laquelle me menait souvent chez le bon-homme Monsieur le cardinal de Tournon[3], qui me conseillait et fortifiait à souffrir toutes choses pour maintenir ma religion, et me redonnait des [livres d'] heures et des chapelets au lieu de ceux que m'avait brûlés mon frère d'Anjou. Et ses autres particuliers amis qui avaient entrepris de me perdre, me les retrouvant, animés de courroux, m'injuriaient, disant que c'était enfance et sottise qui me le faisait faire ; qu'il paraissait que je n'avais point d'entendement ; que tous ceux qui avaient de l'esprit, de quelque âge et sexe qu'ils fussent, ayant prêché la vérité, s'étaient retirés de l'abus de cette bigoterie ; mais que je serais aussi sotte que ma gouvernante[4].

L'âge propice pour convoler s'annonçant, en bonne et obéissante fille de France, Marguerite se présente, dans ses *Mémoires*, disposée à se soumettre, en matière d'union, aux choix de sa mère, et de son frère, Charles IX, qu'elle chérit. Toute la cour ne tarissait pas d'éloges sur la beauté de cette fleur des Valois qui venait à s'épanouir. C'est bien ainsi que François Clouet la dessine, à la pierre noire et au crayon de couleur, en 1569 ; ce n'est plus une enfant mais une jeune femme au regard quelque peu espiègle.

---

3 François de Tournon (1489-22 avril 1562), fils du chambellan de Charles VIII, éminent diplomate et homme d'État, fut, notamment, archevêque d'Auch (1538-1551), puis de Lyon (1551-1562). Membre de son Conseil privé, il sert admirablement François Ier et, entre autres négociations, il mène celle du mariage de Catherine de Médicis avec le futur Henri II. De 1541 à la mort du roi (1547), il domine la diplomatie française. Mais, à son avènement, Henri II le renvoie du Conseil, en lui reprenant diverses charges, et il le remplace par Anne de Montmorency. Le cardinal quitte alors la cour pour se retirer en Italie. Catherine de Médicis le rappelle en 1560, en le reprenant au Conseil et elle lui accorde de présider le concile national chargé de réformer l'Église de France. Appelé dès mars, il ne parvient à la cour qu'en octobre suivant, désirant montrer, par ce délai, qu'il ne cautionne pas la politique d'ouverture religieuse de la reine mère. Marguerite évoque donc, dans ses *Mémoires*, le temps qui court d'octobre 1560 à avril 1562, soit ses 7 et 8 ans, entrée dans l'âge de raison de l'orpheline de père, alors que le cardinal lutte pied à pied contre les théologiens calvinistes. Il accueille, d'ailleurs, les jésuites en France, en leur attribuant la gestion de son collège de Tournon, dès le 6 janvier 1560. Mais le pape, qui rouvre le Concile de Trente, s'oppose fermement à un concile « national », ferment d'un éventuel retour à un schisme, comme celui que le concordat de Bologne avait effacé (1516). C'est alors dans l'Assemblée du clergé de France et lors du colloque de Poissy, face aux théologiens protestants, que le cardinal de Tournon, avec sa fermeté, réalise l'impossibilité d'un accord entre les confessions. Il participe encore à l'Assemblée de Saint-Germain (27 janvier-11 février 1562), y justifiant le culte des images. L'impossibilité de trouver un accord amène à l'édit de Janvier, qui accorde la liberté de conscience aux huguenots… et ouvre la guerre civile et religieuse.

4 *Mémoires et autres écrits de Marguerite de Valois*, *op. cit.*, p. 38-39.

FIG. 2 – Marguerite de Valois, vers 1569,
attribué à François Clouet, Bibliothèque nationale de France.

> Je la vis paraître [note Brantôme], si belle que rien de si beau au monde s'eût su se faire voir car, outre la beauté de son visage, et de sa belle taille de corps, elle était très superbement et richement parée et vêtue : son beau visage blanc qui ressemblait à un ciel en sa plus grande et blanche sérénité était orné par la tête de si grande quantité de grosses perles et riches pierreries et surtout de diamants brillants mis en forme d'étoiles qu'on eût dit que le naturel du visage et l'artifice des étoiles en pierreries contendaient [rivalisaient] avec le ciel quand il est bien étoilé pour en tirer la forme.

DES « NOCES VERMEILLES »

QUEL ÉPOUX POUR MARGUERITE DE VALOIS ?

Parmi les nombreux soupirants de Marguerite était le beau et vaillant duc Henri de Guise. Elle veut nous faire croire qu'elle n'y était pas sensible, en niant toute relation entre eux. Elle incrimine Du Guast[5], aux ragots ravageurs, à l'égard duquel elle nourrit une haine inextinguible, en le rendant responsable de la rumeur qui court sur cette idylle laquelle, dit-elle, génère une mise à distance avec sa mère, laquelle restera. Mais tous les témoins du temps la contredisent, et Jacques-Auguste de Thou écrit même que « la trop grande familiarité de cette princesse avec le jeune duc de Guise, aussi bien fait que brave, fit craindre que l'affaire [du mariage avec Henri de Navarre] ne manquât[6]. »

Une telle union aurait encore accru le prestige des Lorrains, tout en contribuant à entretenir les espoirs de cette maison de recueillir, un jour, la couronne de France, comme descendants de la dynastie des Carolingiens, et non de Hugues Capet, lequel leur a ravi la couronne. La sécurité d'Henri de Guise s'en trouvait, elle-même, menacée. Son père, François, ayant été assassiné, sur l'ordre, vraisemblable, de l'amiral

5 Louis de Béranger, seigneur du Guast, « avait plus d'ambition que de fortune, beaucoup d'esprit et par-dessus cela la faveur du roi [Henri III]. C'en fut assez pour lui faire tourner la tête. Il osa s'égaler aux plus grands seigneurs [...]. Il n'épargna pas les premières dames de la cour dont il déchirait publiquement la réputation souvent en présence de Sa Majesté et il eut même la hardiesse de porter la médisance jusque sur une grande princesse », ce qui lui valut d'être assassiné (De Thou Jacques-Auguste, *Histoire universelle depuis 1543 jusqu'à 1607*, La Haye, Schleurleer, 1734, t. 7, p. 300-302).

6 *Idem*, t. 6, p. 62.

de Coligny (24 février 1563). En accord avec sa mère, Anne d'Este, on s'occupe de faire épouser au Lorrain, dans une certaine précipitation, Catherine de Clèves, fille de Marguerite de Bourbon et veuve d'Antoine de Croy, prince de Porcian. Celle-ci était sœur d'Henriette, duchesse de Nevers et de Rethel, ainsi que de Marie. Du même âge que Marguerite, élevée dans le plus strict calvinisme par Jeanne d'Albret, contrairement à ses sœurs, qui étaient demeurées catholiques, Marie de Clèves, elle, allait épouser, le 10 août 1572, à la mode genevoise, le prince de Condé, cousin germain de Navarre, et second prince de sang[7].

Les princesses sont faites pour être épousées, au mieux de l'intérêt de leurs souverains père ou frère. Successivement, il est question d'unir Marguerite à Rodolphe, roi de Hongrie, puis à Don Carlos, l'infant espagnol. Plus sérieusement, on lui présente un mariage avec don Sébastien, roi du Portugal, petit-fils de Charles Quint et neveu de Philippe II. Mais ce dernier n'y est pas favorable[8]. Le rapprochement de Catherine avec les chefs réformés, scellé par la paix de Saint-Germain (1570) faisait définitivement échouer ce dernier projet. Ce sera donc Henri de Navarre, afin de sceller cette réconciliation entre catholiques et protestants au royaume de France. Mais le résultat sera contraire à l'effet escompté. C'est alors que Marguerite de France commence à jouer un rôle politique, que nous entendons éclairer.

Le mariage de Marguerite avec Henri devait donc contribuer à rapprocher catholiques et protestants, mais Jeanne d'Albret le refusait. Par ses *Ordonnances ecclésiastiques* (publiées le 26 novembre 1571), elle imposait à tous ses sujets un calvinisme d'État, empreint d'une grande rigueur morale, non sans s'efforcer de l'étendre à ses autres terres, qui relevaient pourtant du royaume de France.

La reine de Navarre avait d'abord espéré la conversion à la foi de Calvin de Marguerite, d'ailleurs cousine de son fils[9]. Constatant son impossibi-

---

7 En découvrant la cour de France, en mars 1572, Marie était courtisée par Henri d'Anjou. Le couple Condé sera contraint de se remarier, selon le rite catholique, après la Saint-Barthélemy. S'enfuyant de la cour, en revenant à la foi de Calvin, Condé y abandonne Marie, dont Charles IX s'est épris, lui laissant espérer l'épouser. Elle meurt en couches, le 30 octobre 1574. Inconsolable, le roi épouse Louise de Vaudémont, de la maison de Lorraine.

8 Comte de Sao Mamede Felicio, et Pereira Ferreira José, *Don Sébastien et Philippe II. Exposé des négociations entamées en vue du mariage du roi de Portugal avec Marguerite de Valois*, Paris, A. Durand et Pedone-Lauriel, 1884.

9 Le grand-père paternel de Marguerite, François Ier, et la grand-mère maternelle d'Henri, Marguerite de Valois-Angoulême, étaient frère et sœur. Cette consanguinité, au 3e degré en droit canonique, qui aurait dû rendre l'union impossible, sera rappelée lorsqu'il sera

lité, elle redouble d'exigences de toutes sortes, dans un piteux chantage, dont l'enjeu est d'accepter de venir aux noces : donner la Guyenne en dot à Marguerite, rappeler le chancelier Michel de L'Hospital, éloigner les Guises, retirer les garnisons royales de certaines places, malgré les termes de l'édit de pacification, empêcher le maréchal de Villars[10], lieutenant général en Guyenne, démanteler Millau et Saint-Antonin, faire administrer Vendôme par des officiers calvinistes, châtier l'insolence des consuls de Saverdun, etc. Parmi celles-ci, une qui lui tient particulièrement à cœur : lui restituer la place forte de Lectoure, « clé de la Gascogne », ancienne capitale du comté d'Armagnac, que Blaise de Monluc lui avait pris, dix ans auparavant. Son gouverneur et ses habitants s'y refusaient. Mais elle l'obtient enfin, ce qui lui permet d'y rétablir la sénéchaussée d'Armagnac (qu'elle avait déplacée à Vic-Fézensac, qui lui restait fidèle), et installer le fils bâtard de feu son époux, Charles de Bourbon, sur son siège épiscopal. Âgé de 17 ans, n'ayant pas le sacerdoce, il ne peut pas être bullé, mais il dispose des revenus de l'évêché, protège l'exercice du culte réformé au château comtal, et partage la seigneurie de la cité-citadelle avec sa mère, héritière des comtes d'Armagnac[11]. La conquête est donc de taille.

---

question d'annuler leur mariage, afin de permettre à Henri IV d'épouser Marie de Médicis, avec l'espoir d'obtenir un héritier légitime.

10 Honorat de Savoie (1511-1580) est le fils de René de Savoie, dit Le Bâtard de Savoie, comte de Villars et Grand Maître de France, et d'Anne de Lascaris, comtesse de Tende. Son mariage avec Jeanne-Françoise de Foix, unique fille et héritière d'Alain de Foix-Candale, et de Françoise de Montpezat, vicomtesse de Castillon (1540) lui apporte, en dot, la vicomté de Castillon-sur-Dordogne, ainsi que les baronnies de Montpezat, Aiguillon, Madaillan et Sainte-Livrade. Son unique fille, Henriette de Savoie-Villars, épousera, d'abord, Melchior de Lettes-Desprez (+ 1572), dont elle aura huit enfants, puis, en 1576, Charles de Lorraine, duc de Mayenne, futur chef de la Ligue. Honorat se bat contre les huguenots et, en 1565, sa terre de Villars est érigée en marquisat. Charles IX le nomme lieutenant général en Guyenne, où il succède à Monluc, le 4 janvier 1571. Il l'élève, également, au maréchalat, cette même année, et il le nommera amiral de France et des Mers du Levant (dont il se démettra, en 1578, au profit de son gendre, Mayenne), après la mort de Coligny. Il mènera la répression, contre les protestants, en Guyenne, en 1573. Le 1er janvier 1579, il sera fait chevalier du Saint-Esprit, et il s'éteindra l'année suivante.

11 C'est le chanoine François Fortanier, vicaire général qui, lors du serment, représente Guillaume de Barton, « coseigneur en la quatrième partie de ladite ville », bien virtuellement. Il avait succédé à son oncle, Jean de Barton, dès 1530, bien que n'ayant fait son entrée solennelle qu'en 1551. Le bâtard de Bourbon (habilement masqué lors de la prestation de serment) étant nommé administrateur du diocèse, Barton avait dû se réfugier à Auch, n'apparaissant guère à Lectoure, seulement de passage, en 1582, mais en demeurant l'évêque en titre jusqu'à sa mort, vers 1590. Charles de Bourbon, d'administrateur, sera

La reine de Navarre accepte alors de rejoindre, enfin, la cour de France, non sans séjourner, du 8 au 15 janvier 1572, à Lectoure, afin de bien contraindre ses habitants, tant présents, qu'absents et futurs, à une indéfectible obéissance. Henri de Navarre l'y accompagne. Elle le charge de la lieutenance générale sur ses terres.

Son contrôle de la citadelle est total, en plaçant comme sénéchal, Michel d'Astarac, baron de Fontrailles[12] qui, avec son frère, Montamat, avait cruellement dévasté la Gascogne, fort de l'armée des vicomtes, trois ans auparavant, Lectoure était alors, avec Agen, les camps retranchés des catholiques des alentours, accompagnés de leur clergé apeuré ! Lectoure le gratifie, avec son épouse, en s'excusant humblement de l'avoir offensé ! Les temps ont brusquement changé. Les officiers de la sénéchaussée d'Armagnac, fidèles coreligionnaires de Jeanne, et ses agents, reviennent de Vic-Fezensac. Si des serviteurs aussi essentiels que son avocat général Jean du Verdier, ou son procureur, François du Juau, reprennent le contrôle, le conseiller, et poète lectourois, Pey de

---

alors déclaré évêque, jusqu'en 1594. Henri IV ne parviendra pas à lui faire attribuer l'archevêché de Reims, en 1591, pour en déloger les Guises, mais il obtiendra pour son demi-frère celui de Rouen, en 1597. Le siège de Lectoure restera vacant jusqu'en 1599 ; seule la paix de religion permettra de libérer un siège aussi stratégique.

12 Michel d'Astarac, seigneur et baron de Marestaing, Frontrailles, Corrensan, Clermont, Aurois, vicomte de Cogotois, était le second fils de Jean-Jacques d'Astarac, lui-même de la compagnie du grand-père d'Henri de Navarre, et converti au protestantisme (+ 1552), et d'Anne de Narbonne. Il a perdu une jambe à la bataille de Jarnac (13 mars 1569), d'où le sobriquet de « Jambe de bois ». Il s'est fait représenter, avec son frère, dans ce qui semble cette défaite huguenote, sur une joue de poutre du plafond peint de son hôtel lectourois (Prost Gaëlle, « Les plafonds peints de l'hôtel Descamps, rue Nationale, à Lectoure », *Bulletin de la Société Archéologique du Gers*, t. CXV, 2014, p. 325-343), Il avait épousé Isabeau de Gontaut (de la famille de seigneurs de Cabrérès) (1570) qui lui donna quatre enfants (Benjamin, Gédéon, Marguerite, Isabelle) puis, successivement : Paule de Labarthe-Montcorneil (+ 1595) et Éléonore de Lauzières de La Capelle, dont il n'eut pas d'enfants. Il épousait cette dernière, veuve de Jean de Montesquiou, seigneur de Devèze (Marsan) et Marsac le 11 janvier 1596, alors que son fils aîné, Benjamin, deux jours plus tard, épousait la fille d'Éléonore, Marguerite. Il teste en 1606 et s'éteint peu après mai 1610. Le frère de Fontrailles, Guillaume d'Astarac, seigneur de Maravat, vicomte de Cogotois, surnommé « le terrible », a été tué lors de la Saint-Barthélemy parisienne. Michel en conserve une haine vengeresse contre les catholiques, qu'il massacre abondamment avec l'armée des Vicomtes, jointe ensuite à celle des Princes (1569-1570). Les frères étaient déjà accusés, notamment, d'avoir pillé et incendié le couvent bénédictin Saint-Clément de Montferran(-Savès), dont Fontrailles est le seigneur, en égorgeant tous les moines. Les Monferranais, essentiellement catholiques, transforment alors ces ruines fumantes, qu'ils considèrent sanctifiées par ces martyrs, en cimetière paroissial, non sans un long procès avec leur seigneur, qui entend choisir les consuls.

Garros, quant à lui, est honoré par la charge d'avocat général à la Cour souveraine de Béarn. Les consuls eux-mêmes, présents et futurs, jurent de ne rien entreprendre contre Jeanne et ses enfants, de leur apporter aide et conseil, et de leur révéler les secrets qu'ils pourraient apprendre, etc. Comme on pouvait s'y attendre, si la charge de gouverneur lui est contestée, Fontrailles n'en a cure[13]. En effet, si Charles IX avait accepté que Charles de Bourbon, frustré du siège de Comminges, prenne celui de Lectoure, il avait, au même moment destitué le sénéchal protestant pour le remplacer par un catholique. Fascinant jeu de balance de ce souverain velléitaire. Fontrailles garde, malgré tout, la main, et il nomme, pour être son lieutenant à Lectoure, le capitaine Sainte-Gemme[14]. Jeanne d'Albret gagne, mais les apparences sont sauvées et, laissant Henri dans le Sud-Ouest, elle va préparer le mariage à Blois où elle parvient en mars[15]. Le 11 avril, cet esprit cauteleux accepte, enfin, la signature du contrat de mariage, et Henri peut, à son tour, prendre le chemin de la cour de France.

Mais, atteinte d'une pleurésie, fatiguée, Jeanne d'Albret s'éteint le 9 juin 1572. C'est désormais le deuil imposé par sa mort qui repousse la date des épousailles. Pourraient-elles, d'ailleurs, être célébrées avec tout le faste requis ? Ni Henri, qui n'entendait pas renoncer à sa foi, ni Marguerite, n'étaient enchantés par ce mariage. Et les futurs époux devaient, également, obtenir une dispense du pape, à la foi à cause de leur parenté et de leur différence de religion. Le cardinal de Lorraine,

13 En 1570, Charles IX avait, officiellement, remplacé Fontrailles par le catholique Ogier de Pardaillan, seigneur de Panjas. Il s'en est suivi une querelle de procédure à l'issue de laquelle, en octobre 1572, Fontrailles vendra sa charge au nouveau candidat royal : le catholique Jean de Monlezun, seigneur de Baratnau. Pourtant, dans les archives consulaires, en 1585, Fontrailles est à nouveau qualifié de sénéchal. Il est alors de retour à Lectoure comme « gouverneur du comté d'Armagnac, pays de Gaure, Comminges, Astarac et Fimarcon » (AM Lectoure, BB 4).

14 Fontrailles à Sainte-Gemme, 15 janvier 1572 (AM Lectoure, BB 3). Dès leur réunion du 5 janvier 1572, les consuls de Lectoure avaient décidé d'offrir un présent de 500 écus à Jeanne d'Albret et de la défrayer, avec son fils, ainsi que Fontrailles, en ajoutant 100 écus pour « Madame la Sénéchale », sa femme, Isabelle de Gontaut, « pour donner contentement audit seigneur sénéchal qui pourrait être irrité de ce qui, pendant les troubles, a été fait à son mécontentement et qui aussi pourra favoriser la ville à obtenir de ladite dame reine ce qu'on lui demandera. » (*Idem*, f° 335 r°-v°).

15 Brunet Serge, « *De l'Espagnol dedans le ventre !* », *op. cit.*, p. 468-469. Harai, Denès, *Au nom de la reine : Henri de Navarre, lieutenant général de Jeanne d'Albret (1572)*, Pau, ITEM-PUPPA, 2019, p. 12.

de son côté, s'attachait à l'entraver. Pie V, qui s'y opposait fermement, s'éteint le 1er mai, et on veut croire que son successeur, Grégoire XIII, pourrait l'accorder. Mais celui-ci ne l'a pas accordée, contrairement aux faux-semblants de la cour et, donc, aux assertions infondées de Simon Goulart, Piguerre, Davila ou De Thou. Charles IX et la reine mère ont choisi de ne plus attendre et c'est avec la complicité du cardinal de Bourbon que les noces sont célébrées.

En fait, et cela est resté méconnu, à l'issue du massacre de la Saint-Barthélemy, dont il s'est réjoui, et de la conversion de Navarre qui l'a suivi, Grégoire XIII a fini par accorder cette dispense, postérieurement, donc, à la célébration du mariage. Mais si, désormais, les deux époux étaient catholiques… ils restaient cousins au troisième degré, autre cause d'empêchement[16].

L'historiographe condomois, Scipion Dupleix, considère que Marguerite n'aima jamais Navarre. Les inclinaisons du cœur d'une fille de France n'avaient cependant aucun poids dans ce choix. Bien qu'elle demeura réservée sur ce sujet, une de ses lettres donne raison au narrateur.

> J'ai reçu du mariage tout le mal que j'ai jamais eu, et je le tiens pour le seul fléau de ma vie. Que l'on ne me dise pas que les mariages se font au ciel, les cieux ne commirent pas une si grave injustice[17].

UN MARIAGE ROYAL ET/OU LA GUERRE ?

Les deuxième (1567-1568) et troisième (1568-1570) guerres de Religion qui, en réalité, ne forment qu'une seule : « guerre de la Saint-Michel », initiée par un vaste complot réformé, qui outrepassait la seule « surprise de Meaux » (29 septembre 1570) avait causé d'intenses souffrances, et des destructions bien supérieures à ce qu'on a pu en dire, surtout dans le Midi. L'édit de Saint-Germain (8 août

16 Les lettres du cardinal d'Ossat, qui traitent, avec force arguments, de toutes les raisons qui pourraient justifier la nullité du mariage d'Henri et de Marguerite, attestent que Grégoire XIII, inattentif au fait que la conversion fut forcée, si ce n'est abusé, selon D'Ossat, l'accorda enfin. Il ajoute que, au moment de l'absolution d'Henri IV, par Clément VIII (17 septembre 1595), œuvre du même D'Ossat et de Jacques Du Perron, on considéra que la conversion de 1572 était nulle, parce que forcée, ce qui permettait à celui-ci d'échapper à l'accusation de relaps (Cardinal d'Ossat à Nicolas de Neufville de Villeroy, Ferrare, 15 octobre 1598, Tamisey de Larroque Philippe, « Lettres inédites du cardinal d'Ossat », *Revue de Gascogne*, t. XIII, 1872, p. 280-284).

17 BnF, fonds Dupuy, n° 217. Cité par Tholin Georges, *Itinéraire raisonné*, *op. cit.*, p. 14.

1570), particulièrement favorable aux réformés, toujours contrairement à l'idée commune, n'avait posé qu'une bien imparfaite rémission dans un corps social malade. Les fêtes, qui accompagnent les épousailles, sont alors peu agréables à la population parisienne qui, se souvenant du scandale de la croix de Gâtine, craint cet afflux d'hérétiques en armes[18]. Des sermons enflammés, comme ceux de Simon Vigor, curé de Saint-Paul, attisent la haine anti-huguenote, forte également au sein de la milice bourgeoise, qui est chargée de la défense de Paris. S'ajoutent l'aggravation de la fiscalité, dans un temps de cherté des grains, et les chaleurs étouffantes de l'été, pour forger un climat « pré-insurrectionnel » (Jean-Louis Bourgeon).

Les tensions persistent donc, à Paris comme dans les provinces. Le parti huguenot, un temps avec l'assentiment de Charles IX, se prépare à porter un secours armé à leurs coreligionnaires des Pays-Bas, révoltés contre Philippe II, qualifiés de Gueux. Ainsi, dans tout le royaume, les réformés fourbissent leurs armes, suscitant une vive inquiétude chez les catholiques et, bien sûr, en Espagne. Nous avons pu mesurer, avec précision, la réalité de ces préparatifs militaires, en suivant l'armement de la flotte de guerre, dite de Bordeaux, et l'intox qui les accompagne[19].

Au printemps 1571, l'amiral de Coligny, soucieux d'agir, dans les Flandres, auprès des Gueux, par l'intermédiaire du grand-duc de Toscane, avait su persuader Ludovic de Nassau, prince d'Orange, d'offrir la couronne des Pays-Bas à Charles IX. Mais Catherine de Médicis, furieuse d'apprendre ces tractations secrètes, qui arrivaient également aux oreilles du roi d'Espagne, oblige Ludovic à quitter la cour de France.

Coligny, quant à lui, monnaie grassement son retour à la cour. La reine mère lui accorde une part importante des bénéfices ecclésiastiques de son frère, feu le cardinal Odet de Châtillon, un siège au Conseil du roi, et de se faire accompagner d'une nombreuse troupe de gentilshommes choisis dans les provinces huguenotes, à l'instar d'un véritable prince. La victoire remportée sur les Turcs par la flotte espagnole, à Lépante (7 octobre 1571), n'affecte pas la réconciliation entre Charles IX et

18 En vertu du traité de Saint-Germain, cette croix devait être retirée du cimetière des Innocents, parce qu'elle rappelait les luttes intestines. Les Parisiens, qui s'y opposent, s'émeuvent, les 17 et 18 décembre 1571, et brûlent plusieurs maisons de réformés. Il faut l'appui de troupes royales pour opérer l'enlèvement.

19 Brunet Serge, « *De l'Espagnol dedans le ventre !* », *op. cit.*, p. 470-508.

Coligny, au moment où la rumeur d'un mariage entre Henri de Navarre et Marguerite de France se fait plus précise.

Charles IX n'hésitait pas à inciter les capitaines protestants, tels François de La Noue[20], à porter secours aux Gueux. Avec Ludovic de Nassau, La Noue parvient ainsi à s'emparer de Valenciennes et de Mons, avant que les Espagnols ne reprennent le dessus. Tancé par la reine mère, qui redoute toujours la réaction de Philippe II, et qui entend les menaces d'Élisabeth d'Angleterre, laquelle joue un double jeu, Charles IX s'empresse de désavouer l'entreprise, et il charge le duc de Longueville d'empêcher les renforts protestants d'affluer vers les Flandres. En juin, Coligny est de retour à Paris, où il s'efforce, jusque devant le Conseil, de rallier le roi et sa mère à ses vues, qui sont d'intervenir dans les Flandres. Mais le Conseil du 26 juin se prononce contre. Il se retire alors sur ses terres de Châtillon et, de son propre chef, il envoie le capitaine Genlis, à la tête de 4 000 hommes, au secours de Mons. Ils sont écrasés, le 17 juillet. Les 9 et 10 août suivants, une nouvelle réunion du Conseil confirme le choix de la paix, au grand dam de l'Amiral.

Celui-ci, protecteur des réformés du royaume, sorte de demi-roi, s'estime trahi par Charles IX. À Troyes, des protestants sont assaillis et massacrés au sortir du prêche, alors, qu'à Paris, les rixes entre catholiques et protestants sont quotidiennes. Le 18 août, le mariage de Marguerite de Valois avec Henri de Navarre est enfin célébré.

Qui a chargé Charles de Louviers, seigneur de Maurevert, de tuer l'amiral de Coligny, le 22 août suivant ? Catherine de Médicis ? Charles IX ? Anjou ? Guise ? la duchesse de Nemours ? le maréchal de Tavannes ? le duc de Nevers ? le chancelier René de Birague ? le comte de Retz[21] ? Que de noms de prétendus commanditaires avancés par les

20 En épousant Marguerite de Téligny, il était devenu beau-frère de Charles de Téligny, lui-même gendre de Coligny. Âgé alors de 41 ans, il avait perdu un bras à la troisième guerre de Religion, d'où son surnom de « Bras de fer ». Admiré tant pour sa bravoure que pour son esprit, empli de modération, il a laissé des *Discours politiques et militaires*, fort appréciés. Il échappe aux massacres et meurt en combattant, en 1591.

21 Albert de Gondi, comte puis duc de Retz, dit « le maréchal de Retz » (1522-1602), d'origine italienne, est alors un des principaux hommes de confiance de la reine mère. Issus d'une famille de banquiers florentins installés à Lyon, sa mère était déjà dame de compagnie de Catherine de Médicis, avant de devenir une de ses principales femmes de confiance. Diplomate et militaire, membre du Conseil privé, il est dans le cercle restreint des principaux conseillers, et familier de Charles IX, dont, notamment, il négocia et contracta, en son nom, le mariage avec Élisabeth d'Autriche.

historiens ! Mais Maurevert rate son coup ; Coligny n'est que blessé. Les chefs protestants assemblés dans la capitale, avec leur nombreuse soldatesque, crient vengeance. Ils sont prêts à se soulever. La famille royale garde le souvenir, si traumatisant, de sa fuite de Meaux, dans la nuit de la « surprise » (28 septembre 1567), se sauvant, *in extremis*. Il n'est pas question de renouveler une telle imprévoyance ; il faut agir, vite. En présence de Catherine de Médicis et de Charles IX, il est alors décidé de supprimer l'Amiral et les chefs protestants, nombreux, venus à Paris pour les noces, en armes, qui s'apprêtaient ensuite à se porter sur les Pays-Bas.

Marguerite, dans ses *Mémoires*, comme elle le fait ailleurs dans son ouvrage, ne respecte pas le déroulement chronologique des faits. Elle évoque d'abord la décision de parfaire l'assassinat manqué contre l'Amiral, avant de revenir sur les décisionnaires de ce dernier. Cette inversion a été cause de confusion de la part de ses lecteurs. Elle présente, d'abord, que l'aîné des Pardaillan, ainsi que quelques autres chefs huguenots, à l'issue de l'attentat, parlaient si haut à sa mère qu'ils l'amenaient à penser qu'ils avaient une mauvaise intention, celle de se faire justice. Giovani Michieli, ambassadeur de Toscane, est beaucoup plus précis. Selon lui, un soulèvement, préparé chez Coligny, était envisagé pour le 26 août ; il a été révélé au roi et à la reine mère, dès le 23 août, par un gentilhomme huguenot picard, Bouchavannes. Le rôle imparti à chaque sbire était bien réglé, jusqu'au régicide. Claude Haton, prêtre originaire de Provins (v. 1534-v. 1605), parle, quant à lui, du 31 août. Pour renforcer les séditieux, déjà si nombreux dans la capitale, le parti huguenot avait fait appel à des troupes, qui devaient venir s'assembler à Meaux, le 5 septembre… signe qu'une conjuration huguenote précédait bien l'attentat[22].

Charles IX et sa mère ont justifié les massacres comme une nécessité, d'État, de prévenir cette révolte fomentée par l'Amiral, et nous pensons que cette ultime conjuration du parti huguenot contre les Valois était donc déjà en préparation, avant même la tentative d'assassinat de Coligny (22 août 1572), voire les épousailles. Elle réagissait à la brutale « trahison » de Charles IX à l'égard de l'Amiral, en renonçant à toute intervention dans les Pays-Bas.

---

22 *Négociations diplomatiques de la France avec la Toscane*, Desjardins Abel (éd.), Paris, Imp. Impériale, 1865, t. 3, p. 814.

Le terrible enchaînement des massacres de la Saint-Barthélemy est enclenché. Marguerite écrit, dans ses *Mémoires*, qu'elle en a été tenue à l'écart. « Pour moi, l'on ne me disait rien de tout ceci. [...] Les huguenots me tenaient suspecte parce que j'étais catholique, et les catholiques parce que j'avais épousé le roi de Navarre, qui était huguenot », écrit-elle[23]. La veille au soir, elle comprend cependant, en s'approchant de sa mère et de sa sœur, Claude, duchesse de Lorraine et de Bar, en pleurs, qu'il a été décidé d'achever Coligny, et d'exterminer les chefs huguenots, avant qu'ils ne puissent entrer en action. Claude Haton, n'omet pas de signaler que, après que le roi ait d'abord été averti, par « aucuns huguenots », c'est Marguerite, ensuite, qui « l'assura du complot résolu au Conseil des malins, qui était de se ruer sus Sa Majesté et Altesses de messieurs ses frères pour les massacrer et exterminer les premiers[24] ».

Margot mettra la dernière touche à ses *Mémoires* trente ans après les événements. On n'en ressent pas moins combien ceux-ci demeurent traumatisants, combien ils restent une tache indélébile sur le souvenir des Valois, au moment où elle s'attache à rentrer en grâce de son époux. Sans charger inutilement Guise, elle suspecte la décision de sa mère, en accord avec son frère, Henri d'Anjou, à l'insu de Charles IX, dans l'attentat contre Coligny. Face à la vengeance de Guise contre Coligny, qui a fait assassiner son père, François, par Poltrot de Méret, elle met l'accent sur une autre vengeance : celle de sa mère, pour avoir fait assassiner Charry, gentilhomme auquel elle accordait une rare confiance, certaine de son indéfectible protection[25]. Neuf ans et demi après, le

---

23 *Mémoires et autres écrits de Marguerite de Valois*, *op. cit.*, p. 56.

24 *Mémoires de Claude Haton*, Bourquin Laurent (dir.), Paris, Éd. du CTHS, t. 2, 2003, p. 456.

25 Jacques de Prévost, sieur de Charry (Montcuq, Quercy) (1530-1563), avait eu une conduite héroïque durant les guerres d'Italie (« Second Bayard » écrivait Monluc), qui lui valut de se voir confier par la reine mère, avec ses dix enseignes de valeureux Gascons, la réorganisation et le commandement du Régiment des Gardes françaises, chargé de protéger le roi. Il se trouve ainsi sous l'autorité de M. d'Andelot, frère de Coligny, son colonel. Il parlait haut, bravant ce dernier qui, n'en pouvant plus, sous le prétexte qu'il avait tué, lors d'une campagne dans le Piémont, en 1551, le frère aîné d'Honorat Prévost du Chastelier, seigneur de La Tour, dit Chastelier-Portault, gentilhomme du Poitou, guidon de Coligny, le fit tuer par ce dernier, devant le Pont Saint-Michel. Catherine de Médicis le fait inhumer dans le chœur de Notre-Dame de Paris. Brantôme rappelle le fait. Charry n'était pas originaire du Nivernais, comme l'écrit Paul Courteault, mais issu d'une famille de marchands de Montcuq, qui avait accédé à la noblesse, avec Pons, qualifié de donzel en 1460, dont le fils, Augier, capitaine de Montcuq et de Lauzerte, initie une famille militaire. Le repaire (maison forte) de Malmont-le-Petit est alors qualifié de

ressentiment de la reine mère restait aussi vif. On s'est étonné que la reine mère, soucieuse de maintenir la concorde entre les confessions, de ne pas élever les Guises, de ne pas intervenir dans les Flandres, ait pu souhaiter l'exécution de l'Amiral. C'est parce que l'on n'a pas su voir que, non seulement Charles IX venait, subitement, d'entrer dans ses vues, et que le « demi-roi » Coligny, « trahi », allait se soulever, et passer outre. C'est un crime d'État. Quant au fils préféré de Catherine, Anjou, il a déjà su faire assassiner le chef des huguenots, Condé, à Jarnac, le 13 mars 1569 ; il réitère.

Dans les justifications de sa mère pour ce meurtre d'État, outre la vengeance de l'assassinat de Charry, Marguerite ajoute, avec raison, sa volonté absolue d'empêcher l'expédition aux Pays-Bas et, partant, une guerre avec l'Espagne. Le roi, écarté de la décision initiale, tonitrue alors, en accusant formellement Henri de Guise, d'avoir voulu venger l'assassinat de son père, comme en court le bruit dans Paris. Mais, toujours selon Marguerite, le huguenot Pardaillan[26], au souper du 23 au soir, alerte la reine mère de la décision du coup d'État fomenté par l'Amiral. Alors, celle-ci « prit résolution de faire ouvertement entendre audit roi Charles la vérité de tout, et le danger où il était, par Monsieur le maréchal de Retz, de qui elle savait qu'il le prendrait mieux que de tout autre, comme celui qui lui était plus confident et plus favorisé de lui. » Et, d'abord, que la reine mère et Anjou « avaient été de la partie ». Charles IX, regrettant de ne pouvoir sauver Téligny[27], La Noue et La Rochefoucauld[28], se conforme à la volonté de sa mère, « et lors, allant

château de Charry. Au lendemain de la bataille de Jarnac (13 mars 1569), à l'instar de Condé, prisonnier, Chastelier-Portault est, à son tour, exécuté dans sa geôle, par des amis de Charry, en représailles du meurtre du Pont de Saint-Michel. Un des frères de Charry a, quant à lui, été tué au siège de Cherasco (et non Mirandola, orthographié Mirande par Monluc), en septembre 1551. Charry s'était, ensuite, vaillamment engagé dans la première guerre de Religion. Rappeler cet assassinat, qui s'était déroulé le 30 septembre 1563, après celui de François de Guise (18 février 1563) témoigne d'une blessure toujours ouverte dans le cœur de la reine mère, et dans l'entourage du roi.

26 Jean de Ségur, baron de Pardaillan, seigneur de Seyches, Malromé, La Bastide et autres places. Il est tué au cours de la Saint-Barthélemy.

27 Charles de Téligny (1535-1572), seigneur de Lierville, Le Chastelier et de Montreuil-Bonnin. Gentilhomme ordinaire de la chambre du roi, lieutenant de la compagnie de l'amiral de Coligny, son cousin, qui l'éleva comme un fils et lui accorda sa fille, Louise (26 mai 1571, La Rochelle). Il est assassiné dès le début de la Saint-Barthélemy.

28 François III, comte de La Rochefoucauld, comte de Roncy, prince de Marcillac. Il avait épousé Charlotte de Roye, sœur d'Éléonore, princesse de Condé. Apparenté aux

trouver la reine sa mère, envoya quérir Monsieur de Guise et tous les autres princes et capitaines catholiques, où fut pris résolution de faire la nuit même le massacre de la Saint-Barthélemy[29]. »

Janine Garrisson incrimine d'abord Guise dans l'attentat initial, avant de se révéler plus perplexe dans ses écrits suivants[30]. Rien ne permet de lui accorder, là, le premier rôle. Il est, par contre, un acteur essentiel de la seconde phase. Éliane Viénnot considère que Marguerite l'incrimine à outrance[31]. Il n'en est rien. Lorsque Marguerite désigne des coupables, à deux moments distincts de son récit, elle commence par rappeler la dénonciation préalable du complot par Pardaillan[32]. Celle-ci n'intervient qu'après l'attentat initial, lorsque celui-ci a eu connaissance des décisions prises au chevet de Coligny. Nous avons signalé l'agencement, non chronologique, du récit de Marguerite. La « sage » historiographie n'a pas cherché à corriger, *a fortiori* à comprendre, cette incohérence dans le texte ; il fallait éviter, en remuant cela, d'envisager que le complot huguenot puisse être antérieur à l'attentat de Coligny.

Bien qu'ils furent, avec l'Amiral et La Rochefoucauld, « principaux chefs de l'entreprise contre le roi et les princes catholiques[33] », Condé et Navarre, premiers princes de sang, sont épargnés dans les massacres. Ce dernier avait abjuré, pour sauver sa vie, dès la terrible nuit, bien que Marguerite le taise dans ses *Mémoires*. De Thou écrit que, durant le Conseil qui décida la Saint-Barthélemy, on mit en délibération si Navarre et Condé devaient être exécutés. Tous écartèrent le premier, en raison de l'alliance qu'il venait de contracter avec une fille de France et, partant, le roi lui-même, même si d'aucuns songent à annuler leur mariage. Les avis auraient été plus partagés au sujet de Condé et c'est à l'autorité du duc de Nevers qu'il devrait son salut[34]. Ils n'en restaient pas moins en danger à la cour de France. Le 12 septembre, Navarre abjure officiellement le calvinisme.

Montmorency, il était alors beau-frère de Louis de Condé, et oncle du prince Henri de Condé. Charles IX, qui l'avait en amitié, tente de le sauver, mais il est égorgé à la Saint-Barthélemy.

29 *Mémoires et autres écrits de Marguerite de Valois*, *op. cit.*, p. 55-56.

30 Garrisson Janine, *Marguerite de Valois*, *op. cit.*, p. 58-60. Elle s'avère dubitative ensuite (Garrisson Janine, *Catherine de Médicis. L'impossible harmonie*, Paris, Payot, 2002, p. 151-152.

31 Viennot Éliane, *Marguerite de Valois*, *op. cit.*, p. 50-53.

32 *Mémoires et autres écrits de Marguerite de Valois*, *op. cit.*, p. 55-59.

33 *Mémoires de Claude Haton*, Bourquin Laurent (éd.), Paris, CTHS, 2003, t. 2, p. 458.

34 De Thou Jacques-Auguste, *Histoire universelle*, *op. cit.*, t. 6, p. 393).

UNE REINE DE NAVARRE BALLOTÉE ENTRE CONJURATIONS ET GUERRES

CONTRECARRER UN ULTIME COMPLOT HUGUENOT

Immédiatement informés de l'assassinat de l'Amiral, mais déjà enrôlés et armés, et donc rapidement mis en défense, les protestants du Midi, eux, ne craignaient pas d'être assaillis. Les opérations se concentrent alors sur la place, stratégique, de La Rochelle devant laquelle, durant des mois, s'était dressé l'étonnante armée de mer de Philippe Strozzi, cousin de la reine mère.

En effet, les levées dans le Midi répondaient à des décisions qui avaient été prises au cours du synode national des Églises réformée de Nîmes, du 6 au 11 mai 1572. En présence de nombreux ministres, venus de toutes les provinces, dont la Navarre, sous l'autorité de Théodore de Bèze, arrivé à Nîmes dès le 1er mai, ce synode avait publié des « Observations sur la confession de foi, sur la discipline ecclésiastique et sur les décrets du dernier synode national de La Rochelle » (avril 1571, présidé par Bèze). Mais un autre acte avait été également pris par cette docte assemblée.

Il s'agissait de la rédaction d'un étonnant – et fort inquiétant – règlement de 34 articles, qui se présentait comme la loi fondamentale des Églises de Languedoc. Il touchait différents domaines de la discipline mais, tout autant, « en attendant qu'il plaise à Dieu, qui a le cœur des rois en sa main, de changer celui de notre tyran [Charles IX], et restituer l'état de France en bon ordre, ou susciter un prince voisin qui soit manifesté par sa vertu et marques insignes, être libérateur de ce pauvre peuple affligé » (art. I), il préparait les fidèles à la guerre, en organisant les contingents des Églises, avec les commandements et ressources financières nécessaires. Et, possiblement emporté par les espoirs suscités par le plan concerté entre Charles IX, Coligny et le prince d'Orange, cet acte prétendait s'imposer à tous, protestants comme catholiques. Parmi ces derniers, ceux qui demeureraient « paisibles » seraient appelés à concourir à l'effort de guerre et, à terme, à se convertir ; ceux qui s'y opposeraient seraient châtiés[35]. La portée subversive de cet acte a été singulièrement,

35 *Lois et ordonnances politiques jointes à la discipline ecclésiastique et militaire, pour être la bride et l'éperon, l'épée et le bouclier l'un de l'autre, et des deux ensemble la garde et le soutien de l'Église réformée.*

et injustement, minimisé, et les historiens l'ont oublié, avant que Janine Garrisson l'exploite amplement, mais en reportant sa rédaction au lendemain de la Saint-Barthélemy (sans, pour autant, prouver cette assertion), afin de corroborer sa démonstration de l'éclosion de « Provinces-Unies du Midi » en réaction aux massacres[36]. Cette substitution de dates, qui apporte tant de cohérence au récit national traditionnel, et qui permet de gommer, ainsi, toute hypothèse d'un complot huguenot précédant l'assassinat de Coligny, n'a pas, ensuite, été contestée[37]. C'est, pourtant, une erreur, lourde de conséquences pour l'interprétation du soulèvement huguenot et du déclenchement de la « quatrième » guerre de Religion.

Nîmes se ferme alors aux troupes de Guillaume de Joyeuse, lieutenant général du gouverneur de Languedoc, Henri de Montmorency-Damville ; Montauban, Saint-Antonin et Millau refusent les garnisons royales et le marquis de Villars, lieutenant général en Guyenne, et nouvel amiral de France, envoyé pour rétablir l'ordre, ne peut que constater que leurs habitants « prennent villes et châteaux, saccagent, pillent et tuent les catholiques[38] ». Joyeuse est tout aussi désemparé, en Languedoc. En face de lui, suivant l'organisation préconisée, à Nîmes, en mai 1572 :

Devic et Vaissète parlent de 200 ministres, mais Ménard, qui a retranscrit le document et relevé le rôle des présents, en compte 25. Les protestants doivent élire un « chef général », appelé « majeur » assisté de 24 conseillers, et contrôlés, eux-mêmes, en participant à une assemblée de 100 membres, l'ensemble étant élu pour un an (le « majeur », les 24 et 75 autres, qui font 100). Ils choisiront les juges, les trésoriers, et même les généraux d'armée et les ambassadeurs. Il est imposé l'observation absolue de la discipline et des lois ecclésiastiques, ainsi que des exercices militaires, sous l'autorité de capitaines. Il sera élu un « général », avec ses lieutenants, pour mener aux combats. Plus étonnant encore : les catholiques sont invités à s'unir aux réformés et, s'ils le refusent, on les y contraindra (Ménard Léon, *Histoire de la ville de Nismes*, Nîmes, 1750-58, t. 5, p. 67-71 et *Preuves*, p. 88-92).

36 Garrisson Janine, *Protestants du Midi, 1559-1598*, Toulouse, Privat, 1980, rééd., 1991, p. 179-182.

37 Arlette Jouanna demeure, avec raison, circonspecte, quant à la date de rédaction de ce texte, qui est recopié, publié et republié, pour se retrouver ensuite dans *Le Réveille-Matin des Français et de leurs voisins*, et qui circule donc activement dans les communautés protestantes, en exprimant la tonalité de la prise d'armes des villes du Midi et de l'Ouest (Jouanna Arlette (et *alii*), *Histoire et dictionnaire des guerres de Religion*, Paris, Robert Laffont, 1998, p. 205-206). Surtout, signalons que c'est bien directement, dans les archives de Nîmes, que son historien, Ménard, l'a recopié. Ses signataires, dont Jean de Léry, enfermé dans Sancerre, ne peuvent pas, tout simplement, s'être retrouvé autour de Bèze, *a fortiori* à Nîmes, à l'automne 1572, pour rédiger et valider ce texte.

38 Villars à Charles IX, 15 octobre 1572 (Loutchisky Jean, « Documents inédits et originaux. Quatrième guerre de Religion », *Bulletin de la Société de l'Histoire du Protestantisme Français*, t. XXII, 1873, p. 258).

Géraud de Lomagne, vicomte de Sérignac, est nommé pour le Rouergue, le Bas-Quercy et le Lauragais, le vicomte de Paulin, pour le Castrais, l'Albigeois et la région de Saint-Pons, le général Saint-Romain (Jean de Saint-Chamond, ancien archevêque d'Aix), pour le Vivarais, les Cévennes et le Bas-Languedoc, alors que des capitaines sont affectés à la défense de zones plus limitées, ou de places fortes. Tous sont pourvus de conseils civils et assurés de financements. Alors que les forces huguenotes se sont regroupées à Nîmes et à Uzès, Damville tente, sans succès, de reprendre ces places qui, avec Orange, menacent le Comtat Venaissin. Elles sont résolues à tenir ou à mourir[39]. En décembre suivant, Damville s'arme encore pour essayer de reprendre les places fortes que les huguenots tiennent autour de Nîmes[40]. En Dauphiné, les troupes de Charles du Puy-Montbrun[41] tiennent la montagne, rejointes par des réfugiés sortis de Genève. Damville, qui avait autorité sur toutes ces provinces, du Dauphiné au Languedoc, rejeté de Toulouse, ne pourra guère que s'accorder avec les ennemis du roi. Charles IX pouvait-il alors envisager d'agir en concentrant son effort de guerre ailleurs que devant La Rochelle ; Sancerre et Sommières ne représentant que de maigres compléments ? D'ailleurs, aussi longtemps qu'il le peut, pour son désavantage, il cherche à négocier une reddition.

Depuis 1568, La Rochelle, à la position stratégique, était devenue le quartier général des luttes huguenotes. Le 15 septembre 1572, le roi, sachant la sympathie relative que les protestants lui portent, leur envoie comme gouverneur, Armand de Gontaut-Biron, avec l'espoir

39 Cardinal d'Armagnac au cardinal de Come, Rome, 26 octobre 1572 (AAV, Secr. Stato, Legazione d'Avignone, 2, f. 82. Or. sign.). Outre le soutien des troupes de Damville, Armagnac est contraint de lever des soldats pour le Comtat.

40 Avignon, pour cela, lui prête son artillerie (Cardinal d'Armagnac à M. de Gordes, Avignon, 21 décembre 1572, Chantilly, Musée Condé, Correspondance de Gordes (914) XIX-315 Tr.).

41 Né en 1530, dans une ancienne famille noble du Dauphiné, ce capitaine est à la tête des protestants de cette province, avant que Lesdiguières lui succède. En 1560, son château de Montbrun est démantelé par ordre du roi ; il en construit un autre, celui de La Gabelle, à Ferrassières, apte à abriter une nombreuse troupe, avec laquelle il peut pénétrer dans les Baronnies, et attaquer le Comtat Venaissin et la Provence. Il seconde le baron des Adrets dans les massacres lyonnais de 1563, se bat à Moncontour (1569), puis revient dans le Dauphiné pour, aux côtés de Lesdiguières, s'opposer au baron de Gordes. Il s'empare de Serres (27 avril 1574), échoue, donc, devant Grenoble et refuse à Henri III, qui, venu de Pologne, s'avance vers son sacre, de franchir, au passage, le pont de Beauvoisin. Fait prisonnier, en juillet 1575, à la rencontre d'une armée dépêchée par Lyon et Grenoble, il est condamné, et décapité le 13 août suivant.

d'un rapprochement[42]. Mais, la diplomatie échouant, il est contraint de l'assiéger, et le blocus commence en novembre 1572.

Charles IX avait, d'abord, manifesté son autorité, sans concession. Par sa déclaration du 22 septembre, il avait ordonné « de faire deporter [désister] les officiers de ladite nouvelle opinion de leurs charges et offices, et pareillement à sa cour de parlement ». En Normandie, comme en Languedoc, le parlement, par son arrêt du 7 octobre suivant, avait donné des commissions pour exécuter cette déclaration[43]. Mais, rapidement, le roi s'efforce de négocier avec les Rochelais, en leur envoyant François de La Noue qui, parce qu'il se trouvait au siège de Mons, avait échappé aux massacres parisiens. Depuis la paix de Saint-Germain, il s'était rapproché du roi, qui l'avait fait chevalier de l'ordre de Saint-Michel, et gentilhomme de sa chambre.

En février 1573, le duc d'Anjou prend le commandement du siège de La Rochelle. S'appuyant sur Montgomery, les Rochelais sollicitent, et obtiennent, de leur côté, un soutien financier, si ce n'est militaire, d'Élisabeth Ire. Malgré les grandes qualités en matière d'artillerie de Biron, le siège s'éternise, et on est donc contraint de négocier. La Rochelle, avec Montauban et Nîmes, obtiennent la profession publique de leur religion et, le 10 juillet, on proclame la paix, qui permet à Biron de prendre possession de son gouvernement.

Dans le Berry, les protestants s'étaient réfugiés dans le château de Sancerre, forteresse difficilement prenable, qu'ils tenaient depuis 1550, et qui ne s'était pas rendue à la paix de Saint-Germain. La Saint-Barthélemy

---

42 Né, en 1524, au château de Biron, en Périgord, un des quatre premiers barons du Périgord, il a d'abord été page de Marguerite de Navarre ce qui, bien qu'il fut demeuré catholique, a pu le tenir suspect d'évangélisme. Il guerroie avec courage en Italie, obtenant du maréchal de Brissac le guidon de cent hommes d'armes. Blessé par une arquebusade au siège de Mazin, il en reste boiteux, et le roi le récompense en le recevant gentilhomme de sa chambre. Les guerres de Religion étant déclarées, il combat dans le camp du roi, dans l'armée des Guises, comme maréchal de camp à Dreux (1562), il commande la cavalerie à la Journée de Saint-Denis (1567) puis à Moncontour (1569), il obtient la charge de grand maître de l'artillerie. L'année précédente, Charles IX lui avait donné les pleins pouvoir pour conclure, avec De Mesme, seigneur de Malassis, une paix avec les réformés ; et c'est ainsi que la paix de St-Germain (8 août 1570) fut qualifiée de « paix boiteuse et mal assise ». Il avait, ensuite, pris une part très active dans le projet de mariage entre Navarre et Marguerite de Valois. En 1559, il avait épousé Jeanne d'Ornézan, une des plus riches héritières de Gascogne, qui lui apportait la seigneurie de Saint-Plancard, aux confins de l'Astarac et du Comminges.

43 Le lieutenant général du bailli de Caen à Matignon, Caen, 27 décembre 1572 (APM, J 125).

y avait provoqué l'afflux de réfugiés. La résistance des Sancerrois, durant son terrible siège (7 février-24 août 1573), a été héroïsée sous la plume du pasteur, et témoin, Jean de Léry, dans un ouvrage célèbre, et partisan, qui a le défaut d'en constituer l'unique référence. Signalons, d'ailleurs, que celui-ci avait représenté les Églises d'Orléans et du Berry à l'étonnant – et inquiétant – synode national des Églises réformées, à Nîmes, au mois de mai précédant. On ne s'étonnera donc pas que l'auteur de *L'histoire mémorable* s'attache à y démontrer combien les catholiques du lieu auraient fait cause commune avec les protestants, pour s'opposer aux armées du roi, projet irénique soutenu à Nîmes[44]. Avec d'autres points de ce minutieux récit édifiant, il faut mettre en doute cette union des cœurs et des confessions.

N'ayant plus d'espoir d'obtenir la soumission de La Rochelle, il est envisagé d'en faire le siège, à l'issue des fêtes de fin d'année, sous le commandement du duc d'Anjou. Élisabeth Ire, travaillée par les émissaires de Catherine de Médicis, et toujours liée à la France par le traité de 1572, apporte cependant un secours, limité, à La Rochelle, si ce n'est un soutien à la flotte de secours que Montgomery rassemble en Angleterre mais qui, le 20 avril suivant, échoue à forcer le blocus.

L'édit de Boulogne (11 juillet 1573), et la capitulation de Sancerre, le mois suivant, mettent fin au conflit. La Diète du 11 mai 1573 l'ayant proclamé roi de Pologne, à la fin de l'année, Henri d'Anjou se met en route vers son royaume. Mais, si nombreux sont ceux qui rentrent dans le rang, Montgomery persiste à se battre, et les protestants du Midi, quant à eux, refusent l'édit de paix.

MARGUERITE, FRANÇOIS, ET LES MALCONTENTS

La conjuration des Malcontents (27-28 février 1574), engage à une cinquième guerre de Religion. Marguerite manifestait beaucoup de tendresse à l'égard de son frère, cadet d'un an, François d'Alençon. Dernier des Valois, ambitieux, après la Saint-Barthélemy, il avait pris la tête des Malcontents, en se rapprochant d'Henri de Navarre. Comme ce dernier, il se trouvait à la cour sous surveillance. Les Malcontents regroupaient des catholiques modérés (futurs « politiques ») et des protestants, qui se trouvaient très affectés par les massacres, et par

---

44 Léry Jean de, *Histoire mémorable de la ville de Sancerre* [...], s.l., 1574, p. 27-62.

la politique autoritaire de la royauté, influencée par des catholiques radicaux. De grands féodaux, comme le duc de Montmorency, retiré sur ses terres, qui avaient été écartés du pouvoir, comme les partisans d'Henri d'Anjou, désormais roi de Pologne, s'y joignaient. On trouvait donc parmi eux, outre Henri de Navarre et Henri de Condé, les quatre fils de l'ancien connétable de France, Anne de Montmorency : François, maréchal de Montmorency, Henri, comte de Damville, Charles, seigneur de Méru, et Guillaume, seigneur de Thoré. S'y ajoutaient leur neveu : Henri de La Tour d'Auvergne, vicomte de Turenne, ainsi que Gabriel de Lorges, comte de Montgomery qui, échappé à la Saint-Barthélemy, s'était réfugié en Angleterre.

Des théories monarchomaques, contestant l'autorité royale, qui circulaient en Allemagne et en Angleterre, étaient propagées en France par les protestants, à travers les écrits de François Hotman (*Franco-Gallia*, 1573) ou de Théodore de Bèze, lequel, en 1564, avait succédé au défunt Calvin (*Du droit des magistrats sur leurs sujets*, 1574), Hubert Languet ou encore Étienne de La Boétie. Les monarchomaques défendent l'autorité du peuple qui, réuni en assemblée, peut élaborer la loi et choisir le roi par élection. Si celui-ci ne gouverne pas pour le bien de tous et ne respecte pas les libertés et franchises du peuple, il est légitime de se révolter.

Charles IX moribond, et son frère sur le trône de Pologne, l'objectif des conjurés est d'écarter Catherine de Médicis d'une nouvelle régence, et de faire de François d'Alençon l'héritier du trône de France. À la fin de l'année 1573, le roi et la reine mère avaient tenté d'apaiser cette fronde, en restituant le gouvernement de Picardie au prince de Condé, en appelant le duc François de Montmorency au Conseil du roi, et en nommant François d'Alençon chef du Conseil et commandant des forces publiques. Comme son frère l'était alors, gage de pouvoir, ce dernier nourrissait le désir d'être nommé, à son tour, lieutenant général du royaume, après la mort de Charles IX (30 mai 1574). Dans l'immédiat, Charles IX et la reine mère apportaient un certain soutien aux révoltés des Pays-Bas. Mais, le 16 février 1574, ces efforts sont réduits à néant quand le duc de Guise agresse un gentilhomme du duc d'Alençon, qu'il soupçonne d'être mandaté par Montmorency pour le tuer. Montmorency, qui craint pour sa vie, quitte alors la cour et le Conseil du roi qui, désormais, revient sous le contrôle des Guises et des intransigeants. Les deux frères cadets de Montmorency, Thoré et Méru, encore plus déterminés, avec le concours de La Môle[45], favori du duc d'Alençon, organisent l'évasion des princes vers les Pays-Bas.

L'action est fixée au moment où la cour est à Saint-Germain-en-Laye, mais celle-ci, qui est informée de la présence prématurée de 7 à 800 cavaliers et fantassins aux alentours (sous les ordres de Jean de Chaumont, seigneur de Guitry, officier de Navarre), prend peur, et se réfugie sur Paris, dans la nuit du 27 au 28 février. C'est « l'effroi de Saint-Germain ». Le roi, gravement souffrant, est amené au château de Vincennes, et Catherine de Médicis fait monter dans les carrosses Alençon et Navarre, afin qu'ils y soient surveillés de près. Charles IX accepte de temporiser, et de recevoir comme explication de ce rassemblement armé que les protestants redoutaient une nouvelle Saint-Barthélemy. Mais, craignant d'être découverts, Alençon et La Môle choisissent, eux, d'avouer la conjuration à la reine mère. Le roi pardonne, malgré tout, à son frère, tout en redoublant sa surveillance, ainsi que celle de Navarre. Avec sa mère, il fait mine de croire son beau-frère, Navarre, lorsqu'il prétend avoir été entraîné par Alençon dans l'espoir d'un meilleur traitement, ne sachant, dit-il, rien de plus de la conjuration… et Charles IX rappelle le duc de Montmorency à la cour. Marguerite écrit qu'elle n'a pas eu « connaissance » de ce complot. Considérant ses relations avec Alençon, et alors qu'elle était, de notoriété publique, la maîtresse de La Môle, il est difficile de la croire[46]. Elle n'avait pu que dévoiler les propos de Miossens et de La Môle.

Un second complot n'en est pas moins ourdi, pour le 10 avril. Alençon et La Môle bénéficient du soutien de Marguerite, amante, donc, de ce dernier, mais, aussi, du concours des duchesses de Nevers et de Retz. C'est un gentilhomme piémontais, Coconas[47], qui doit amener 200 chevaux

45 Joseph Boniface de La Môle (1526-1574). Il était le fils de Jacques Boniface, seigneur de La Môle et de Colobrières, originaire de la ville de Marseille, et de Marguerite de Pontevès.

46 Brantôme admire Marguerite, qui, contrairement à ses contemporaines, « faisait paraître ses amours et ses faveurs, qu'elle départait comme si elle n'eût de mari et ne fût été sous aucune puissance », et il rappelle le deuil qu'elle porta, ostensiblement, avec la duchesse de Nevers, après la mort de leurs amants. Plus loin, il se désole que les « cinq ou six serviteurs que je lui ai vu de mon temps avoir, se sont morts tous les uns après les autres, non sans un grand regret qu'elle en portait » (Henri de Guise, Martigues, Entragues, La Môle, Bussy d'Amboise …) (Brantôme, *Œuvres complètes*, Paris, Lalanne, 1864-1882, *Des dames*, t. 9, p. 20-21 et p. 189).

47 Annibal, comte de Coconnat, ou Coconas (1535-1574), fait capitaine des Gardes par le duc d'Anjou, était un des favoris du duc d'Alençon.

pour la fuite des princes. Mais le complot est éventé, Montmorency, lui-même, s'opposait à ce type d'action violente. La répression n'en est que plus dure. Des dizaines de personnes sont arrêtées à Paris, dont La Môle et Coconas qui, jugés par le Parlement de Paris, seront exécutés le 30 avril. Le 13, Alençon et Navarre avaient subi un interrogatoire, et la reine de Navarre avait rédigé, à l'intention de son mari, et à sa demande, un mémoire justificatif, afin de plaider en leur faveur[48]. Marguerite et la duchesse de Nevers, éplorées, auraient porté le deuil de leurs amants respectifs. Le triste sort de ces gentilshommes a ouvert la voie à Alexandre Dumas, pour l'écriture de *La reine Margot* (1845). Il est certain que les rumeurs allaient bon train à la cour, et qu'elles restent indélébiles. Le pamphlet protestant *Le Divorce satyrique* (1607) prétendra que Margot avait emporté la tête de son amant après l'exécution, qu'elle l'avait faite embaumée pour la conserver dans un cabinet derrière son lit à l'Hôtel de Nesle. On raconte, aussi, qu'elle avait fait ensevelir le corps de son amant dans l'actuelle rue Yvonne-Le-Tac[49] !

Claude Catherine (« Claudine ») de Clermont, maréchale de Retz, d'une grande culture, dont l'époux était en Pologne, avec Henriette de Nevers, dont le mari est, alors, hors de France, plus âgées que Marguerite d'une décennie, Jeanne de Dampierre, veuve, proche de Marguerite, et mère de la duchesse de Retz, qui sera première dame d'honneur de la reine, Mme de Curton, mais aussi la jeune Mademoiselle de Thorigny, Gilone Goyon, fille de Jacques de Matignon[50], fille d'honneur de la reine mère, et confidente de Marguerite, sont, selon le nonce Salviati,

---

48 *Mémoire justificatif pour Henri de Bourbon roi de Navarre* [1574], (*Mémoires et autres écrits de Marguerite de Valois*, *op. cit.*, p. 183-189).

49 Jacqueline Boucher a bien expliqué la formation de cette calomnie (*Deux épouses et reines à la fin du* XVI*e siècle*, *op. cit.*, p. 193).

50 Jacques Goyon, sire de Matignon, comte de Thorigny. Issu d'une ancienne maison de Bretagne établie en Normandie, il est né en 1525 et a été élevé à la cour de François Ier, en qualité d'enfant d'honneur du Dauphin. Il fait ses premières armes contre les Impériaux, lors de la conquête des Trois-Évêchés. Il devient capitaine des chevau-légers et se bat brillamment jusqu'à la conclusion de la paix de Cateau-Cambrésis. Il épouse Françoise de Daillon du Lude. Catherine de Médicis l'emploie dans diverses négociations. Gentilhomme de la Chambre, capitaine de cinquante hommes d'armes, il est fait chevalier de l'Ordre et devient lieutenant général en Basse-Normandie. Il prend part aux guerres civiles, comme maréchal de camp dans l'armée royale. Il est notamment à Jarnac et à Moncontour. Il empêche tout massacre dans son gouvernement lors de la Saint-Barthélemy. Sous le règne d'Henri III, il est fait un des quatre maréchaux de France, dans la même promotion que Biron. Il prend part au voyage en Gascogne qui se termine par la paix de Nérac et reçoit l'ordre du Saint-Esprit. Il conquiert La Fère sur Condé.

en avril-mai 1574, les dames les mieux informées sur les événements[51]. Celles-ci, avec les affaires de cœur qui les entourent, prennent part à l'imbroglio politique[52].

La mauvaise langue de Du Guast en ajoute encore, en accusant Marguerite d'adultère avec Charles de Balzac d'Entragues, dit « le bel Antragues », ou plus familièrement « Bidé ». Il lui prête ensuite pour amant Bussy d'Amboise, alors que le roi de Navarre et Alençon, de leur côté, se disputent les faveurs de Madame de Sauve… Marguerite pense, sûrement avec raison, que cet élément de discorde amoureuse émanait de la volonté de la reine mère et de Henri III, qui s'attachaient à rendre rivaux les deux princes, et cela dès le séjour de la cour en Avignon (fin 1574). Marguerite nourrit une haine intense, et éternelle, pour ce dangereux persifleur de Du Guast, à tel point qu'elle le fait intervenir dans ses *Mémoires* plus de trois mois après son assassinat, auquel elle pourrait ne pas être étrangère, d'ailleurs ; autre erreur de chronologie[53]. Jacqueline Boucher pense que Marguerite a masqué la vérité au sujet de la raison qui, au début de l'année 1575, lui fait choisir les intérêts de son frère, au détriment de ceux de son mari, provoquant de graves dissensions entre les deux, au bénéfice de Henri III qui voulait briser leur alliance de 1574. Elle ne pouvait, ainsi, que contribuer à la dislocation de l'État. Jusqu'au printemps 1575, Marguerite et Navarre semblent encore alliés pour écarter Catherine de Médicis du pouvoir, laquelle, sans vraiment y croire, se dit lasse des affaires. Contrairement à Éliane Viennot, qui considère que la présence de Bussy est « secondaire » dans la décision

51 *Correspondance du nonce Antonio Maria Salviati*, Hurtubise Pierre et Toupin Robert (éd.), Université Pontificale Grégorienne, Rome, École Française de Rome, 1975, t. 1, (*Acta nuntiaturae gallicae*, 12), p. 829-832.

52 Jeanne de Vivonne, veuve de Claude de Clermont, baron de Dampierre, était aussi la tante de Brantôme, qui a puisé à ses connaissances sur la cour, et qui écrivait d'elle : « qu'elle savait tout et du présent et du passé si bien qu'on prenait langue d'elle comme d'un oracle ». Elle s'éteint en 1583, âgée de soixante-douze ans. Mlle de Thorigny avait bien servi Navarre durant sa captivité à Vincennes, bien qu'elle en eut peu de reconnaissance, et Jacqueline Boucher pense qu'elle a pu servir d'agent de liaison, entre Marguerite et La Môle.

53 *Mémoires et autres écrits de Marguerite de Valois*, *op. cit.*, p. 83. Du Guast est assassiné, à Paris, par le baron de Vitteaux, un féroce ennemi, mais qui a probablement agi sur ordre. L'ambassadeur de Venise pense qu'il s'agit d'Alençon (BnF, ms it. 1729, f° 346-351). Il avait nombre d'ennemis, mais Marguerite, comme la duchesse de Nevers, l'ont, probablement, au moins cautionné. Jacques-Auguste de Thou, une fois encore, cherche à incriminer Marguerite, alors que Brantôme l'innocente.

de Marguerite[54], pour Jacqueline Boucher, c'est bien la passion que Marguerite éprouve pour ce dernier qui l'incite à prendre parti pour Alençon. Elle éclaire, ainsi, la colère de Navarre contre Mlle de Thorigny, qui assurait les relations entre les amants[55]. Cet auteur révèle, très habilement, le rôle joué par cet efficace agent de liaison, et elle démontre, de manière convaincante, que, dans ses *Mémoires*, rédigés trente ans après les faits (et publiés en 1628 à partir d'originaux perdus), Marguerite a cherché à minimiser son rôle politique, et à se présenter comme une victime de Du Guast[56].

La passion amoureuse, avec ses errances, n'occuperait-elle que le cœur des hommes de la Renaissance, et non celui des femmes, jusqu'à ceux des sages Brantôme ou Dufaur de Pibrac, amoureux transis de Marguerite ? Toujours est-il, qu'en juin 1575, Marguerite écrit, qu'avec son époux, « nous ne couchions plus ensemble et ne parlions plus ensemble[57] ». Navarre déclare, à ce moment-là, qu'il formera un parti contre Monsieur, frère du roi, et, à l'automne suivant, Henri III porte l'estocade, en laissant espérer à ce dernier « qu'il serait fait lieutenant général de Sa Majesté en toutes ses armées[58] ».

Quoi qu'il en soit, la conjuration des Malcontent s'était accompagnée d'une nouvelle prise d'armes par les protestants, censée l'appuyer. On retrouve le même procédé insurrectionnel que celui du « complot de la Saint-Michel » de 1567. Fixées à ce jour, de multiples « surprises » de villes avaient alors accompagné la « surprise » de Meaux (28 septembre 1567), à laquelle la famille royale échappa *in extremis*. Là, il s'agit désormais de « la surprise du Mardi-Gras », qui ouvre la cinquième guerre de Religion, les différentes provinces huguenotes devant se soulever cette même nuit du 22 au 23 février 1574. Fort de son organisation provinciale, le parti huguenot excellait dans le complot. Costumés en carnaval, raillant ainsi le Carême catholique, les insurgés s'emparent de diverses places fortes, depuis La Rochelle, sous les ordres de La Noue, pour la Saintonge et le Poitou, comme Saint-Jean-d'Angély, que Biron lui reprend, mais comme aussi en Languedoc et en Dauphiné. Là, c'est

54 Viennot Éliane., *Marguerite de Valois*, *op. cit.*, p. 93.

55 Boucher Jacqueline, *Deux épouses et reines*, *op. cit.*, p. 195-196.

56 *Idem*, p. 196-197.

57 *Mémoires et autres écrits de Marguerite de Valois*, *op. cit.*, p. 78.

58 Cheverny Philippe Hurault, comte de, *Les mémoires d'Estat de messire Philippes Hurault, comte de Cheverny, chancelier de France*, Paris, Pierre Billaine, 1636, t. 1, p. 87-90.

Montbrun qui, assisté de Lesdiguières, parvient à s'emparer de Serres, mais échoue devant Grenoble. Montgomery, quant à lui, lance une offensive sur la Normandie, sa terre natale où il conserve de nombreux appuis. Les troupes devaient ensuite converger vers Saint-Germain, où on espérait la réussite de la conjuration des Malcontents.

Le 4 mai, c'est le duc de Montmorency et le maréchal de Cossé[59] qui sont embastillés, alors que Condé, Thoré et Turenne s'enfuient, et que Henri de Montmorency-Damville, gouverneur de Languedoc, furieux de l'arrestation de son frère, mécontent de l'hostilité du parlement de Toulouse, et des Toulousains qui, depuis les ravages de l'armée des Princes, en 1570, lui refusent toute confiance, et d'abord son entrée, et méfiant à l'égard du roi, choisit, dès avril 1574, d'entrer en pourparlers avec les protestants de Languedoc, tellement structurés et forts dans ce pays d'états. En juillet suivant, lors de leur assemblée politique de Millau, ils l'élisent leur protecteur dans la province. Le 12 janvier 1575, à Nîmes, sans jamais renoncer à sa foi catholique, Damville signe les articles d'une association avec eux. L'entourage de Charles IX, le considérait déjà comme trop indulgent à l'égard des huguenots, et l'attitude de ses frères, liés aux conspirations du duc d'Alençon, de Navarre et de Condé, achevait de le convaincre de s'entendre avec les protestants, seule planche de salut[60]. Quand François de Montmorency est arrêté, Damville pense que son tour va venir, alors que les protestants sont prêts à le considérer comme leur protecteur, en tant que *leader* par défaut des « politiques ». Il s'assure alors de plusieurs places et il conclut, de sa propre autorité, une trêve avec les protestants. Charles IX mort, Henri III avait retiré à Damville son gouvernement, mais l'édit de Beaulieu (6 mai 1576) le rétablit officiellement. Nous le voyons, cette étonnante mue du gouverneur de Languedoc, jadis champion du catholicisme romain et guisard, en chef et protecteur des réformés de sa province, était la seule issue, « tactique de survie » (Arlette Jouanna), tant pour lui-même que pour sa maison.

---

59 Artus de Cossé-Brissac, comte de Secondigny, dit « le maréchal de Cossé » (pour le distinguer de son frère, Charles Ier de Cossé, surnommé « le maréchal de Brissac ») (1512-1582). Homme de guerre et diplomate, capitaine de cent hommes d'armes, lieutenant général pour l'Anjou, la Touraine et l'Orléanais, il avait servi fidèlement la royauté, notamment contre les protestants. Mais Catherine de Médicis le soupçonnait d'appuyer les Malcontents. Emprisonné 17 mois, Henri III le libère, en le déclarant innocent.

60 Dom Devic et Dom Vaissète, *Histoire générale de Languedoc*, Toulouse, Privat, 1889, t. 11, p. 580-584.

L'hypothèse d'une subite conversion à une politique de tolérance civile, à l'instar de son frère François, conséquence des massacres de la Saint-Barthélemy, comme on l'a écrit, est loin d'être convaincante. Henri III souhaite, cependant, lui faire laisser le gouvernement de Languedoc contre celui de Saluces. Mais la négociation n'aboutit pas et, à la paix de Bergerac (14 septembre 1577), Damville refuse de se démettre de son gouvernement, vraisemblablement aidé dans sa prise de décision par une somptueuse dotation de Philippe II, qui voyait d'un très mauvais œil cette substitution de gouvernement[61].

Les tractations, entre Damville et Philippe II vont se continuer, celui-ci continuant à lui apporter un soutien financier, d'abord par l'intermédiaire de Charles-Emmanuel de Savoie. Il faudra attendre la mort du duc d'Anjou (10 juin 1584) pour que celles-ci passent au second plan, au profit du duc de Guise, puissant en Bourgogne, Champagne et Picardie, régions plus stratégiques que le Languedoc pour l'Espagne. Ce sera le traité de Joinville, signé le 17 janvier 1585, et non pas le 31 décembre 1584, comme on l'écrit[62]. Les tergiversations de l'opportuniste Damville avaient fini par lasser le champion de la cause catholique. Guise, lui, allait agir[63]. Avec la victoire, apparente, de la Ligue, en 1588, ce ne sera plus Damville, mais son lieutenant général, le duc de Joyeuse, qui recevra le soutien du Roi Catholique.

Pour l'instant, des navires, en Angleterre, se préparaient à intervenir sur les côtes normandes, voire bretonnes, à la rescousse de Montgomery. Mais, la reine d'Angleterre souhaitait demeurer en bons termes avec Charles IX, et ce ne sont pas directement ses sujets, mais des Gueux de mer et des Français réfugiés qui prennent en main les opérations, avec le soutien du lord-grand-amiral d'Angleterre, Edward, comte de Clinton, ambassadeur en France, lequel est en relation avec Montgomery[64]. Jacques de Matignon (père de Mlle de Thorigny), lieutenant du gouverneur en Normandie, parvient à se saisir de lui, au siège de Domfront[65]. Quatre

---

61 Davies Joan, « The Duc de Montmorency, Philip II and the House of Savoy : a neglected aspect of the sixteenth-century French Civil Wars », *English Historical Review*, oct. 1990, p. 870-892.

62 Vázquez de Prada Valentín. *Felipe II y Francia (1559-1598). Política, Religión y Razón de Estado.* Pamplona, EUNSA, 2004, p. 283.

63 Brunet Serge, *« De l'espagnol dedans le ventre ! »*, *op. cit.*, p. 546-549.

64 Charles IX à Matignon, Bois de Vincennes, 24 mai 1574 (APM, J 118, 117e lettre, copie).

65 Sauvage Hippolyte, *Domfront, son siège de 1574 et sa capitulation, d'après les documents officiels et divers manuscrits contemporains*, Domfront, F. Liard, 1879.

jours après, le 30 mai, Charles IX meurt, en sa 24e année. Catherine de Médicis assure, une nouvelle fois, la régence, dans l'attente, non assurée, du retour de Pologne d'Henri III. Elle a la satisfaction, le 26 juin, de l'exécution du meurtrier de son époux, Montgomery[66].

Le 6 septembre 1574, Henri III, qui a fui son trône de Pologne, est en France, mais il se heurte à la forte résistance du Midi huguenot. Entrant dans Avignon, ou Marguerite, avec la cour, le retrouve, le 16 novembre, pour l'accompagner ensuite vers son sacre, à Reims, et son mariage avec Louise de Vaudémont-Lorraine (13-15 février 1575), il se heurte à l'intransigeance de Damville, et part sous la pression des Malcontents de Languedoc.

UN COUPLE ROYAL CAPTIF ET SANS ROYAUME ?

Depuis la capture de la Haute-Navarre par Ferdinand le Catholique, non seulement le royaume des Albret était réduit à la portion congrue du maigre « *Ultra Puertos* » ou Basse-Navarre, mais le port de cette couronne leur était contesté par les Rois Catholiques. Henri d'Albret, époux de Marguerite d'Angoulême, puis sa fille, Jeanne d'Albret et son gendre, Antoine de Bourbon, avec leurs enfants, Henri et Catherine, sur les marges du royaume de France, augmentées de l'héritage des Armagnac, demeuraient dans l'attraction, si ce n'est la sujétion, des Valois, d'abord au moment de choisir leurs alliances. La cour de France était leur prison dorée. Jeanne d'Albret, en soumettant ses terres au calvinisme, avait pris le dangereux parti de rejeter ce joug, et d'accroitre la menace espagnole. Face à des Valois-Angoulême incapables d'assurer leur descendance, la reine de la huguenoterie gardait entre ses mains les cartes maîtresses des premiers princes de sang, ses fils et neveu : les Henri de Navarre et de Condé. Seul le mariage du second la satisfaisait. Elle avait soumis ses

66 Cette capture, avec les succès de Matignon, réjouissent tant la reine mère qu'Henri III s'empresse, avant tout autre gratification, de lui accorder 100 000 francs sur tous les biens du régicide (Henri III à Matignon, 10 septembre 1574, APM, J 42, n° 26). Fervacques, qui avait mené l'assaut en y étant blessé, recevra l'ordre du Saint-Esprit, le grade de lieutenant général au gouvernement de Normandie, le bâton de maréchal de France et, plus tard, Marie de Médicis érigera sa terre de Grangey en duché-pairie. Le capitaine de Sainte-Colombe, qui n'avait pas oublié le massacre de Navarrens, meurt à l'assaut victorieux. Charles IX, qui s'en désole, avant de s'éteindre, accorde sa compagnie à son lieutenant, le capitaine Roger (Charles IX à Matignon, Bois de Vincennes, 31 mai 1574, BnF, ms fr. 3255, f° 32, n° 27). Charles du Puy-Montbrun, chef des huguenots du Dauphiné, est, également, condamné et exécuté.

terres de souveraineté à la Confession de foi de La Rochelle, mais elle venait de s'éteindre, et la fine fleur de la noblesse militaire et féodale huguenote avait péri, avec l'Amiral, voire s'était convertie. Que restait-il, alors de son œuvre ? L'historiographie aime à parler d'une forme de « tolérance » de la part d'Henri III de Navarre ; ne nous y trompons pas : il s'agit, plutôt, d'un voile d'impuissance.

Non seulement le roi de Navarre est désormais catholique mais, avec son épouse, il est « retenu » à la cour de France, et il accompagne le duc d'Anjou au siège de La Rochelle. Quelle peut être l'attitude de ses sujets, et quelle autorité garde-t-il sur eux ? Les partisans de Condé lui reprocheront cette accointance.

Le 16 octobre, désormais converti, Navarre signe un édit qui rétablit en Béarn la religion catholique romaine, exige la restitution des biens de l'Église, et l'expulsion du pays les ministres protestants. Pour l'y appliquer, « après avoir eu, sur ce, le bon et prudent avis de notre chère et très honorée dame la reine, notre belle-mère [Catherine de Médicis], de la reine notre très chère et très aimée compagne et épouse [Marguerite], et de notre très cher et très aimé oncle Monsieur le cardinal de Bourbon[67] », il nomme Antoine de Gramont[68].

---

67 Cité par : Harai Dénes, « Les lieutenants généraux de Jeanne d'Albret et d'Henri de Navarre (1564-1576) », Chareyre Philippe, Adot Luga Álvaro et Harai Dénes (dir.), *Les alter ego des souverains. Vice-rois et lieutenants généraux en Europe et dans les Amériques (XVe-XVIIe s.)*, Pau, PUPPA, 2021, p. 363-393. Les biens ecclésiastiques avaient été saisis le 2 octobre 1569, l'exercice du culte catholique interdit, le 28 janvier 1570, les églises paroissiales et cathédrales affectées au culte réformé. Par ses ordonnances ecclésiastiques, en 77 articles, du 26 novembre 1571, Jeanne d'Albret voulait transformer le Béarn en une souveraineté protestante, avec une Église fonctionnant sur le modèle franco-helvétique (Chareyre Philippe, « "La petite Genève de Pau", ou l'Église réformée de Béarn au temps de Marguerite de Navarre », *Albineana. Cahiers d'Aubigné*, t. XXIV, 2012, p. 91-111).

68 Antoine d'Aure, comte de Gramont, avait commencé sa carrière militaire en tant que guidon dans la compagnie du vidame de Chartres, François de Vendôme (1546). En 1549, il épousait Hélène Clermont de Traves, demi-sœur du vidame. Bénéficiant des faveurs de la cour, il était fait chevalier de l'Ordre (1561) et sa baronnie de Guiche était érigée en comté, trois ans plus tard, alors qu'il assurait la lieutenance générale du royaume de Navarre, de 1564 à 1565. En 1567, son fils, Philibert, s'était uni avec sa cousine, Diane d'Andoins, dite Corisande, selon le rite calviniste, pour la satisfaction de Jeanne d'Albret. Il semble d'abord protestant, mêlé aux chefs de ce parti. On a écrit que, comme Henri de Navarre, sa conversion serait consécutive de la Saint-Barthélemy. Nous avons démontré qu'elle lui est antérieure ; et elle sera durable. Durant l'occupation du Béarn par Terride, il est resté neutre. Il s'éteint en 1578 (Brunet Serge, « *De l'Espagnol dedans le ventre !* », *op. cit.*, p. 300).

Les Gramont (Agramont), seigneurs navarrais, faisaient partie, dès le XIIe siècle, des douze *ricombres* qui conseillaient les rois de Navarre. Depuis 1472, ils sont capitaines, puis gouverneurs de Bayonne et, aux XVIe et XVIIe siècle, ils s'y succèdent à la mairie. Antoine, comte de Gramont, comte de Guiche, vicomte d'Asper, s'était autoproclamé, en 1570, « prince souverain » de Bidache.

Les gentilshommes catholiques de Béarn et de Basse-Navarre exultent en apprenant la nomination de Gramont, et les Espagnols s'en réjouissent. Mais l'affaire n'est pas simple. La commission ne récuse pas, de façon explicite, le baron d'Arros, dont Navarre avait réactivé la fonction de lieutenant général, en lui abandonnant, devenant roi au décès de sa mère, le 13 juin 1572. Arguties juridiques, assurément, mais le Conseil souverain de Béarn se refuse d'enregistrer la nomination de Gramont. Il est soutenu par Catherine de Bourbon, régente du Béarn en l'absence de son frère[69]. Et, en avril 1573, par un audacieux coup de main d'Arros, Gramont et une partie des gentilshommes de sa suite sont faits prisonniers au château d'Hagetmau. Ils ne seront libérés qu'au début du mois d'août suivant, sur les ordres d'Henri de Navarre, la paix de La Rochelle (29 juin) ayant été signée, au terme d'un accord par lequel Gramont s'engagera à ne pas poursuivre D'Arros, et à ne tenter aucune « entreprise » contre l'Église réformée de Béarn[70]. Le 22 novembre 1573, Navarre prend un second édit, par lequel il révoque les mesures prises par sa mère, qui seraient contraires à l'édit d'octobre. À nouveau, le Conseil souverain de Béarn refuse de l'enregistrer.

Durant la quatrième guerre de Religion, Bernard d'Arros fait la guerre aux catholiques et au roi de France, alors que son souverain, au siège de La Rochelle, combat dans l'armée royale, contre les huguenots ! Les Béarnais lui désobéissent donc en faisant la guerre aux catholiques du comté de Bigorre, possession de Navarre. Au printemps 1573, ils s'en prennent à Saint-Pé et à Lourdes, en menaçant Tarbes, que Gramont

---

69 Greengrass Mark, « L'expérience calviniste en Béarn », *Revue de Pau et de Béarn*, n° 21, 1994, p. 52.

70 Lettres de Henri de Navarre au baron d'Arros, au camp de Nyeul, près de La Rochelle, 8 et 29 juin 1573 (Communay Arnaud, *Les huguenots dans le Béarn et la Navarre*, Paris-Auch, Champion-Cocharaux, 1885, p. 153-156 et 157-158). D'Aubigné raconte cette affaire d'une manière très partiale et erronée, visant à la dramatiser (Aubigné Agrippa d', *Histoire universelle depuis 1550 jusqu'en 1601*, 1616-1620, Genève, Droz, 1981-2000, t. 4, liv. VII, chap. IV, p. 183-185). Thierry André, dans *Études seiziémistes offertes à V. L. Saulnier*, Genève, Droz, 1980, p. 373 et suiv.

s'efforce de protéger. En juin suivant, à la tête de 3 000 Béarnais, D'Arros, ne pouvant enlever le château de Lourdes, pille Tarbes et massacre ses habitants. Les milices montagnardes du Lavedan, venues à la rescousse, le contraignent à retourner en Béarn.

Malgré l'édit de paix de Boulogne (11 juillet 1573), l'attaque se renouvelle en mars 1574, Gramont ne parvenant pas à apaiser les tensions. Floués par une déclaration de non belligérance, ayant baissé la garde, les Tarbais voient à nouveau leur cité enlevée par les Béarnais du capitaine Lysier, lui-même sous les ordres du vieux D'Arros[71]. Gramont, soutenu par des troupes envoyées par Jean de Nogaret, baron de La Valette, un des lieutenants généraux en Guyenne, parvient à reprendre Tarbes et à chasser les huguenots de la Bigorre[72]. Bien doté de garnisons, le pays de Bigorre sera, enfin, épargné, jusqu'à la guerre de la Ligue. Mais le lieutenant général en Béarn entretient, encore, des négociations avec les morisques, très présents en Aragon, lesquels projettent de se soulever contre Philippe II. Ces derniers lui promettent 12 000 ducats contre son aide militaire dans leur soulèvement[73].

Les officiers du roi de Navarre craignent le rattachement au royaume de France. Un mémoire envoyé au vice-roi de Navarre, Vespasiano de Gonzaga, prince de Sabionetta, par le basque Georges de Mendi, informateur de confiance, fait état des inquiétudes des officiers d'Henri de Navarre. Ils redoutent que le Béarn et la Navarre ne soient annexés à la

---

71 Mauran Guillaume, *Sommaire description du païs et comté de Bigorre*, Balencie, Gaston (éd.), Paris-Auch, Champion-Cocharaux, 1887, p. 146-173. Durier Charles, *Les huguenots en Bigorre*, Paris-Auch, Champion-Cocharaux, 1884, p. 165-166.

72 Honorat de Savoie, marquis de Villars, avait été nommé lieutenant général en Guyenne, en juin 1570, mais ce vaste gouvernement est dédoublé en 1573. Antoine de Lustrac, seigneur de Canabazès, de La Martinie et de Losses, est nommé lieutenant du roi en Guyenne pour l'Agenais et les pays de rive droite de la Garonne. La Valette garde la lieutenance pour la partie située sur la rive gauche. René de Gramond, écuyer, sieur de Montastruc, postulait pour une troisième lieutenance en Guyenne (Andrieu Jules, *Histoire de l'Agenais*, Paris-Agen, Picard-Ferran, 1893, t. 1, p. 269). La Valette meurt en 1575.

73 Deux agents de liaison français sont arrêtés, en 1575, et questionnés par l'Inquisition (Carrasco Raphaël, « Péril ottoman et solidarité morisque (La tentative de soulèvement des morisques des années 1577-1583) », *Revue d'histoire maghrébine*, 1982, 9e année, n° 25-26, p. 37). Brunet Serge, « Los Pirineos en el siglo XVI : una frontera religiosa », dans Ciaramitaro Fernando y De La Puente Brunke José (ed.), *Extranjeros, naturales y fronteras en la América Ibérica y Europa (1492-1830)*, UACM (Universidad Autònoma de la Ciutad de México) – Edit-um (Ediciones de la Universidad de Murcia), Mexico, 2017, p. 115-180.

France, perdant ainsi leur statut et leurs privilèges. Le vice-chancelier de Navarre, Michel de La Motte, autre fidèle de feue Jeanne d'Albret, également basque, considère que si les sujets d'Henri sont forcés à devenir français, ils préfèreront « suivre le parti de l'Espagne ». Le baron d'Arros et La Salle, gouverneur de Navarrenx, penseraient de même[74]. Gonzaga juge alors nécessaire d'exploiter cette situation et, en juin et juillet 1574, il envoie à Philippe II des mémoires qui tendent à démontrer que leur roi étant prisonnier, ses sujets peuvent, selon leurs *fueros*, procéder à l'élection d'un autre souverain. Celui-ci pourrait être Philippe II, qui entrerait ainsi pacifiquement en Basse-Navarre et en Béarn[75].

Rappelons que, contrairement aux monarchies française et espagnole qui, bien que de manière différente, intègrent la sacralité, le vicomte de Béarn ne tenait pas ses droits souverains de Dieu. Les Fors rappelaient que ce pouvoir était d'origine élective[76]. De plus, la loi salique ne s'applique pas en Navarre et en Béarn ; à défaut d'Henri, sa sœur, Catherine, pourrait succéder. La mort de Charles IX (30 mai) laisse cependant la situation en suspens et on préfère attendre l'arrivée du roi de Pologne. Pour le moment, il est choisi de poursuivre les négociations, par l'intermédiaire de Georges de Mendi, catholique, maire d'Albesa et grand ami de Gramont, qui est bien placé pour cette affaire. On rappelle les services importants qu'il a rendu à Beltrán de la Cueva, duc d'Alburquerque, vice-roi de Navarre au début du règne de Philippe II.

Mendi parle alors longuement de ce projet avec La Motte, qu'il trouve fort disposé. Les deux s'accordent pour en discuter avec D'Arros.

74 Mendi demande (vraisemblablement à Gonzaga, ou à Francès de Álava, ancien ambassadeur en France, devenu l'équivalent d'un Grand Espion de Philippe II, depuis sa Navarre natale), s'il « faut arrêter l'affaire ou bien y travailler par l'intermédiaire dudit vice-chancelier » qui semble le mieux disposé (Pampelune, 31 mai 1574, AGS, *Estado* 395 n° 42). Voir : Brunet Serge, « Francès de Álava : aux origines du Grand Espion du Roi Catholique », ainsi que : « L'espionnage espagnol dans la France des guerres de Religion (1562-1598) », Braun Guido and Lachenicht Susanne (eds.), *Spies, Espionage and Secret Diplomacy in the Early Modern Period*, Universität Bayreuth, 5-7 october 2017, Kohlhammer, Stuttgart, 2021, p. 143-170 et p. 171-196.

75 « Il est assuré que les Béarnais se trouvent dans une impasse majeure, et qu'ils ressentent avec une grande douleur les fourberies de leur Prince, lequel dissimule autant qu'il le peut » (« *Lo que en substancia contienen las cartas que en diversas vézes ha escripto Vespasiano Gonzaga á su Magestad, en junio, y julió 1574. Sobre el particular de los Bearneses, y Vascos* » (AGS, *Estado* 359, n° 47). Le 24 mars 1574, à Vincennes, le roi de Navarre a déclaré publiquement qu'il s'engage à servir le roi de France, et ce texte a été imprimé (AGS, *Estado* K 1528).

76 Desplat Christian (éd.), *Le For d'Henri II d'Albret (1551)*, Pau, 1986.

Le vice-roi note bien que, pour l'instant, aucune demande financière n'accompagne ces négociations. Il se prend à rêver que Philippe II pourrait occuper l'ensemble des biens des Albret-Navarre, jusqu'à l'Armagnac et à la Gascogne. À l'instar des cantons suisses, les fameuses milices béarnaises pourraient suffire pour tenir ces terres, sans le besoin de troupes espagnoles. Nous retrouverons ce rêve de frontière avec la Ligue campanère, dix à vingt ans plus tard[77].

Au début des tractations, le retour des conjurés à la foi catholique, à l'instar de Gramont, était considéré comme une condition nécessaire à leur poursuite. Puis les Espagnols deviennent moins exigeants. Gonzaga écrit qu'il ne faut pas s'arrêter au fait qu'ils sont hérétiques.

> C'est Vendôme [Henri de Navarre] qui les a obligés à embrasser cette religion pour son propre intérêt, et qui ne leur laisse pas connaître la vérité, et ainsi il est certain qu'ils la suivraient sous l'autorité du gouvernement de Sa Majesté [Philippe II]. Et D'Arros, si on lui enlevait cette contagion, on le considère comme un homme sage et juste, et il a suivi l'Empereur Notre Seigneur qui est en gloire [Charles Quint] dans certaines guerres, et il parle de ces choses de manière si tempérée et le vice-chancelier dit qu'il est pour la justice la plus totale.

Dans ces étonnantes intrigues navarraises autour de terres de souveraineté frontalières, la variable religieuse devient contingente face aux intérêts politiques. L'Espagne, soutien traditionnel des catholiques du Béarn et de Basse-Navarre contre Jeanne d'Albret, était disposée à soutenir les cadres protestants en rébellion contre son fils. Cette affaire démontre également que, dès ce moment-là, Henri de Navarre était contraint de revenir à la foi de sa mère, en rompant avec la cour de France, pour espérer trouver la maîtrise de ses terres de souveraineté. En ce qui concerne le vaste domaine des Albret, d'abord celui de l'héritage d'Armagnac, garder le gouvernement de la vaste Guyenne, désormais étendue jusqu'au Poitou, avec ses nombreuses communautés calvinistes, l'était tout autant.

Le fils du baron d'Arros, Jacques, étant mort au combat, en 1574, lui-même atteignant les 80 ans, il quitte, enfin, sa lieutenance. Le 10 mai 1575, en raison de « l'indisposition dudit sieur d'Arros et à sa prière et requête »,

77 Brunet Serge, « La Ligue campanère (Pyrénées centrales) et la fin des Ligues hispanophiles de Guyenne et de Languedoc (1585-1596) », Brunet Serge (éd.), avec la collaboration de José Javier Ruiz Ibáñez, *La Sainte Union des catholiques de France et la fin des guerres de Religion (1585-1629)*, Paris, Classiques Garnier, collection Bibliothèque d'histoire de la Renaissance, 2016, p. 128-194.

Henri de Navarre le décharge de sa fonction de « lieutenant général au royaume de Navarre et pays souverain de Béarn », au profit de Jean d'Albret, baron de Miossens et de Coarraze, seigneur de l'Île d'Oléron, souverain de Bedeilles et chevalier de l'Ordre du roi[78]. Il s'agit d'un fidèle du roi de Navarre. Proche parent, il avait été élevé auprès de lui. Il devait la vie sauve à Margot, lors de la Saint-Barthélemy, comme elle nous le rappelle :

> Et étant quelque peu remise, j'entrai en la petite chambre où couchait ma sœur. Comme j'étais là, Monsieur de Miossans, premier gentilhomme du roi mon mari, et Armagnac, son premier valet de chambre, m'y vinrent trouver pour me prier de leur sauver la vie. Je m'allai jeter à genoux devant le roi et la reine ma mère pour les leur demander ; ce qu'enfin ils m'accordèrent[79].

Miossens semble prendre le relais de Gramont, en s'attachant à rétablir le catholicisme en Béarn[80].

Charles IX mourant, Anjou ayant coiffé la couronne de Pologne, Alençon convoitant celle des Pays-Bas puis celle de France, comme nous le rappelle Marguerite de Valois, la spéculation sur la succession au trône de France était allée bon train dans le parti huguenot. Navarre devait maintenir sa place de premier prince de sang face à son cousin, Condé. Dans l'immédiat, cette situation rendait indispensable sa fuite de la cour de France, les 2-5 février 1576, pour « m'en aller en mon pays, tant pour ma sûreté que pour donner ordre en Béarn et Navarre, où, pour [à cause de] mon absence, je ne suis nullement obéi », lui fait écrire Margot[81]. Le château de Pau expose un portrait d'« Henri roy de Navarre » composé à ce moment-là. Il présente cet homme jeune et vigoureux, glabre, d'une élégance digne de la cour des Valois : collier à trois rangs, cape brodée, toque à plumet ornée de quatre rubis. Ayant fui cette cour, ce prince prétend revenir dans ses terres de souveraineté, et les maîtriser.

---

78 Communay Arnaud, *Les huguenots dans le Béarn et la Navarre*, *op. cit.*, p. 171-172.

79 *Mémoires et autres écrits de Marguerite de Valois*, *op. cit.*, p. 58-59.

80 En avril 1574, il adresse une requête aux États pour suspendre les poursuites contre les catholiques en exil sous le coup de condamnation pour crime de lèse-majesté, d'abord ceux qui avaient pris le parti de Charles IX durant la « protection »/annexion du Béarn. Il obtient de pouvoir nommer des catholiques aux charges publiques, bien que le Conseil souverain prenne un arrêt contraire, en janvier 1576. Le Conseil poursuit son opposition, en mars suivant, en mettant en attente des lettres patentes par lesquelles les catholiques avaient le droit d'assister à leur culte hors du Béarn, et en adressant, pour cela des remontrances à Navarre.

81 *Mémoire justificatif pour Henri de Bourbon roi de Navarre* [1574], (*Mémoires et autres écrits de Marguerite de Valois*, *op. cit.*, p. 188-189).

FIG. 3 – Henri de Navarre, vers 1575, Musée national du château de Pau (fonds photographique du Grand Palais – © Réunion des musées nationaux).

Mais nous allons voir que c'est, d'abord, tenir son gouvernement de Guyenne qui lui importe. Il sollicite du roi, et obtient, que sa sœur quitte Paris, dès le 29 mai, pour le rejoindre. Réaffirmant sa foi calviniste, elle entre, avec lui, à La Rochelle. Malgré ses 17 ans, d'Agen, le 4 janvier suivant, Navarre lui attribue la lieutenance générale en Navarre, Béarn, Bigorre et Foix ; elle est à Pau dès le 11 janvier. On aurait pu imaginer que l'épouse, Marguerite de Valois, malgré son catholicisme et sa captivité, ait pu assurer une régence, mais il eût d'abord fallu, pour changer sa place, qu'elle donnât un héritier à Henri. Marguerite ne règnera ni sur la Navarre, ni sur la France[82]. La guerre étant ouverte, profitant d'une

82 Grintchenko Marie-Hélène, *Catherine de Bourbon (1559-1604), Influence politique, religieuse et culturelle d'une princesse calviniste*, Paris, Champion, 2009, p. 383-390.

trêve, en mars 1577, Navarre prendrait prétexte d'aller visiter Catherine en Béarn pour faire sa cour à sa dame d'honneur, Jeanne du Monceau de Tignonville, écrit Sully (alors baron de Rosny)[83]. Mais ne serait-ce pas, plutôt, l'inverse ? Absent de sa vicomté, il doit s'assurer que sa sœur, « calviniste exemplaire » (Pierre Tucoo-Chala), la tient bien en main.

Ce n'est donc pas, comme on l'a écrit, une prétendue tentative de compromis confessionnel par le roi de Navarre qui suscitait l'hostilité des Béarnais ; cette tolérance religieuse n'est que de façade, dans les années 1572-1576. Henri de Navarre agit par opportunisme politique, non pas par choix philosophique et religieux[84]. Outre sa liberté de mœurs, aux antipodes de l'austérité calviniste de sa mère, Jean-Pierre Babelon considérait que c'était sa politique « louvoyante et mitigée » qui était la cause de la fâcherie des Béarnais[85]. Nous partageons cette position.

LA LIGUE DE 1576…
ET LE DOUBLE JEU D'HENRI DE NAVARRE

Le 15 septembre 1575, François d'Alençon s'enfuit de la cour pour se placer à la tête d'une armée, avec le soutien de Damville, en Languedoc, et celui du parti protestant. Condé, de son côté, qui a renoué avec la foi de Calvin, a recruté des reîtres dans le Palatinat. Ils sont menés par Jean Casimir, fils de l'Électeur palatin, qui l'appuie, et il bénéficie des subsides de l'Angleterre ainsi que du produit de la mise en gage des joyaux des Montmorency. Malgré la victoire du duc de Guise, qui mène l'armée royale, à Dormans, le 10 octobre 1575, la situation reste largement favorable aux révoltés. Catherine de Médicis, redoutant

83 *Les œconomies royales de Sully*, Buisseret David, et Barbiche Bernard (éd.), Paris, Klincksieck, 1970, p. 47.

84 Durant son séjour forcé à la cour de France, le sieur de Peyrelongue, accompagné par quelques autres nobles catholiques béarnais, a présenté aux États de Béarn une pétition sur la liberté de conscience et l'exercice de la religion catholique. Elle n'a pas eu de résultat (AD Pyrénées-Atlantiques, C 693, f° 6 v° à 56 v°). Selon l'Abbé Poeydavant (*Histoire des troubles survenus en Béarn dans les 16e et 17e siècles*, Pau, Tonnet, 1819, t. 2), Henri de Navarre a reçu une délégation de catholiques, auxquels il a accordé le droit d'assister à la messe, mais à l'extérieur de la vicomté de Béarn.

85 Babelon Jean-Pierre, *Henri IV*, Paris, Fayard, 1982, p. 237.

qu'une conjonction des forces n'entraîne la chute d'Henri III, parvient donc à dissocier Alençon de ses alliés. Le 9 novembre, libéré des geôles, le maréchal de Montmorency obtient de négocier une trêve, ratifiée, le 21, à Champigny, par un armistice de six mois, bien amer pour les catholiques : des cités comme Angoulême, Niort, Saumur, Bourges, La Charité, Cosne et Mézières, sont remises en gages aux protestants, au mépris de l'avis de ses habitants. Mais, en décembre suivant, Jean Casimir pénètre dans le royaume, avec 25 000 hommes, dévastant toutes les provinces orientales. Disposant d'une puissante armée, Alençon rompt alors son engagement et, plutôt que de marcher sur Paris, il se dirige sur Montargis.

La fuite du roi de Navarre de la cour de France, l'encerclement de Paris par les troupes coalisées, et leur supériorité numérique, contraignent Henri III à s'incliner. La reine mère négocie alors la paix dite de « Monsieur », frère du roi, quasiment dictée par ce dernier, au grand déplaisir d'Henri III. L'édit de pacification de Beaulieu, signé le 6 mai 1576, répond favorablement aux revendications des Malcontents, en accordant aux protestants la liberté de culte et des places de sûreté (garanties militaires). Il crée dans les parlements des chambres mi-parties où les protestants et les catholiques seront représentés à parts égales. Le roi indemnise, également, les victimes de la Saint-Barthélemy. L'édit de Nantes retrouvera l'essentiel de ces dispositions. Le roi, qui s'engage à convoquer les États généraux, accorde à son frère le duché d'Anjou en apanage, avec la Touraine et le Berry (son revenu, désormais, dépasse les 800 000 livres par an !), et à Jean Casimir, qui renonce à Metz, Toul et Verdun, qu'il convoitait, le duché d'Étampes et une indemnité colossale pour son départ, qu'il opère non sans conserver un temps en otage, en tant que garantie, le surintendant des finances du roi, Pomponne de Bellièvre. Navarre est confirmé dans son gouvernement de Guyenne, auquel sont joints le Poitou et l'Angoumois. Ces articles secrets récompensent donc généreusement les Malcontents. Mais, aussi richement doté, on pouvait espérer qu'Alençon s'en détacherait, ainsi que des protestants. Marguerite, en soutenant son frère cadet, femme séparée de son mari, et indépendante, pouvait concevoir la réussite de son choix et de son jeu politiques.

Cependant, les catholiques, au premier chef les clercs, à leur tour, sont fort mécontents des dispositions de la paix de Beaulieu, bien trop avantageuses pour les huguenots. Ils reconstituent des ligues défensives, qui fleurissaient dès la première guerre de Religion. L'une d'elles naît, en 1575, autour de Poitiers et de Fontenay, avec l'espoir, déçu, de placer à sa tête Guy de Daillon, comte de Lude, lieutenant général en Poitou[86]. Catherine de Médicis, informée de la multiplication de ces solidarités catholiques, écrit à Henri III au sujet de ces « villes qui se liguent sur le nom d'un grand que vous saurez », dénonçant, à mots couverts, le duc de Guise[87].

UNE EXTENSION DE LA LIGUE JUSQU'EN GUYENNE ET LANGUEDOC

On a peu discouru sur les combats de la « sixième » guerre de Religion (mai-septembre 1577) et, partant, sur ses participants. Ils sont absents des livres d'histoire. Comment, alors, juger de ses enjeux ? Il est vrai qu'ils ne sont guère brillants. Outre la plume, souvent partisane, d'un Agrippa d'Aubigné, reportons-nous à un autre protestants, Sully, qui, fort de ses 17 ans, ne rechigne pas à interrompre ses études, pour monter au combat, en Guyenne, d'abord en tant que porte étendard de la compagnie coronelle de Lavardin[88]. Mais, soucieux d'échapper à l'opposition de sa maison à Turenne, ses économies, jointes aux profits de guerre, lui permettent, rapidement, de se mettre, plus directement – et pour toute une vie – au service d'Henri de Navarre[89].

---

86 Pierre Brisson, lieutenant général au siège de Fontenay, sénéchal du Bas-Poitou, et frère de Barnabé, en a publié le traité d'association (*Histoire et vray discours des guerres civiles es pays de Poictou, Aulnis, aultrement dict Rochelois, Xainctonge, et Angoumois, depuis l'année 1574, jusqu'à l'édict de pacification de l'année 1576*, Paris, Jacques du Puys, 1578).

87 De La Ferrière Hector (éd.), *Lettres de Catherine de Médicis*, Paris, Imprimerie nationale, t. 5, 1895, p. 181.

88 Jean de Beaumanoir, baron, puis marquis de Lavardin, comte de Nègrepelisse, baron de Tussé, seigneur de Malicorne, etc. Né en 1551, il a été élevé auprès de Navarre. Son père ayant été tué à la St-Barthélemy, il a abjuré, tout en restant au service de Navarre, qu'il accompagne dans sa fuite de la cour en 1576. Chevalier des ordres du roi, il est capitaine de cinquante hommes d'armes. Au printemps 1585, il rejoint Joyeuse, comme maréchal de camp de son armée, et, à Coutras, il échappe de peu à la mort (Le Roux Nicolas, *La faveur du roi. Mignons et courtisans au temps des derniers Valois (vers 1547-vers 1589)*, Seyssel, Champ Vallon, 2000, p. 208-212). Il se soumet, avec nombre d'autres, en 1595, et gagne le bâton de maréchal et le gouvernement du Maine.

89 Grâce à trois ou quatre années d'épargne, et fort d'avoir « vécu d'inventions [opportunités] et de vos soldes et profits faits à la guerre », il était en mesure de se payer « un fort gentil équipage » afin de servir dignement, et donc d'approcher, Navarre (*Les œconomies royales de Sully*, Buisseret David, et Barbiche Bernard (éd.), Paris, Klincksieck, 1970, p. 41 et 47).

Sa description des combats n'en est que plus précieuse. Tout en glorifiant le futur roi de France, il ne peut s'empêcher de considérer combien celui-ci est accompagné de troupes « encore assez chétives », pire, d'une « malotrue [pauvre, mal composé] armée, tant cavalerie qu'infanterie ». Il a du mal à le masquer, tout en minimisant les actions de la noblesse ligueuse, qui suit le lieutenant général Villars. Désigner des gouverneurs de places, avec garnisons, ne pouvait qu'amenuiser les maigres effectifs du roi de Navarre, même s'il n'hésitait pas à les appeler à la rescousse. Ce sont alors des combats d'expédients.

Bien présentes dans la moitié nord du royaume, et en Bretagne, les ligues s'unissent par un serment, et se préparent à la guerre. On évoque une « ligue picarde », lorsque Jacques d'Humières, gouverneur de Péronne, refuse de remettre la ville aux protestants, et, avec d'autres nobles des environs, prépare un manifeste, au château d'Happlaincourt, appartenant à Nicolas d'Amerval, qui est signé, à Péronne, le 5 juin 1576 :

> Les prélats, seigneurs, gentilshommes, capitaines, soldats, habitants des villes et plat pays de Picardie [...] tous confrères et associés en la présente très chrétienne union, se sont résolus (après avoir préalablement appelé l'aide de Dieu, avec l'inspiration de son Saint-Esprit, par la communion et la participation de son précieux corps) d'employer leurs biens et vies jusqu'à la dernière goutte de leur sang, pour la conservation de ladite ville et de toute la province en l'obéissance du roi et en l'observation de l'Église catholique, apostolique et romaine.

Plusieurs villes picardes prennent part à cette résistance, comme Abbeville, Saint-Quentin, Beauvais ou Corbie, avec l'œil bienveillant de l'Espagne, et le mouvement s'étend dans le royaume. Un programme général de la Ligue, comprenant douze articles, est alors établi, en novembre 1576. Les ligueurs se déclarent bons et loyaux sujets du roi de France, à partir du moment où celui-ci reste le défenseur de l'Église catholique romaine. Au même moment, le duc de Guise organise la Ligue à Paris et, comme nous allons le voir, il la prône aussi à Bordeaux. On aurait tort de limiter l'extension de cette Ligue de 1576 aux seules provinces septentrionales. Comparée à celle de 1585, Jean-Marie Constant pense, à juste titre, que cette Ligue n'est pas celle des Guises, mais c'est cette absence d'un chef unanimement reconnu qui n'a pas permis aux historiens de mesurer son extension.

Le 12 janvier 1575, à Nîmes, Montmorency-Damville, gouverneur de Languedoc, avait signé un « traité d'association » avec les réformés, lesquels s'unissaient à des catholiques modérés, bientôt appelé « politiques[90] ». Il est trop tard pour que Catherine de Médicis envisage de négocier avec le fils du connétable captif. Le mois suivant, alors que Henri III était sacré, les assemblées politiques des réformés se multipliaient en Languedoc. Enhardis, en avril, les calvinistes réclament une totale liberté de culte, des places de sûreté, le châtiment des coupables de la Saint-Barthélemy, la convocation des états généraux du royaume… La reine mère, réduite à l'impuissance, peste, même si le nouveau monarque s'efforce de refuser d'accéder aux demandes des députés protestants[91]. En mai, à Montpellier, Damville manque de mourir. D'aucuns soupçonnent la reine mère d'avoir voulu l'empoisonner. Les duels, pour des motifs futiles, se multiplient.

La mobilisation de la noblesse catholique, inquiète, s'avère alors aussi précoce qu'en Picardie. C'est l'ambassadeur espagnol, Diego de Zúñiga, qui en témoigne, en révélant :

> que toute la noblesse catholique de Guyenne et du Languedoc s'est soulevée et [qu'] elle a envoyé un très grande ambassade auprès de ce roi [Henri III], lui présentant qu'ils sont fort mal traités par les huguenots, qui les ont contraint à s'assembler pour supplier Sa Majesté de les aider et de les favoriser [pour se battre] contre eux, ou bien de leur obtenir la paix, [considérant que] sans [obtenir] une de ces deux choses, ils ne pourront pas vivre[92].

Cette délégation de hauts seigneurs, passée sous silence dans les annales, n'a pas pu échapper au roi de Navarre captif. On le présente alors emporté par les jeux de l'amour et des plaisirs, loin de tout calcul politique. Beau masque !

Pestant de s'être vu refuser l'entrée dans la capitale de son gouvernement, Bordeaux, Navarre brocarde Villars, « M. l'Amiral envenimé d'aigreur et passion, et chargé de desseins et d'instructions par ceux qui pensent ne pouvoir parvenir au bien de leurs entreprises que par la continuation et renouvellement des troubles et divisions ». Outre le

90 « Déclaration du maréchal Damville, gouverneur de Languedoc, en son nom et en celui des catholiques, après la pacification des religionnaires », Nîmes, 12 janvier 1575 (AGS, *Estado* K 1537, n° 1).

91 En janvier-février, une assemblée politique des réformés et des catholiques unis se déroule à Nîmes. En avril, c'est à Millau et à Nîmes que les protestants tiennent leur assemblée. Une autre réunion a lieu à Castres, environ au même moment. En juin, c'est le tour de Montpellier.

92 Zúñiga à Philippe II, Paris, 17 mai 1575 (AGS, *Estado* K 1537, n° 5).

fait d'avoir mis la cité en défense majeure, il l'accuse d'avoir « mandé à plusieurs de la noblesse catholique de ce pays de se tenir prêts en armes et chevaux » et, pour le contrecarrer, il se fend d'une longue lettre circulaire explicative « à la noblesse et communautés du gouvernement de Guyenne[93] ». On a gardé le silence sur cette forte mobilisation. Dom Devienne (1728-1792) est le seul historien qui a parlé du déclenchement de la Ligue de 1576 à Bordeaux et en Guyenne. Le mauriste écrit que, dans cette Ligue :

> les Guises furent ceux qui y parurent avec le plus d'éclat. Le duc et le cardinal son frère, étant venus à Bourg[-sur-Gironde] chez le seigneur de Lansac, travaillèrent à l'accréditer dans la Guyenne. Ils y réussirent, et grand nombre de Bordelais entrèrent dans leurs vues[94].

Il s'agit du fils de l'éminent Louis de Lansac, conseiller très écouté de Catherine de Médicis, Guy, dit Lansac « le jeune », vice-amiral de Guyenne. C'est dans les archives municipales de Bourg que le bénédictin a trouvé des informations sur ce séjour des Guises visant à préparer la mobilisation catholique de la Guyenne. Ces archives ont disparu depuis. Même le vieux Monluc, en décembre 1577 s'apprête à y concourir. Il « avait le dessein de passer l'hiver à Bordeaux », écrit dom Devienne, mais le parlement le prie d'y renoncer, eu égard à sa vive inimitié avec La Valette. Paul Courteault pensait que ce refus était plutôt l'œuvre de Villars, qui n'entendait pas que l'on empiétât sur ses fonctions. Ce grand capitaine présumait vraisemblablement de ses forces, car il s'éteint le 26 février suivant.

Dans ces conditions ligueuses, comment le marquis de Villars et les Bordelais auraient-ils pu accepter d'ouvrir leurs portes au gouverneur de Guyenne fugitif !

Outre les agents de l'Espagne, et Dom Devienne, nous disposons du rare témoignage du capitaine Jean d'Antras de Samazan, seigneur de Cornac, ardent catholique et gouverneur de Marciac. Dans ses *Mémoires*, il évoque le :

> commandement de Monsieur le marquis de Villars, lors lieutenant de roi en Guyenne, à tous les capitaines de gens d'armes de l'aller trouver à Bordeaux

93 Henri de Navarre à la noblesse et communautés du gouvernement de Guyenne, Agen, 21 décembre 1576 (*Recueil des lettres missives de Henri IV*, Berger de Xivrey Jules (éd.), Paris, Imprimerie royale, t. 1, 1843, p. 113-117).

94 Dom Devienne, *Histoire de la ville de Bordeaux*, Bordeaux, La Court, 1771, t. 1, p. 176.

> pour le service du roi, à quoi tous se disposèrent pour bientôt marcher, et entre autres et pour cet effet Monsieur de Gramont assembla une belle troupe, qui plus tôt m'envoya prier de l'aller trouver à Séméac, près de Tarbes, ce que je fis incontinent[95].

Il s'agit d'une levée du ban et de l'arrière-ban, comme le démontre les noms des nombreux sénéchaux et gouverneurs qui répondent à l'appel. Des capitaines catholiques rejoignent immédiatement d'Antras à Marciac, parmi lesquels Simon, seigneur de Bajordan[96], Bernard de Benque[97], et Jean de Montpezat-Carbon[98]. Tous s'illustreront, encore, dans la Ligue de 1585, avec leurs familles. Gramont amène avec lui « une des plus belles compagnies de France, là où il y avait pour le moins quatre-vingt gentilshommes, bien montés et armés, et presque autant de braves hommes. Il semblait au long de ces Landes une petite armée avec quelques arquebusiers à cheval que nous avions », écrit D'Antras.

95 Carsalade du Pont Jules de, et Tamizey de Larroque Philippe (éd.), *Mémoires de Jean d'Antras de Samazan, seigneur de Cornac*, Sauveterre-de-Guyenne, Jean Chollet, 1880, p. 66-69. D'Antras avait obtenu le gouvernement de Marciac au lendemain de la Saint-Barthélemy.

96 Bajordan (Bajourdan ou Bazourdan) est en Magnoac (pays des Quatre-Vallées). Simon, fils de Pierre de Bajordan et de Paule de La Barthe de Termes, sœur du maréchal, est chevalier de l'ordre du roi et capitaine de cinquante hommes d'armes de ses ordonnances. Son frère aîné, Hugues, vaillant capitaine en Italie et en Gascogne, très apprécié de Monluc, a été tué au siège de Montauban (1562). Simon se distingue au siège de Poitiers (1569), à celui de La Rochelle (1573). Il fait ensuite la guerre en Languedoc sous le commandement de Damville. Il avait épousé Rose de Montpezat. En 1592, il acquiert de Claire d'Espagne-Panassac, épouse d'Henri de Noailles, d'Ayen, les terres de Panassac, Bézues, Loubersan et Mongardin.

97 Bernard de Benque, seigneur d'Espujos (près de Biran, Gers), capitaine de cinquante hommes d'armes des ordonnances du roi. Il est le fils de Jean d'Espujos et de Isabeau de Rivière (veuve, une première fois, de Corbeyran d'Aure, seigneur de Lortet, sénéchal d'Aure et Magnoac, et une seconde fois de Jean d'Aure, seigneur de Larboust).

98 Seigneur de Touilles et de Salies, en Comminges. Il est le second fils de Bernard de Montpezat-Carbon, seigneur de Saint-Martory, Tajan, Touilles, Salies, Mancioux, écuyer tranchant du dauphin, gouverneur de La Réole et sénéchal du Bazadais, et de Catherine de Montpezat-Aiguillon. Il est le petit neveu du célèbre « Carbon » (Jean de Montpezat), général des armées du roi de Navarre et sénéchal du Bazadais. Il épousera, en 1581, Claire de Mauléon, fille de François, baron de Mauléon, et de Catherine de Gramont-Aster. Son fils, Jean-Antoine, épousera Louise de Saint-Paul-Vidaussan, petite-fille du gouverneur de Calais. Son frère aîné, Jean, seigneur de Saint-Martory, Tajan et Mancioux, a épousé Jeanne de Sainte-Colomme, dame d'Esgarrebaque. La fille de ces derniers épousera Jean de Monlezun-Moncassin, capitaine de cinquante hommes d'armes, chevalier de l'ordre du roi et son lieutenant en Saintonge. Il est connu sous le nom de « Tajan » et il sera un affidé acharné de l'Espagne durant la guerre de la Ligue. Nous voyons que toutes ces alliances se font entre des familles catholiques et ligueuses.

Hector de Pardaillan, baron de Gondrin et de Montespan[99], avec Bajordan, Massès[100] et d'autres, tous ligueurs en herbe, par Condom et Agen, puis descendant la Garonne, retrouvent, avec leurs troupes, Gramont près de Bordeaux.

Dans son récit, D'Antras place cette levée après l'attaque de Mirande ; cette chronologie nous semble erronée. Jean Darnal serait le seul à l'évoquer également, en la situant en 1577, mais avec autant d'imprécision[101].

D'Aubigné, quant à lui, considère les faiblesses de cette mobilisation[102]. « La noblesse catholique de Gascogne, par les remontrances des ecclésiastiques se mit sur pieds, ayant en soi plusieurs seigneurs du pays, auxquels la nécessité apprit de s'accorder sans chef. » Cette absence de chef sera le drame de la noblesse catholique du Sud-Ouest. D'Aubigné

99 Les Pardaillan, seigneurs de Lamothe-Gondrin et de Montespan, qui remplissent la charge de sénéchal d'Albret, constituent une lignée de gentilshommes de premier plan. Officiers du roi de Navarre, ils ont suivi Monluc dans sa rupture avec cette maison et nous les retrouvons affidés des Guises. Hector, conseiller d'État, capitaine de cinquante hommes d'armes des ordonnances, capitaine des gardes du corps du roi, est le fils d'Antoine, gouverneur et sénéchal d'Albret (mort en 1572), qui était dans les toutes premières ligues catholiques, et de Paule d'Espagne-Montespan. Au printemps 1575, il avait accouru au secours de l'évêque de Comminges, Urbain de Saint-Gelais, ligueur notoire, encore couvert. Il sera, avec sa compagnie, au siège de Manciet. En mars 1585, toujours avec sa compagne, et accompagné de son fils, Charles, il rejoindra l'armée de Mayenne, alors en Agenais (Samazeuilh Jean-François, *Histoire de l'Agenais, du Condomois et du Bazadais*, Auch, Foix, 1847, t. 2, p. 220 et 291). Il mourra en 1611. C'est surtout son autre fils, Antoine-Arnaud (1562-1624), qui va se distinguer comme chef ligueur, dans l'entourage d'Emmanuel de Savoie, marquis de Villars, gouverneur de Guyenne pour la Ligue. Son ralliement, après l'abjuration d'Henri IV, lui vaudra le bâton de maréchal, le gouvernement de Navarre et de Béarn, la lieutenance générale en Guyenne, la sénéchaussée et le gouvernement de l'Agenais et du Condomois, ainsi que, plus tard, l'érection de ses terres de Montespan et d'Antin en marquisat !

100 Pierre de Béon, seigneur de Massès, fils de Méric, était chevalier de l'Ordre. Il a épousé Marguerite de Faudoas-Sérillac. Il meurt à l'attaque du château de Saint-Julien, en se rendant à Manciet.

101 « Fut donné avis par Monsieur l'Amiral de Villars, que le roi de Navarre et Monsieur le Prince de Condé se voulaient se saisir de Bordeaux sous prétexte d'y vouloir seulement passer » (Darnal Jean, *Chronique bourdeloise*, Simon Millanges, Bordeaux, 1619, p. 89). On peut difficilement penser que cette levée se réduisait à la seule protection de Bordeaux.

102 Il écrit que Henri de Navarre tenait les places d'Agen, de Lectoure, de L'Isle-Jourdain, de Layrac, de Puymirol, de Villeneuve-sur-Lot, de Mirande, d'Auvillar, « et force bicoques indignes de ce nom », alors que Turenne avait pris Figeac, Brive-la-Gaillarde et Calvinet en Auvergne. Il évoque ensuite Béraud de Goth (ou Gout), seigneur de Lamothe-Bardigues, à qui Henri de Navarre avait donné le gouvernement d'Auvillar, qui passe à la Ligue (Aubigné Agrippa d', *Histoire universelle*, *op. cit.*, t. 6, liv. VIII, chap. XII, p. 210-217, chap. XIV, p. 224-235 et chap. XV, p. 236-243).

les appelle les « Catholiques associés », dénotant cette habitude des ligues. Il remarque, également, que l'armée de Villars reste « pauvre d'infanterie », ce qui semblerait indiquer une participation limitée des communes, contrairement aux guerres précédentes. Comme à Toulouse, les milices locales se maintiennent sur place[103].

Ces gentilshommes ne seront pas en mesure d'exploiter les faiblesses d'Henri de Navarre et du parti protestant. Arrivées en même temps aux environs de Bordeaux, Villars « vu lesdites troupes fit résolution de déloger dudit Bordeaux, pour aller assiéger Manciet ville d'Armagnac, avec l'avis de tous ces Messieurs qui étaient avec lui. » Ce départ précipité démontre bien que ce n'était pas, comme on l'a écrit, au secours de Bordeaux menacé par Henri de Navarre et Condé que ces gentilshommes accouraient[104]. Ils venaient se placer sous la bannière de Villars. Leur engagement immédiat pour combattre en Guyenne provient, aussi, de l'exaspération des Bordelais qui supportaient difficilement le logement de troupes croissantes, bien que le lieutenant général estimait qu'elles n'étaient « pas encores assez fortes pour la campagne ». Il s'avance, malgré tout, dans les landes de Castelnau, avec 14 canons, dans l'attente de « ses principales forces, comme la noblesse d'Armagnac, les troupes de Gondrin, Sainct Aurins[105], Fontenille[106], Labatut[107], Poyanne[108], L'Artigue[109], et autres qui avoient leur rendez-vous à Nogaret [sûrement Nogaro] ». Au détour des sources, on trouve, encore, l'évêque de Condom, Jean de Monluc. Charles IX avait souhaité sur ce siège ce chevalier de Malte, illustre combattant, tant contre les turcs que contre les huguenots, pour ne plus y souffrir les ravages d'un Montgomery (octobre-novembre 1569). Monluc avait pris congé du Grand-Maître, à Malte, et, à son retour, il était passé au sanctuaire de Lorette, puis à Venise, restant quelques temps à la cour de l'ambassadeur de France, son

103 Par, exemple, en mars 1575, Turenne vient causer différents dommages autour de Toulouse, « *y* [*se dize*] *que haviendoles los de la vila hecho une salido contra el les ha dado una mala mano* » (Zúñiga à Philippe II, Paris, 29 mai 1575, AGS, *Estado* K 1537).

104 Aubigné Agrippa d', *Histoire universelle*, *op. cit.*, t. 6, liv. VIII, chap. XV, p. 237-238.

105 François de Cassagnet de Tilladet, seigneur de Saint-Orens.

106 Philippe de La Roche, baron de Fontenilles, ainsi que seigneur du Castéra-Lectourois, avait épousé, en 1555, Françoise de Monluc, fille de Blaise, qu'il avait fidèlement servi durant les précédentes guerres.

107 Antoine de Rivière, vicomte de Labatut, sénéchal de Bigorre.

108 Bernard de Baylens, seigneur de Poyanne, sénéchal des Landes, gouverneur de Dax.

109 Antoine de Mont, seigneur de Gellenave et de L'Artigue.

compatriote Arnaud Du Ferrier, puis à celle du duc de Savoie, à Turin. À peine rentré à Condom, Henri III lui ordonne de marcher contre les protestants. Laissant la direction du diocèse à ses fidèles vicaires généraux, Jean Duchemin et Bernard Dupuy (ce dernier assistant aux États de Bois, comme député du clergé), il lève une compagnie de gendarmes et entre en campagne avec succès[110]. Encore un membre du conseil de Navarre peu enclin à le suivre ; il s'agit d'une litote.

Avant de partir en guerre, Gramont avait mis à couvert sa femme et ses enfants au Château-Neuf de Bayonne. C'était le vieux Adrien d'Aspremont, vicomte d'Orthe, fidèle combattant catholique de la première heure, auprès de Monluc, qui en avait le gouvernement. Mais celui-ci l'avait confié à Treignan[111]. Une semaine après qu'une troupe que d'Orthe envoyait à Bordeaux, probablement vers Villars, ne soit massacrée par d'Aubigné, alors gouverneur de Casteljaloux, ce dernier nous conte l'épisode d'un Henri de Navarre, soudainement pris « d'une gaillarde humeur », qui cesse de combattre pour aller festoyer joyeusement à Bayonne. Et c'est au cours de ce fameux festin... que Navarre retire le gouvernement de Bayonne à Orthe, pour le confier à Jean-Denys de Polastron, seigneur de La Hillère ! C'est cette même fable, qui sert le mythe des joyeuses équipées du Vert-Galant, qui permet à D'Aubigné d'inventer la légende d'un Orthe, gouverneur de Bayonne, qui aurait refusé les prétendus ordres de Charles IX de massacrer tous les protestants de Bayonne pour la Saint-Barthélemy ! Il camoufle, dans la foulée, les massacres que, lui-même, a perpétré sur la troupe d'Orthe qui traversait les landes de Gascogne[112].

La réalité est que, conscient des tractations de Gramont avec les Espagnols, pour leur ouvrir la porte de Bayonne, Navarre en reprenait le contrôle. D'Antras, qui, lui, présente la conquête de Manciet et celle de Beaumont-de-Lomagne, se fait l'écho de la déception des capitaines catholiques, et particulièrement de Gramont, à l'annonce du rappel de Villars à la cour, quelques jours seulement après leur entrée en campagne. L'élan ligueur est affecté par cette piètre expédition, même si Biron reprend, assez vite, le relais.

---

110 Mazéret Ludovic, *Chroniques de l'Église de Condom*, Condom, Bousquet, 1927, p. 237-238.

111 Bompar de Melignan, seigneur de Treignan, lieutenant d'une compagnie de cent hommes d'armes des ordonnances du roi, et chevalier de l'Ordre en 1574.

112 Brunet Serge, « *De l'Espagnol dedans le ventre* », *op. cit.*, p. 532 et 622-623.

ANTOINE DE GRAMONT, GOUVERNEUR DE NAVARRE ET DE BÉARN, LIGUEUR ET INFORMATEUR DE L'ESPAGNE

D'Antras, avec ses compagnons, déclare se mettre sous l'autorité de Gramont. Il s'agit d'Antoine, gouverneur de Navarre et de Béarn (la nomination de Miossens à la lieutenance générale, en remplacement du vieux d'Arros, ne peut que le conforter) ; il va décéder, le 8 décembre 1576, à Bidache, à l'âge de 50 ans. Il ne faut pas se fier au discours du huguenot Nicolas de Bordenave, son contemporain, qui l'efface allègrement des annales, en lui niant toute action. Les archives espagnoles nous livrent, dans le détail, son rôle. Il nous permet de préciser que la proclamation de la Ligue, en Guyenne, est bien contemporaine de celle de Péronne.

Antoine de Gramont, maire et capitaine de Bayonne, conseiller d'État, capitaine de gendarmes, chevalier de l'Ordre, se distingue d'abord dans les guerres menées par Henri II. Il était dans les faveurs de Louis Ier de Condé, avec lequel il était lié par son mariage et il commande dans les armées huguenotes, servant Jeanne d'Albret, qui le nomme lieutenant-général en Navarre et en Béarn. Il s'efforce, sans trop d'effet, de répandre la Réforme en Basse-Navarre. C'est au moment de la « protection »/occupation du Béarn par Terride (1569), puis de sa libération par Montgomery, qu'il se retire à Bidache. Il échappe à la Saint-Barthélemy, grâce à Charles IX, par la protection directe de Catherine de Médicis[113]. Retournant, et demeurant dans la foi catholique, il sert alors, avec fidélité, le roi de France, qui, comme nous l'avons vu, lui renouvelle la lieutenance de la Navarre et du Béarn, face à un Henri de Navarre « converti », malgré les manœuvres du baron d'Arros. Mais, Charles IX mort, les actions de ce représentant d'une illustre lignée d'une Navarre qui, bien que scindée sur les cartes, ne l'est guère dans les familles, et dans les cœurs, ne s'interrompent pas. Il sert, et d'abord informe, « l'autre » roi de Navarre : le Roi Catholique, Philippe II.

On attribue à Gramont l'excellent agent Francès d'Esparza comme intermédiaire attitré, et c'est Francès de Álava, ancien ambassadeur d'Espagne à Paris, qui préfigure, désormais, depuis la Navarre, ce qui

113 « *El de Agramont es tenido por hombre de poco animo* [courage, hardiesse], *pero intelligente y tramador* [apte au complot], *y ha jurado la Religion Catholica porque la Reyna madre se le offresçio por protectora* » (« *Relaçion de carta de Don Françes de Alava á su Magestad* », Malaga, 2 août 1576, AGS, *Estado* 359, n° 70).

sera appelé le Grand espion du Roi Catholique. Gramont exige, en effet, de traiter directement avec ce dernier. Álava est d'ailleurs, lui aussi, issu d'une grande famille navarraise. Georges de Mendi, ami de Gramont et fidèle des vice-rois de Navarre, est celui qui fait passer les courriers. Vespasiano de Gonzaga, qui a été transféré de la vice-royauté de Navarre à celle de Valence, est remplacé par don Sancho Martínez de Leiva. Ce dernier conduit également ses espions, non sans prendre quelque peu ombrage de la domination occulte de Álava sur toutes ces tractations. Pour Álava, Gramont est une pièce majeure du jeu politique. Relativement isolé, même à l'égard de Henri III, il vit avec un grand train, que les gratification de l'Espagne confortent mais, dès le début des tractations, Esparza est assuré que l'argent « n'était ni son but, ni son intention[114] ».

La position de l'Espagne nous paraît claire : la paix de Beaulieu a reconduit Damville dans le gouvernement de Languedoc, mais, surtout, Condé dans celui de Picardie, et Navarre dans celui de Guyenne (en y ajoutant l'Anjou et l'Angoumois), sur ses frontières. Ils présentent un réel danger, et le rapprochement de Navarre avec le duc d'Anjou l'amplifie. Le retournement de celui-ci par Henri III, qui le charge, désormais de se battre contre ses anciens associés, dût-il jalouser ses succès militaires, est un soulagement pour le Roi Catholique. Il faut effacer la « paix de Monsieur ». Mais le rêve de François, réitéré, d'une couronne aux Pays-Bas, n'est pas tolérable, Catherine de Médicis et Henri III, après l'avoir supporté, afin d'apaiser, et de détourner, l'ambitieux Valois, en conviennent désormais. Nous comprendrons mieux l'attitude de Don Juan à l'égard de Marguerite de Valois, au moment de sa cure à Spa, et les dangers qu'elle encourra lors de son retour précipité. Cela n'empêchera pas Margot, tellement affectionnée à l'égard de son frère cadet, aussi malmené qu'elle, de continuer à y concourir depuis la Gascogne, sans que son époux, faisant flèche de tout bois, ne s'y oppose.

Les tractations avec Gramont commencent donc au printemps 1576 par l'intermédiaire de la vice-royauté de Navarre, à laquelle Gramont, depuis Bordeaux, envoyait régulièrement des informations[115]. En mars,

114 Álava à Philippe II, Malaga, 2 août 1576 (AGS, *Estado* 359, n° 71).

115 Leiva à Zayas, Pampelune, 13 mai 1576 (*idem*, n° 50). Voir également, pour éclairer les allusions de la première lettre : « *Copia de carta del Visorey de Navarra a su Magestad* », Pampelune, 13 juillet 1576 (*ibid.*, n° 51).

Damville s'était, d'abord secrètement, offert à Henri III et, alors que la Ligue se déploie, le mois suivant, à La Rochelle, les protestants avaient formé une contre-Ligue, dans laquelle entraient les rois de Suède, de Danemark, les princes allemands et la reine d'Angleterre. Condé ouvrait la sixième guerre de Religion, mais avec un parti huguenot divisé; Navarre avait cru bon de ne pas rejoindre son cousin mais, outre sa jalousie, en avait-il les moyens ? Alors que Bussy, gouverneur d'Angers, prenait Brouage, les victoires de Monsieur, frère du roi, étaient éclatantes.

L'influence, territoriale, de Gramont, ne se limite pas à la Navarre. Vicomte d'Aure, il l'étend sur le haut Comminges, avec l'enclave espagnole du Val d'Aran, couloir garonnais, vers Toulouse, indéfectiblement catholique, conforté par l'élévation sur la cité de Comminges d'Urbain de Saint-Gelais, demi-frère de Guy de Lansac, tous deux ardents ligueurs. Il sait, à la demande d'Álava, non seulement tenir, mais s'associer, son vassal et cousin, Savary d'Aure, baron de Lapeyre, mais aussi de Lès, en Aran, sénéchal de Nébouzan, qui avait su servir Jeanne d'Albret. L'influence de Gramont sur le haut Aragon, le comté de Ribagorza et le Val d'Aran, que Philippe II est soucieux de contrôler, constitue un intérêt supplémentaire pour le fidéliser.

Deux gentilshommes du conseil de Henri de Navarre, catholiques, informent l'Espagne des décisions de ce prince. C'est le fils de Gramont, Philibert, comte de Guiche, et le fils de Monluc[116], « qui est celui qui conseille le plus Vendôme [Henri de Navarre] », selon Álava. Ce dernier est Jean de Monluc, chevalier de Malte et évêque de Condom, l'ultime fils survivant de Monluc.

Philibert, qui a épousé la belle Corisande d'Andouins, est, aussi, dans les faveurs d'Henri III, qui le fait entrer dans sa Maison, en 1575,

116 Prince de Chabanais, il a vaillamment combattu les Turcs à Malte, sous les ordres du chevalier de Romégas et, en 1568, il succède à Tilladet à la tête des légionnaires de Guyenne. Présenté par le cardinal d'Este, qui « vanta ses exploits militaires » contre les huguenots, alors qu'il jouissait déjà de l'évêché en commende, il est préconisé par Pie IV, dans le consistoire du 21 novembre 1570. Il est bullé par Pie V, aux Ides de décembre 1573. Álava écrit : « Il semble que Votre Majesté doit reconnaître et accepter son service, comme celui de son père, en lui recommandant qu'il l'informe, et lui concéder une licence pour sortir deux chevaux du royaume ». Philippe II note dans la marge : « Que l'on fasse ainsi ». Épuisé par les fatigues de la guerre, et ses infirmités qui le rendent incapables de remplir dignement ses fonctions épiscopales, il résigne, en 1581, en faveur de son ami fidèle, le chanoine Jean Duchemin, et il s'éteint, le 8 août 1581, au château de Cassaigne (Mazéret Ludovic, *Chroniques de l'Église de Condom*, Condom, Bousquet, 1927, p. 236-247).

au moment où il devient sénéchal de Béarn. Il révèle, notamment, avoir constaté, de ses propres yeux, qu'Henri de Navarre traite d'une entente avec Martín de Gurrea y Aragón, duc de Villahermosa, comte de Ribagorza, auquel Philippe II vient de retirer le choix du gouverneur du Val d'Aran, pour se l'attribuer[117]. Le roi de Navarre offre à ce dernier « beaucoup de moyens de guerre le long de la frontière d'Aragon » et c'est Jean de Monluc qui a été chargé d'aller le long de la frontière d'Aragon afin de négocier avec des Aragonais tout en reconnaissant les lieux. Esparza, qui rencontre Gramont à Bordeaux, est persuadé que « Vendôme cherche à soulever la Guyenne, [qu']il convoite ce royaume [la Haute-Navarre] et [qu']il a beaucoup d'intelligences partout[118] », jusqu'à un gentilhomme aragonais, à la cour même de Philippe II[119].

À la fin du mois de juin, « alors qu'ici la religion et toutes les affaires de France vont de mal en pis », considérant qu'il est le « seul défenseur de la chrétienté », Gramont, déclare qu'il s'offre totalement pour servir Philippe II, « tout en conservant son devoir envers son roi ». Gramont servira le Roi Catholique « de toutes ses forces », et il l'informera sur tout ce qu'il convient qu'il sache[120]. Gramont, qui avoue détester Henri de Navarre, l'accuse, en effet, de chercher à soulever toute la Guyenne, afin de mieux s'en emparer. C'est bien ce qu'il n'hésitait pas à exiger lors des tractations pour la paix de Beaulieu. Comme les rêves de feu son père, de recouvrer la Haute-Navarre, qui s'ajouterait ainsi à la Guyenne, ne sont pas totalement éteints, Gramont contribue à entretenir cette

---

117 « *El conde de Guizera* [comte de Guiches] *hijo de Agramont le comunico las intelligençias que Vandoma tre con el duque de Villahermosa por medio de un cavallero gascon llamado mos. de Arblada* » (« *Puntos de lo que ha traydo Françes d'Esparza* », s.l.n.d. (1576), AGS, *Estado* 359, n° 100).

118 « *Puntos de carta de Don Sancho de Leyva á su Magestad* », Pampelune, 14 juillet 1576 (AGS, *Estado* 359, n° 68).

119 Cet agent de Navarre, qui donne l'impression de traiter d'un projet de mariage entre Catherine de Bourbon et un certain comte de Bura, découvert, est menacé de mort, et c'est Gramont qui obtient qu'il ait la vie sauve en échange d'être envoyé « aux Indes » (« *Puntos de lo que ha traydo Françes d'Esparza* », s.l.n.d., (1576) (AGS, *Estado* 359, n° 100). « *Las platicas que trae el cavallero Aragones de parte de Vandoma, para sacar al conde de Bura, a fin de casarle con su hermana* » (« *Paresçer de don Françes de Alava sobre lo contenido en las cartas de don Sancho* », Madrid, 4 septembre 1577, AGS, *Estado* 359, n° 184). Henri de Navarre ne cessera pas, d'ailleurs, de jouer de la promesse de la main de sa sœur dans ses combinaisons politiques.

120 « *Copia de carta del Visorey de Navarra a su Magestad* », Pampelune, 14 juillet 1576 (AGS, *Estado* 359, n° 51). Voir : Brunet Serge, « *De l'Espagnol dedans le ventre* », *op. cit.*, p. 609-620.

lubie. Il adresse plusieurs mémoires et Esparza reçoit de lui, oralement, les confidences les plus secrètes. Quoi qu'il en pense, Philippe II est soucieux de s'attacher ce grand seigneur, d'abord pour contrecarrer les intelligences que le Béarnais entretient en Haute-Navarre, notamment par l'intermédiaire du vicomte d'Etchaux[121]. Ce dernier, au même moment, est l'agent du Bourbon auprès de la vice-royauté de Navarre et de la cour de Philippe II. Gramont propose alors de ne plus traiter directement avec le vice-roi Leiva, dont Álava limite le rayon de compétences à Bayonne, et il juge sage de mettre Esparza « à l'abri et de le sortir de la tempête », en l'envoyant traiter d'autres affaires, ce qu'il refuse, et Philippe II accède à sa volonté de rester. Pour plus de sûreté, Álava décide que les négociations avec Gramont auront lieu en Guipúzcoa, par l'intermédiaire du *contador* Miguel de Mendibil, qui vit à Irún, ainsi que par l'entremise de Domingo de Yraeta, le maître des postes d'Irún, que Álava qualifie d'homme « intelligent et diligent, qui entre et sort en France très souvent au cours de l'année, sans qu'on le soupçonne et particulièrement jusqu'à Bayonne et au-delà ».

Le vice-roi de Navarre, qui ne dispose donc pas de tous les éléments pour bien juger de ces affaires, prend l'initiative dangereuse, le 10 novembre 1576, de faire venir Etchaux à Pampelune, afin de le mettre au courant de certains rapports. Leiva s'est fait leurrer par cet « espion public » (sic) de Catherine de Médicis et d'Henri de Navarre. Il en est de même de Juan de Undiano, *recibidor*, de Pampelune, espion du vice-roi de Navarre, mais qui agit aussi pour Etchaux. Conscient de leur duplicité, sans porter crédit aux informations qu'ils prétendent apporter, les renseignements espagnols jugent utile de les pensionner, et ils le seront encore dans les années 1590. En étant agents doubles, il est plus facile de contrôler leurs déplacements et leurs actions. Espionnage et contre-espionnage jouent à plein autour de cette Navarre.

Si Leiva jugeait bon de raviver chez le Bourbon l'espoir de retrouver la Haute-Navarre, Álava, plus pragmatique, n'y adhérait pas ; ce n'était plus d'actualité. Contrairement à feu son père, Henri de Bourbon est vu en situation d'échec et, selon Álava, Philippe II se déconsidérerait en lui faisant une telle proposition. De plus, c'est un hérétique, et un

121 Antonin d'Etchaux, vicomte de Baïgorry. Son fils, Bertrand, sera premier aumônier d'Henri IV (puis de Louis XIII), évêque de Bayonne, puis archevêque de Tours.

tel accord étonnerait, et mécontenterait fortement, le roi de France, le pape et l'ensemble des catholiques.

Outre ses réseaux de relations diverses, il reste de l'entretien de Gramont, et de son fils, Philibert, l'intérêt immédiat, pour l'Espagne, d'être assurée que, si la guerre était déclarée avec la France, en conséquence des affaires de Flandres, grâce à Gramont on pourrait ouvrir la porte de Bayonne, et même avoir le contrôle de la seconde place qui dégagerait la voie à l'armée espagnole : Dax. Gramont, qui mène grand train, reçoit d'amples gratifications de ses bons offices, mais il s'éteint en décembre 1576.

C'est alors son fils, Philibert, que l'on a déjà entraîné au service du Roi Catholique, ce dernier offrant même des bijoux à son épouse, la future Corisande. Au grand dam d'Álava, s'il prend le relais de son père en ce qui concerne Bayonne, d'autres affaires, pour lesquelles Gramont avait donné sa parole, et qui nous restent donc inconnues, disparaissent avec lui[122]. Assez rapidement, Álava estime que la phase d'approche du nouveau comte de Gramont est achevée, et que l'on peut avoir une entière confiance en lui, comme il le formule, depuis Bidache, le 30 janvier 1577 :

> Monsieur, je m'estime fort heureux de l'assurance qu'il vous plait me donner de votre amitié pour l'obligation de laquelle je vous supplie croire que je vous rendrai toute ma vie bien humble service. J'ai satisfait ce porteur de tout ce que vous m'avez mandé et m'assurant sur la fiance que vous m'écrivez que je dois avoir en lui je lui ai dit des choses de bien grande importance pour les vous faire entendre desquelles attendant la réponse je vous supplierai me faire cet honneur de vous assurer que vous ne trouverez jamais personne plus affectionnée à vous faire service que moi de quoi je vous rendrai témoignage toutes les fois que vous me commanderez quelque chose.

Philibert est alors un précieux informateur de l'Espagne, depuis le conseil d'Henri de Navarre, et, à la suite de son père, agent de choix au sein des réseaux dormants du Roi Catholique, mais il mourra, à seulement 27 ans, au siège de La Fère, le 10 août 1580, laissant une belle veuve dont l'influence sera d'une autre nature sur Navarre, et sur la malheureuse Marguerite de Valois.

---

122 « *Lo que paresçe a Don Françes de Alava que se ha de responder a don Sancho de Leyva, con Françes d'Esparza* », s.l.n.d. (1576) (AGS, *Estado* 359, n° 101).

L'ASSOCIATION DE LIGUES URBAINES EN LANGUEDOC

La Ligue de 1576, en Guyenne et Languedoc, ne se limite pas à la noblesse catholique. Les cités, encore traumatisées par les ravages des armées des Princes et des Vicomtes réunies, en 1569-1570, malgré les règlements de comptes qui accompagnent la Saint-Barthélemy, redoutent les articles de la paix de Beaulieu, comme le comportement de leurs gouverneurs. Leur refuser l'entrée ne suffit pas.

La nomination d'Urbain de Saint-Gelais sur le siège épiscopal de Comminges, avait permis d'écarter de ces terres catholiques, fichées entre les biens des Albret-Navarre, Charles de Bourbon, demi-frère de Navarre, provoquant l'ire de Jeanne d'Albret. Depuis son château épiscopal d'Alan, conseiller clerc au parlement de Toulouse, il était, d'abord, un ligueur dissimulé. En effet, à l'instar de son demi-frère, Guy de Lansac, il complote pour le Balafré. En janvier 1576, c'est chez lui, à Toulouse, qu'a lieu l'une des trois réunions qui préparent la reconquête de Saint-Girons sur le baron d'Audou. Y participent notamment des représentants des états de Comminges, du capitoulat, le sénéchal de Toulouse (Jean de La Valette, seigneur de Cornusson) et le sieur de Lasségan, « commandeur pour le service du Roi en Gascogne[123] ». Catherine de Médicis le considère encore comme un très docte et sage prélat, fils bâtard de l'éminent diplomate Louis de Lansac, auquel elle accorde tant d'attention au sein de son conseil. Ainsi, elle n'hésite pas à l'envoyer au Portugal, afin de défendre ses droits à cette couronne.

L'effervescence se poursuit tout au long de l'année 1576. Le 29 décembre, les États de Languedoc s'assemblent à Carcassonne. Les députés des diocèses d'Agde et de Béziers sont particulièrement inquiets et, « sur les remontrances des capitouls de Toulouse », il est décidé « de former une ligue ou association, entre les diocèses de la province, contre les religionnaires et les catholiques politiques ». Les capitouls et les consuls de Carcassonne sont chargés d'en dresser les articles et ils reprennent exactement ceux de la ligue qui avait déjà été proclamée en 1562. Ceux-ci sont approuvés le 6 janvier 1577 suivant[124]. Les différentes villes de la province constituent alors leurs ligues ou associations particulières, comme Toulouse, soumettant chaque associé à la prestation de

---

123 Ordonnance d'Henri III, Paris, 20 juin 1575 (Lestrade Jean, *Les huguenots en Comminges*, Paris-Auch, Champion-Cocharaux, 1900, p. 257-259).

124 Dom Devic et Dom Vaissète, *Histoire générale de Languedoc*, *op. cit.*, t. 11, p. 615-616.

serment. Ces villes se confédèrent ensuite. Le 4 février 1577, par exemple, les États du Quercy députent à Toulouse l'avocat Saint-Agnelier, qui obtient de se confédérer avec les catholiques de Toulouse[125].

Cette dynamique ligueuse, sous un habillage confraternel, ne fléchira pas. En juin 1580, à Toulouse, toujours sur la demande des capitouls, est créée « l'association faite au nom de la Sainte-Trinité, des trois états de la ville, diocèse et sénéchaussée de Toulouse qui y voudront entrer pour la manutention de l'honneur de Dieu, de son Église [...] contre les perturbateurs de l'État et repos public, sous l'autorité et bon plaisir de Sa Majesté, de la cour de parlement, et des gouverneurs et lieutenants généraux[126]. » Les hostilités ayant repris, avec la septième guerre civile, à Castres et à Montauban, les réformés tiennent des assemblées politiques alors qu'Henri de Navarre s'engage dans la guerre et s'empare de Cahors (28 mai-2 juin)[127]. Le parlement de Toulouse approuve alors l'association toulousaine, le 21 juin, et ses articles sont envoyés par l'avocat général Jean-Étienne Duranti (qui avait assisté à la conférence de Nérac). Largement ouverte, elle semble soucieuse d'enrôler les élites cléricales, marchandes et, bien sûr, les capitouls, initiateurs, comme également les officiers du parlement. Réminiscence vraisemblable des associations de 1568, qui avaient fleuries avec l'appel à la croisade, elle s'attache à recueillir des fonds et, en plus de ses 23 articles, pas moins de 7 articles sont ajoutés « pour la bourse de la fraternité ». Nous sommes, alors, dans une phase d'extension pénitente.

Alors que l'année s'achève, c'est désormais contre l'influence de Guise que Catherine de Médicis s'attache à lutter, d'abord en engageant le roi à ne pas placer dans les provinces des gouverneurs qui pourraient être à sa dévotion. Le marquis de Villars aurait pu être le champion, si ce n'est le chef, des catholiques ligueurs de Guyenne, en succédant à Monluc, revêtu des dépouilles de l'amiral de Coligny. Jeanne d'Albret réclamait déjà, régulièrement, son renvoi. Son unique fille, et héritière, richement possessionnée dans le Sud-Ouest, venait d'épouser, en secondes noces,

---

125 Loutchisky Jean, « Documents inédits pour servir à l'histoire de la Réforme et de la Ligue », *Matériaux pour l'histoire de la réaction féodale en France aux* XVIe *et* XVIIe *siècles*, Kiev, 1875, t. 2.

126 AM Toulouse, AA 18, f° 399.

127 Sully relate, dans le détail, cette prise de Cahors, fort aléatoire, au pillage duquel il emporta une cassette emplie de 4000 écus en or (*Les œconomies royales de Sully*, Buisseret David, et Barbiche Bernard (éd.), Paris, Klincksieck, 1970, t. 1, p. 67-72).

Charles, duc de Mayenne. Bien qu'obéissant commandant des armées du roi, il n'en est pas moins le frère cadet d'Henri de Guise. Villars est alors sur la sellette. On pense lui substituer Biron, dont on sait les accointances calvinistes ; lieutenant du gouverneur de Guyenne, il pourrait, lui, ne pas faire trop ombrage à Navarre, que Catherine et Henri III s'évertuent à ne pas écraser. Ses terres soumises à une « intolérable » tolérance religieuse, son gouvernement lui échappant, Damville brillant en Languedoc, son cousin, Condé, autre prince de sang, lui brulant la priorité, Henri de Navarre n'avait pu que jouer sa vraie-fausse fuite de la cour de France, pour tenter de reprendre la main.

De plus en plus isolé, entre les catholiques, les protestants et le groupe des « politiques », Henri III juge habile de prendre la direction de la Sainte-Ligue, en la signant, le 12 décembre 1576. Le lendemain, il ouvre les états généraux, à Blois, dont les députés, le 1er janvier suivant, révoquent l'édit de Beaulieu, en ne reconnaissant que la seule foi catholique dans le royaume de France. Si Henri III avait modifié certains passages du programme de la Ligue, son autorité, soumise aux décisions des états généraux, s'y trouvait affaiblie.

Les conséquences ne tardent pas. En mars, des troubles éclatent en Dauphiné et en Provence et, en mai suivant, c'est la sixième guerre de Religion. Navarre, Condé et Damville, respectivement gouverneurs de Guyenne, de Picardie et de Languedoc, ouvrent les hostilités, alors que les Politiques, soucieux de l'unité du royaume, changent de camp, et choisissent de rejoindre l'armée royale. C'est leur chef, François d'Alençon, qui dirige les opérations. Après de rapides sièges, il prend les villes de la Charité-sur-Loire, en mai, puis d'Issoire, en juin. Le duc de Mayenne, pour les ligues, opère en Poitou. Damville choisit d'obéir aux ordres du roi, en assiégeant Montpellier. Encore une fois, aucun parti n'est en mesure de l'emporter. La paix de Bergerac (14 septembre 1577), négociée entre Biron et Navarre, confirmée par l'édit de Poitiers (17 septembre) accorde le droit de culte aux réformés, dans une ville par bailliage, et seulement dans les faubourgs, ainsi que huit places de sûreté. Les ligues et associations sont, quant à elles, une fois de plus, interdites.

DE LA FORCE DU FAIBLE

NAVARRE : ROI CONTESTÉ ET GOUVERNEUR DE GUYENNE EMPÊCHÉ

Navarre et Alençon, qui s'étaient retrouvés dans la conjuration des Malcontents, s'étaient ensuite fâchés, en se disputant les faveurs de la belle Charlotte de Sauve, avant de s'enfuir, successivement (septembre 1575, février 1576) de la cour de France, sans en avertir Marguerite, qui s'attachait pourtant à les allier.

> Durant laquelle maladie [une grosse fièvre de Marguerite] le roi mon mari, ou qu'il fut occupé à disposer de son partement [départ], ou qu'ayant à laisser bientôt la cour il voulut donner ce peu de temps qu'il avait à y être à la seule volupté de jouir de la présence de sa maîtresse Madame de Sauve[128], ne pensant avoir le loisir de me venir voir en ma chambre ; et revenant pour se retirer à l'accoutumée à une ou deux heures après minuit, couchants en deux lits comme nous couchions toujours, je ne l'entendais point venir ; et se levant avant que je ne fusse éveillée pour se trouver, comme j'ai dit ci-devant, au lever de Madame ma mère, où Madame de Sauve allait, il ne se souvenait [ne pensait] point de parler à moi, comme il avait promis à mon frère, et partit de cette façon sans me dire à Dieu[129].

Là encore, Marguerite, dans ses *Mémoires*, maltraite la chronologie, en rapprochant la fuite de son époux de celle de son frère. « Le temps d'un rhume » écrit-elle, alors que quatre mois et demi les sépare. Navarre part le second, habilement, alors que le dispositif de sécurité avait été renforcé autour de lui. Il affiche une rupture avec Marguerite, en multipliant donc les empressements à l'égard de Mme de Sauve. Simulant légèreté et vanité, il se rapproche de Guise, atténuant ainsi, par cette

---

128 Charlotte de Beaune-Sembançay, baronne de Sauve, dame d'honneur, puis dame d'atour, de Catherine de Médicis. En 1574, elle devient dame d'honneur de Margot, tout en restant l'amante de son mari, jusqu'en 1577. En 1569, elle avait épousé Simon Fizes, baron de Sauve, secrétaire d'État de Charles IX, puis d'Henri III, mort en 1579. En 1584, elle se remarie avec François de La Trémoille, marquis de Noirmoutier. Elle a eu de nombreux favoris et amants, outre Alençon et Navarre, qu'elle oppose dans une furieuse rivalité, Marguerite l'accusant d'être la cause de la rupture avec son époux. Henri de Guise, aussi, la courtise, jusque dans la nuit qui précède son assassinat (22-23 décembre 1588). Son inconduite lui a valu d'être chassée de la cour en 1583.

129 *Mémoires et autres écrits de Marguerite de Valois*, *op. cit.*, p. 82.

apparente niaiserie, voire scurrilité bouffonne, la méfiance d'Henri III, tout en préparant son évasion, que d'Aubigné a détaillée.

Considérant Marguerite complice des fuyards, Henri III la retient auprès de lui. Alençon, désormais allié aux huguenots, Navarre abjure, espérant, ainsi, retrouver son autorité dans ses terres, et devenir le chef incontesté du parti protestant. Ainsi, il n'entendait pas négocier de paix sans la libération préalable de Marguerite. On s'entend cependant sur cet édit de Beaulieu (6 mai 1576), « paix de Monsieur », fort avantageuse pour les protestants, comme pour Alençon, devenu duc d'Anjou.

En même temps que sa sœur, dès mai 1576, Navarre appelait désormais son épouse auprès de lui, en lui envoyant Fervaques[130]. Essuyant un refus, il réitère, en septembre suivant, avec Jean de Durfort, vicomte de Duras, son chambellan ordinaire, et, enfin, en décembre, à Blois, par l'intermédiaire de Jean de Pierre-Buffière, baron de Génissac, toujours sans succès. Nous pouvons croire Marguerite quand elle écrit qu'elle aspirait à retrouver son époux bien que, comme nous allons le voir, la vie du gouverneur de Guyenne était loin de tout repos, et qu'il se préparait, dès sa fuite, à un retour rapide de la guerre. On a pu, aussi, écrire, qu'en restant à la cour de France, Marguerite le tenait informé de ce qui s'y disait. Mais c'est surtout sa proximité avec le duc d'Anjou qui pouvait l'inquiéter. Catherine de Médicis et Henri III, craignaient, quant à eux, en la laissant partir, que Navarre s'en serve d'otage, et que celle-ci renforce son alliance avec François d'Anjou. Mais Henri III allait conjurer le péril ligueur en prenant la tête de l'Union des catholiques. À l'ouverture des états généraux, le roi annonçait la reprise de la guerre contre les huguenots, avec le concours de son frère, qui trahissait, ainsi, ses anciens alliés. Marguerite et François étaient arrivés de concert aux États, où elle apparaissait en reine de beauté. D'Aubigné l'accuse d'être, par l'intermédiaire de Bussy, l'actrice du revirement de François. Médisance sans fondement, mais Marguerite tombe subitement malade. Rétablie

130 Guillaume de Hautemer, comte de Châteauvillain, baron de Grancey, seigneur de Fervacques, s'était converti au calvinisme, avant d'y renoncer, et de servir Charles IX, à partir de 1567. Maréchal de camp de Matignon, en 1574, il avait repris des places de Normandie sur les huguenots. En octobre 1575, il servait le duc de Guise, à Dormans. En 1576, il est, momentanément, au service de Navarre. Il se rapprochera, à nouveau, de Henri III, qui lui pardonnera, Il servira alors François, duc d'Anjou, chassera les Espagnols du Cambrésis (1581), avant d'être fait prisonnier par le prince d'Orange, lors de la tentative du duc d'Anjou de s'emparer d'Anvers (18 janvier 1583). À la mort de ce dernier, il revient au service du roi de Navarre, devenu ensuite roi de France.

fin décembre, elle rechute, plus gravement encore, en janvier, et le bruit court que son époux a tenté de l'empoisonner. Marguerite, heureusement d'une santé de fer, suspectera d'autres tentatives ultérieures, tant de la part d'Henri III, que de son époux ou encore de sa maîtresse, Corisande d'Andouins. Rien ne permet de les accréditer. Mais, la guerre entre ses frères et son époux étant ouverte, son départ auprès de ce dernier, autant que son maintien à la cour de France devenaient impossibles.

En revenant dans le Sud-Ouest, Henri de Navarre savait qu'il ne trouverait pas un chaleureux accueil en Béarn. Se sentant – et se désirant – plus gouverneur de Guyenne que vicomte de Béarn, il veut s'installer à Bordeaux, qui refuse de lui ouvrir ses portes. Il en gardera une longue rancune. Il choisit alors Agen, puis Lectoure, que nous avons vu parfaitement assuré, et enfin Nérac comme séjour ordinaire. Au début de l'année 1577, il envoie sa sœur, Catherine, pieuse calviniste, en qualité de régente de Béarn, mais avec l'appui d'Armand de Gontaut, seigneur d'Audaux. Ancien conseiller le plus proche de Jeanne d'Albret, devenu chef du parti catholique, il avait servi le roi de France, et Monluc, lors de la « protection » du Béarn, et s'était opposé aux *Ordonnances ecclésiastiques*. Voué à la géhenne par Jeanne, Henri lui avait accordé son pardon[131].

> Et quand j'ouïs dire que le roi de Navarre s'en mêlait et qu'il était parti de la cour sans dire adieu, je jugeai dès lors que la Guyenne aurait de nouveau beaucoup à pâtir, car étant si grand prince, jeune, et qui donne espérance d'être

131 Baron de Badefol, seigneur de St-Geniès, La Chapelle, Almenêches, Audaux, etc. Il était fils de Jean de Gontaut, baron de Badefol, chevalier du roi et son lieutenant en Périgord, et de Françoise d'Audaux, l'une des plus riches héritières de Béarn. Élevé à la cour de Béarn, Antoine de Bourbon le choisit pour son lieutenant en Béarn. À la mort de ce prince, il assure le retour de Jeanne d'Albret dans ses États, ce qui lui vaut d'être nommé sénéchal de Béarn et membre du conseil privé. Jeanne obtient encore pour lui une charge de gentilhomme de la chambre et le collier de l'Ordre. Fidèle serviteur jusqu'en 1568 (« Celui qui gouverne tout », auprès d'elle, écrit l'agent espagnol Guevara, en 1567), date à laquelle il apaise la première sédition d'Oloron, il refuse les décrets de Jeanne en matière religieuse et devient un des chefs du parti catholique (Communay Arnaud, *Les huguenots dans le Béarn et la Navarre*, *op. cit.*, p. 101-102). En 1569, c'est lui, notamment, qui traite avec le vice-roi de Navarre, au nom de Monluc, pour l'envoi de contingents espagnols en Béarn. Après l'échec de la « protection » du Béarn, la paix signée, il se réfugie en France où il est capitaine d'une compagnie de 50 hommes d'armes des ordonnances du roi, conseiller et chambellan du duc d'Anjou. Après la mort de Jeanne d'Albret, il avait fait sa soumission, et Henri de Navarre lui avait accordé le pardon que sa mère lui refusait. En 1584, il le nommera lieutenant général en Béarn, et il s'éteindra, dans ses fonctions, en 1591. Catherine sera régente en 1577-1578, 1582, 1583-1587, puis en 1588 (Tucoo-Chala Pierre, *Catherine de Bourbon. Une calviniste exemplaire*, Biarritz, Atlantica, 1997, p. 41-78).

> quelque jour un grand capitaine, il gagnerait aisément le cœur de la noblesse et du peuple, et tiendrait tout le reste en crainte. » (Blaise de Monluc)[132].

L'imagerie populaire s'est nourrie de la dizaine d'années que Henri de Navarre a passées dans le Sud-Ouest après sa fuite de la cour de France. Il court d'une aventure galante à une autre, dans une frénésie de déplacements qui mêle la chasse à divers plaisirs, parmi lesquels de joyeux combats. Cet épisode de la vie du futur roi de France et de Navarre est beaucoup plus sérieux que ne le laisse paraître la légende du Béarnais. Janine Garrisson, puis Anne-Marie Cocula, ont bien marqué combien la gestion du gouvernement de Guyenne avait défini une conquête progressive, et habile, du pouvoir[133]. C'est surtout l'exploitation des riches registres de la Cour des comptes de Nérac qui a retenu l'attention des historiens[134]. Ces documents nous enseignent que Henri de Navarre attache beaucoup d'importance à l'administration de ses domaines et qu'il les réorganise afin d'améliorer ses revenus[135]. Mais le jeu politique de Navarre, en Guyenne, à la fois subtil et périlleux, doit être éclairci.

Malgré son retour au calvinisme, il continue à s'entourer de gentilshommes catholiques. N'applique-t-il pas, là, les conseils que lui

132 Monluc Blaise de, *Commentaires, 1521-1576*, Courteault, Paul (éd.), Paris, Gallimard, 1964, p. 543.

133 Garrisson Janine, *Henri IV*, Paris, Seuil, 1984. Cocula Anne-Marie, « Le rôle de la Guyenne dans la conquête du royaume (1576-1589) », *Henri IV. Le roi et la reconstruction du royaume*, Actes du colloque de Pau-Nérac, 1989, Pau, Association Henri IV 1989 – J & D Éditions, p. 125-143.

134 Tachouzin Patrick, *Henry de Navarre à Nérac. Les marches du trône*, Amis du Vieux Nérac, 1989. Eurich Amanda, *The Economics of Power. The Private Finances of the House of Foix-Navarre-Albret during the Religious Wars*, Kirksville, Sixteenth Century Journal Publishers, 1994.

135 Il est difficile d'apprécier les dépenses militaires, qui apparaissent dans différentes comptabilités, tant pour les fortifications, la rémunération des capitaines et des gouverneurs de places. Selon les comptes de Julien Malet (1582), Henri de Navarre se saisit notamment des charges des petites garnisons des cités de Tarascon, L'Isle-Jourdain, Lectoure, Exideuil, Puymirol, ainsi que des châteaux de Puynormand, Montignac et Merenx. L'entrée dans la guerre engage à un financement spécifique qui s'appuie, outre sur les revenus publics, sur les fortunes privées et les ressources du sol de la grande noblesse. Ce système fiscal ne suffit pas au parti huguenot, qui doit avoir recours aux contributions forcées et à la vente des biens d'Église (Eurich Amanda, *The Economics of Power*, *op. cit.*, p. 212 et suiv.). Ainsi, si l'étude de Denès Harai permet de constater une volonté de solder les comptes des dernières guerres, elle ne permet pas de juger, à elle seule, de l'engagement – plus que vraisemblable – de Navarre, lieutenant général, et du Béarn, dans l'ultime effort de guerre de l'amiral de Coligny, et dans le conflit qui s'en suit (Harai Denès, *Au nom de la reine*, *op. cit.*).

avaient prodigués sa mère, pourtant si rigoriste, en donnant l'impression d'achever, là, la tournée de son gouvernement, qu'il avait commencée huit ans auparavant, avec elle ?

À l'issue de la paix de Longjumeau (23 mars 1568), alors que Catherine de Médicis cherchait à l'attirer à la cour de France pour l'éloigner de ses domaines où son zèle mécontentait les catholiques et risquait d'enflammer les Guises et l'Espagne, Jeanne d'Albret avait écrit :

> C'était que, voyant mon fils assez avancé d'ans pour commencer à faire service à leurs Majestés au gouvernement de la Guyenne, et afin que, venant en âge d'homme, il y fut mieux instruit, je suppliais très humblement leurs Majestés qu'ils permissent que mon dit fils se promenât par les principales villes de son dit gouvernement pour faire observer l'édit de pacification, [...] fut-ce accompagné de MM. de Candale, de Villars, de Caumont, de Lauzun, de Biron, de Jarnac [...] pour lui servir de conseil, les ayant nommés exprès, parce-que la plus grande part d'iceux étaient catholiques romains[136]. »

Et la cauteleuse Jeanne, de son côté, de persécuter les catholiques, de placer ses garnisons et de préparer la guerre au désespoir de Monluc, avant qu'Henri n'apprenne à ravager ces provinces, avec l'armée des Princes, sous la conduite de Coligny. Reconnaissons qu'il y a bien, dans ces phrases, rien moins que le programme du retour de Henri de Navarre en Guyenne, mais en 1576. Se sachant fragile, il agit avec la même duplicité que celle qui caractérisait sa mère.

UN CONSEIL DU PRINCE BICONFESSIONNEL, (IN)FIDÈLE... ET EXPLOSIF

Parmi les catholiques du conseil privé de Henri de Navarre on trouve alors d'anciens opposants à la politique de Jeanne d'Albret, comme de futurs ligueurs, dont Jean de Beaumanoir, marquis de Lavardin. Celui-ci avait été élevé auprès d'Henri de Navarre, et il était devenu catholique après le meurtre de son père lors de la Saint-Barthélemy. Il s'était alors battu sous les ordres du maréchal de Matignon, jusqu'à ce que le refus du roi de respecter sa promesse d'une compagnie de gardes du corps, dit-on, l'incite à retourner auprès d'Henri de Navarre. Il engage celui-ci à quitter la cour de France et il le suit dans sa fuite. Il avait épousé

136 Albret Jeanne d', *L'ample déclaration*, La Rochelle, 1570, publiée sous le titre : *Mémoires et poésies* par Ruble Alphonse de, Paris, 1893.

Catherine de Carmaing, comtesse de Nègrepelisse. Dès 1579, il semble se mêler aux ligueurs, mais il n'entrera dans la Ligue qu'en juin 1586. Il servira alors sous les ordres du duc de Joyeuse, puis du duc de Nevers et enfin du comte de Soissons dans l'armée de Bretagne. En août 1589, il reconnaîtra le roi de Navarre pour successeur légitime du défunt roi de France et, une fois de plus, il retournera auprès du Béarnais[137].

Plus étonnant : les Sainte-Colomme, chefs de l'opposition catholique à Jeanne d'Albret, sont également là. Il y a Bernard de Montesquiou, sire de Xaintrailles, qui est alors capitaine des gardes du roi de Navarre, mais aussi François de Montesquiou, seigneur de Sainte-Colomme. Il est très lié à Henri de Navarre, qui le surnomme affectueusement le « Grand Pendu ». Ce dernier, avec Lavardin et Henri d'Albret-Miossens, constituent même « les chefs de mon conseil », écrit Henri au cours de l'été 1575[138]. Le cercle s'étend après la fuite et, en août suivant, Henri écrit à Damville, lequel il courtise, depuis Agen : « Vous ne sauriez croire comme ils [les catholiques] se sont bien accordés avec ceux de la Religion qui m'y sont pareillement venus trouver[139]. » Il y a encore, parmi les anciens opposants, Armand de Gontaut, seigneur d'Audaux et de Saint-Geniès, dont nous avons parlé, mais aussi son frère, Jean, baron de Salignac, qui devient chambellan du roi de Navarre. En 1578, il sera nommé gouverneur de Périgord et de la vicomté de Limoges. Antoine, seigneur de Roquelaure, est là, lui aussi. Il avait fui la cour de France avec Henri, il aura le gouvernement de Duras, puis d'Eauze[140].

137 Sur la biographie complexe et souvent erronée de Lavardin, on se reportera à la mise au point de : Jullien Jean-Baptiste-Pierre, dit *le chevalier* De Courcelles, *Dictionnaire historique et biographique des généraux français*, Paris, 1821, t. 2, p. 4-7.

138 Henri de Navarre à Jean d'Albret-Miossens, lieutenant général en Béarn (Babelon Jean-Pierre, *Henri IV*, *op. cit.*,, p. 209). Ajoutons aux catholiques Antoine de Bégoles et Charles de Poudenx.

139 Lettre d'Agen, 18 août 1576 (Berger de Xivrey Jules, *Recueil de lettres missives de Henri IV*, Paris, 1843-1876, t. 1, p. 100).

140 Antoine de Roquelaure (1544-1625), troisième fils de Géraud de Roquelaure et de Catherine de Bézolles. Ses frères aînés, Jean-Bernard et Bernard, sont morts successivement aux combats de La Roche-Abeille (1569) et d'Orthez contre les huguenots. Antoine quitte alors l'état ecclésiastique. Il est seigneur de Roquelaure, de Gaudous, de Sainte-Christie, de Mirepoix, de Montbert et du Longart, baron de Lavardens et de Biran. Son père, Géraud, mort en 1557, avait servi dans les armées, à la suite d'Antoine de Bourbon. Antoine a été très apprécié par Jeanne d'Albret, qui l'a engagé au service de son fils et qui lui a donné la part qu'elle avait dans la seigneurie de Roquelaure. Il est surtout connu pour toutes les charges et gratifications qu'il recevra après l'avènement d'Henri IV. Il deviendra maître de la garde-robe (2 août 1589), conseiller d'État (19 octobre), chevalier des ordres du roi

Les fils du redoutable Symphorien de Durfort, Jean, vicomte de Duras, qui aura le gouvernement de Casteljaloux, et son frère, ont abandonné le calvinisme après la Saint-Barthélemy. Ils vont entrer dans la première Ligue[141]. Ils côtoient Philibert de Gramont, comte de Guiches, Louis de Foix, comte de Gurson, ainsi que ses deux frères, Gaston, vicomte de Meille, et François-Phoebus, comte de Fleix[142].

C'est durant la réunion des états généraux de Blois (6 décembre 1576-17 janvier 1577), que, « pour lever tout soupçon et défiance », écrit d'Aubigné, le roi de Navarre nomme dans son conseil Jacques de Lomagne, vicomte de Couserans et seigneur de Fimarcon (aux pieds de Lectoure), Bertrand de Pardailhan, baron de Lamothe-Gondrin et sénéchal des Landes, Honorat de Montpezat, seigneur de Laugnac, Bertrand de Salignac, seigneur de La Motte-Fénelon, Antoine de Cardailhac, seigneur de La Chapelle-Lauzières, François de Cassagnet de Tilladet, seigneur de Saint-Orens et François de Durfort que nous avons évoqué, « tous Catholiques[143] ». Il ne faut pas se leurrer ; le comportement adopté en temps de paix peut changer avec l'ouverture des hostilités. C'est ce qui arrive lorsque, en avril 1580, Henri de Navarre déclare solennellement la guerre au roi de France, Marguerite de Valois tente alors, par exemple, sans succès, d'amener à son mari le fameux Tilladet, vieux compagnon de Monluc, qui est dans Condom[144].

(7 janvier 1595), sénéchal et gouverneur de Rouergue et de Foix, capitaine du château de Fontainebleau, lieutenant général en Guyenne (15 février 1610), maire de Bordeaux, maréchal de France (1615).

141 Jean et son frère cadet, Jacques, dit « le jeune Rosan », sont les fils de Symphorien (mort en 1563) et de Barbe de Maupas, dame d'honneur de la reine. Ils sont graciés par le roi lors de la Saint-Barthélemy, contre le serment d'abandonner le protestantisme. Jean Favre fait une erreur en écrivant qu'ils reviennent ensuite au calvinisme (Favre Jean, *Précis historique sur la famille de Durfort Duras*, Marmande, Duberort, 1858, p. 76-91). Jean de Durfort, échoua dans sa mission auprès du pape pour faire lever l'excommunication lancée contre Henri de Navarre et sa famille (1573). Les frères se battent en duel sur la promenade du Gravier, à Agen, au mois de mars 1579, contre Turenne et Jean de Gontaud-Biron, baron de Salignac, « auquel combat le vicomte demeura blessé de dix-sept coups » (L'Estoile, Pierre de, *Mémoires-Journaux*, Paris, Lemerre, 1875-1899). Jean de Durfort sera tué au mois de février 1587, près de Libourne, sans laisser de postérité de Marguerite de Gramont-Aster. Son frère, Jacques, prendra alors le titre de vicomte de Duras.

142 Tous les trois périssent le 23 juin 1580 dans un combat près de Moncrabeau. Ils étaient les fils de Germain-Gaston de Foix, marquis de Trans, un moment chef de la Ligue en Guyenne, et qui meurt en 1591.

143 Aubigné Agrippa d', *Histoire universelle*, *op. cit.*, t. 5, liv. VIII, chap. v, p. 129-130).

144 Marguerite de Valois à M. de Saint-Orens, Nérac, 21 avril 1580 (Lauzun Philippe, *Lettres inédites de Marguerite de Valois (1580), tirées des archives de la ville de Condom*, Auch, Foix, 1881, p. 17-18). François de Cassagnet de Tilladet, seigneur de Saint-Orens, testera le

Dans l'immédiat, Henri de Navarre est flatté par la présence de tous ces gentilshommes catholiques autour de lui… même virtuellement. En effet, certains, comme Montaigne, n'ont même pas été consultés. Ainsi, c'est en recevant, le 29 novembre 1577, une lettre patente rédigée à Lectoure, que Montaigne apprend, « sans mon su et moi absent », qu'il était nommé gentilhomme de sa chambre[145] ! Navarre en vient alors à considérer que tous ces gentilshommes, des deux religions, témoigneraient, là, d'un attachement à sa personne avant sa religion. Naturellement, cette attention rend jaloux les courtisans protestants, comme le relèvent Sully ou d'Aubigné. Déjà, les Rochelais avaient refusé, en recevant le roi de Navarre fugitif, d'accueillir avec lui les gentilshommes catholiques de sa suite, prétendument entachés du sang des martyrs de la Saint-Barthélemy. Lavardin et François de La Noue en viennent aux mains sous les yeux de leur maître. Mais ce ne sont pas les seules prises de bec. Parmi les autres calvinistes, Philippe Duplessis-Mornay est un des rares qui ne soit pas gascon[146]. Henri le charge de la direction de ses finances et il lui confie plusieurs missions à l'étranger. En 1583, il sera surintendant des maisons, affaires et finances du roi de Navarre. Il y a encore Agrippa d'Aubigné, Henri de La Tour d'Auvergne, vicomte de Turenne, Jean de Chaumont-Quitry, André de Meslon, gouverneur de Monségur en 1583, Henry de Lusignan, gouverneur de Puymirol, François de Ségur-Pardaillan, gouverneur de Sainte-Foy en 1584, Jacques de Lorges, comte de Montgomery, fils aîné de Gabriel, décapité en 1574, et François de Ségur, baron de Pardaillan, gentilhomme de sa chambre.

Eu égard aux conjurations qui ont précédé la Saint-Barthélemy, nous comprenons l'amertume de ces derniers. La libéralité d'Henri de Navarre à l'égard des gentilshommes catholiques est d'abord un calcul politique, et risqué. Il va jusqu'à nommer vice-amiral de Guyenne le dangereux Guy de Lansac, en lui donnant la permission de révoquer les officiers de son gouvernement. Dès que la Ligue de 1576 est déclarée,

13 avril 1588. Il eut deux filles de son premier mariage. Il laissa également un fils naturel. Il est inhumé dans la cathédrale de Condom.

145 Montaigne Michel de, *Lettres*, L'Horizon chimérique, 1991, p. 140. Nous savons, par les notes de ses éphémérides, que Navarre ne vient le voir à Montaigne que le 9 novembre 1584.

146 Daussy Hugues, *Les huguenots et le roi. Le combat politique de Philippe Duplessis-Mornay (1572-1600)*, Genève, Droz, 2002.

Lansac se retourne contre le gouverneur de Guyenne ; ligueur guisard et espagnolisé irréductible, il sera exclu du pardon royal, mais Louis XIII sauvera son illustre lignée.

Cette politique de conciliation cache bien la faiblesse du gouverneur de Guyenne. Henri de Navarre va, cependant, savoir gagner la fidélité de nombre de ses serviteurs et parvenir, avec ruse et ténacité, à contrôler cette Guyenne. Mais, pour l'instant, il éprouve déjà des difficultés dans l'élection d'une capitale pour son gouvernement. Les Bordelais lui refusent l'entrée de leur ville, pourtant capitale de la Guyenne. Henri de Navarre va alors s'installer successivement à Agen, à Lectoure, puis à Nérac. L'intérêt stratégique de cette moyenne Garonne n'est plus à démontrer. En janvier 1570, Monluc affirmait à Charles IX que c'était parce qu'il avait d'abord pu conserver Lectoure, Agen et Villeneuve que les armées huguenotes « n'ont [pas] tenu tout ce pays depuis Toulouse jusques à Bordeaux, ce qu'ils eussent fait s'ils eussent pris lesdites villes et n'eussent de longtemps bougé de ce pays, où, si je n'eusse été fidèle au service de Votre Majesté, les affaires se fussent beaucoup plus mal portées[147]. »

Si ces prises de ville, que Jean-Pierre Babelon a qualifiées à juste titre de « partie d'échecs » ont été décrites, c'est essentiellement à partir de mémoires et de lettres de circonstances, dans lesquels tous ont reconnu des justifications postérieures, la dissimulation des véritables enjeux et l'hypocrisie des factions en présence. Les Espagnols, quant à eux, suivent attentivement l'évolution de la partie.

147 Monluc à Charles IX, Agen, 9 janvier 1570 (De Ruble Alphonse, *Commentaires et lettres de Blaise de Monluc*, *op. cit.*, t. 5, p. 261-265). C'est François de Cours, seigneur de Pauilhac, chevalier de l'ordre du roi, gentilhomme ordinaire de la chambre du duc d'Anjou, qui était gouverneur de Villeneuve-d'Agen (Villeneuve-sur-Lot), déjà en 1563 (Monluc à François de Cours, Condom, 9 septembre 1563, *idem*, t. 4, p. 276). En novembre 1569, Monluc oblige « Paulliac le vieux » à regagner Villeneuve, alors qu'il voulait se joindre à lui pour combattre (*Commentaires*, *ibid.*, t. 3, p. 305). Monluc loue sa valeur, lorsque son neveu reçoit la charge de colonel des légionnaires de Guyenne, après le chevalier de Monluc (Monluc au duc d'Anjou, Cassaigne, 18 juin 1570, *ibid.*, t. 5, p. 284-286). En février 1573, il a rejoint, avec son régiment, le duc d'Anjou, sous les murs de La Rochelle (Gohas à Villars, 24 février 1573, BnF, ms fr., coll. Harlay Saint-Germain, vol. 326, 3, f° 404). Il est tué peu après.

EN GUYENNE : FAUSSE PACIFICATION ; VRAIE PRÉPARATION DE LA GUERRE

Des archives consulaires, à la fois délibérations et comptabilités, ont été conservées, notamment pour Agen, Lectoure, Auch, Condom ou L'Isle-Jourdain, cités où le « parti » catholique dominait avant le retour de Henri de Navarre dans son gouvernement. Elles permettent de suivre l'attitude des consulats, l'action de Henri de Navarre et le comportement des gouverneurs militaires, ainsi que les réactions des populations, tant catholiques que protestantes. Cette approche du quotidien des humbles, offre un précieux, et étonnant, observatoire de la maturation politique du jeune prince[148].

REJETÉ DE BORDEAUX, PUIS D'AGEN

Après sa fuite de la cour de France, Henri de Navarre est reçu dans la joie à La Rochelle. Puis, malgré l'édit de pacification de Beaulieu, il apprend que Bordeaux, capitale de son gouvernement de Guyenne, ne tient pas à le recevoir. Il y avait eu un arrêt secret de la cour des Vacations en ce sens. Henri avance malgré tout jusqu'à Montferrand, mais, à l'annonce d'une sédition dans la ville, il choisit de se retirer. Le gouverneur de Guyenne se plaint alors amèrement aux officiers du parlement, aux jurats et au sénéchal. Malgré les menaces, après avis de la jurade, le parlement délibère, en présence du marquis de Villars, que, vu ces temps troublés, il n'était pas possible, encore, de recevoir le gouverneur de Guyenne. La cour rappelle la mort du gouverneur Tristan de Monein (1548), à la suite d'une sédition dont la responsabilité avait été reportée sur le parlement, parce qu'il n'avait pas pris les mesures nécessaires pour l'empêcher. Cette cour manifeste cependant le respect et l'estime dans lesquels elle tient le roi de Navarre, auquel elle n'oublie pas de demander de « tenir la main à

148 Tholin Georges, « La ville d'Agen pendant les guerres de Religion du XVIe siècle », *Revue de l'Agenais*, t. XVI, 1889, p. 385-398, et t. XVII, 1890, p. 97-120 et 281-301. Saverne Joseph, *L'Isle-en-Jourdain (Gers). Son histoire*, Gimont, 1914, Bourse Roger et Laborie Georges, *L'Isle-Jourdain (Gers) d'hier et d'aujourd'hui*, Toulouse, 1995. Florentin François-Lionel, *La municipalité de Lectoure durant les premières guerres de Religion (1559-1578)*, mémoire de maîtrise, Université de Toulouse-Le Mirail, 1999. Arbusti Stéphane, *Auch durant les premières guerres de Religion (1560-1575)*, mémoire de maîtrise, Université de Toulouse-Le Mirail, 2001.

l'exécution de l'édit de pacification, et de remédier aux désordres que les religionnaires commettaient en Périgord et dans d'autres parties de son gouvernement. » Il s'agissait bien d'un camouflet pour Henri de Navarre[149].

Bien sûr, la raison de ce refus est d'abord la crainte de voir les protestants se rendre maîtres de Bordeaux. Mais il y avait une autre raison, liée à la première. Le 10 juillet 1575, le gouverneur de Bordeaux, Montferrand, avait été tué d'un coup d'arquebuse au siège de Gensac, où il assistait Monluc. Les jurats n'avaient jamais pu accepter la présence d'un gouverneur dans leur cité, au détriment de leurs privilèges militaires. Ils se souvenaient aussi du rôle que ce gouverneur avait joué durant la Saint-Barthélemy bordelaise. Monluc voulait nommer Jean de Duras. Le grand sénéchal Jacques de Peyrusse d'Escars, seigneur de Merville[150], avait écrit au roi les raisons pour lesquelles il fallait engager le parlement de Bordeaux à ne plus nommer de gouverneur particulier de la ville de Bordeaux. Henri III accepta et, par lettre de cachet, il rendit le gouvernement de la ville aux jurats. En 1576, l'obéissance au gouverneur de Guyenne et la conservation des prérogatives militaires de la jurade étaient incompatibles. Les Bordelais choisissent de préserver ces dernières, si difficilement reconquises. Ils peuvent alors adhérer à la première Ligue. Lorsque se réunissent les États généraux de Blois (6 décembre 1576-17 janvier 1577), Henri de Navarre adresse aux députés ses plaintes concernant « les empêchements et désobéissances de la ville de Bordeaux ». Il exige que l'on interdise au parlement et au maire de Bordeaux de se mêler des affaires militaires, qui doivent rester entre les mains du gouverneur, « suivant leur ancienne institution. Que les armes soient ôtées au peuple, et consignées en lieu assuré[151]. »

En 1578, Biron est, non seulement, nommé lieutenant général en Guyenne, mais il succède au président d'Eymar à la mairie de Bordeaux. Il bénéficie alors des prérogatives militaires de la jurade pour organiser la défense de la ville et s'opposer à l'ingérence du gouverneur de Guyenne. Il s'intitule « maire et gouverneur de Bordeaux et maréchal de France[152]. » C'est ainsi un adversaire de taille pour le gouverneur

149 Le parlement de Bordeaux rendit compte de tout cela à Henri III (Dom Devienne, *Histoire de la ville de Bordeaux*, Bordeaux, La Court, 1771, t. 1, p. 174-175).

150 Il est le frère de Charles, évêque de Langres, qui accompagne Marguerite dans sa mission dans les Flandres, ainsi que de François, comte des Cars.

151 Aubigné Agrippa d', *Histoire universelle*, *op. cit.*, t. 5, liv. VIII, chap. v, p. 128-129.

152 « Acte des maires et jurats de Bordeaux portant concession de certains droits et exemptions au peintre Jacques Gaultier », Bordeaux, 22 avril 1579 (*Archives de la Gironde*, *op. cit.*, p. 101-103).

de Guyenne. Matignon accumulera les mêmes pouvoirs, mais ce sera, désormais, à l'avantage d'Henri de Navarre.

Un portrait, posthume, conservé au château de Pau, dessiné par Thierry Bellangé (vers 1596-1638) montre cet homme d'âge mûr, bardé de son armure, qui vient d'accéder au maréchalat. Le dessinateur l'a doté de la marque militaire de l'écharpe blanche, à l'image du roi.

FIG. 4 – Armand de Gontaut-Biron, par Thierry Bellangé,
Musée national du château de Pau (fonds photographique du Grand Palais –
© Réunion des musées nationaux).

Le 6 août 1576, c'est donc à Agen que Henri de Navarre fait son entrée, au moment où se forme, jusque dans son gouvernement, cette première Ligue. L'historien agenais Georges Tholin a estimé que la cité l'a accueilli emplie d'espoir[153]. Cette interprétation est, malheureusement, erronée. Si la noblesse catholique vient, en nombre, au-devant du gouverneur de Guyenne, à la suite du vieux Monluc, comme l'a écrit l'abbé Durengues, Henri de Navarre « ne réussit pas à gagner le cœur des Agenais, qui devaient lui garder encore longtemps rancune[154]. ».

En effet, à la suite des Bordelais, les Agenais ne voient pas d'un bon œil ce gouverneur soucieux d'appliquer l'édit de Beaulieu, et donc d'imposer une coexistence religieuse dans une ville dominée par les catholiques radicaux. Selon le chanoine Labénazie, les personnes qui jouèrent un rôle essentiel pour la conservation du culte catholique à Agen furent l'évêque Janus Frégose[155], le sénéchal François de Durfort, baron de Bajamont, qui succède à Guy de Lansac, ainsi que Pierre et Antoine de Nort[156].

En tête d'une ordonnance, prise à Agen, Navarre s'intitule « protecteur des Églises réformées de France et catholiques associés[157] ». Surprenante titulature, qui semble contrecarrer son cousin, et compétiteur, Condé. Il relaie feu l'Amiral, en prenant aussi, sous son aile protectrice, les catholiques « associés », suivant les principes posés dans le règlement

---

153 Tholin Georges, « La ville d'Agen pendant les guerres de Religion du XVIe siècle », *Revue de l'Agenais*, t. XVII, 1890, p. 98. Lettres de Biron aux consuls d'Agen (*Recueil de la Société académique d'Agen*, 2e série, t. IX, 1885, p. 125-160).

154 Durengues Antoine, « Le protestantisme en Agenais », *Revue des questions historiques*, 58e année, 3e série, t. XVI, 1930, p. 338-339.

155 L'abbé Barrère (*Histoire religieuse et monumentale du diocèse d'Agen*, Agen, Chairou, 1855-1856, 2 vol.) partage l'opinion du chanoine Labénazie (qui s'appuie notamment sur l'épître dédicatoire de l'ouvrage de Pierre de La Coste, prieur du couvent des jacobins d'Agen, intitulé : *Sermons sur les dix commandements*, 1581). Mais Jules Andrieu pense, au contraire, que cet évêque, dont l'épiscopat s'étend de 1555 à 1586, « ne fut pas à la hauteur de sa tâche » (Andrieu Jules., *Histoire de l'Agenais*, *op. cit.*, t. 1, p. 207). Tamizey de Larroque Philippe, *Lettres inédites de Janus Frégose*, Agen, 1873.

156 Pierre de Nort était le fils de Martial de Nort. Bourgeois et marchand d'Agen, il a été plusieurs fois consul (1562, 1569, 1579, 1584). Monluc l'appelle « Monsieur de Naux », du nom d'un petit manoir qui lui appartenait près d'Agen. Il sera tué lors de la surprise d'Agen, le 4 janvier 1591. Son plus jeune fils, Odet, avait embrassé la réforme ; il mourra ministre de La Rochelle en 1593. Labénazie évoque un autre fils, Antoine, sieur de Lamothe-Ferrand, conseiller du roi et juge mage d'Agen (Labénazie Bernard, *Histoire de la ville d'Agen et pays d'Agenois*, St-Nicolas-de-la-Balerme, Mlle A. Barrès, 1888, t. 1).

157 Ordonnance du 1er avril 1577 (AM Agen, EE 57).

– loi fondamentale – du synode de Nîmes, de mai 1572, formalisés dans l'éclosion des Malcontents. Contraint à la conversion, il s'était adjoint des serviteurs catholiques, revenu au calvinisme, il poursuivait avec le Conseil bi-confessionnel qu'il affiche. Mais il entendait, tout autant, contraindre les cités de son gouvernement à adopter des consulats mi-partis… particulièrement les bastions catholiques. Habile jeu de conquête, sous couvert de l'application de l'édit de Beaulieu. Bordeaux, comme Agen, ou encore Villeneuve, ne sont pas dupes.

Les Agenais, qui avaient déjà refusé au lieutenant général Burie le consulat mi-parti, en 1561, ne reconnaissaient pas le culte protestant dans leur cité ; ils doivent désormais supporter un consistoire. En contradiction avec les privilèges de la cité, qu'il avait, pourtant, juré de respecter, dès 1566, Navarre y fait entrer quatre compagnies de gens de pied, bientôt doublées. Malgré l'ordonnance, prise le 1er avril 1577, pour assurer leur discipline, ce logement de gens de guerre fâche les Agenais qui se voient retirer la gestion de leur défense. La guerre étant déclarée, alors que s'éteint Monluc, en décembre, Henri de Navarre remplace le chanoine de Saint-Caprais, Lalande, grand ami et précieux auxiliaire du premier, qui avait assuré, avec tant d'efficacité, le gouvernement d'Agen depuis les premiers troubles religieux, par le huguenot Henri de Lusignan[158].

Nous voyons les enjeux majeurs qui se jouent en Moyenne Garonne, au moment où Marguerite de Valois, reine de Navarre, devient comtesse d'Agen.

Le traditionnel conseil de guerre de la ville, qui associait le chanoine Lalande à la jurade, avait vécu. Le roi de Navarre place comme commissaire, aux côtés de Lusignan, le capitaine Séridos (Hector de

158 Le 24 novembre 1569, Damville (ayant alors autorité sur l'ensemble des gouvernements du Midi) avait cependant donné à François de Montpezat, seigneur de Laugnac, un gouvernement en Agenais, pour faire face au déferlement de l'armée huguenote. Lusignan quitte le gouvernement d'Agen en 1579, pour celui de Puymirol, place que le roi de Navarre devait conserver pour six mois, suivant le traité du 28 février 1579. Monluc avait placé le même Laugnac, comme gouverneur de Puymirol, en 1569. En juin 1571, avec Tilladet, il avait enlevé Auvillar, port majeur sur la Garonne, aux huguenots, et les habitants, majoritairement catholiques, y avaient détruit le château de Jeanne d'Albret, leur vicomtesse, qui y avait installé un pasteur, avec un consistoire. Il représente la noblesse de l'Agenais aux États de Blois de 1576. Il est le père de Laugnac, capitaine des Quarante-Cinq, la garde prétorienne d'Henri III. Henri de Navarre ne rendra pas Puymirol et Lusignan en restera le gouverneur, au grand dam des Agenais, car cette citadelle constitue un danger permanent pour l'Agenais catholique. En 1589, c'est Antoine de Belsunce, maître de camp d'infanterie, qui en est le gouverneur. Il sera tué au siège de Rouen, en 1592 (Andrieu Jules, *Histoire de l'Agenais*, *op. cit.*, t. 1, p. 210, 252, 254, 259, 263, 286, et t. 2, p. 35).

Saint-Gresse), alors que Géraud Dugonne est le trésorier. Le consulat d'Agen est donc écarté des questions militaires. Déjà lorsque Monluc avait jugé nécessaire de désigner un gouverneur pour Toulouse, Bordeaux ou Auch, cette décision avait toujours été ressentie comme une violation des privilèges du corps de ville. Une page est désormais tournée pour les Agenais. Même au temps de la Ligue, la jurade demeurera dessaisie de ses prérogatives militaires et défensives.

Au même moment, les charges, en raison de ces nouveaux impératifs militaires, augmentent chaque jour d'avantage, même si le roi de Navarre associe les juridictions voisines aux contribuables agenais. Il faut entretenir une forte garnison. Henri de Navarre pratique l'emprunt forcé. Agen est une ville dont les défenses ne correspondent plus aux impératifs de la guerre moderne. Toujours en opposition avec les anciens privilèges de la cité, il ordonne la construction de deux forts[159]. L'un doit s'élever à l'ouest, sur l'emplacement même du couvent des jacobins. L'autre est prévu à l'est, à la porte du Pin, voie majeure vers Montauban et Toulouse, au-devant de l'ancienne forteresse, extérieure, de Castelculier. Ces dernières mesures achèvent de fâcher les Agenais. Nous les verrons se révolter contre Margot, pour les mêmes raisons, quelques années plus tard. Malgré les propos rassurants d'Armand de Gontaut, maréchal de Biron, le nouveau lieutenant général en Guyenne[160], les Agenais ne décolèrent pas et Henri évite de paraître dans leur cité. Une anecdote scandaleuse reste attachée au passage d'Henri de Navarre à Agen. Il s'agit du fameux bal au cours duquel de belles agenaises auraient subi les outrages d'Henri et de ses compagnons. Catherine du Luc[161], fille d'un médecin agenais, violentée, après une brusque extinction des lumières, serait morte, peu après, de désespoir. Anne de Cambefort[162]

159 Par une charte du 25 août 1221, Raymond VII, comte de Toulouse, a confirmé des coutumes et octroyé divers privilèges à la ville d'Agen. Il a notamment reconnu qu'il n'avait pas le droit de bâtir un château fort dans la ville (Magen Adolphe et Tholin Georges, *Archives municipales d'Agen. Chartes, première série (1189-1328)*, Villeneuve-sur-Lot, Duteis, 1876, p. 14-15).

160 Le 4 octobre 1577, une lettre de Henri III aux consuls d'Agen avait annoncé la commission de gouverneur de Guyenne qu'il donnait à Biron, après la retraite de Villars et la mort de Monluc (AM Agen, AA 17, et copie BB 33, f° 14).

161 On dit, aussi, que Navarre lui aurait fait un enfant. Il s'agirait, peut-être, d'une fille de Jean du Luc, docteur en médecine, consul d'Agen en 1608 et 1614. Cette famille donnera d'autres médecins agenais dont certains seront, encore, consuls, en 1628 et 1634.

162 Guilhem, alias Julien de Cambefort, sieur de Selves, qui avait épousé Marguerite Le Beau, n'aurait eu qu'une seule fille, Isabeau, dame de Blanval. En 1616, elle épousera

se serait précipitée par une fenêtre, en se blessant gravement, pour échapper au déshonneur… Quelle que soit la réalité de cet événement, sa réminiscence témoigne du mauvais souvenir laissé par le séjour de ce prince. Plus tard, le prieur du couvent des jacobins d'Agen en parlera en chaire et un libelle ligueur reprendra la légende (ou souvenir) en 1586[163]. Duplessis-Mornay devra encore apporter un démenti à cette histoire[164].

Agrippa d'Aubigné a noté, dans le détail, les diverses aventures amoureuses, immorales, scabreuses, et répétées, du Béarnais, avec ses compagnons, à l'égard de la gent féminine agenaise. Tant dans la *Confession catholique du sieur de Sancy*, que dans *Les aventures du baron de Fæneste*, Avant de s'exiler, l'atrabilaire serviteur trahi aura le souci de dénigrer son compagnon d'aventures, désormais Roi Très Chrétien mais, significativement, il passe sous silence le scandale du fameux bal orgiaque qui, lui, fut public, et a affecté l'honneur des familles édilitaires. Comme le constate, avec justesse, Raymond Ritter, en développant les « innombrables » aventures galantes de Navarre, durant les six années qui précèdent sa rencontre avec la belle veuve Corisande d'Andouins, alors qu'il est au loin de Marguerite de Valois, « il chassa surtout le gibier plébéien et même ancillaire[165] ». Navarre aurait fréquenté la maquerelle agenaise Marroquin,

---

Thomas de Redon, seigneur des Fosses, conseiller du roi. Julien sera consul d'Agen, ligueuse, en 1590. La jurade raye alors de son livre les calvinistes et, le 30 septembre, la confrérie des pénitents bleus est fondée. Il le sera, à nouveau, en 1604, 1614 et 1622. En 1614, il sera député du tiers-état, à l'assemblée des trois ordres, tenue au couvent des jacobins. Serait-ce le père de cette Anne de Cambefort ? Un Pierre Cambefort, bourgeois et marchand, a été consul d'Agen, en 1555, un Michel, marchand, en 1560, et un Jean, bourgeois marchand, l'a été, également, en 1568 et 1588.

163 Babelon Jean-Pierre, *Henri IV*, *op. cit.*, p. 232. Ce jacobin a fait imprimer ses sermons en juillet 1581 : « Comme il advint l'an 1576, en une des villes fameuses, qui soit en Guyenne, laquelle je ne nomme point et pour cause. En laquelle fut fait un bal, l'espace de deux à trois heures avant la nuit fermée, lequel étant parachevé, les chandelles et lumières étant éteintes, quelque bon nombre d'honnêtes dames, tant mariées qu'à marier, furent déshonorées vilainement » (La Coste F. Pierre de, *Sermons sur les dix Commandements*, 1581). Le libelle ligueur est intitulé : *L'avis d'un catholique anglais*. Labénazie, Bernard, *Histoire de la ville d'Agen et pays d'Agenois*, St-Nicolas-de-la-Balerme, Mlle A. Barrès, 1888, t. 1, p. 276.

164 Duplessis-Mornay Philippe, *Lettre d'un gentilhomme catholique français, contenant brève réponse aux calomnies d'un certain prétendu anglais* (*Mémoires de la Ligue*, t. 5, p. 437). Boudon de Saint-Amans Jean Florimond, *Essais sur les Antiquités du département de Lot-et-Garonne*, Agen, 1859, t. 1, p. 398. Tamizey de Larroque Philippe, dans la *Revue de Gascogne*, t. XVIII, p. 343-344. Fallières O., dans : Labrunie Joseph de, *Abrégé chronologique des Antiquités d'Agen*, Agen, Ferran frères, 1892, p. 116-118.

165 Ritter Raymond, *Une dame de chevalerie, Corisande d'Andoins, comtesse de Guiche*, Paris, Albin Michel, 1959, p. 99.

se serait acoquiné avec une certaine Arnaudine, séduit la demoiselle de Montaigu, ainsi que Fleurette, fille d'un jardinier du château de Nérac, et, tout en chassant, troussé la maîtresse d'un palefrenier, séduit la jolie veuve du château d'Allons[166] autant que la femme du charbonnier Capchicot[167] ! Le Vert Galant de la légende henricienne masque, ainsi, les déboires du gouverneur de Guyenne ; et tous y concourent. Au même moment, on salit les amours de Marguerite de Valois ; légende noire. Quoi qu'il en fut, il n'y a pas de fumée sans feu et, quand Marguerite se présentera, à son tour, en qualité de comtesse d'Agen, et ferme catholique, on se souviendra du passage de son époux.

LECTOURE, SOUS LA COUPE DES DEMI-FRÈRES BOURBON

Dans l'immédiat, à défaut de pouvoir établir, en sécurité, sa résidence de gouverneur de Guyenne à Agen, Navarre va s'installer à Lectoure, « clé de Gascogne », que sa défunte mère avait si efficacement soumise, avec son concours, et celui de son demi-frère, Charles, six ans auparavant[168]. Mais, s'il en contrôle tous les pouvoirs, jusqu'à la sénéchaussée-présidial, la cité épiscopale, largement catholique, rechigne.

À Agen ainsi qu'à Lectoure, Charles IX avait ordonné aux consulats de refuser l'entrée au roi de Navarre fugitif. Avant son arrivée, comme Monluc l'avait préconisé pour Agen, le sénéchal d'Armagnac, Jean de Monlezun[169], seigneur de Baratnau, et le consulat de Lectoure, prennent

166 Probablement la veuve d'un Sangresse, seigneur d'Allons et de Cugnos. En 1646, ses enfants se battront, à mort, pour exercer leur préséance seigneuriale sur l'église d'Allons, au détriment des Lavaissière, seigneurs de Capchicot (Samazeuilh Jean-François, *Histoire de l'Agenais*, *op. cit.*, t. 2, p. 398-400).

167 L'historien agenais, Jules Andrieu, nous fournit une liste de pamphlets et autres écrits qui évoquent ces désordres amoureux de Navarre, pour mieux les évacuer en les qualifiant, d'autorité, de calomnies infondées et de légendes (Andrieu Jules, *Histoire de l'Agenais*, *op. cit.*, p. 284-286).

168 « Au commencement de l'année septante huit, que Biron saisit Villeneuve d'Agenais, et Agen bien tôt après : et ainsi cette Cour de Gascogne, ayant perdu son Paris, se retire à Lectoure » (Aubigné Agrippa d', *Histoire universelle*, *op. cit.*, t. 5, liv. IX, chap. II, p. 333).

169 Jean de Monlezun, seigneur de Baratnau et de Montastruc (près de Fleurance). Il avait reçu une commission pour lever en Armagnac une compagnie de 500 hommes de pied en 1562 et il était allé tenir garnison à Auch. La même année, il se trouvait au siège de Lectoure, avec Monluc. En 1565, il est capitaine d'une compagnie de 200 fantassins à Castres. Deux ans plus tard, il résiste héroïquement, à Montpellier (Gaches Jacques, *Mémoires sur les guerres de Religion à Castres et dans le Languedoc (1555-1610)*, Paris, 1879-1894,

des mesures préventives en contrôlant les suspects, particulièrement les membres de la sénéchaussée, « gentilshommes et autres qui ont toujours fait semblant d'être bons catholiques et porté les armes pour le service du Roy et ont intelligence avec les ennemis [qui] se veulent emparer des villes pour les ruiner et les saccager » et qui sont confinés dans leur maison[170].

C'est sous le manteau du pacificateur que se présente Henri de Navarre. Comme il l'avait fait avant d'entrer à Agen, il envoie le catholique Sainte-Colomme au-devant de lui, pour exhorter les Lectourois à respecter l'édit de Beaulieu, en vivant « en union les uns avec les autres en mutuelle concorde[171] ». Le 17 août, le comte d'Armagnac et seigneur de Lectoure entre solennellement dans la cité où il retrouve son demi-frère évêque et coseigneur et, le 23, il promet, devant l'assemblée de la jurade, de respecter et faire respecter les usages, franchises et privilèges de la cité et de sa juridiction. Promesse aussitôt trahie. Un mois après son entrée, Henri de Navarre place 20 soldats dans Lectoure, suscitant la crainte du consulat. Nous avons vu que Fontrailles avait été contraint de vendre son office de sénéchal d'Armagnac et capitaine de Lectoure au catholique Baratnau, en octobre 1572[172]. Mais, dès l'arrivée de Navarre, sous prétexte que Baratnau se montrerait « insolent », il choisit de « l'ôter du château de Lectoure ». Le sénéchal aurait, dit-on, « osé appeler canaille ceux de la Religion » et proféré des menaces de mort « contre le d[it] Roy [de Navarre] en bonne compagnie[173] ». Nous le voyons : Navarre use et abuse des articles de la

---

rééd., Genève, Slatkine Reprints, 1970, p. 63-64). En 1572, il est qualifié de chevalier de l'ordre du roi.

170 Délibération du consulat (AM Lectoure, BB 3, f° 203).

171 *Idem.*

172 Philip de Barjeau écrit que Fontrailles reçoit l'Armagnac et le Fezensaguet lors de la distribution des commandements militaires aux chefs protestants, à l'assemblée de Réalmont, en 1572 (ne serait-ce pas plutôt mars 1573 ?). Les protestants de Mauvezin conduisent alors des raids destructeurs alentour. En avril 1573, avec le chevalier de Bivès, ils vont assiéger Simorre. La ville est délivrée par Carbon de Labarthe, mais les terres de l'antique et riche abbaye ont été dévastées, et son église incendiée (Philip de Barjeau Jean, *Le protestantisme dans la vicomté de Fezensaguet*, Auch, Cocharaux, 1891, p. 11).

173 BM Toulouse, ms, C 10 (Pradel Charles, dans : Gaches Jacques, *Mémoires sur les guerres de Religion*, *op. cit.*, p. 52). Par un acte du 23 octobre 1572, Alexandre de Preissac, baron d'Esclignac, et Corné, procureurs de Fontrailles, s'étaient portés caution de 7 500 livres, pour le cas où Baratnau n'obtiendrait pas du roi de Navarre l'office de sénéchal du comté d'Armagnac, avec les capitaineries des châteaux de Lectoure et de Lavit-de-Lomagne, et tout ce qui en dépendait (AnF, Cabinet des titres, Carsalade du Pont Jules de et Tamizey de Larroque Philippe, *Mémoires de Jean d'Antras de Samazan*, Sauveterre-de-Guyenne, Chollet,

paix de Beaulieu pour parvenir à ses fins, en assurant ses positions dans la perspective d'un retour de la guerre. Fontrailles, fidèle d'entre les fidèles gascons de sa mère, retrouve sa place et, partant, Navarre contrôle militairement Lectoure, face à Agen. Au même moment, il attribue également à Fontrailles le gouvernement de la cité et du comté de L'Isle-Jourdain, aux portes de Toulouse[174]. En contrôlant aussi le Fézensaguet, comté des domaines des Astarac, Fontrailles s'emparant de sa capitale, Mauvezin, dès 1576[175], avec son demi-frère au château épiscopal de Saint-Clar, Navarre s'assure de la rive gauche de la Garonne, de Toulouse jusqu'à Agen. Quelle puissance territoriale; il suffit, désormais, pour la parfaire, d'ajouter à l'apanage d'Armagnac celui de Margot!

En décembre 1576, la Ligue se constitue, et la guerre va reprendre le mois suivant. Henri nomme un nouveau gouverneur à Lectoure : Bertrand d'Astugue, sieur de Corné[176] et ami de Fontrailles, qu'il dote d'une compagnie. Ce sont alors 60 hommes d'armes que doit supporter la ville. Henri de Navarre manifeste une attention soutenue à l'égard de Lectoure, où, en moins de deux ans, il séjourne sept fois, alors qu'en sept ans, sa mère n'avait pu s'y rendre que trois fois. Sillonnant sans cesse son gouvernement, Henri continue à placer ses hommes, et Lectoure joue, enfin, au bénéfice du parti huguenot, son rôle de clé de Gascogne. « Il n'y a aucune compagnie deçà la rivière de Garonne qui n'ait passé ou séjourné en ladite ville » se désole un consul, en 1577[177].

Au cours de cette année 1577, c'est le sieur de Guitry[178], avec ses 100 soldats, puis deux nouvelles compagnies, qui stationnent dans

1880, p. 152). Ces derniers confondent Jean et François (son fils) de Monlezun, attribuant au premier les excès du second. Voir : Lary de Latour Éric de, « Latour et Le Baratnau. Rivalité de deux maisons de Gascogne au XVIe et au XVIIe siècle », *Bulletin de la Société Historique et Scientifique du Gers*, 1912, p. 205-236. Baratnau a conservé des revenus assignés « sur les clergés de Condomois et Lectoure », qu'il s'occupe de recouvrer, en 1577, pour la solde de ses hommes (Baratnau à Jean d'Antras, Baratnau, 18 (mois ?) 1578, Carsalade du Pont Jules de et Tamizey de Larroque Philippe, *Mémoires de Jean d'Antras*, *op. cit.*, p. 183-184).

174 Jeanne d'Albret lui avait promis, à la mort du précédent gouverneur, Blaise de Mauléon (Lestrade Jean, *Les huguenots en Comminges*, 1re série, Paris-Auch, Champion-Cocharaux, 1900, p. 125).

175 Il fait démolir l'église, excepté le clocher, qui sert d'arsenal et de vigie, ainsi que le couvent et l'église des jacobins, les catholiques s'enfuyant de la cité.

176 Il avait épousé, en 1564, Jeanne d'Hélie. Protestant, il meurt en 1598. Il ne faut pas le confondre avec le capitaine catholique Corné, qui a servi Monluc.

177 AM Lectoure, BB 3, f° 247 v°.

178 Jean de Chaumont, seigneur de Guitry, capitaine huguenot.

Lectoure, ajoutant 300 hommes d'armes à la garnison, durant plusieurs mois. Les consuls de Lectoure, qui rechignaient au temps de Monluc pour bien moins que cela, et qui avaient toujours pu refuser une partie des compagnies qui leur étaient imposées, ne sont même plus en mesure de se plaindre. Les clefs de la ville sont entre les mains du gouverneur, qui en use à sa guise. Les nuisances causées par la soldatesque sont continues. L'insécurité augmente dans les campagnes alentour, du fait des exactions de capitaines pillards, dont certains semblent bien être des Lectourois catholiques, qui ont jugé plus sûr de quitter la ville, comme Charles Céré, vraisemblablement apparenté à Jean Céré, un fort riche bourgeois de Lectoure[179]. Bassabat de Pordéac, fils du martyr de Navarrenx, quitte aussi la cité. Ses biens seront saisis et il écumera la campagne au nom de la Ligue[180]. Présurée, toute une frange de la population lectouroise s'appauvrit.

Non seulement le pouvoir du consulat est considérablement réduit par les interventions continues du seigneur, mais la mise en place forcée du biconfessionnalisme achève de le réduire à néant. Le projet avait déjà été proposé par le sénéchal d'Armagnac à l'instigation de Jeanne d'Albret, lors d'une séance du consulat du 5 septembre 1566. Les consuls catholiques s'y étaient formellement opposés. Jeanne d'Albret, comtesse d'Armagnac et dame de Lectoure n'avait pas alors les moyens de l'imposer[181]. Comme en ce qui concerne les attributions militaires, l'habile Henri de Navarre va agir de manière progressive.

À la demande de la communauté protestante de Lectoure, le 21 décembre 1576, il adresse une lettre à la municipalité pour « permettre que lesdits de la religion servassent [célèbrent la cène] le dimanche prochain vingt-troisième dans la salle basse de l'école [qui est aussi

179 Jean Céré meurt le 15 septembre 1587, et ses frais de funérailles témoignent de son catholicisme. Son fils et riche héritier, Charles, se trouve, la même année, imposé par Fontrailles « pour l'entretien de la garnison de Lectoure ». Mais il semble alors très lié à ce dernier, qui le loge dans son château de Castillon (près de Gimont), le fait éduquer avec ses propres enfants, alors que lui-même jouit de différents biens fonciers des Céré (« Registre des dépenses faites par Demoiselle Françoise de Bordis, veuve de Jean Céré bourgeois de Lectoure », 1587-1595, AM Lectoure, II 17).

180 Béraud, baron de Pordéac, capitaine de cinquante hommes d'armes, est gouverneur de Verdun-sur-Garonne. Sa fille, Suzanne de Bassabat épousera, le 15 août 1611, le vieux duc de Roquelaure.

181 Lorsqu'elle est à Nérac, avant son entrée dans Lectoure, en 1571, Jeanne d'Albret doit être saluée par deux consuls de Lectoure et quatre habitants de chaque religion (AM Lectoure BB 3).

l'hôpital] audit Lectoure[182] ». Malgré la désapprobation de deux chanoines présents lors de la délibération, les consuls s'inclinent. Deux mois plus tard, deux consuls qui s'étaient enfuis à Toulouse, Aulins (Daulin ?) et Perès, doivent être remplacés. Ils le seront par des protestants « pour ôter la défiance grande que ceux de la religion prétendue réformée peuvent avoir des consuls catholiques[183] ». Malgré l'indignation des consuls qui proclament que cette mesure est contraire aux coutumes de la ville, sous l'autorité du gouverneur Corné, les huguenots Tissier et François Bilhères sont élus[184]. Il ne reste plus au roi de Navarre qu'à achever et à officialiser la mutation. Par une lettre missive du 16 juin 1577, « étant requis nécessaire pour le bien et repos desdits habitants de notre ville de Lectoure et pour servir égalité et foi que les consuls [...] il en ait trois de la religion réformée et trois de la religion catholique[185] ». Huit jours plus tard, lors de l'élection consulaire, trois bourgeois calvinistes sont élus : Antoine Dupuy, François Bilhières et Guillaume Tartanac[186]. Navarre a gagné son pari.

La parité confessionnelle n'avait pas été décrétée pour la jurade, assemblée élargie des bourgeois de Lectoure. Cette dernière était composée de 60 jurés (ou jurats) choisis par les consuls sortants en prenant dix notables dans chacun des six quartiers de la ville. Cependant, on constate que le nombre de protestants s'accroît sensiblement en son sein. Loin d'apaiser les tensions, le consulat mi-parti va les attiser. Les délibérations consulaires en témoignent. Cette nouvelle situation fait renaître les dissensions religieuses que le civisme des Lectourois avait réduites au silence. Comme l'a écrit Janine Garrisson, derrière le pacificateur se cache bien un habile stratège politique. La légende henricienne masque les enjeux de ces années 1576-1578[187]. Les mesures d'apparente équité

---

182 AM Lectoure, BB 3, f° 223 v°.

183 *Idem*, f° 227 v°.

184 « Lettre de Henri de Navarre sur le maintien des srs. Tissier et Bilhères comme consuls de Lectoure et l'élection des quatre autres consuls », Bergerac, 25 mai 1577 (AM Lectoure, AA 14).

185 AM Lectoure, BB 3, f° 238 v° et « Lettre d'Henri de Navarre pour le fait de l'élection consulaire en la ville de Lectoure », Agen, 13 juin 1577, (*idem*, AA 14).

186 À la suite de la destruction de 1473, le consulat lectourois avait connu une évolution oligarchique. En 1506, les candidats au consulat doivent verser 100 écus afin d'être préalablement inscrits sur un rôle consulaire. En 1558, une délibération faisait obligation de ne verser que des écus qui n'avaient pas été empruntés (AM Lectoure, BB 3, f° 41 v°).

187 Babelon Jean-Pierre, *Henri IV*, *op. cit.*, p. 216-239.

qui ont été prises réduisaient en fait le consulat de cette place stratégique à l'impuissance, sous l'autorité des officiers d'Henri de Navarre. C'est bien le résultat obtenu. Le roi de Navarre réussit là où sa mère avait échoué cinq ans plus tôt.

Dès novembre 1577, ragaillardis, les protestants de Lectoure sont « émus tellement qu'ils auraient pris les armes[188] ». L'iconoclasme renaît. Le clocher de la cathédrale est investi par les soldats, empêchant tout service religieux, alors qu'à l'église du Saint-Esprit « ont été faites beaucoup de démolitions » et les catholiques sont empêchés d'approcher de « certains endroits[189] ». Toujours appuyés par Henri de Navarre, les protestants imposent le recrutement de régents protestants, malgré l'opposition des chanoines. Même si, le 11 juin 1578, Henri de Navarre ordonne le rétablissement de la messe, cette libéralité témoigne de l'inversion totale de la situation en moins de deux ans. Désormais, ce sont les catholiques qui sont sous surveillance. Les élections consulaires de 1578, toujours précédées de l'intervention d'Henri de Navarre, s'accompagnent de « meurtres et assassinats », causés par un « différend advenu pour raison de la nouvelle élection des consuls en cette présente année[190] ». Le vice-sénéchal de Guyenne vient enquêter. Henri de Navarre étant à Montauban, c'est Biron qui vient à Lectoure pour pacifier la ville et édicter un règlement, le 20 juin[191].

Henri sera toujours très soucieux de maintenir la parité dans le consulat. Lors des élections de l'année suivante, il envoie un émissaire,

---

188 AM Lectoure, BB 3, f° 268 v°.

189 *Idem.* Ensuite, on procède au « déblaiement des ruines de l'église du St Esprit près l'ancien hôpital ». Le clocher de la cathédrale, parfait observatoire (comme celui de Mauvezin), ainsi que la nef, resteront occupés par une garnison, placée par le « sieur de Balans » (François de Timbrune, seigneur de Valence ?), capitaine du château de Lectoure. Il est nommé gouverneur de la ville en 1580, au moment où Lavardin est nommé « commandant en deçà la Garonne ». Ce dernier a donc autorité sur Lectoure. Si les consuls ont les clés de la ville, Lavardin ou son lieutenant disposent des « clés d'un cadenas d'une porte » (AM Lectoure, BB 4).

190 AM Lectoure, BB 3, f° 278 v°. Les archives consulaires de L'Isle-Jourdain évoquent également cette révolte (Saverne Joseph, *L'Isle-en-Jourdain (Gers). Son histoire*, Gimont, 1914, p. 100).

191 « Règlement du maréchal de Biron sur le rétablissement de l'ordre en la cité de Lectoure, sur les élections consulaires, le serment des officiers de justice, le port d'armes, la garde du château, la requête des ecclésiastiques touchant l'hôpital et la grande salle de l'hôpital [Saint-Esprit] où les huguenots font leur prêche », Lectoure, 20 juin 1578 (AM Lectoure, AA 14).

et toujours des recommandations[192]. Pour plus de sûreté, il ordonne que désormais les élections consulaires auront lieu en présence des procureurs et avocats de la sénéchaussée et du sieur de Pujolz, commissaire député[193]. En janvier 1582, il nommera Jean Le Comte, enseigne des gardes, capitaine du château de Lectoure mais, l'année suivante il choisira de l'envoyer à Foix. Le 29 août 1584, Jacques de Brénieu[194], un rude gentilhomme protestant du Vivarais, qui a toute sa confiance, remplace Le Comte. Ce sont les excès iconoclastes de Brénieu en pays de Foix qui ont incité Henri de Navarre à le faire permuter avec Le Comte[195]. Triste sort pour les catholiques lectourois !

Cette évolution est bien perceptible dans les comptabilités municipales. Lectoure, ville forte, bénéficiait de privilèges d'exemption d'impôts royaux. Mais la guerre accroît les charges. Déjà en 1574, le consulat, à court d'argent pour faire face aux dépenses courantes, avait dû emprunter. L'endettement devient chronique à partir de 1577, puis c'est la banqueroute. Les débours avaient considérablement augmenté, alors que le nombre des contribuables avait diminué dans cette ville de quelques 6 000 habitants. Les pauvres sont de plus en plus nombreux et les plus fortunés de la ville choisissent « [d']abandonner leurs maisons et se retirer en autres lieux non suspects[196] ». De plus, les villages et

192 Le 3 juin 1579, de Pau, il envoie de sieur de Cazenove, « pour assister à l'élection », puis il adresse successivement deux lettres aux consuls, les 4 et 8 juin (AM Lectoure, AA 14).

193 Pujolz est dit « conseiller, chambellan ordinaires » (Pau, 8 juin 1579, AM Lectoure, AA 14). Les tensions persistent. En 1582, le « sieur de Balans », gouverneur de Lectoure est « meurtri par le sieur de Nolieu [Noulieu, maison forte de la paroisse de Lectoure] ». Il doit être remplacé par Roquelaure. Henri de Navarre envoie le capitaine Comte, qui « tiendra la main à la justice ». Ce dernier malmène les consuls, fermant par exemple sur eux les portes du boulevard. Il est remplacé par le sieur de Brénieu (AM Lectoure, BB 4). Jacques-Auguste de Thou nous raconte une autre histoire sur la raison du retrait de « Baleins », « homme violent qui avait été élevé dans les guerres contre les Turcs », du gouvernement de Lectoure par Navarre, « effrayé » par son comportement. Il la tenait du gouverneur qui lui avait succédé. Baleins aurait tendu un piège, puis sommairement jugé et exécuté, de ses propres mains, son ami, un « gentilhomme du pays des principaux officiers de la garnison » qui avait séduit, et promis mariage, à sa sœur, avant de l'abandonner (*Mémoires de la vie de Jacques-Auguste de Thou*, Rotterdam, Reinier Leers, 1711, p. 72-73).

194 Seigneur de Mauriac et de Brénieu, en Vivarais.

195 Berger de Xivrey Jules, *Recueil de lettres missives de Henri IV*, Paris, 1843-1876, t. 8, p. 217 et 267. Gentilhomme ordinaire du roi de Navarre, le seigneur de Brénieu sera, ensuite, gouverneur de Bayonne. Le 20 novembre 1584, il épouse Anne de Taillefer, fille, et héritière, d'Antoine de Taillefer, seigneur de Mauriac, et de Jeanne de Ségur. Il meurt en 1622.

196 AM Lectoure, BB 3, f° 275 v°.

hameaux compris dans la juridiction de Lectoure refusent de payer leur quote-part. Peu importe cette érosion des ressources, le gouverneur Corné contraint les Lectourois à contribuer par leurs bras aux fortifications de la ville[197]. Les consuls, relégués à de simples contremaîtres de quartiers, recrutent les manœuvres et contrôlent les vivres. Les quelques riches bourgeois qui sont demeurés en ville et qui sont devenus des créanciers obligés, renâclent, craignant de ne jamais pouvoir être remboursés. Il en est ainsi de la puissante dame de Lisse, fervente catholique, qui intente un procès à la communauté de Lectoure, le parlement de Toulouse lui donnant raison, le 27 février 1578, en condamnant la municipalité à rembourser ses dettes[198]. Ce jugement réveille les revendications des autres créanciers. Malgré cela, les impositions pleuvent sur les Lectourois, en argent et en nature. Les bonnes terres à blé du pays enrichissaient marchands et gentilshommes. Mais, le 25 mars 1577, Henri de Navarre interdit la vente de blé et de vin ailleurs qu'à la salle publique[199].

Enfermée dans ses murs, Lectoure est aussi contrainte à vivre en autarcie, tout surplus étant destiné aux troupes faméliques. La dégradation de la vie des Lectourois est patente. La guerre n'en est pas seule la raison. La lourde domination de Henri de Navarre sur la clé de Gascogne en est la cause principale. À cette carence matérielle s'ajoute la vacuité spirituelle du demi-frère d'Henri de Navarre, « l'évêque », commendataire, de Lectoure. Monluc est mort et Lectoure est désormais une citadelle calviniste.

197 *Idem*, f° 247 v°.

198 *Ibid.*, f° 274 v°. Marguerite de Pellegrue, dame de Lisse (canton de Mézin, Lot-et-Garonne) et de Casseneuil, est veuve de Pierre de Secondat, trésorier-général des finances du roi en Guyenne. François de Pellegrue, baron de Casseneuil, était avec ces gentilshommes catholiques qui avaient participé à la vengeance du meurtre du baron de Fumel. La dame de Lisse vient de perdre ses quatre enfants. Elle est la fondatrice du couvent des Dames du Chapelet d'Agen. À la fin de l'année 1578, elle fait une fondation, à Lectoure, « pour des filles pauvres et l'instruction des enfants indigents ». Elle habitait « en la maison de Sainte-Gemme », ancien hôtel des comtes d'Armagnac (AM Lectoure, BB 4). Le 2 septembre 1579, elle fonde un important collège à Condom pour l'instruction de la jeunesse (Mazéret Ludovic, *Chroniques de l'Église de Condom*, *op. cit.*, p. 251-252). En 1582-1583, elle fait don des meubles les plus précieux de son hôtel de Condom et de ses deux châteaux de Lisse et de Casseneuil, pour favoriser l'installation du collège des jésuites d'Agen (AM Agen, GG 209 et 211). L'œuvre d'éducation et d'évangélisation de cette pieuse catholique préfigure l'action de la Contre-Réforme. On trouve aussi Roquelaure et Goudin parmi les créanciers qui, naturellement, sont des catholiques.

199 AM Lectoure, BB 3, f° 236 v°.

Agen, Villeneuve et Lectoure, cadre dans lequel nous verrons se dérouler la « révolte » de Marguerite de Navarre, devait être planté ; fort de archives locales, il nous permet de juger de la manière dont le roi de Navarre, usant, et abusant, des articles de la paix de Beaulieu, sous une apparence de pacification des consulats, s'assure de leur contrôle. Il leur retire leurs prérogatives militaires, au profit du parti huguenot et, partant, avive les tensions, et provoque l'exil de beaucoup de catholiques. Nous avons déjà révélé, et détaillé, pour nombre d'autres cités gasconnes, combien le biconfessionnalisme de Navarre était une arme, habilement brandie. Un temps, mais un temps seulement, Biron parvient à maintenir l'œuvre du défunt Monluc. Ayant compris la méthode du gouverneur, contentons-nous, ici, d'évoquer les places stratégiques sur lesquelles Navarre concentre ses efforts, sans entrer dans les détails.

CONTRÔLER LE FÉZENSAGUET, MAIS ÉCHOUER POUR LE COMTÉ DE L'ISLE-JOURDAIN, AUCH ET CONDOM

Dans ses terres du Fézensaguet et comté de L'Isle-Jourdain, c'était Antoine de Lomagne, baron de Terride, alors lieutenant général du gouverneur de Guyenne, qui commandait. Chargé de la « protection » du Béarn lors de la troisième guerre de Religion, il était mort dans les geôles de Montgomery, en octobre 1569. Durant son absence, Monluc avait nommé Guyon de Goth (ou Gout), seigneur de Saint-Germain, qui avait su révéler à Monluc les projets dévastateurs de Montgomery. C'est alors, seulement, avec le retour de Navarre, en 1576, que Mauvezin et le Fézensaguet sont gagnés au protestantisme, avec d'intenses destructions, et la fuite des catholiques. Ils font l'objet de saisies, et ceux qui restent sont lourdement imposés, ce qui permet de fortifier le bourg. Tous les officiers de la vicomté de Fézensaguet sont désormais protestants, alors que Navarre fait des libéralités au consistoire de Mauvezin, et vient y assister à des baptêmes. Depuis Mauvezin, Fontrailles s'efforce de soumettre les consulats environnants, suivant la théorie des dominos, les menaçant de pillages, et au prix des ornements religieux et de la fonte des cloches : Cologne, Aubiet, Montfort, Puycasquier… Si Biron passe par Mauvezin, le 21 novembre 1577, avec « ample pouvoir, autorité et puissance de par le Roi de faire entretenir l'édit de pacifications [celui de Poitiers, 8 octobre 1577, qui confirme la paix de Bergerac, du 17 septembre] », cela ne change rien. La septième guerre de Religion étant ouverte, un temps, Biron parviendra à reprendre Monfort.

Si le Fézensaguet lui est assuré, Navarre peine à contrôler son comté, combien stratégique, de L'Isle-Jourdain. Les délibérations consulaires y témoignent d'une population majoritairement catholique, et qui le demeure jusqu'à la fin des troubles civils. Ce fait va à l'encontre des perceptions des Toulousains ou des Commingeois durant la guerre de la Ligue, qui verront toujours L'Isle-Jourdain comme une dangereuse citadelle calviniste. Pour Toulouse, cette place représente, en effet, le même danger que Montauban, au nord, ou que le pays de Foix, au sud, contribuant à entretenir cette fièvre obsidionale qui obsède de manière récurrente les Toulousains, particulièrement quand le blocus protestant se complète de l'interruption du trafic sur la Garonne nourricière.

Tout au long de son séjour obligé à la cour de France, Henri de Navarre, nouveau comte de L'Isle-Jourdain à la suite du décès de sa mère, n'avait pas confirmé les privilèges de L'Isle-Jourdain, comme cela était de coutume, à chaque changement de titulaire. La ville était alors dominée par les forces catholiques. En 1573, la capitainerie de L'Isle-Jourdain était vacante. René de Pins, seigneur de Montbrun, chevalier de l'ordre du roi et lieutenant de la compagnie de Jean de Saint-Sulpice briguait ce poste pour son frère[200]. En février 1575, Jean de La Valette, qui avait pu, le mois précédent, reprendre « certaines places que les ennemis de Dieu et du roi mon maître ont occupé dans le Haut-Comminges et Foix », tuant « jusqu'à 600 à 700 hérétiques », y stationnait. Il demandait au vice-roi d'Aragon, par l'intermédiaire de Don Juan de Bardaxí, de lui envoyer des chevaux et de la poudre[201]. Ce dernier était déjà l'intermédiaire que Philippe II avait envoyé à Monluc, alors que son frère, le capitaine Felipe, servait dans ses troupes avec ses bandouliers. Depuis, Juan de Bardaxí s'entretenait, aussi, avec les parlementaires et les capitouls de Toulouse et, par « la voie de Toulouse », il communiquait leurs intentions au Roi Catholique, tout en informant, régulièrement, son favori, à l'influence majeure, Ruy Gómez de Silva, prince d'Éboli (1516-1573). Il interviendra, à nouveau, pour faciliter la signature du traité de Joinville, consacrant

200 Montbrun à Saint-Sulpice, 21 septembre 1573 (Cabié Edmond, *Guerres de Religion dans le Sud-Ouest de la France et principalement dans le Quercy d'après les papiers des seigneurs de Saint-Sulpice, de 1561 à 1590*, Paris-Toulouse-Cahors-Albi, Champion-Privat-Girma-Nouguiès, 1906, p. 232).

201 La Valette à Juan de Bardaxí, L'Isle-Jourdain, 9 février 1575 (AGS, *Estado* K 1537).

l'aide de Philippe II à la Ligue des Guises, notamment lors de l'envoi du plénipotentiaire, le commandeur Juan Moreo. Nous le voyons, par le Haut-Comminges, Juan de Bardaxí, contribuait au soutien logistique de la Ligue de Guyenne, de 1576. Le nouvel évêque de Comminges, Urbain de Saint-Gelais, futur ligueur pro-espagnol, dont le diocèse traversait la frontière espagnole par le Val d'Aran, coin catholique fiché entre Pays de Foix, à l'Est, Bigorre et Béarn, à l'Ouest, favorisait ce passage d'armes, de chevaux et d'espions.

Après sa fuite, Henri de Navarre séjourne à L'Isle-Jourdain, du 5 au 16 septembre 1576. Il mécontente les Lislois en rattachant le comté de L'Isle-Jourdain au comté d'Armagnac, en contradiction avec les anciens privilèges, mais il ne parvient cependant pas à les soumettre. Il donne le gouvernement de la cité au capitaine commingeois Denis de Mauléon, seigneur de Savaillan, un de ses meilleurs lieutenants, ami du poète Du Bartas[202]. En janvier 1577, le seigneur de Montbrun menace Navarre de lui reprendre la cité et, en mars suivant, c'est Jean-Parisot de La Valette, seigneur de Cornusson, sénéchal de Toulouse, qui s'en empare, « avec occision grande de ceux du parti contraire », en reprenant aussi Sainte-Foy (près de Saint-Lys), alors que les catholiques s'assurent de Condom et d'Auch[203]. Navarre ne revient à L'Isle-Jourdain, qu'il ne contrôle toujours pas, seulement en mars 1578. Il faudra attendre le déclenchement de la huitième guerre de Religion, ou guerre de la Ligue, pour qu'il en fasse un bastion protestant, aux portes de Toulouse et du Comminges catholiques.

L'autre crainte, majeure, des Toulousains, est Montauban. Après les actions menées par Henri de La Tour, vicomte de Turenne, le retour de Navarre, ramène à néant les entreprises que l'évêque, Jacques des Prez-Monpezat, espèrerait encore mener pour retrouver son siège épiscopal. Mais la bourgeoisie montalbanaise est jalouse de ses privilèges et elle se méfie d'une noblesse militaire toujours soucieuse de servir son souverain, et qui peut, facilement, être retournée. Il n'est, alors, pas question de

---

202 Pocquet du Haut-Jussé Amédée-Marie-Joseph, *Henri IV en Gascogne. Sa correspondance avec Denis de Mauléon de Savaillan (Pièces inédites)*, Auch, Cocharaux, 1931. Né vers 1545, il épouse, en 1576, Catherine de Montlezun, dame du Castera. Capitaine de gendarmes, il a, également, été gouverneur de Casteljaloux et de Mas-Grenier. Il teste le 7 février 1589.

203 M. de Colomb à Jean de Saint-Sulpice, La Rauze, vers le 15 mars 1577. Voir aussi : La Mothe-Fénelon au même, Fénelon, 15 mars 1577 (Cabié Edmond, *Guerres de Religion dans le Sud-Ouest*, *op. cit.*, p. 334-337).

recevoir dans leur cité un gouverneur. Le consulat gardera, sans partage, ses prérogatives militaires. Bien sûr, pas de biconfessionnalisation au sein du corps municipal, et Navarre s'en contente, avec avantage[204].

Dans le camp catholique, Condom et Auch opposent la même fin de non-recevoir au gouverneur de Guyenne. Des vertus de l'intolérance religieuse, pourrions-nous écrire.

Condom, tout en prétendant rester fidèle au roi de France, refuse de se soumettre au gouverneur de Guyenne fugitif[205]. Comme Agen, Condom conservait la forte empreinte de Monluc ; au-delà de son souvenir, ses compagnons et parents y demeuraient influents. Cela n'avait pas évité au consulat d'avoir dû batailler contre les prétentions seigneuriales de leur encombrant voisin, Tilladet de Saint-Orens lequel, un temps, s'était essayé à réaliser le *simultaneum* réclamé par Jeanne d'Albret pour les célébrations du culte catholique et protestant. Les Condomois, qui avaient été cruellement traités par Montgomery, et l'armée des Vicomtes, demeuraient majoritairement catholiques, et ils semblent bien s'être vengés à l'occasion de la Saint-Barthélemy. Les Pardailhan, seigneurs de Lamothe-Gondrin et de Montespan, qui remplissent la charge de sénéchal d'Albret, constituent, également, une lignée de gentilshommes dont l'influence peut mettre en péril Condom. Officiers du roi de Navarre, ils ont suivi Monluc dans sa rupture avec cette maison et nous les retrouvons affidés des Guises. C'est Jean-Paul d'Esparbès de Lussan, un autre compagnon de Monluc, qui repousse Henri de Navarre en 1577, alors que l'évêque de Condom est le jeune Jean de Monluc (1570-1581), commandeur de Malte, troisième fils de Blaise, au passé militaire, avec le soutien du chanoine Jean Duchemin, qui lui succèdera.

Auch est une pièce majeure de l'échiquier, au cœur de l'héritage d'Armagnac, tête d'un riche archevêché. Dans ces temps de guerre, les Auscitains s'étaient efforcés de contrôler les charges militaires et, pour cela, d'intervenir dans le choix du gouverneur. Ainsi, de 1560 à 1575, pas moins de huit gouverneurs se succèdent, de manière discontinue. Bien que disposant de « la puissance de commander sous le bon plaisir

---

204 Cathala-Coture Antoine de, *Histoire politique, ecclésiastique et littéraire du Quercy*, Montauban, Cazaméa, 1785, t. 2, p. 11-12.

205 Mazéret Ludovic, *Chroniques de l'Église de Condom*, *op. cit.*, p. 236-274. Larcade Véronique., « Condom durant les guerres de Religion : jalons et perspectives », *Condomois et Armagnac*, Actes du XXXVIIIe Congrès d'études de la Fédération des soc. acad. et sav. Languedoc-Pyrénées-Gascogne, 1983, Auch, Bouquet, 1984, p. 204-220.

du roi et de son lieutenant général gouverneur de Guyenne[206] », ils n'agissent que ponctuellement, comme des professionnels de la défense, dans des périodes de danger. Les consuls ne se privent pas d'influencer leur nomination. Une coutume veut que cet officier soit choisi uniquement parmi les quatre barons du Fezensac. Les consuls s'opposent ainsi au choix de Belloc en 1567 et Monluc délègue alors aux consuls son pouvoir de nomination du gouverneur[207]. Il arrive que les consuls aillent eux-mêmes chercher le gouverneur, comme le baron de Montaut, en novembre 1567, ou bien Saint-Germier, en mai 1569.

Les consuls savent, tout autant, demander la révocation de l'officier lorsqu'ils sont mécontents de sa gestion ou bien lorsqu'ils le jugent désormais inutile. Lors de la quatrième guerre civile, ils choisirent ainsi un Auscitain, M. de La Rivière, qu'ils congédient ensuite. Ils avaient mal supporté le gouvernement de Jean-Paul d'Esparbès de Lussan, que Monluc leur avait imposé au moment de la menace de l'armée des vicomtes (1569-1570). Dès 1569, ils sollicitent son rappel, mais Monluc choisit de le maintenir. C'est l'année suivante, en février, qu'il accepte son départ. Quand commence la cinquième guerre civile, Jean de La Valette nomme à nouveau Lussan comme gouverneur, mais les consuls parviennent à lui substituer M. de Montégut, à l'entretien duquel ils doivent pourvoir. Ils obtiendront son rappel en juin 1574.

Lorsque Henri de Navarre revient en Guyenne, les consuls pensent, un moment, inviter leur voisin, Antoine de Roquelaure, à venir commander dans la cité, mais la paix rend cet expédient inutile. Au mois d'août suivant, Henri de Navarre, puis Condé, sont reçus par les Auscitains. À la fin de l'année, c'est en fait Navarre qui nomme Roquelaure comme gouverneur. Mais celui-ci n'accepte pas la charge, se réclamant de l'obéissance du roi de France et de la Ligue et refusant de servir Henri de Navarre. Celui qui deviendra le fidèle compagnon du roi de Navarre est alors, avec Lavardin, « entièrement aliénés de la faction des Réformés. Ce qui mit la maison de Navarre en un ruineux état, à cause des divisions », écrit d'Aubigné[208]. Apparemment interloqués, mais semble-t-il naïvement confiants dans la politique de pacification du gouverneur de Guyenne, les consuls lui envoient un émissaire. Subitement Roquelaure,

206 AM Auch, BB 5, f°436v°-437.
207 *Idem*, f°254v°-255.
208 Aubigné Agrippa d', *Histoire universelle*, *op. cit.*, t. 5, liv. IX, chap. II, p. 333.

qui se réconcilie avec le roi de Navarre, se ravise et, comme les consuls d'Auch refusent de le recevoir dans sa charge tant que Henri de Navarre ne leur a pas indiqué la conduite à tenir, le voici qui pille les alentours. Il semblerait que l'absence de réponse du roi de Navarre participe de sa stratégie de la dissimulation. Mais le vicaire général de l'archevêque n'a pas la même confiance aveugle dans le gouverneur de Guyenne. Contre la volonté du consulat, il tient la compagnie du capitaine Giscaro dans l'évêché. Comme l'a fait Lussan à Condom, Giscaro, prend alors le contrôle de la ville et, en janvier 1577, il refuse de recevoir les troupes d'Henri de Navarre, provoquant la colère menaçante de ce dernier[209]. Henri III félicite les consuls « du refus que vous avez fait à ceux que notre frère le roi de Navarre envoyait en notre ville d'Auch pour s'en saisir et emparer contre notre service », et il recommande à Villars de les soutenir[210]. Éclairés sur les intentions réelles du gouverneur de Guyenne, à partir de ce moment les consuls d'Auch rompent leurs relations avec lui pour ne recevoir d'ordres que de Villars, puis de Biron lorsqu'il le remplace.

La guerre de la première Ligue a bien eu lieu en Guyenne ; nombre de gentilshommes catholiques gascons ont répondu à l'appel du lieutenant général Villars. Alors que les consulats catholiques s'inquiètent devant les prétentions, prétendument « pacificatrices » d'un gouverneur enfui de la cour de France, voire relaps, qui veut leur imposer le mi-partisme, la noblesse catholique le combat, jusqu'à prendre part aux pièges qui lui sont tendus. Devoir d'oubli, autocensure, élaboration d'une légende du Béarnais… la Ligue de 1576 en Guyenne a été bannie des annales. Pire, celle de 1585, à laquelle Marguerite de Navarre prend part, a été niée !

GRÂCE À LA GUERRE : PARFAIRE LE CONTRÔLE PAR DES SURPRISES DE VILLES

La paix étant rompue, et Alençon s'étant rallié à son frère, l'offensive contre les huguenots s'ouvre, officiellement, en mai 1577, en leur reprenant La Charité et Brouage. C'est la sixième guerre de Religion. Mais, en réalité, comme l'écrit Sully, qui prend, pour la première fois, les

209 Henri de Navarre à Giscaro, Agen, 11 et 17 janvier 1577 (Carsalade du Pont Jules de, et Tamizey de Larroque Philippe (éd.), *Mémoires de Jean d'Antras*, *op. cit.*, p. 149-150, et Berger de Xivrey Jules, *Recueil de lettres missives de Henri IV*, *op. cit.*).

210 Henri III aux consuls d'Auch, Blois, 8 mars 1577 (Lafforgue Prosper, *Histoire de la ville d'Auch*, Auch, Brun, 1851, p. 401-402).

armes : Navarre et Condé, « par les inexécutions de l'Édit [de Beaulieu, 6 mai 1576] et mauvais traitements que recevaient eux et tous ceux de la Religion, ils se trouvèrent forcés de revenir aux armes dès la fin de l'année 1576[211]. », alors que s'ouvrent les états généraux de Blois. Ici encore, nous devons réviser la chronologie canonique des guerres de Religion.

Le double-jeu de Navarre, pourtant évident, dès son retour en Guyenne, mais masqué par sa légende, aurait mérité d'être souligné par ses biographes. Pour s'en persuader, il suffit de parcourir le recueil de ses lettres. Ainsi, en janvier 1580, il déclarait à Henri II :

> Croyez, s'il vous plait, que je ne cesserai de m'employer au bien et conservation de la tranquillité publique, tant pour le bien et repos de ce royaume, que pour être continué en la faveur de votre bonne grâce, comme celui qui est votre très humble et très obéissant sujet et serviteur.

La même semaine, il écrit à Saint-Geniès[212], son sénéchal en Béarn :

> La trêve serait aucunement mon fait en autre temps, comme déjà vous l'ai dit ; toutefois, puisqu'on s'est laissé équiper en cette façon, je ne la veux rompre, mais en veux-je profiter pour préparer la guerre. Qui aime le repos sous la cuirasse, il ne lui appartient pas de se mêler à l'école de la guerre[213].

Cynique inversion de la citation de Jules César, qu'il avait lu, comme tous ces capitaines lettrés : « Si tu veux la paix, prépare la guerre » (*Si vis pacem, para bellum*) !

En Guyenne et Languedoc, les assauts de villes se trouvent alors facilités par le contrôle militaire que Navarre s'était attaché à exercer sur les municipalités de son gouvernement, depuis sa fuite, au prétexte des articles de l'Édit. Dès le 15 janvier 1577, avec Jean de Favas, vicomte de Castets-en-Dorthe, par surprise et « sans grand combat », Sully, avec 50 soldats de sa compagnie, participe à la prise de La Réole, place majeure sur la Garonne, en amont de Bordeaux. Il oublie de nous dire que la cité est saccagée.

211 *Les œconomies royales de Sully*, Buisseret David, et Barbiche Bernard (éd.), Paris, Klincksieck, 1970, p. 39.

212 Armand de Gontaut-Saint-Geniès, seigneur de Saint-Geniès, baron de Badefol, vicomte du Rouzel. Il avait été lieutenant général (1563), avant d'être sénéchal de Béarn et gouverneur de Navarre. Son père, Jean, avait été lieutenant du roi en Périgord. Il avait épousé Jeanne de Foix, dame d'Almeneches.

213 Berger de Xivrey Jules, *Lettres missives de Henri IV*, Paris, Imp. royale, 1843, t. 1, p. 264-265.

Navarre, quant à lui, trouve une âpre résistance à Marmande, bien défendue, dont il prétend faire le siège, en février 1577, avec un seul canon, deux couleuvrines et une troupe ridiculement réduite[214]. Le jeune Sully, qui y prend part, reconnait que c'est pour éviter « honte et dommage » que Navarre prend prétexte de lever ce pauvre siège afin de traiter de la paix avec Biron, que le roi lui envoyait.

Profitant de la trêve, Navarre va visiter sa sœur en Béarn et, au retour, en mars 1577, il tente de s'emparer, par surprise, d'Éauze, dont il est seigneur, et qui avait refusé de recevoir sa garnison. Assemblée au son du tocsin, la milice bourgeoise manque de peu de le massacrer ; il en réchappe, et fait pendre ses adversaires les plus hardis. Navarre y met Manaud de Batz comme gouverneur, remplacé, l'année suivante, par Jean-Jacques de Bourouillan. En mars 1577, ce sont les Toulousains qui parviennent à reprendre L'Isle-Jourdain, tuant nombre de protestants. Le Parlement de Toulouse y fait alors placer une garnison, ainsi qu'à Auradé, Cologne et Gimont, desserrant quelque peu la ligne de fer gasconne que Navarre avait établie face à la métropole catholique. Fin avril 1577, venant de Jégun, Navarre met le siège devant Condom. Il est repoussé par son gouverneur, Jean-Paul d'Esparbès de Lussan, qui le poursuit, et le contraint de fuir vers Agen, non sans être battu dans plusieurs combats[215]. Il en est de même devant Auch, défendu par le capitaine Giscaro[216], toute entrée lui étant refusée[217].

Piteux résultats, passés sous silence. Sully nous offre, également, pour la prise de Villefranche-de-Périgord, durant laquelle il manque de perdre la vie, une interprétation fort différente de celle de D'Aubigné, qui avait puisé aux *Mémoires* du capitaine calviniste Geoffroy de Vivant, pour établir une relation erronée et fort partisane. *Mémoires* qui « nous

214 Tamizey de Larroque Philippe, *Notice sur la ville de Marmande*, Villeneuve, Duteis, 1872, p. 73 et suiv.

215 Mazéret Ludovic, *Chroniques de l'Église de Condom*, Condom, Bousquet, 1927, p. 243.

216 Jacques de Labarthe-Giscaro, seigneur de Valentine, dit « le capitaine Giscaro », fils second de Paul, seigneur de Giscaro, et de Marie de Béon d'Armentieu de La Palu.

217 *Mémoires* perdus de Lussan, consultés par Dupleix Scipion (*Histoire générale de France*, Paris, Sonnius, 1737). Lussan aurait notamment été assisté par Jean Dufranc et Robert Imbert. Les consuls et jurats de Condom restent très attachés à la cause du roi et au catholicisme, comme le démontrent les registres de délibération consulaires (notamment de décembre 1580). Marguerite de Valois en témoigne par plusieurs lettres (Lauzun Philippe, *Lettres inédites de Marguerite de Valois tirées de la Bibliothèque impériale de Saint-Pétersbourg, 1579-1606*, Paris-Auch, Champion-Cocharaux, 1886).

permettent d'imaginer que des combats ruineux pour le pays, mais assez peu importants aient pu être vécus comme une épopée et que beaucoup de chefs protestants aient crus revivre les temps héroïques des origines féodales[218]. » C'est, en fait, en trahissant, une fois encore, une trêve établie pour parlementer que la cité est prise, puis saccagée. Sully, lui-même, dérobant 1 000 écus, providentiels, à un vieillard qui fuyait, effrayé[219]. Rien de bien héroïque ici.

Révélons, surtout, le cuisant échec de Navarre à Mirande, victoire, non seulement oubliée, mais cachée, par ses propres acteurs : les ligueurs de Guyenne. Capitale du comté d'Astarac, ses habitants avaient, courageusement, résisté au siège de leur comtesse, Marthe d'Astarac (1526). Le parlement de Toulouse les avait alors libérés de cette irascible comtesse, en lui confisquant son comté, au profit de la couronne de France. Au terme de débats poursuivis devant le parlement de Bordeaux, le grand Conseil du roi, et le parlement de Paris, l'affaire s'était achevée par une transaction renforçant les privilèges des Mirandais (1562). En 1570, le petit-fils de Marthe, Henri de Foix-Candale, par lettres royales, avait pu, cependant, rentrer en possession de tout l'Astarac ; il était bien en cour, grâce à son mariage avec la fille du connétable de Montmorency[220]. Bien défendue par ses murailles, que Montgomery et l'armée des Vicomtes n'avaient pas osé défier, Mirande, unanimement catholique, comme son comte, étendait sa juridiction sur 18 villages alentour, qualifiés de Perche de Mirande.

Mais, comme à Lectoure, Fleurance, Gimont, L'Isle-Jourdain, Jégun et Bassoues[221], Henri de Navarre n'hésite pas à placer une garnison à

---

218 Soulié Marguerite, « Les Mémoires des faits d'armes de Geoffroy de Vivant », *Réforme, Humanisme et Renaissance*, t. X, 1979, p. 18-23.

219 *Les œconomies royales de Sully*, Buisseret David, et Barbiche Bernard (éd.), Paris, Klincksieck, 1970, p. 41-42.

220 Comte de Candale et de Benauges, issu d'une illustre famille, il devait à son beau-père d'avoir obtenu le gouvernement du Bordelais, en novembre 1567, qu'il retranchait ainsi du gouvernement de Guyenne attribué à Monluc, furieux. Maire de Bordeaux (1571-1573), à la suite de Guy de Lansac, il meurt au siège de Sommières, en février 1573. Son père, Frédéric (1510-1571) avait formé une ligue antiprotestante, dès 1562, en Bordelais, que Catherine de Médicis, à l'occasion de son grand tour de France, vers Bayonne, s'efforça, sans succès, d'éteindre, avec discrétion, eu égard aux grandes familles qui la composaient. Sa fille, et héritière, Marguerite, lui succède ; elle épousera, en 1587, Jean-Louis de Nogaret de La Valette, duc d'Épernon.

221 Henri de Navarre s'empare de Bassoues, bourg fortifié, le 8 mars 1577. Il y place une garnison, mais laisse les habitants libres de communiquer avec leur seigneur, l'archevêque

Mirande, en y nommant un gouverneur béarnais, Daniel de Saint-Cricq, seigneur d'Arance, « catholique mais passionné pour le roi de Navarre [qui] avait saisi Mirande pour le crédit qu'il avait dedans », écrit Sully[222]. La guerre ayant recommencé, en 1577, Saint-Cricq conduit des raids alentour, jusqu'à Marciac, tenu par le capitaine d'Antras, cet ardent catholique[223].

Ce dernier, avec le gouverneur de Trie, Raymond de Cardailhac-Sarlabous, et grâce à des intelligences dans Mirande, décide de reprendre la place. Ils l'investissent en avril ; Gramont, Gondrin, Giscaro, Baratnau, Sarlabous, Massès, Fontenilles et François de Cassagnet-Tilladet, seigneur de Saint-Orens viennent à la rescousse, avec 1 000 à 1 200 cavaliers et autant d'arquebusiers. Occupé au siège de Marmande, Henri de Navarre ne peut pas venir immédiatement au secours de Saint-Cricq. La ville est prise et les défenseurs sont massacrés, dont Saint-Cricq. Les habitants majoritairement catholiques et ligueurs s'étaient joints aux assaillants, selon Sully. L'*Histoire de la Ligue* dit que Saint-Cricq « fut incontinent invalhy [attaqué] par quelques gentilshommes catholiques avec un amas des communes levé subitement[224] ». Le roi de Navarre et ses troupes arrivent donc trop tard.

D'Antras n'ose pas écrire, dans ses *Mémoires*, quel sort a été réservé au gouverneur de Guyenne, car il les rédige alors que ce dernier est devenu Henri IV[225]. Sully n'a pas cette prévenance. Il révèle que, ainsi qu'il vient d'advenir à Henri de Navarre à Éauze, quelques jours plus tôt, et précédemment à Marmande, Mirande se transforme en coupe-gorge.

d'Auch, le cardinal Louis d'Este (Guilhempey, Jean, *Histoire de Bassoues et de la chapelle de Saint-Fritz*, Auch, 1858). Carsalade du Pont Jules de et Tamizey de Larroque Philippe, *Mémoires de Jean d'Antras*, *op. cit.*, p. 57).

222 *Les œconomies royales de Sully*, Buisseret David, et Barbiche Bernard (éd.), Paris, Klincksieck, 1970.

223 Carsalade du Pont Jules de et Tamizey de Larroque Philippe, *Mémoires de Jean d'Antras*, *op. cit.*, p. 57-62.

224 *Histoire de la Ligue* (BnF, ms fr. 23295, f° 92).

225 Antras écrit, avec obséquiosité : « Et après cette exécution faite voici arriver le roi de Navarre avec de belles troupes pour leur donner secours, mais il trouva qu'ils étaient pris et perdus de quoi il fut bien étonné et fort marri étant venu contre la dite tour et voyant qu'il n'y avait autre remède pour n'être arrivé assez à temps il reprit le même chemin pour se retirer, ce que nous voyons de la ville en hors sans tirer un seul coup, les laissant passer aussi sans dire mot pour le respect que tous portaient à Sa Majesté. » (Carsalade du Pont Jules de et Tamizey de Larroque Philippe, *Mémoires de Jean d'Antras*, *op. cit.*, p. 62).

Les Mirandais tentent, en effet, de faire tomber le Béarnais dans un traquenard. Cachant leur victoire, ils font mine, lorsque Henri arrive, que Saint-Cricq a rétabli l'ordre. Mais un huguenot marié à une Mirandaise parvient à sortir de la ville pour avertir Henri du piège qui lui est tendu. Le gouverneur de Guyenne « fit sonner la retraite et s'en alla à Jégun », qui est à lui, et où il s'enferme afin de se protéger.

> ou, deux jours après, sachant que la plupart des troupes du roi de Navarre s'étaient retirées en leurs garnisons, toutes celles des catholiques de la province qui s'étaient assemblés en grand nombre sous la charge de M. l'amiral de Villars, sur l'alarme de cette surprise de Mirande, croyant qu'il se pourrait faire quelque grand combat devant, voire dedans cette ville-là si le portail eût toujours tenu, se vinrent présenter et mettre en bataille devant Jégun avec force fanfares et défis pour combats singuliers. Voyant qu'à une grande escarmouche qui se faisait ceux du roi de Navarre, comme les plus faibles, ne quittaient point la faveur des courtines, et ne tachaient qu'à les attirer dans la porte d'icelles, ainsi qu'eux-mêmes avaient fait le jour de devant, les sieurs de Lavardin et de La Devèze, l'un d'un parti et l'autre de l'autre, accordèrent un combat singulier de six contre six. Mais comme vous vous débattiez tous à qui en serait, le roi de Navarre d'un côté et M. l'amiral de Villars de l'autre vinrent faire retirer les troupes, et ainsi chacun s'en alla loger qu'il était presque nuit[226].

Honteux épisode. Navarre, en infériorité numérique criante devant les ligueurs gascons, préfère refuser le combat et rester, terré, derrière ses murailles. L'alternative d'un combat opposant douze champions, ou plutôt rodomonts, tourne court, car on n'aurait pas pu départager tant de braves volontaires ! Et chacun se retire sans combattre. Navarre renouvellera cet affrontement entre des champions pour masquer sa faiblesse, lors des escarmouches devant Marmande occupée par Biron (juillet 1580). Mais pourquoi donc Villars, après avoir assemblé les catholiques ligueurs de la province, en évidente supériorité devant son gouverneur, refuse-t-il la bataille ? Il aurait, facilement, pu écraser Henri de Navarre. Seule Catherine de Médicis, peut-être en accord avec ses enfants, a pu ordonner de l'épargner. Ensuite, on efface simplement des annales Mirande, et Jégun, avec la Ligue de Guyenne.

Mirande va demeurer jusqu'à la fin des guerres un bastion ligueur[227].

---

226 *Les œconomies royales de Sully*, *op. cit.*, t. 1, p. 52-53.
227 *Idem*, t. 1, p. 50-53.

L'érudit gascon, Justin Cénac-Moncaut (1814-1871), avait déjà écrit combien il était essentiel de croiser les témoignages des mémorialistes avec la documentation locale et d'abord consulaire. Pour relater cet épisode, il a rapproché avec profit les écrits de Sully et d'Aubigné (les mémoires d'Antras n'étaient pas encore connus) au *Livre rouge de Mirande*[228]. Confrontées aux archives espagnoles et monégasques, ces sources permettent de réapprécier cette période des troubles religieux dans le Sud-Ouest. Non seulement la plupart des acteurs catholiques et ligueurs, à l'instar d'Antras, se sont imposés une forme d'autocensure concernant cette période, mais les contemporains ont, plus ou moins consciemment, contribué à l'élaboration de la légende d'Henri IV. La relation de la « Guerre des amoureux » est, à ce titre, exemplaire. Il semblerait qu'une certaine frivolité galante, jointe à une aspiration chevaleresque, à défaut de données plus rationnelles, s'attache à justifier l'essentiel des actions guerrières.

Mais un dernier épisode de cette ridicule guérilla, toujours relatée par Sully, acteur, friserait le comique si elle n'était pitoyable.

Il importait pour Navarre de contrôler le passage de la Garonne vers Montauban, ses autres terres de l'héritage d'Armagnac, depuis le Quercy, jusqu'en Périgord et en Poitou, entre Agen et Toulouse. Moissac, à la riche abbaye sous la protection des Guises, qui avait déjà su le défier avec l'armée des Princes, à la confluence stratégique du Tarn (descendant de Montauban) et de la Garonne, lui restait interdit. Grenade-sur-Garonne, Valence-d'Agen, Fleurance, Mirande et Beaumont-de-Lomagne restaient entre les mains des catholiques. Quittant Lectoure pour se rendre à Montauban, entre le 28 juin et le 5 juillet 1577, Navarre se doit de passer au voisinage de Beaumont-de-Lomagne. Des arquebusiers de la milice bourgeoise, embusqués aux alentours, tirent sur sa troupe, épaulés par d'autres, depuis les murailles. Henri commande alors à Frédéric de Foix-Candale, vicomte de Meille et comte de Guyon, son cousin qui, bien que catholique, le sert, à la suite de son père défunt, et à Sully, de les disperser. Mais, se gardant bien, cette fois, d'attaquer la cité, il choisit – pour le moment – de négliger l'affront, et de poursuivre son chemin.

Quinze jours plus tard, s'en revenant à Lectoure, il passe la Garonne au Mas-de-Verdun (Mas-Grenier), abbaye bénédictine dont les huguenots se sont emparés en 1574, traversée stratégique de la Garonne, que la

228 Cénac-Moncaut Justin, *Les comtés d'Astarac et de Pardiac*, 1856, p. 41-44.

paix de Beaulieu vient de lui accorder comme place de sûreté. Évitant de paraître devant Beaumont, il choisit de rallonger son chemin en descendant par Saint-Nicolas-de-la-Grave, sur la rive opposée de Moissac, lorsqu'il rencontre 300 arquebusiers, sous cinq enseignes, qui, au son du tambour, se rendent, depuis Beaumont, à Fleurance. Navarre ne disposant que de 80 à 100 gentilshommes bien armés, et des 150 arquebusiers de sa garde, on hésite à les attaquer frontalement. Navarre décide alors de les tester, en leur envoyant seulement 20 cavaliers et 50 arquebusiers à cheval, mais auxquels, pour faire mine qu'ils sont plus nombreux, il joint « quantité de serviteurs, domestiques et valets », déguisés en hommes d'armes, « casque en tête ». Aidés par le fait qu'il s'agissait de miliciens faiblement expérimentés, le subterfuge fonctionne, malgré tous les efforts de leurs capitaines. Sully nous fait comprendre que ces derniers agissaient sous les ordres de Villars. Ce sont alors bien des ligueurs qui fuient en retournant vers Beaumont, espérant se mettre sous la protection des murailles et fossés du bourg d'Escazeaux, à 6 km seulement de la cité. Mais, ses quatre portes ayant été, précédemment, démolies, 200 d'entre eux préférèrent se barricader dans un église fortifiée, proche, où les paysans des alentours avaient l'habitude de se mettre à couvert, avec leurs biens. Celle-ci regorgeait alors de vin, blé, farine, pain, bois avec tout le nécessaire pour tenir un siège de soudards... mais, là, il s'agissait du roi de Navarre et gouverneur de Guyenne, furieux d'avoir subi tant d'affronts : Mirande, Éauze, Beaumont...

Le siège de cette modeste église par le roi de Navarre va durer pas moins de quatre jours ! Craignant l'arrivée de secours des villes catholiques environnantes, que nous avons citées, Navarre appelle du renfort de Lectoure, Auvillar, Mas-de-Verdun, L'Isle-Jourdain et Montauban, tout en initiant un travail de sape pour faire exploser le mur du sanctuaire. Ces cités huguenotes répondent en envoyant 100 cavaliers et 1200 arquebusiers, « avec des pics, pelles, pioches et grenades suivant ce que le roi l'avait demandé », contre ces malheureux 200 ligueurs pris au piège. Sans feu pour cuire, manquant d'eau pour pétrir le pain, blessés par les explosions, sans « chirurgiens, linges, ni drogues [...] ils furent enfin contraints de se rendre à discrétion, qui était telle en l'esprit du roi qu'il se voulait [se] contenter [que] d'en faire pendre que sept ou huit qui étaient accusés d'avoir exercé de grandes cruautés contre ceux de la Religion ». Mais, toujours en la présence de Sully, et de Navarre, malgré sa parole, Sully écrit que « il ne fut jamais possible d'en sauver un seul, tant ceux de Montauban s'acharnèrent cruellement dessus ».

Les consuls d'Escazeaux avaient reçus nombre de prérogatives, dont la haute, moyenne et basse justice de leurs seigneurs, les vicomtes de Terride. Parmi ceux-ci, il y avait eu Antoine de Lomagne, à qui Charles IX avait confié la « protection »/occupation du Béarn, mort sept ans auparavant. Le massacre d'Escazeaux, qui visait Beaumont, l'avait-il oublié ?. Toujours en 1577, Henri III vend Beaumont à Henri de Navarre ! Puis le roi de France rappelle son lieutenant général, Villars. Pouvait-il mieux contenter son beau-frère ? Ce sera une constante dans la politique de Henri III, bien avant qu'il ne le reconnaisse, officiellement, comme son successeur sur le trône de France : combattre Navarre, mais sans jamais l'abattre. Il le paiera très cher, à Coutras (1587).

Dans l'immédiat, Navarre gagne une voie sure vers Montauban. Quant aux Beaumontois, ils sont désormais soumis à leur nouveau maître, et à sa foi. Cela ne les empêche pas, trois ans plus tard, de subir massacres et pillage par 600 mercenaires venus de Montauban.

Alors que son gendre, Mayenne, avec l'armée royale, guerroie en Poitou et Saintonge, avant de s'emparer de Brouage (21 août), et que Guy de Lansac lutte contre la flotte de Condé au large de La Rochelle, les dernières opérations de Villars en Guyenne, contre son gouverneur, renforcées par une noblesse ligueuse, peu renseignées, apparaissent confuses. Sully écrit qu'il avait assemblé son armée pour aller assiéger Casteljaloux, place huguenote majeure[229]. Mais, il aurait reculé en considérant la qualité de sa défense, pour se reporter sur Nérac. Cette attaque, soit disant mal préparée, ce serait limitée à une « fort grande escarmouche », à tel point que, malgré la bravoure de Navarre, « ce n'était pas un lieu digne de lui ». Le fait est qu'il refusa, une fois encore, de livrer bataille, reprochant à Sully d'avoir tenté une sortie, sans son accord. « Enfin, chacun étant lassé et l'escarmouche s'apaisant un peu », on décide de parlementer. Et, une fois encore, Navarre et Villars se retirant, il est proposé de choisir des champions pour s'affronter en combat singulier : quatre cavaliers et quatre arquebusiers de chaque

229 Navarre vient d'y placer La Vachonnière, comme gouverneur. Il sera tué peu après lors de l'entreprise ratée contre Marmande. La garnison qu'il vient d'y installer est forte d'un capitaine, deux lieutenants, trois sergents et cinquante-six hommes. L'année suivante, il consacrera 3 240 livres pour réparer ses murailles.

côté, Lavardin, qui désigne Sully, étant aussi de la partie. « Mais l'amiral de Villars vint lui-même empêcher tout cela et faire retirer ses troupes voyant la nuit approcher » !

Si ce n'était pas le témoignage de Sully, après avoir observé les personnages amoureux, nous penserions voir apparaître celui du Capitan matamore de la *Commedia dell'arte*. Henri de Navarre n'avait-il pas innové en faisant venir à sa cour de tels comédiens italiens, depuis Bergame, autour de Zan Ganassa ? Quoi qu'il en soit, le jeu du chat et de la souris, entre le gouverneur et son lieutenant, dans la Guyenne des années 1576-1578, avec des ligueurs qui conserveront le masque de la comédie, n'est rien d'autre qu'une farce, qui prolonge les fausses bouffonneries du captif de la cour de France.

La paix de Bergerac conclue (17 septembre 1577), Biron remplace Villars à la lieutenance générale en Guyenne et, malgré les articles de la paix, il s'assure d'Agen et de Villeneuve-sur-Lot, places essentielles de Moyenne Garonne.

Le témoignage de Sully est précieux, pour ces années 1576-1578, grâce à ses *Œconomies royales*. En relatant l'arrivée de Navarre dans son gouvernement, et la reprise de la guerre, il entend, devant ses lecteurs, pressentir, et magnifier, le futur roi de paix, et roi de guerre. Mais, conscient du peu de relief de cette guérilla, durant laquelle il fait ses premières armes, il excipe de sa jeunesse pour s'en dédouaner, en écrivant n'avoir eu aucune influence sur les décisions qui y ont été prises, « moi n'étant pas de ces fous qui se mêlassent en ces hasards [risques, dangers][230] ».

230 *Les œconomies royales de Sully*, *op. cit.*, t. 1, p. 52.

DIPLOMATE, POUR SON FRÈRE CADET, REINE CONSORT, POUR SON ÉPOUX

PÉRILLEUSE MISSION DIPLOMATIQUE, SOUS LE MANTEAU, EN FLANDRES

La guerre civile ayant repris, en 1577, Marguerite se trouve ainsi partagée entre la loyauté qu'elle doit à son mari, et celle due à son frère aîné, roi de France. Si elle avait manifesté une tendre affection pour Charles IX, dont elle avait toujours ressenti la fraternelle protection, elle craignait Henri III, et ne lui accordait nulle confiance. Quant au nouveau duc d'Anjou, son désir invétéré de coiffer, lui aussi, une couronne, l'amenait à se présenter, successivement, et plusieurs fois, à la tête du parti des Malcontents, à celle du parti protestant, avant de redevenir catholique intransigeant, voire ligueur. Nostradamus n'avait-il pas auguré, à Blois, en 1553, que les fils d'Henri II, « tous quatre » porteraient couronne ?

FRANÇOIS D'ANJOU : RÉGNER SUR LES FLANDRES ?

Héritier présomptif de la couronne de France, son frère demeurant sans descendance légitime, François d'Alençon, désormais d'Anjou, disposait de revenus considérables depuis la paix de Beaulieu. Les employés de sa maison avaient près de triplé (1123 personnes en 1578) et ses fidèles, dont le nombre avait cru au même rythme, constituaient une véritable cour autour de lui[1]. Quelle était sa foi ? Anne d'Este, duchesse de Guise, à l'instar de ce que rapporte Marguerite pour le futur Henri III, révèle « [qu']il était hérétique quand il était très jeune, bien

1 Duquenne Frédéric, *L'entreprise du duc d'Anjou aux Pays-Bas, de 1580 à 1584. Les responsabilités d'un échec à partager*, Lille, Presses Universitaires du Septentrion, 1998, p. 31.

que maintenant [il est] catholique[2] ». Ambitieux et opportuniste, il n'est pas dogmatique. Tour à tour, il cherche l'alliance de Philippe II et des Guises, il est un moment factieux, se présente comme le jeune fiancé d'Élisabeth d'Angleterre, fait sa cour à Henri de Navarre. Henri III, qui craint ce rapprochement, et en rend sa sœur responsable, avec Du Guast, profiterait des charmes de Madame de Sauve pour désunir Alençon et Navarre, ses soupirants concurrents. Sully, qui a reçu des confidences du roi de Navarre, qui nous paraissent assurées, d'abord parce qu'elles le concernent directement, confirme que c'est bien à ce moment-là, favorisé par cette compétition amoureuse, que nait une haine inextinguible entre les deux hommes. Navarre, qui sait sa duplicité, ne lui fait aucune confiance[3]. Mais les Pays-Bas, en révolte contre Philippe II, qui ont besoin d'un prince étranger et d'un soutien militaire, retiennent particulièrement son attention. Marguerite prétend, dans ses *Mémoires*, que c'est au début de 1574 qu'Alençon, avec lequel elle avait peu vécu, s'est rapproché d'elle.

> Nous arrivâmes à Saint-Germain, où nous fîmes un grand séjour à cause de la maladie du roi [Charles IX] ; durant lequel temps mon frère d'Alençon employait toutes sortes de recherches et moyens pour se rendre agréable à moi, à fin que je lui vouasse amitié, comme j'avais fait au roi Charles. Car jusques alors, pource qu'il avait été toujours nourri [élevé] hors de la cour, nous ne nous étions pas guères vus, et n'avions pas grande familiarité. En fin m'y voyant conviée par tant de submissions [soumissions] et de sujections [obéissances] et d'affection qu'il me témoignait, je me résolus de l'aimer, et embrasser ce qui le concernerait ; mais toutefois avec telle condition, que ce serait sans préjudice de ce que je devais au roi Charles mon bon frère, que j'honorais sur toutes choses. Il me continua cette bienveillance, me l'ayant témoignée jusqu'à sa fin[4].

Guillaume le Taciturne, prince d'Orange, nommé gouverneur général des Pays-Bas et stathouder des provinces de Hollande, de Zélande, de Frise et d'Utrecht, lors de l'assemblée de Dordrecht (juillet 1572), était revenu à la tête des révoltés, et il s'était converti au calvinisme.

2 Propos rapportés par l'ambassadeur Francès de Álava à Philippe II (Madrid, 22 septembre 1578, AGS, Estado 359, n° 235).

3 *Les œconomies royales de Sully*, Buisseret David, et Barbiche Bernard (éd.), Paris, Klincksieck, 1970, t. 1, p. 89-95.

4 *Mémoires et autres écrits de Marguerite de Valois, la reine Margot*, Cazaux Yves (éd.), Paris, Mercure de France, 1971, p. 61.

Il partageait le pouvoir avec les états des différentes provinces. Leurs coreligionnaires français, nous l'avons vu, ne pensaient qu'à soutenir les Gueux, espérant, par là-même, non seulement obtenir, pour eux, la liberté de culte, mais convertir le royaume de France. Considérant que Charles IX avait trahi leurs espoirs, en tournant le dos à Coligny, peu avant son assassinat et la Saint-Barthélemy, la conjuration, et les armes, devaient, une fois encore, pallier cet abandon. Le jeu des Valois, quant à lui, se voulait subtil. Sans aller jusqu'à une guerre avec l'Espagne, il était bon d'affaiblir cette dernière, tant l'encerclement Habsbourg était mal vécu. Sans trop accorder au prince d'Orange, il ne fallait pas, non plus, le décevoir, tout en se gardant d'irriter les princes allemands, luthériens, qui ont un Habsbourg pour empereur.

Anjou avait rencontré Louis de Nassau, frère de Guillaume le Taciturne, à Blamont (novembre 1573), à l'occasion du départ de son frère vers son royaume de Pologne. Il restait cependant hésitant entre la recherche de l'appui du prince d'Orange, calviniste, et celui des seigneurs catholiques des Pays-Bas du sud, comme les Lalaing. Si la reine mère entretenait ses projets (obnubilée, dit-on, par l'obtention de couronnes – différentes – pour ses fils, selon la prédiction du mage), elle évitait, tout autant, de risquer de fâcher Philippe II, alors qu'Henri III, satisfait de voir son turbulent frère se tourner vers l'étranger, lui accordait, mais officieusement, un soutien limité et discontinu.

Incapable de faire front à la nouvelle rébellion des Flandres, le duc d'Albe, qui avait mené une dure politique répressive, depuis 1568, avait démissionné en 1573. Luis de Requesens, qui lui avait succédé, n'étant pas parvenu à une conciliation, Philippe II, au cours de l'été 1576, avait désigné son demi-frère, Don Juan d'Autriche, comme gouverneur général. Auréolé de gloire, il restait, cependant, dépourvu de financements suffisants. Impayés, sans ressources, les soldats espagnols s'étaient mutinés, et Anvers était soumis à une mise à sac catastrophique (4-7 novembre 1576), au bilan de 8 000 morts, au moment de son arrivée.

Conscientes de l'impérieuse nécessité d'une unité dans leur action, les Dix-Sept Provinces, malgré leurs divisions religieuses, s'accordaient sur la pacification d'Anvers (8 novembre), trêve religieuses qui devait permettre de mater les mutins espagnols. C'était la principale raison pour laquelle les provinces catholiques du sud, restées formellement fidèles à Philippe II, avaient rejoint la rébellion. Malgré la récurrence de troubles, la pacification était prolongée, et précisée, le 9 janvier 1577, avec l'union de Bruxelles, au moment où Don Juan entrait, officiellement, en fonction.

MARGUERITE : FUIR SA PRISON DE LA COUR DE FRANCE

Marguerite, quant à elle, ne supportait plus son confinement à la cour de France, et le refus d'Henri III de lui permettre de rejoindre son époux, redevenu calviniste, et ennemi. Le roi craignait que Navarre la prenne en otage mais, considérant le jeu politique et militaire de Navarre en Guyenne, sa faiblesse patente et les périls qu'il encourrait, joints à son utilisation sans scrupule d'autrui, a fortiori de sa très catholique épouse, en aurait-il pu en faire autre chose qu'un leurre, captif, dans sa partie de poker ? Marguerite, cependant, fait mine (?) de pester, remontrant à son royal frère

> que je ne m'étais pas mariée pour plaisir ni de ma volonté ; que ç'avait été de la volonté du roi Charles mon frère, de la reine ma mère, et de lui ; que puisqu'ils me l'avaient donné, ils ne me pouvaient point empêcher de courre sa fortune ; que j'y voulais aller ; et que s'ils ne me le permettaient, je me déroberais, et y irais de quelque façon que ce fût au hasard de ma vie[5].

Henri III réitère, avec la plus grande fermeté, son refus, déclarant à sa sœur qu'il « veut faire la guerre aux huguenots, et exterminer cette misérable religion qui nous fait tant de mal » et la menaçant de devenir, avec la reine mère ses « cruels ennemis », si elle tentait de s'enfuir, avec l'assentiment de cette dernière.

L'entourage de Marguerite, amis et amies, qu'elle assemblait autour d'elle pour recueillir leurs avis, l'engage alors à s'éloigner de la cour de France, tant que la guerre durera, considérant « [qu'] il me serait plus honorable de trouver, s'il était possible, quelque prétexte pour sortir du royaume, ou sous couleur de pèlerinage, ou pour visiter quelqu'un de mes parents. » Parmi les « prétextes apparents » pour sortir de France, certains envisagent la Savoie[6], l'abbaye

5 *Idem*, p. 94.

6 Pourquoi la Savoie ? Sa tante, Marguerite de France, épouse du duc Emmanuel-Philibert, qui a remarquablement œuvré à la réconciliation des Maisons de France et de Savoie, s'est éteinte le 15 septembre 1574, fort pleurée par ses sujets, en laissant un unique héritier, âgé désormais de 15 ans. Celui-ci, qui règne trois ans plus tard, épousera, en 1585, Catherine-Michelle d'Autriche, fille de Philippe II et d'Élisabeth de Valois, elle-même sœur de

de Saint-Claude (Jura)[7] ou Notre-Dame-de-Lorette. Il y avait, aussi, dans cette assemblée consultative, le duc d'Anjou, accompagné de Claude de Mondoucet[8]. Hasard bien opportun.

De retour, forcé, de Flandres, Mondoucet portait au roi la parole de « plusieurs seigneurs et communautés de villes » flamandes qui, exaspérées par la présence espagnole, « avaient le cœur français, et que tous lui tendaient les bras ». Henri III, qui ne songeait plus qu'à faire la guerre aux huguenots de France, auxquels il reprochait d'avoir assisté son frère, s'en détournait. Mondoucet a alors recours à ce dernier,

> qui ayant un naturel de prince, n'aimait qu'à entreprendre choses grandes, étant plus né à conquérir qu'à conserver ; lequel embrasse soudain cette entreprise, qui lui plaît d'autant plus qu'il voit qu'il ne fait rien d'injuste, voulant seulement r'acquérir à la France ce qui lui était usurpé par l'Espagnol[9]. Mondoucet, pour cette cause, s'était mis au service de mon frère, qui le renvoyait en Flandre, sous couvert d'accompagner Madame la princesse de La Roche-sur-Yon aux eaux de Spa[10].

Les Flamands s'avéraient, donc, disposés à offrir un trône à un prince français, qui avait manifesté sa tolérance religieuse, et qui était susceptible

Marguerite. Charles-Emmanuel sera, ainsi, à la fois le petit cousin, et le neveu de Marguerite de Valois. Son père, dont les États étaient sous occupation française, qui avait été nommé gouverneur des Pays-Bas espagnols, avait remporté l'éclatante victoire de Saint-Quentin (1557), en qualité de commandant en chef des troupes impériales, contre les troupes de Henri II. Le traité de Cateau-Cambrésis (1559) lui avait permis de recouvrir le duché de Savoie et le Piémont, paix scellée par son union avec la sœur du roi de France, puis d'autres places fortes. En 1574, Henri III lui accordait encore Pignerol et Savigliano, et, Philippe II, Santhià et Asti, alors, qu'en 1576, il faisait l'acquisition de la principauté d'Oneille.

7 L'abbaye était l'objet de pèlerinages auprès du saint thaumaturge. Louis XI s'y était rendu en 1465 et 1482.

8 Baron de Monteaux, originaire du Blésois, il était résident de France aux Pays-Bas à la fin du règne de Charles IX et au commencement de celui d'Henri III, de 1571 à 1574. Non inféodé au régime espagnol, il avait su garder son indépendance à l'égard du prince d'Orange. Après la Saint-Barthélemy, son attitude a du totalement changer : il devient le partisan du duc d'Albe et de l'Espagne, et il doit rompre, sur l'ordre de Charles IX, toute relation avec le prince d'Orange. Mais il garde, cependant, toute sa sympathie pour les ennemis de l'Espagne, sachant que cette dernière redoute l'entrée des Français dans le Brabant et dans les Flandres. Le mauvais état des Pays-Bas sous l'administration de Requesens lui paraît favorable pour une intervention française. Il cherchait à en persuader Charles IX, et désormais Henri III (Didier Louis-François, *Lettres et négociations de Claude de Mondoucet, résident de France aux Pays-Bas (1571-1574)*, Paris-Reims, Leroux-Michaud, 2 t., 1891-1892).

9 Par les traités de Madrid (1526) et de Cambrai (1529), François Ier avait renoncé à l'ancienne suzeraineté, devenue bien théorique, sur le comté de Flandre.

10 *Mémoires et autres écrits de Marguerite de Valois*, *op. cit.*, p. 96.

de leur apporter l'appui diplomatique et militaire nécessaire à la conquête de leur indépendance. Et, en effet, la princesse de La Roche-sur-Yon[11], qui était dans le groupe des conseillers de Marguerite, s'apprêtait à partir pour se rendre aux eaux de Spa. Elle aurait, donc, été le prétexte qui allait permettre à Mondoucet, bien que rappelé en France, de pouvoir retourner dans les Flandres pour, dans la discrétion, porter la voix du duc d'Anjou, à défaut de celle d'Henri III. Marguerite précise bien, en effet, que c'est d'abord cette dernière qui est l'alibi envisagé, plutôt qu'une négociatrice. Devons-nous la croire ? Confidente de la reine mère, la princesse avait assisté à l'entrevue de Bayonne (15 juin-2 juillet 1565), avant que son époux ne décède, subitement, au moment où il s'apprêtait à accueillir la cour, sur son retour, dans sa demeure angevine de Beaupréau, le 9 octobre suivant. Mais cette princesse valétudinaire, de 72 ans, bien que fortunée, avait-elle encore les capacités requises pour accomplir une mission diplomatique ?

Marguerite écrit que Mondoucet, saisissant l'occasion de la volonté de Marguerite de s'éloigner de la cour, propose à Anjou qu'elle l'accompagne à Spa ; « cela viendrait bien à propos pour votre entreprise de Flandre, où elle pourrait faire un beau coup », lui aurait-il dit. Fille de France, reine de beauté, elle aurait, d'ailleurs, déjà fait une forte impression sur Don Juan, alors qu'il gagnait, incognito, les Flandres. C'est d'ailleurs à lui qu'il était nécessaire de solliciter les passeports. Il n'aurait pas pu s'empêcher, discrètement, de venir admirer la plus belle dame de France, lors d'un bal à la cour, selon Brantôme. Le demi-frère du Roi Catholique aurait considéré que « combien que la beauté de cette reine fût plus divine qu'humaine, elle était plus pour perdre et damner les hommes que pour les sauver. ».

Mariéjol ne croit pas à cette anecdote, en niant, d'ailleurs, l'implacable séduction de Marguerite[12]. Mais il est évident que la sœur du roi de France était bien plus à même de mener des négociations, plutôt que la vieille princesse de La Roche-sur-Yon. À Bayonne, sa sœur aînée, tant

---

11 Philippes de Montespedon, princesse de La Roche-sur-Yon, dame de Chemillé et de Beaupréau, est la Première dame d'honneur de Catherine de Médicis, dont elle est proche, depuis 1561. Veuve, pour la seconde fois, du Prince de sang Charles de Bourbon-Montpensier, prince de La Roche-sur-Yon (1515-1565), fortunée, elle s'éteint l'année suivante.

12 Mariéjol Jean-Hyppolyte, *La vie de Marguerite de Valois, reine de Navarre et de France (1553-1615)*, Paris, Hachette, 1928.

aimée, et regrettée, « *Isabel de la paz* », à laquelle Don Juan la compare, avait déjà su, avec brio, représenter son royal époux. L'éloquence de Marguerite devant l'ambassade polonaise, nous l'avons vu, avait déjà subjugué son auditoire. Là encore, Marguerite, qui accorde pourtant de long développements à sa mission flamande, en prétendant qu'elle secondait la princesse de La Roche-sur-Yon, cache son rôle politique. Dès le départ, ce ne peut être qu'elle qui est envisagée pour agir ; la suite des événements, et le complet effacement de la princesse de La Roche-sur-Yon, le confirment.

Anjou acquiesce, avec enthousiasme, la prétendue proposition de Mondoucet, et le trio, non sans dissimulation, sur une idée qui viendrait d'Anjou, exhibe le prétexte d'une rougeur persistante au bras de Marguerite, possible érysipèle, pour justifier, avec l'aval des médecins, d'accompagner la princesse de La Roche-sur-Yon, laquelle, « qui m'aimait fort », dit-elle, s'en serait réjoui. Le lendemain, faisant mine d'y croire, la reine mère y adhère, puis le roi, avant de partir à l'armée, en Poitou, vers Mayenne, qui assiégeait Brouage, et avant de se porter contre Navarre, en Gascogne, alors qu'Anjou conduisait une autre armée, pour assiéger Issoire. Henri III aurait, tout de même, accordé à sa sœur le confortable viatique de 51 933 écus ! Le 4 décembre 1576, l'ambassadeur toscan, écrit que Marguerite aurait offert tous ses bijoux pour soutenir l'entreprise de son frère dans les Flandres[13]. Ce généreux intérêt, dans sa recherche de financements pour l'expédition, appuierait l'idée que la place d'ambassadrice de Marguerite est loin d'être fortuite ou de simple circonstance. Elle précise, encore, le caractère intenable de sa position :

> Pendant que cette guerre durerait, il ne m'était ni honorable ni bienséant de demeurer à la cour ; que si j'y demeurais, je ne pouvais éviter de ces deux malheurs : l'un, ou que le roi mon mari penserait que j'y fusse pour mon plaisir, et que je ne le servirais pas comme je devais ; ou que le roi prendrait soupçon de moi, et croirait que j'avertirais toujours le roi mon mari ; que l'un et l'autre me produiraient beaucoup de mal[14].

Elle doit partir. Marguerite saura, encore, utiliser le prétexte de la cure thermale, comme celui du pèlerinage, pour masquer d'autres de ses

13 Saracini au Grand Duc, Paris, 4 décembre 1576 (Desjardins Abel (éd.), *Négociations diplomatiques de la France avec la Toscane*, Paris, Imp. Nat., t. 4, 1872, p. 92).

14 *Mémoires et autres écrits de Marguerite de Valois*, *op. cit.*, p. 97.

déplacements « diplomatiques ». Elle n'était pas la seule. En septembre 1578, lorsque Francès de Álava, devenu une sorte de Grand espion espagnol, demande à Philippe II d'aider financièrement Montmorency-Damville, gouverneur de Languedoc, il se tourne vers son épouse, Antoinette de La Marck[15], pour conserver le secret sur ce lien. Celle-ci se rend alors au monastère bénédictin de Montserrat, grand centre de pèlerinage, tout près de Barcelone. Le Prieur Hernando de Tolède, vice-roi de Catalogne, considéré comme « l'ami » du couple, s'y trouvera, aussi, pour négocier avec l'envoyé de Damville, qui accompagnera son épouse. Efficacité et rapidité : seulement deux jours plus tard, Philippe II donnera son accord, non sans avoir offert un cadeau à la duchesse de Montmorency. Antoinette de La Marck reviendra encore à Montserrat, à l'automne 1581, et c'est ensuite le vice-roi d'Aragon, Charles d'Aragon, duc de Terranova (et plus tard gouverneur de Milan) qui mènera les tractations[16]. Les lieux de pèlerinages sont donc propices aux négociations secrètes des catholiques zélés, puis ligueurs. Le prétexte de celui de Saint-Jacques-de-Compostelle camoufle, notamment, les passages, en contrebande, de chevaux espagnols, alors que Montaigne qui, à l'occasion de son voyage en Italie des années 1580-1581, de centre thermal en centre thermal, se rend à Notre-Dame-de-Lorette, près de Rome, carrefour de l'Europe catholique, y fait la connaissance du futur ligueur La Chapelle-Marteau…

UNE CURE AUX EAUX DE SPA… DIPLOMATIQUE

Spa est donc le lieu idéal pour des tractation secrètes, au bénéfice du cadet des Valois[17]. Marguerite prend quelques jours afin que son frère l'entretienne, dans le détail, de ce qu'il attend d'elle puis, le 6 juillet, elle quitte Paris pour un voyage de deux mois, en grand équipage.

---

15 Fille de Robert IV de La Marck, duc de Bouillon, seigneur de Sedan, et de Françoise de Brézé (1542-1591).

16 Brunet Serge, *« De l'Espagnol dedans le ventre ! » Les catholiques du Sud-Ouest de la France face à la Réforme (vers 1540-1589)*, Paris, Champion, 2007, p. 548. Davies Joan, « Neither politique nor patriot ? Henri, duc de Montmorency and Philip II, 1582-1589 », *The Historical Journal*, 34, 3 (1991), p. 539-566.

17 Les eaux ferrugineuses de la source de la Sauvenière, à Spa, avaient l'ancienne réputation d'être souveraines contre la stérilité, non sans que la curiste ait placé, également, son pied dans l'empreinte du pied de saint Remacle (Lezaack Dr Jules, *Les eaux de Spa. Leurs vertus et leur usage. Ostende, Blanckenberg, Chaudfontaine*, Paris, J. Hetzel, 1864). Ce n'était pas, alors, le souci de Marguerite.

> J'allais en une litière faite à piliers doublés de velours incarnadin d'Espagne en broderie d'or et de soie nuée à devise. Cette litière était toute vitrée, et les vitres toutes faites à devise ; y ayant, où à la doublure ou aux vitres quarante devises toutes différentes, avec les mots en espagnols et italien, sur le soleil et ses effets.

Suivent les litières de Mmes de La Roche-sur-Yon et de Tournon, sa dame d'honneur[18], 10 filles à cheval avec leur gouvernante, 6 carrosses ou chariots emplis de dames des trois premières. Parmi celles-ci : Catherine-Suzanne, comtesse de Cerny, épouse du marquis de Mouy, importante famille de Picardie, Anne d'Acquaviva, fille du duc d'Atri, Hélène de Tournon, fille de Mme de Tournon, et encore la Castellane de Milan, Doña Helena Comnena[19]. Outre Mondoucet, Philippe de Lenoncourt, évêque d'Auxerre, et Charles de Peyrusse d'Escars, évêque de Langres, sont du voyage. En temps de guerre, ces hommes d'Église, formés à l'art oratoire et à la diplomatie, étaient plus à même de participer aux échanges que des militaires. Il y a, aussi, Charles de Mouy, dont la terre sera élevée en marquisat l'année suivante, gouverneur de Saint-Quentin[20]. Suivent le premier maître d'hôtel de Marguerite, Claude de La Croix, écuyer, seigneur de Rupéreux[21], ses premiers écuyers,

---

18 Claude (ou Claudine) de La Tour d'Auvergne (ou de La Tour-Turenne) était la fille de François de La Tour, vicomte de Turenne, et d'Anne de La Tour d'Auvergne, dame de Montgascon, dame d'honneur de Mary Tudor, reine de France. Elle avait épousé, en 1535, Just, comte de Tournon, sénéchal d'Auvergne et lieutenant du roi en Languedoc, décédé en 1563. Elle s'éteindra en 1591.

19 Le 10 juillet 1577, celle-ci recevait 1 000 livres tournois, en qualité de Dame de la reine mère (AnF, K 1722, Quittances, n° 186). Pourtant, depuis 1575, et jusqu'en 1591, elle est inscrite dans les offices de la Maison de la reine Louise de Lorraine, dont elle reçoit 400 livres tournois en 1578 (BnF, ms fr., nv. acq. 9175, f° 405v°).

20 Son unique fille épousera Henri de Lorraine, comte de Chaligny, frère de Louise de Vaudémont, elle-même épouse d'Henri III. Mouy passera, ainsi, dans la maison de Lorraine. En 1586, il est fait chevalier du Saint-Esprit.

21 Il y a une confusion entre l'identité de Claude et celle de son frère cadet, Nicolas de La Croix, que Laurent Bourquin reproduit. Les La Croix représentent l'exemple même de la réussite d'une famille champenoise de robe, passée à la noblesse militaire, et élevée par le service au roi. Son grand-père, puis son père, maîtres des comptes, Claude est élu député de la noblesse du bailliage de Sézanne, pour les états généraux de 1560. Il devient « l'un des chefs de file du réseau protestant de la Brie et l'un des principaux clients du prince de Condé ». Mais. Lorsque les troupes condéennes mettent à sac la ville de Sézanne, alors qu'il avait, lui-même, négocié sa rançon, cet homme riche et influent quitte le parti huguenot pour servir le roi, et il sera fait chevalier de Saint-Michel. Laurent Bourquin pense qu'il meurt avant 1576, pourtant, le registre des insinuations du Châtelet de Paris, aux 1er décembre 1576-19 septembre 1577, désignent ce seigneur

et d'autres gentilshommes de sa maison. « Cette compagnie plut aux étrangers qui la virent, et la trouvèrent si leste, qu'ils en eurent la France en beaucoup plus d'admiration. » Le tour était joué.

Il est possible que Marguerite ait rencontré, secrètement, le duc de Guise au Câtelet, sans que rien n'ait été révélé de leurs échanges. Mariéjol suspecte que, en prévision d'une attaque d'Anjou sur les Pays-Bas, il importait que Guise n'apporte pas d'aide militaire à Don Juan, déjà privé d'une partie des forces espagnoles. Son hypothèse, étayée, revêt quelque vraisemblance[22]. Elle incitait, même, Condé à répondre favorablement à l'aide militaire que lui demandait François d'Anjou[23]. Quoi qu'il en soit, à chaque étape, entourée de fastes, Marguerite s'entretient avec des gentilshommes plutôt hostiles à l'Espagne, en les engageant à soutenir son cadet. Elle s'attache à comprendre, avec subtilité, les positions de personnages des Pays-Bas méridionaux, catholiques, dont l'intransigeance religieuse de Philippe II nourrissait leur désir d'indépendance. Qualifiés de « parti des États généraux », siégeant à Bruxelles, dans la révolte, ils s'étaient accordés avec le parti du prince d'Orange, à majorité calviniste, essentiellement implanté en Hollande et Zélande. Alors qu'Anjou, qui révèle, dans ses choix, le même flottement confessionnel, s'apprête à prendre leur tête, Don Juan va, de son côté, s'efforcer de s'insinuer entre deux partis qu'il désire résolument opposés. Marguerite, de son côté, déploie tout son charme, et son intelligence, pour les rallier à son frère,

de Rupéreux en qualité d « maître d'hôtel de la reine de Navarre » (AnF, Châtelet de Paris, Y/112-Y/118, Insinuations, 23 août 1571-19 septembre 1577, f° 409 v°). C'est donc Claude qui accompagne Marguerite en Flandre. Il avait épousé Marie Ballehan. Dès 1577, Nicolas, vicomte de Semoine et de Longueville, lui succède dans cette charge, et, lui aussi, sera fait chevalier de l'Ordre. Il est ensuite qualifié de « sire de Rupéreux », terre qui lui vient de sa mère, Louise de Harlay, probablement après la mort de son frère aîné, d'où la confusion dans la dénomination des frères. En 1561, il a épousé Charlotte de Courtenay-La Ferté-Loupière (branche de la Maison capétienne). Le fils de Nicolas, Claude, se rallie à Henri IV, prend la tête d'une cinquantaine de chevau-légers et obtient un emploi de gentilhomme de la Chambre, tout en restant, comme son oncle puis son père, au service de la reine Marguerite. Il obtient le collier de l'Ordre, et dès 1589, le gouvernement de Châtillon-sur-Seine, en alternance avec son cousin, Claude III de La Croix, baron de Plancy (Bourquin Laurent, *Noblesse seconde et pouvoir en Champagne aux XVIe et XVIIe siècles*, Paris, Publications de la Sorbonne, 1995, p. 125).

22 Mariéjol Jean-Hyppolyte, *La vie de Marguerite de Valois, reine de Navarre et de France (1553-1615)*, Paris, Hachette, 1928.

23 Marguerite au prince de Condé, s.l.n.d. (1577), BnF, coll. Brienne, t. 295, f° 217, et coll. Dupuy, t. 217, f° 188 v° (Guessard François, *Mémoires et lettres de Marguerite de Valois*, Paris, Société de l'histoire de France, 1842, p. 195-196).

en particulier par l'entremise du comte de Lalaing, catholique, membre d'une des plus prestigieuses maisons de Bourgogne[24].

Marguerite découvre la rusticité des Flamands en allant vers l'archevêque de Cambrai (dont les terres ne font pas partie des 17 provinces), Louis de Berlaymont, au cœur espagnol. Étonnée, plus loin, par le comportement bachique des édiles municipaux, elle ne semble pas, de prime abord, mesurer l'importance, en Flandres, des institutions communales, bien qu'elle fasse la – judicieuse – comparaison avec les échevins de France et les consuls de Gascogne avec lesquels, nous l'avons vu, son époux a maille à partir. Dans son esprit, conforté par l'idéal chevaleresque, c'est d'abord la noblesse qui mène au combat, et non les milices bourgeoises.

Ainsi, Marguerite s'efforce de gagner au parti de son frère le gouverneur de Cambrai, Baudoin de Gavre, baron d'Inchy, qui venait de s'emparer de la place, par surprise, pour les États généraux, rejetant l'archevêque, tout en détenant prisonnier son prédécesseur, le baron de Licques, qui l'avait tenue pour l'Espagne. Inchy est à ce point séduit qu'il obtient d'accompagner Marguerite jusqu'à Namur, où Don Juan l'attend, lui permettant, ainsi, durant 10 à 12 jours, de parfaire sa future soumission, à la France et à son frère. En effet, Marguerite y réussit car, quatre ans plus tard, Cambrai se donne, avec les autres provinces des Pays-Bas, au duc d'Anjou, « protecteur de la liberté des Pays-Bas ». La conquête est donc de taille, et Anjou peut remplacer le baron d'Inchy, mort peu après, par Jean de Monluc de Balagny, qui l'avait assisté et qui tiendra la place pour la Ligue[25].

Quittant le Cambrésis, Marguerite accède à la Flandre, à Valenciennes, où le comte de Lalaing, son frère, Montigny, et deux ou trois-cents gentilshommes viennent l'accueillir, puis les mener à Mons. Là, en sa maison,

---

24 Philippe, comte de Lalaing, doyen des pairs du Hainaut, grand-bailli du Hainaut, sénéchal de Flandre, gouverneur de Valenciennes, chevalier de la Toison d'or, sire d'Escornaix, avait épousé Marguerite de Ligne, fille du comte d'Arenberg. S'il avait fidèlement servi le prince d'Orange, au moment du passage de Marguerite, les négociations que le duc d'Arschot a entreprises avec Don Juan l'engagent à observer une certaine neutralité.

25 Anjou appliqua, ici, l'ingratitude commune aux princes, en proposant à d'Inchy la place de Château-Thierry, en dédommagement. Mort d'une arquebusade, il n'a pas eu le loisir de s'y rendre (Vendegies M. de, « La citadelle de Cambrai », *Mémoires de la société d'émulation de Cambrai*, t. 30, 1879). La perfidie du duc est relatée, dans le détail, par Sully, qui s'en offusque (*Les œconomies royales de Sully*, Buisseret David, et Barbiche Bernard (éd.), Paris, Klincksieck, 1970, t. 1, p. 103-106).

c'est quatre-vingt à cent dames qui, autour de la comtesse de Lalaing, née Marguerite de La Marck, accueillent Marguerite, « non comme princesse étrangère, mais comme si j'eusse été leur naturelle dame ». Là encore, elle se lie d'amitié avec le couple et, au cours d'entretiens nourris, ils déclarent embrasser la cause de son frère. Pour parvenir à ses fins, Marguerite a l'habileté de contracter une « étroite amitié » avec la comtesse, à « l'esprit grand et élevé [...] honnête femme possédant du tout [entièrement] son mari », et le couple insiste pour qu'elle demeure huit jours entiers auprès d'eux. Désormais proche, même complice, de la comtesse, qui lui expose, à l'occasion d'un grand bal, leur fidélité à l'ancienne souveraineté française, et leur hispanophobie, accrue par les meurtres de leurs parents, Philippe de Montmorency, comte de Hornes, de son ami, le comte d'Egmont, et de Floris de Montmorency, baron de Montigny, par Philippe II. Ils souhaitent, et appellent, une intervention militaire de la part d'Henri III, et sa réappropriation de cette Flandre. Marguerite, qui présente à la comtesse que celle-ci est impossible à cause de la guerre en France contre les huguenots, lui substitue la candidature de son frère cadet, qui (se rapprochant de la Ligue) combat alors les protestants. Préparé par son épouse, Marguerite peut, alors, rencontrer le comte de Lalaing. Celui-ci applaudit au projet, confiant en l'attitude des Flandres, assurant de la fidélité du Hainaut, mais inquiet de celle du Cambrésis, car ne connaissant pas, encore, l'engagement du baron d'Inchy. Rendez-vous est pris, au retour de Marguerite, de faire halte à La Fère, qui lui appartient, afin que Anjou y retrouve Lalaing et son frère, Montigny, pour conclure l'affaire, alors qu'un émissaire d'Inchy les y rejoindra.

Marguerite fait de précieux cadeaux à ses hôtes, et on se quitte avec regrets, Lalaing, entouré de sa noblesse, conduisant la reine vers Namur, où Don Juan, que Lalaing évitait bien de rencontrer, l'avait devancée, sous prétexte de lui faire accueil, mais aussi de s'entretenir avec elle, seule à seul, sur le reste du parcours. Don Juan arrive avec (seulement) vingt ou trente chevaux, accompagné de seigneurs de sa suite, tels Philippe de Croy, duc d'Arschot, Charles Philippe de Croy, marquis d'Havré, son frère, Marc de Rye, marquis de Varembon et du jeune baron de Balançon, Philibert de Rye, comte de Varax, gouverneur pour le roi d'Espagne du comté de Bourgogne. Ce dernier avait épousé la fille aînée de Mme de Tournon, dame d'honneur de Marguerite. Fussent-ils « de galants et honnêtes hommes », outre un Ludovic de Mantoue comme domestique du prince, Marguerite constate, avec finesse, outre la ténuité de l'escorte que « le reste était de petites gens de mauvaise mine, n'y ayant nulle noblesse de Flandre ». Malgré une somptueuse entrée de nuit à Namur (20 juillet), son accueil dans ses magnifiques appartements, et de belles fêtes, elle voit bien comment le nouveau venu reste relativement isolé.

Au cours du festin du lendemain, Marguerite s'entretient, encore, en privé, avec Don Juan, et elle continue, avec le même secret, durant le bal qui le suit. Mariéjol, à l'esprit chagrin, considérait que la reine de Navarre, grisée par les plaisirs, en aurait oublié sa mission. Ce jugement nous paraît injuste. Il oublie, notamment, que les femmes ne négocient pas autour du tapis vert, *a fortiori* Marguerite, quand il s'agit d'affaires secrètes. Outre les prétextes de pèlerinages ou de cures thermales, c'est dans son carrosse qu'elle échange, ainsi que durant les festins et les bals, toujours très longs. Elle ne songe pas qu'à y paraître. Si Don Juan, le 22 juillet, « la mena en bateau », sur la Meuse, avec force musique et souper fin, jusqu'à Liège, dont dépend Spa, cette expression ne doit pas se lire au sens figuré.

Dès le lendemain de son départ, Don Juan s'empare de la forteresse de Namur, ce qui lui permet d'établir un pouvoir loyal à Philippe II dans les provinces de Namur et de Luxembourg, en choisissant de s'installer dans cette dernière, qui lui semble plus assurée. Mariéjol en conclut que le prince avait dupé la reine. Rien n'est moins assuré. Pouvait-elle, d'ailleurs, infléchir, un tant soit peu les volontés du demi-frère du Roi Catholique ? Il lui suffisait de tenter de les percer. Il en résulte, cependant, que le repli de Don Juan crée une nouvelle période de vacance du pouvoir à Bruxelles. Les États généraux, et même le Conseil d'État, cessent alors de le reconnaître comme gouverneur général, sans toutefois, remettre officiellement en cause la souveraineté de Philippe II.

Comme nous l'assure Álava, pour le Roi Catholique, le poids d'Henri de Navarre est alors jugé négligeable et, surtout depuis la mort du cardinal de Lorraine, le duc de Guise ne représente pas grand-chose. L'Estoile rejoint Álava en parlant, en 1577, « du peu de moyens qu'avait alors la maison de Guise de remuer[26] ». L'homme fort, dont il faut se soucier, avec lequel Álava a conservé de bonnes relations [*buena hermandad*] depuis qu'il était ambassadeur en France, c'est le nouveau duc

26 L'Estoile Pierre de, *Mémoires-journaux*, Paris, Lemerre, 1875-1899.

d'Anjou, qui a su imposer sa « paix de Monsieur » et qui, désormais, combat avec efficacité les huguenots ; semblant oublier ses ambitions dans les Flandres, malgré le voyage de Marguerite. Comme par le passé, les relations s'opèrent par l'intermédiaire du secrétaire d'État d'Alençon, le Basque Derdoy (parfois orthographié Dardoes, Dardoy ou bien francisé en Dardois)[27], qui a déjà fourni de nombreux services à l'Espagne, et en a reçu des milliers de ducats en récompense, et avec lequel Álava s'exprime directement en langue basque. Il avait été, auparavant, secrétaire du connétable de Montmorency ; maintenant, les rapports espagnols reconnaissent qu'il est « le secrétaire d'État principal d'Alençon qui gouverne tout ». Álava conseille à Philippe II « que Votre Majesté lui [Alençon/Anjou] conserve toujours la bonne fraternité qu'elle a avec lui », sachant qu'il dispose, également de l'amitié du duc de Savoie. Derdoy pourrait travailler à ce que le duc d'Anjou se montre « plus modéré dans ses relations avec les huguenots qui luttent contre Votre Majesté[28] ». Son ralliement à son frère aîné le place, à nouveau, comme héritier présomptif de la couronne de France.

Anjou, plutôt que du côté des Guises, pencherait pour la maison des Montmorency, surtout depuis la mort du connétable, dont il se méfiait beaucoup. Il est en amitié avec Damville, qui s'avère être « un intermédiaire brave [*gentil medio*] » auprès de lui, lequel était très dévoué à Don Juan, ainsi qu'à Don Hernando de Toledo, vice-roi de Catalogne[29]. De fait, la guerre ayant repris, en mars 1577, Damville accepte de se rallier secrètement à Henri III et, en mai suivant, il met le siège devant Montpellier.

Durant six semaines, Marguerite suit sa cure préventive d'érysipèle, de concert avec la princesse de La Roche-sur-Yon. Les médecins avaient conseillé de leur faire apporter, le soir, des sources de Spa, l'eau qui serait bue le lendemain matin, leur permettant, ainsi, de demeurer dans le beau palais que le prince-évêque abandonnait à Marguerite avec sa cour, avec son charmant jardin, propre aux promenades qui accompagnent

27 Il appartient à une ancienne famille noble de Saint-Palais, les Derdoy ou d'Erdoy. C'est par son mariage avec Jeanne Derdoy, que le célèbre Arnaud d'Oihénart (1592-1668), avocat, juriste, poète, linguiste, parémiographe et historien basque, obtient l'entrée aux États de Navarre, dans le corps de la noblesse (Jaurgain Jean de, *Arnaud d'Oihénart et sa famille*, Paris, 1885). Derdoy suivait déjà la cour dans son grand tour de France (Derdoy à Matignon, Toulouse, février 1565 (Archives du Palais de Monaco (APM), J 124, n° 176).

28 Álava à Philippe II, Malaga, 2 août 1576 (Archivo General de Simancas (AGS), *Estado* 359, n° 70).

29 *Idem.*

la cure. La petite cour jouissait alors de la présence de chanoines, tous fils de ducs, comtes et grands seigneurs d'Allemagne, et elle profitait de réjouissances, en présence de seigneurs et dames d'Allemagne, à la première desquelles Marguerite de La Marck, princesse d'Arenberg, alors âgée de 50 ans, mais aussi sa sœur, Mathilde de La Marck, femme du landgrave Louis-Henri de Leuchtenberg, son fils, Charles de Ligne, comte d'Arenberg, et sa belle-fille, Anne de Croy. La princesse d'Arenberg était également la mère de la comtesse de Lalaing, désormais amie de Marguerite. Fervente catholique, remarquable administratrice, elle avait été choisie par l'empereur Maximilien II comme « dame pour accompagner en France » sa fille, Élisabeth, au moment où elle allait épouser Charles IX (1570), et, à nouveau, à son retour, après la mort du roi (1574). Philippe II, louait les services de feu son époux, lui témoignait une grande considération, et son rôle à la cour impériale venait de lui valoir le titre de princesse d'Empire (1576).

« Il était facile de l'abuser en l'amusant. Elle pratiquait la diplomatie comme un exercice de Cour, dans un décor approprié, entre gens de même culture et de même éducation. », écrit Mariéjol. Ce serait parce qu'elle était grisée par les plaisirs qu'elle aurait attendu un mois avant que vienne à son oreille l'annonce de la prise de Namur (à 70 km de Spa) par Don Juan ! Nous ne le pensons pas. Rien ne permet d'affirmer que Marguerite, durant ces six semaines de cures, « en oubliait sa mission et ses chagrins ». Elle avait établi de précieuses fidélités à l'aller ; elle ne pouvait guère que poursuivre avec une telle compagnie. Son hôte, même, « seigneur accompagné de beaucoup de vertus, de prudence, et de bonté, et qui parlait bien français », en sa soixantième année, était un catholique de combat. Il avait su repousser le prince d'Orange, avec ses milices liégeoises (1568) et, dès l'année suivante, installer les jésuites qui allaient prêcher dans le nord de la principauté. Brillant administrateur, au moment où il accueille Marguerite, il proclame sa neutralité et, en récompense pour sa lutte contre l'hérésie, au consistoire du 21 février 1578, Grégoire XIII va le créer cardinal-prêtre.

Marguerite est-elle aussi attentive aux signes du ciel que sa mère ? Elle interprète comme de bien mauvais présages le débordement de la Meuse, à leur arrivée à Huy, puis le décès, subit, d'Hélène de Tournon, troisième fille de sa dame d'honneur. Reprenant la verve de sa tante, dans *L'Heptaméron*, elle s'accorde une digression sur son pauvre sort.

Ayant accompagné et tenu compagnie, des années durant, à sa sœur aînée, Mme de Balançon, elle est demandée en mariage par son beau-frère, le marquis de Varambon. Mais Balançon s'y refuse, ainsi que sa mère, qui rappelle sévèrement la belle et sage Hélène, et ils la mettent au service de Marguerite. Sachant que celle-ci va vers les Flandres, où elle ne pourra que rencontrer Varambon, Hélène s'en réjouit, nourrissant l'espoir de retrouver son soupirant. Mais, alors que Balançon la malmène... Varambon la néglige, et Hélène s'éteint de chagrin, avant que le galant ne se reprenne... mais trop tard. Le thème de ce récit, romanesque, serait repris dans *Peines d'amour perdues* (1595-1596), pièce de Shakespeare, puis, un siècle après, dans *La Princesse de Clèves*, de Madame de La Fayette. Mais, en la couchant sur le papier, Marguerite n'écrivait-elle pas, d'abord, la préfiguration de son propre sort : son prochain départ en Gascogne, accompagnée de sa mère, brillante cour, vers son mari dédaigneux et volage. Cet *unicum*, en décalage avec le reste des *Mémoires*, ne peut que faire sens.

De fait, le retour de Spa va s'avérer fort périlleux.

UN RETOUR PRÉCIPITÉ ET PÉRILLEUX

Au moment où, soi-disant, elle apprendrait la prise de Namur par Don Juan, toujours selon ses *Mémoires*, Marguerite reçoit une lettre du duc d'Anjou. Alors qu'elle l'avait laissé en haute faveur, à la tête d'une armée royale qui lui permettait de s'emparer de La Charité, puis d'Issoire (12 juin), Henri III l'avait rappelé auprès de lui. Le prétexte était de bénéficier de ses conseils ; la réalité ne pouvait être que sa jalousie, et sa défiance, devant ses succès. Anjou écrivait à sa sœur qu'il avait trouvé la cour toute changée à son égard, le négligeant, tant lui que ses serviteurs, comme Bussy d'Amboise, bien que ce dernier eût perdu son frère à l'assaut d'Issoire. Le roi détourne également de son frère Jean Louis de Nogaret de La Valette (futur duc d'Épernon), Géraud de Mauléon, seigneur de Gourdan[30] et gouverneur de Calais, Louis de Maugiron et Jean Darcès de Livarot. Ces deux derniers seront tués, successivement, en duel, en avril 1578 et mai 1581. De fait, au retour de Marguerite des Flandres, Gourdan provoque continuellement Bussy d'Amboise et

30 Brunet Serge, « *De l'Espagnol dedans le ventre !* », *op. cit.*, p. 451-458 et suiv. Lui, aussi, sera honoré de l'ordre du Saint-Esprit.

d'autres fidèles du duc d'Anjou, avec son cousin, Philibert de Gramont, accompagné de Saint-Luc, Caylus, Saint-Mégrin et Livarot. Il est évident qu'ils s'attachent à enrayer son expédition dans les Flandres.

> Bussy d'Amboise, qui est un garçon séditieux, courageux et accompagné de nombre de gentilshommes, en raison de ces qualités, est le serviteur le plus proche dont dispose le duc d'Alençon, et j'apprends qu'il lui attribue 40 000 écus par an, afin de se tenir toujours prêt, avec tous ceux qui le suivent.

Écrit le nouvel ambassadeur d'Espagne, Juan de Vargas Mexía, à Philippe II[31].

« La paix du roi », celle de Bergerac, efface « la paix de Monsieur ». Même si le roi de France, et sa mère, s'efforcent de l'en dissuader, le déroutant Anjou, rabroué et moqué par son frère et ses mignons, revient à se mêler des affaires de Flandres, provoquant l'inquiétude de l'Espagne. On envisage même, sans succès, de négocier son mariage avec une infante d'Espagne afin de l'en détourner[32]. En décembre 1577, Vargas noue d'étroites relations avec Henri de Guise qui entre, enfin, dans les faveurs de l'Espagne, en recrutant des troupes pour aider Don Juan aux Pays-Bas. Le Balafré révèle, alors, une grande affinité avec le vainqueur de Lépante, qui a des idées hardies sur la conquête de l'Angleterre, dont il pourrait même coiffer la couronne, libérant ainsi Marie Stuart, cousine des Guises[33]. De leur côté, les ambitions des Lorrains, issus des carolingiens, à recueillir le trône de France, malmené par les Capets, prend de l'ampleur. Elles ne feront que grandir. Le pape Grégoire XIII reprendra à son compte le projet de débarquement en Angleterre, il parvient à s'entendre avec les Guises, mais Philippe II n'y adhèrera pas, dans un premier temps. La mort de Don Juan d'Autriche (1er octobre 1578), empoisonné selon certains, et son remplacement par Alexandre Farnèse, éloigne momentanément les Guises des intrigues espagnoles. Dans l'immédiat, Marguerite va payer le prix fort de ce retournement de situation.

Le 9 janvier 1578, à la fin d'un grand bal au Louvre, Gourdan vient défier Bussy, au nom de son cousin, Gramont. Bussy, avec hauteur,

---

31 Vargas à Philippe II, Paris, 27 janvier 1578, AGS, *Estado*, K 1547, n° 111).

32 Vargas à Philippe II, Paris, 30 décembre 1577 (AGS, *Estado*, K 1543). Le 12 décembre, l'ambassadeur écrivait que des huguenots de France informaient les Flamands de cette demande en mariage (*Idem*).

33 Palma-Cayet Pierre Victor, *Chronologie novénaire*, Paris, 1608, J. A. C. Buchon (éd.), Paris, Desrez, 1836, p. 370. Constant Jean-Marie, *La Ligue*, Paris, Fayard, 1996, p. 103-115.

considérant qu'il « n'a jamais appris de montrer sa valeur aux étoiles ni à la lune », refuse le duel nocturne. Dès le lendemain, il envoie 300 gentilshommes montés et biens armés à la porte Saint-Antoine ; Gramont en fait autant. Un ordre du roi interdit la tuerie. L'après-dîner, Gramont tente de prendre d'assaut la maison de Bussy, rue des Prouvaires, où il s'est barricadé. Le maréchal de Cossé et Strozzi doivent accourir, au milieu de la bataille, et ils ramènent, au nom du roi, Gramont et Bussy au Louvre.

Les sources espagnoles révèlent que Gourdan informe déjà, régulièrement, Juan de Vargas, par l'intermédiaire d'Alonso de Curiel[34]. Il s'avèrera un éminent ligueur pro-espagnol dissimulé tout en recevant, comme d'autres ligueurs, le cordon bleu des chevaliers du Saint-Esprit. Quant à Gramont, poursuivant les engagements de son père, pour livrer Bayonne, dont il est gouverneur, à l'Espagne, dès que la guerre sera déclarée, nous l'avons vu prêter allégeance à Philippe II, par l'intermédiaire du « grand espion » Francès de Álava[35]. Gourdan le fera (ou, plutôt, le confirmera), entre les mains de l'ambassadeur d'Espagne, en avril 1589, avec forces propositions pour faciliter le passage des armées espagnoles par les Pyrénées, où il est amplement, et stratégiquement, possessionné. L'Espagne conduit, donc, assurément, la main de ces bretteurs.

Gourdan est en relation (par Francisco, son agent à Gravelines) et en parfait accord avec Valentin de Pardieu, seigneur de La Motte, capitaine français gouverneur de Gravelines. S'étant distingué contre les protestants, en 1566, Luis de Requesens, gouverneur général des Pays-Bas, lui a fait attribuer ce gouvernement. Il suit, malgré tout, les soldats qui se sont mutinés en 1576, faute d'avoir été payés après la banqueroute de 1575. Le 9 mars 1579, les États généraux le déclarent ennemi public et, en 1583, La Motte participera à la lutte d'Alexandre Farnèse contre le duc d'Anjou, en libérant Dunkerque et les petites places qui l'entourent. Gourdan et La Motte assurent donc, de part et d'autre de la frontière, « *la via de Calès* [Calais] », voie majeure du renseignement espagnol.

Au moment où Marguerite agit, Gourdan et La Motte concourent à la mission du baron de Celles, lequel défend, lui, les intérêts espagnols auprès des États généraux. Celles servait déjà Philippe II lorsqu'il

---

34 Notamment : Alonso de Curiel à Juan de Vargas, Calais, 23 juin 1578 (AGS, *Estado*, K 1544).

35 Brunet Serge, « *De l'Espagnol dedans le ventre !* », *op. cit.*, p. 451-458 et 615-616.

l'envoyait auprès de Catherine de Médicis, en juin 1568, en le présentant comme « mon gentilhomme de la bouche, et lieutenant de la compagnie de mes archers [archers bourguignons] ». Informateur de premier plan (par l'intermédiaire de Francès de Álava, tout particulièrement), Celles est un agent/espion majeur de Philippe II, lequel lui accorde une rare confiance. En 1577, Philippe II le députe à Bruxelles, auprès de l'archiduc Mathias d'Autriche, qui a été nommé gouverneur par les États généraux des Pays-Bas en octobre. Considérant ces négociations sans avenir, Don Juan d'Autriche conseille à son royal frère de les interrompre durant l'été 1578[36].

Mais, aussi grave, encore, pour Marguerite, Henri III se repent, désormais, de l'avoir autorisée à accomplir ce voyage-mission en Flandres. Elle craint donc, maintenant, non seulement qu'il ne la protège plus, mais qu'il la laisse être capturée par les Espagnols, ou agressée par les calvinistes. Ces peurs étaient fondées. De fait, Don Juan tardait à lui accorder les passeports nécessaires à son retour, qui allait s'apparenter à une fuite à travers des terres en guerre.

Isolée, Marguerite, en vient désormais à douter même de la fidélité de son entourage. Elle suspecte, avec raison, les d'Escars d'avoir « le cœur espagnol ». C'est ce que pensait sa mère de François de Peyrusse, comte d'Escars, alors chambellan d'Antoine de Bourbon, roi de Navarre, qui avait eu un rôle majeur dans les tractations de ce dernier avec Philippe II[37]. On peut penser la même chose de son demi-frère, Anne de Peyrusse d'Escars (1546-1616), cousin issu de germain de Marguerite, mais aussi d'Henri de Navarre, futur évêque de Lisieux (1585), qui entrera dans la Ligue. Leurs père et grand-père, catholiques, avaient déjà servi la Maison de Navarre. Elle suspecte, aussi, Philippe de Lenoncourt d'avoir « autrefois été soupçonné de favoriser le parti des huguenots », ce qui semble, par contre, peu vraisemblable. Alors qu'il était évêque d'Auxerre, et membre du Conseil privé de Charles IX, sur la recommandation d'Antoine de

36 Cloulas Ivan, *Philippe II*, Paris, Fayard, 1992, p. 382.

37 Brunet Serge, *« De l'Espagnol dedans le ventre ! »*, *op. cit.*, p. 263. François avait été lieutenant général en Guyenne, et gouverneur de Bordeaux. Membre du Conseil d'État et privé, depuis 1570, il le quitte, le 20 avril 1578, avec sa charge de capitaine de cinquante hommes d'armes des ordonnances du roi (qu'il exerçait depuis 1565), non sans apparaître dans la première promotion des chevaliers du Saint-Esprit, en décembre suivant. Défiance d'Henri III à son égard ? Son frère, Charles, bénéficie, conjointement, du même honneur, au même moment. Cela ne l'empêchera pas, plus tard, de refuser d'assister au sacre d'Henri IV.

Bourbon, il avait assisté François d'Escars dans les tractation secrètes de ce dernier avec Philippe II[38]. Désormais, Lenoncourt est proche et fidèle serviteur d'Henri III, et c'est plutôt en cela qu'il peut s'avérer dangereux pour Marguerite. En effet, il l'engage à ne pas partir de Liège avant d'avoir obtenu un passeport de Don Juan, auprès duquel elle avait envoyé Mondoucet, qui ne revenait toujours pas. Trainait-il, volontairement la patte, en laissant l'étau se refermer sur Marguerite ?

Avec Mesdames de La Roche-sur-Yon et de Tournon, Marguerite décide de partir précipitamment. Alors que cinq à six jours les séparent de La Fère, le prince-évêque de Liège leur offre une escorte sur ses terres. Mais son premier écuyer, François Salviati, chef de son Conseil et chambellan du duc d'Anjou, participerait de ce qu'elle pense être une « cabale », en intelligence avec son trésorier, huguenot déclaré, qui ajournait le départ sous le faux prétexte du défaut d'argent. La reine reçoit alors l'affront public de voir retenir ses chevaux en nantissement de ses dettes. Mais la riche Mme de La Roche-sur-Yon l'aide de ses propres fonds.

Marguerite échappe, tour à tour, aux partisans des États généraux, puis aux Espagnols de Don Juan. Le retour s'avère alors fort périlleux en traversant les terres du prince-évêque auxquels les sujets, tenants des États généraux, reprochent la neutralité. C'est d'abord Huy dont les habitants, reconnaissant la présence du grand maître du prince-évêque dans la troupe, se rassemblent au son du tocsin et braquent l'artillerie sur la maison où Marguerite est logée avec sa suite, ne la laissant repartir qu'au matin, après une nuit d'angoisse. L'alerte est identique, et tout aussi menaçante, à Dinan, qui procédait à l'élection de ses bourgmestres. Marguerite est contrainte de s'adresser aux émeutiers, s'efforçant de protéger, outre sa suite, le grand maître qui, jadis, les avait combattus. Elle a l'habileté d'invoquer la recommandation du comte de Lalaing, providentiel sésame, et de se déclarer « amie de tous les principaux seigneurs des États ».

Le lendemain, arrive un certain Dubois, nouvel agent général que Henri III place auprès de Don Juan, en remplacement de Mondoucet. Il s'agit du procureur général du Grand Conseil de Malines, institution judiciaire suprême de Bourgogne, créée, au siècle précédent, par Marie de Bourgogne. Ce haut magistrat royal ne pouvait être qu'un fidèle de

38 Brunet Serge, *« De l'Espagnol dedans le ventre ! »*, *op. cit.*, p. 120. Lui aussi est promu à l'ordre du Saint-Esprit, en 1578.

Don Juan ; il sera arrêté, en 1580, au moment de la prise de Malines par les troupes du parti des États. Dubois se déclare chargé par le roi d'assurer le retour de Marguerite, mais par Namur. Don Juan, à cette fin, lui a confié Berlaymont, avec une troupe de cavalerie, pour lui faire escorte. À très juste titre, la reine se méfie de Dubois, qu'elle considère « tout espagnol », ainsi que de Berlaymont, frère de l'archevêque de Cambrai, qui, le Conseil d'État dissout, avait rejoint le gouverneur. Elle pense qu'ils viennent, à la fois pour se saisir d'elle, et pour surprendre Dinan, pour le compte de Don Juan.

En accord, cette fois, avec Lenoncourt, qui craint, lui aussi, de tomber entre les mains des Espagnols, elle persuade les Dinannais, dégrisés des agapes des élections municipales, de refuser l'entrée aux troupes de Don Juan. Marguerite parvient, une nouvelle fois, à fausser compagnie à ses agresseurs, en franchissant la Meuse, avec l'aide des Dinannais, au droit de villes tenant pour les États. Poursuivie par les 300 hommes de pied de Don Juan, qui cherchent à lui barrer la route, elle est forcée de stationner au pied du château de Florennes, dont le seigneur tenait le parti des États, mais dont la dame, prétendument craintive d'une éventuelle attaque, lui refuse l'entrée. Heureusement, Marguerite et sa suite sont sauvées, le lendemain, par le seigneur des lieux, Jacques de Glymes, qui accourt, au petit matin, dépêché par Lalaing. Ce dernier, qui commandait l'armée des États, n'était pas en mesure de venir en personne. Réprimandant son épouse, Glymes accueille Marguerite, et la fait accompagner, enfin, jusqu'en France.

Marguerite présente le refus de Madame de Glymes de l'accueillir dans son château comme une simple méprise. Mais il suffit de constater que cette dame s'appelait Jeanne de Berlaymont, fille du baron de Berlaymont, pour conduire au doute. Tous les membres de son illustre famille servaient fidèlement Don Juan. Salviati, comme au sortir de Liège, retarde, à dessein, le départ qui doit, pourtant, être très rapide et secret, contraignant Marguerite à laisser son carrosse pour s'enfuir à cheval, afin d'échapper au piège que les huguenots, désormais, entreprennent de lui tendre vers le Cateau-Cambrésis. Préfiguration de sa future fuite d'Agen, toujours sur la croupe d'un cheval, en 1585.

Ses adieux, touchants, avec les Lalaing doivent se faire à distance. Mariéjol a beau jeu de tourner en dérision la mission de Marguerite, en qualifiant ce retour précipité de « journée tragi-comique », riche de périls fictifs, prélude, donc, de la pantalonnade d'Agen (1585). Il sacrifie aux moqueries du *Divorce satyrique*, comme à celles du Condomois, Scipion Dupleix. Henri III avait, pourtant, bien choisi d'écraser sa sœur, et son frère, en s'aidant de Don Juan.

Marguerite parvient, enfin, à La Fère-sur-Oise, chez elle, car le roi de Navarre, par contrat de mariage, lui en avait assuré la châtellenie. Un courrier d'Anjou, qui s'apprête à l'y retrouver, lui annonce la paix, Henri III ayant signé un traité avec les protestants à Bergerac (17 septembre 1577). Celui-ci, qui cassait les articles de la Paix de Monsieur, était beaucoup moins favorable aux huguenots, et la condition d'Anjou, faite « de défaveurs et indignités », à l'égard de lui et des siens, empirait.

Il n'empêche que, durant les deux mois passés dans cet havre de paix de La Fère, « un des grands contentements que j'aie jamais reçu de voir personne chez moi que j'aimais et honorais tant ; où je mis peine de lui donner tous les plaisirs que je pensais lui pouvoir rendre ce séjour agréable », écrit-elle, Marguerite, non seulement fait état des acquis de sa mission à son frère, mais lui fait rencontrer Montigny, frère de Lalaing, « accompagné de quatre ou cinq des plus principaux de Hainaut », dont un envoyé du baron d'Inchy. Il avait ainsi l'assurance, dès l'arrivée de son armée, de disposer du ralliement de Cambrai, de tout le Hainaut et de l'Artois.

Marguerite, quant à elle, songeait désormais à son départ pour la Gascogne, où sa mère l'accompagnerait. Mais, avant que de partir en terres incertaines, consciente de l'avantage qu'il y avait, en cas de danger, à pouvoir se réfugier dans des terres qui étaient siennes, comme La Fère, le roi lui accorde « des terres pour l'assignat de mon dot ».

> et mon frère, de même, qui pressait aussi son voyage de Flandre, représentant au roi que c'était l'honneur et l'accroissement de la France ; que ce serait une invention pour empêcher la guerre civile, tous les esprits remuants et désireux de nouveauté ayant le moyen d'aller en Flandre passer leur fumée et se saouler de la guerre ; que cette entreprise servirait aussi, comme le Piémont, d'école à la noblesse de France pour s'exercer aux armes, et y faire revivre des Monlucs, et Brissacs, des Termes et des Bellegardes, tels que ces grands maréchaux qui, s'étant façonnés aux guerres de Piémont, avaient depuis si glorieusement et heureusement servi le roi et leur patrie[39].

Lorsque Don Juan quittait Bruxelles pour Namur, où il se sentait plus en sécurité, Philippe de Croÿ, duc d'Aerschot, qui restait fidèle à

39 *Mémoires et autres écrits de Marguerite de Valois*, *op. cit.*, p. 130.

Philippe II, s'était mis au service des États, et il fait partie de ceux qui veulent le remplacer par un autre membre de la maison de Habsbourg, l'archiduc Matthias, frère de l'empereur Rodolphe II, qui est désigné comme gouverneur général par les États généraux. Le 20 septembre 1577, Philippe de Croÿ est, lui-même, nommé gouverneur (*stathouder*) du comté de Flandre, Quatre jours plus tard, Matthias et Guillaume d'Orange font leur entrée à Bruxelles, en compagnie de l'ambassadeur d'Angleterre. Mais, lorsque les calvinistes prennent le contrôle de Gand, par un coup d'État, en octobre, Philippe de Croÿ est fait prisonnier et il n'est libéré, par Guillaume d'Orange, qu'après avoir démissionné de son poste. Il se réfugie en Allemagne et se retire du jeu politique néerlandais, désormais dominé par Guillaume d'Orange.

À la cour de France, François d'Anjou, qui avait donc reçu la paix de Bergerac (14 septembre 1577) comme un affront personnel, essuie toutes les moqueries des mignons de son frère. Ils s'ingénient, comme nous l'avons vu, au premier chef les « espagnolisés » dissimulés, Gourdan et Gramont, de l'empêcher de dresser son armée pour les Flandres.

Henri III avait changé de position. Désormais, il refusait, et s'opposait, à la constitution de cette armée des Flandres. Il va jusqu'à séquestrer son frère, dans la nuit du 9 au 10 février 1578, l'accusant de trahison. Marguerite obtient de tenir compagnie à son pauvre cadet, et elle l'aide à s'enfuir, dès le 15 février, d'une manière tout à fait rocambolesque, en lui procurant une corde afin de descendre par une fenêtre de l'étage ! Celui-ci se prépare toujours, discrètement, à rejoindre les Pays-Bas ; le terrible duel du 27 avril, entre gentilshommes du parti de Lorraine et mignons du roi n'y change rien.

Mais c'est la situation dans les Flandres qui avait changé. À la fin de l'année précédente, des renforts espagnols étaient arrivés à Luxembourg, sous le commandement d'Alexandre Farnèse, petit-fils de Charles Quint et fils de Marguerite de Parme. Lorsque l'on ajoute les régiments wallons à ces renforts, l'armée de Don Juan s'élevait désormais à 20 000 hommes. Le 31 janvier 1578, les révoltés des Pays-Bas avaient alors été écrasés, à Gembloux, par les vieux régiments de Philippe II. Philippe de Lalaing, général de l'infanterie des États, qui n'avait pas participé aux combats, était accusé de trahison par ces derniers, qui lui retiraient son commandement[40].

40 Swart Erik, *Krijgsvolk. Militaire professionalisering en het ontstaan van het Staatse leger, 1568-1590*, Amsterdam, Amsterdam University Press, 2006, p. 36.

En juin, Anjou envoyait Bussy aux Pays-Bas pour sonder les intentions des États généraux. Revenue à Saint-Germain-en-Laye, le 2 juillet, Catherine de Médicis chargeait Marguerite d'user de toute son influence sur son frère pour qu'il renonce aux Pays-Bas. Mais François s'y rend, secrètement, dès la fin du mois, précédant de quelques jours le départ de Margot, et de sa mère, pour la Guyenne.

À Mons, Anjou peut ainsi proclamer son appui à l'insurrection néerlandaise et sa volonté de se mettre à son service mais, en janvier 1579, l'unité de l'insurrection se brise. Les provinces catholiques du sud (Artois, Hainaut, Douaisis, Cambrésis) forment l'Union d'Arras, qui reconnaît la souveraineté de Philippe II, et proclame son soutien à la religion catholique. Les autres provinces forment l'Union d'Utrecht, majoritairement protestante. Philippe de Lalaing, quant à lui, suit le mouvement.

Comme le démontre la correspondance qu'elle continue d'entretenir avec la comtesse de Lalaing, malgré son départ vers son époux, Marguerite travaillait encore à soutenir François d'Anjou[41]. Mais c'est l'habile baron de Celles qui parvient à déconstruire son œuvre. Avec le concours de La Motte, de Mathieu Moulart, évêque d'Arras, et du sieur de Valhuon, envoyé d'Alexandre Farnèse, Celles parvient à ramener à l'obéissance le comte de Lalaing, commandant en chef des États généraux, ainsi que les Malcontents de la généralité.

Le 6 avril 1579, au Mont-Saint-Éloi, le comte de Lalaing, au nom de tous les « colonels, capitaines et soldats » qui l'ont suivi en Flandre, met ses troupes à la disposition de Philippe II, et il lui livre les villes de Menin et de Cassel, à condition qu'il lui accorde 205 000 florins comme paiement de solde, gouverne suivant la Pacification de Gand et l'Édit perpétuel et, enfin, qu'il promette aux provinces de l'Union catholique d'Arras, de retirer des Pays-Bas les gens de guerre étrangers. Quelques jours après, l'Union d'Arras se réconcilie officiellement avec Philippe II[42]. En 1580, Lalaing reprend donc sa place au Conseil d'État, célèbre la réconciliation de Valenciennes avec le roi d'Espagne, mais meurt, subitement, à la suite d'une ruade de cheval, le 24 mai 1582.

Marguerite, qui persiste à nier toute participation à l'évasion du duc d'Anjou, obtient enfin l'autorisation de rejoindre son mari. Qu'est-ce

41 Les diplomates anglais en attestent (*Calendar of state papers of the reign of Elizabeth*, London, 1869-1950, t. 12, p. 679-681).

42 Pirenne Henri, *Histoire de Belgique*, Bruxelles, H. Lamertin, 1911, t. 4, p. 148-150.

qui justifie ce retournement d'attitude de ses mère et frère ? La reine mère, qui se désole de l'absence de tout héritier à la couronne de France, cherche-t-elle à s'attacher son gendre, premier prince de sang. Marguerite doit lui donner un héritier. Sa présence auprès de son mari pourrait, aussi, contribuer à apaiser le remuement des Gascons.

LA « GUERRE DES AMOUREUX » (1579-1580) OU : MARGUERITE PEUT-ELLE SOUFFRIR LA GUYENNE ?

> La Gascogne est si fâcheuse [cause de déplaisir ou de souffrance] qu'elle ne peut produire que des nouvelles semblables à elle (Marguerite à la duchesse d'Uzès, 1579).
>
> C'est à cause des intrigues amoureuses de Marguerite de Valois que les hostilités ont repris (Agrippa d'Aubigné).

Cette dernière assertion, emplie de haine, s'avère bien erronée.

Le 18 mars 1578, Henri III, qui n'avait toujours pas versé le montant de sa dot à sa sœur Marguerite, au lieu des 67 500 livres annuelles imputées sur l'hôtel de ville de Paris, fort irrégulièrement payées, lui cède le pays de Rouergue, les comtés d'Agenais, de Quercy et celui de Gaure[43], ainsi que les quatre jugeries de la sénéchaussée de Toulouse (Rieux, Verdun, Rivière et Albigeois). Ils venaient d'être libérés par la mort de Marie de Portugal (10 octobre 1577, à Lisbonne), fille d'Éléonore, sœur de Charles Quint et épouse de François Ier. Rappelons-nous que, dans ses exigences précédant le mariage de son fils avec Marguerite de Valois, Jeanne d'Albret n'hésitait pas à demander à Charles IX toute la Guyenne en dot ! Nous avons démontré combien ce douaire, dont la gestion était étroitement surveillée par l'Espagne, avait contribué à maintenir ces contrées, essentiellement, dans le camp catholique. Navarre pouvait espérer que, son épouse étant apanagée de ces terres, qui jouxtaient les siennes, il lui serait possible, désormais, de dominer, grâce à elle, ces précieuses contrées, au profit du parti huguenot. Rappelons, enfin,

43 Petit fragment des terres des Armagnac, rattaché directement à la couronne sous Louis XII. Sa capitale est Fleurance, à proximité de Lectoure.

que le titulaire d'un apanage dispose de droits de nature régalienne, dont celui de nommer aux offices et bénéfices. Jeanne d'Albret en avait allègrement usé dans les domaines d'Armagnac, pour s'assurer de la présence d'officiers calvinistes, comme à la sénéchaussée d'Armagnac, à Lectoure, et jusqu'au niveau des offices inférieurs, comme sont les notaires, menaçant ces derniers de leur retirer leurs charges s'ils ne se convertissaient pas, ainsi qu'en avait témoigné Antoine de Bourbon. L'enjeu est donc de taille.

PRINCESSE APANAGÉE, ET REINE DE NAVARRE

L'apanage de Marguerite semblait tomber dans l'escarcelle de son époux. La carte qui rassemble les domaines d'Henri et l'apanage de Marguerite montre clairement combien ce dernier semble compléter utilement ces premiers. Immédiatement, Navarre ordonne des travaux de défense aux cinq portes et douze tours d'Agen, engageant ainsi des dépenses qui provoquent la colère des Agenais. Une part des terres de Marguerite, d'abord le Quercy (Montauban), étant occupée par les réformés, elle était loin d'en toucher les 60 000 livres de revenus espérés, et nécessaires à son train[44]. Mais le nouveau lieutenant général, Biron, va contrecarrer le projet du gouverneur sur le reste. Après l'engagement de longues négociations, il obtient le retrait des garnisons que Navarre avait placées dans Agen, mais par une sorte de donnant, donnant qui maintiendrait un ancrage huguenot judiciaire, si ce n'est militaire : les soldats partiront le jour où on installera dans la ville la chambre de l'Édit[45]. Le 30 mai 1578, les nouveaux conseillers font leur entrée et le roi de Navarre, arrivé la veille,

44 Le 10 janvier 1579, Marguerite demande à Pomponne de Bellièvre de faire tout son possible pour que les revenus de cette année lui soient attribués ; elle renouvelle sa demande le mois suivant (Tamizey de Larroque Philippe, *Lettres inédites de Marguerite de Valois à Pomponne de Bellièvre*, Toulouse, Privat, 1897, p. 7-10).

45 Une lettre d'Henri de Navarre aux consuls et habitants d'Agen n'hésite pas à présenter l'installation de la chambre de l'Édit dans leur ville comme l'accomplissement de leur vœu (Lectoure, 6 février 1578, AM Agen, EE 58). Elle est établie, en l'hôtel de ville, par lettres patentes du 26 avril 1578, afin de pacifier la Guyenne, en jugeant les litiges entre catholiques et protestants. Elle ne sera solennellement reçue par les consuls que le 15 septembre 1582, jusqu'au 20 mai 1583. Antoine Séguier en est le président, Antoine Loisel, l'avocat général, et Pierre Pitou, le procureur général. Pourtant, Labénazie écrit que cette chambre a tenu sa première séance le 4 juin 1578, dans la maison de ville d'Agen, en présence de Biron, du président Villeneuve et de huit conseillers en robe rouge. Le présidial libéra ce local pour siéger dans le château de Montrevel (Labénazie Bernard,

remet aux consuls les clés de leur cité, en leur demandant, toutefois, de lui rester fidèles. Immédiatement, les consuls fêtent cette « délivrance de la ville » – expression rituelle qui marque la victoire de cités catholiques ayant déjoué une tentative de prise de contrôle par les huguenots, comme la « fête de la délivrance » de Toulouse (1562) – et ils font raser « tous les forts et marques de guerre[46] ». Biron, qui est désormais maître d'Agen, poursuit la reconquête, en reprenant également Villeneuve à Henri de Navarre[47]. Cette cité majeure, sur le Lot, dont Lavardin s'était attribué le gouvernement, attisant la jalousie de La Noue et de d'Aubigné, avait aussi souffert de la soldatesque[48].

Le marquis de Villars, ligueur quelque peu velléitaire, a enfin été écarté. L'arrivée de Biron, dont on sait les accointances huguenotes, va-t-elle changer la donne ? Marguerite précise bien, dans ses *Mémoires*, que c'est « à la requête des huguenots » qu'il avait obtenu la lieutenance générale.

Dans la dédicace-justificative de ses *Mémoires*, adressée à Brantôme, outre l'affaire d'Agen, Marguerite reproche à ce dernier de s'être trompé « quand vous parlez de feu Monsieur le Maréchal de Biron ». Le récit qui nous est parvenu se termine trop tôt pour nous enseigner pleinement sa version des faits. Le rôle joué par ce grand seigneur, qui a été négligé par les historiens, doit être observé de près.

Histoire de la ville d'Agen et pays d'Agenois, St-Nicolas-de-la-Balerme, Mlle A. Barrès, 1888, t. 1, p. 279).

46 AM Agen, BB 30 et CC 314.

47 Labénazie Bernard, *Histoire de la ville d'Agen*, *op. cit.*, t. 1, p. 283. Le Bret, Henry, *Histoire de Montauban*, 1668, liv. II, chap. IX, p. 138.

48 « Laverdin avait plusieurs capitaines catholiques qui avaient eu charge en son régiment, et qui haïssant le parti [huguenot] n'y étaient qu'à son resect [encontre], comme ils reprochaient assez souvent. Ces gens firent manger [ravager, se nourrir aux dépends] la ville à leurs soldats, auxquels ils faisaient mettre la paye en la pochette en vivant à discrétion », écrit D'Aubigné, non sans un jaloux parti-pris (D'Aubigné Agrippa, *Histoire universelle*, André Thierry (éd.), Genève, Droz, 1981-2000, t. 6, liv. VIII, chap. IV, p. 225). L'abbaye d'Eysses avait déjà subi le pillage lors des premiers troubles religieux, mais, contrairement aux abbayes voisines de Clairac et de Saint-Maurin, elle avait subsisté. En 1577, elle est démolie de fond en comble sur les ordres du roi de Navarre. Des justifications préventives semblent couvrir l'iconoclasme (Lettres d'abolitions données par Henri de Navarre à Charles de Castella, commandant de Villeneuve, Agen, 7 octobre 1577, *Archives historiques de la Gironde*, t. XXXIV, p. 327. « Mémoire pour l'histoire de l'abbaye lès Villeneuve d'Agenais » (XVIIIe siècle), *Revue de l'Agenais*, t. XIX, 1892). Labénazie se trompe, en datant cette destruction en 1572 (Labénazie Bernard, *Histoire de la ville d'Agen et pays d'Agenois*, St-Nicolas-de-la-Balerme, Mlle A. Barrès, 1888, t. 1, p. 273-274).

L'ambassadeur d'Espagne, Juan de Vargas, qui se désole de ces « escarmouches entre catholiques et hérétiques », présente à Philippe II la reconquête des « catholiques d'Agen en Gascogne, où l'on avait placé dernièrement la chambre du parlement pour les huguenots, de laquelle le prince de Béarn se trouve très offensé ». Henri de Navarre envoie des plaintes à la cour de France, parce que, « on a tué à cette occasion les huguenots qui étaient à l'intérieur [d'Agen] ». Selon Vargas, ce serait donc après le départ d'Henri de Navarre et l'installation de la chambre de l'Édit que les Agenais supprimeraient leurs protestants, avec, probablement, le consistoire que Navarre avait voulu installer. Agen est redevenue une ville uniquement catholique. Henri de Navarre, avec les députés de La Rochelle et d'autres, va alors tenir une réunion à Montauban pour décider de la suite à donner à cette affaire et l'on dit qu'ils vont prendre les armes[49].

Henri de Navarre en est réduit au chantage. Il menace Catherine de Médicis, si Biron ne lui rend pas Agen (ville de Guyenne, mais qui appartient donc à son épouse) et les autres places de Gascogne, de refuser de recevoir Margot. Il renouvelle le chantage que faisait sa défunte mère de ne pas venir au mariage de Margot, si Lectoure ne lui était pas rendu. Pauvre princesse, puis reine, que Margot, qui semble destinée à ne servir que d'otage, entre ses royaux frère et époux ! La reine mère envoie alors l'habile Villeroy[50], afin de convaincre Biron de remettre les places[51].

Laissant son frère cadet à ses « affaires de Flandres », longues négociations qui dureront de mars à mai 1578, avant de s'interrompre sous l'influence de l'Angleterre, Henri III et la reine mère hésitant à le soutenir alors qu'ils s'aliéneraient l'Espagne, Marguerite semblait comblée de faveurs par son frère aîné, qui cherchait à la distraire de son cadet. Outre le paiement de sa dot, il lui promettait une rente annuelle sur sa propre cassette, qui s'ajouterait à la pension que les filles de France avaient coutume de recevoir, et il l'autorisait à aller rejoindre son époux.

Satisfaite, Marguerite descend alors dans les provinces du Sud-Ouest, avec un train royal, de pas moins de 306 personnes, accompagnée de sa

49 Juan de Vargas à Philippe II, Paris, 23 juillet 1578 (AGS, *Estado* K 1548, n°85).

50 Nicolas de Neufville, seigneur (puis marquis) de Villeroy, secrétaire d'État, catholique zélé, alors conseiller influent d'Henri III ; il avait été parmi les négociateurs de la paix de Bergerac. Il le sera encore, pour celle de Fleix (1580). Il adhèrera à la Ligue, jusqu'à la conversion d'Henri IV.

51 Juan de Vargas à Philippe II, Paris, 6 septembre 1578 (AGS, *Estado* K 1548).

mère et du conseiller d'État, Guy du Faur de Pibrac, magistrat, humaniste et poète de renom. 45 conseillers, secrétaires et contrôleurs suivent, pour la gestion des nouveaux domaines. Le frère de Pibrac, Louis, seigneur de Gratens, ecclésiastique, un temps emprisonné (1559-1560), alors qu'il était conseiller clerc au Parlement de Paris, pour ses accointances avec Anne de Bourg, était désormais juge mage à Toulouse et chancelier du roi de Navarre (1575). Guy, lui, était intervenu dans les négociations de la paix de 1576, et pour son application. À l'occasion de ce voyage, il est fait chancelier de Marguerite. Les deux frère Pibrac sont donc les « mains » des époux qui se retrouvent. Mais, touché à son tour par les charmes de la jeune reine, de 25 ans sa cadette, le docte quinquagénaire ne peut s'empêcher de nourrir à son égard une passion amoureuse, qui lui vaudra des quolibets, l'ennui de la belle, puis son cinglant désaveu. Parmi les dames et demoiselles d'honneur de Marguerite, se trouve Françoise de Montmorency, fille du baron de Fosseux, dite « la Fosseuse », pour laquelle Henri de Navarre va éprouver une folle passion amoureuse.

Contrairement à ce qu'écrit Marguerite, Jacques-Auguste de Thou, comme Pierre de L'Estoile, nous la présentent comme quittant à regret la cour de France. Même si on semble l'investir d'un rôle de conciliation entre le roi de France et son époux, qui l'a quittée plus de deux ans auparavant, la perspective de s'installer dans une Guyenne déchirée entre les confessions, et un Béarn au calvinisme intransigeant, ne pouvait que lui causer du souci. Catherine de Médicis doit, avec Navarre et une assemblée politique huguenote, selon les termes du traité de paix, négocier la répartition des villes et bourgs entre catholiques et protestants. La partie d'échec pour les places de son gouvernement, à laquelle nous avons vu Navarre jouer depuis son évasion de la cour, ne lui permettait pas d'entrer aisément dans les cités qu'il ne contrôlait pas, tant pour préserver sa sécurité que son honneur. Tout en prétendant accompagner sa belle-mère et son épouse, chargées, elles, de la pacification, il continue à subtiliser d'autres places. Comme si, sur l'échiquier de Guyenne, subitement, La Tour et le Roi roquaient, à la surprise de ces dames, afin de mettre mieux à l'abri celui-ci.

Dans l'immédiat, les villes traversées par les souveraines leurs réservent de magnifiques entrées, qui renouent quelque peu avec le temps du grand tour du royaume des années 1564-1566. On est soucieux d'assurer la paix, et on rencontre les différents partis, les gouverneurs de provinces, les Grands. Mais Navarre, lui, donne l'impression d'être peu empressé à venir à la rencontre de son épouse et de sa royale belle-mère. Pouvait-il vraiment les accueillir à Bordeaux, où elles séjournent du 18 au 29 septembre ? Marguerite rayonnante de beauté, y captive son auditoire, en tout premier lieu le premier président du parlement et le maréchal de Biron. C'est alors à La Réole, qu'il maîtrise, qu'Henri conçoit de les recevoir, en venant quelque peu à leur rencontre. La halte dure quelques jours puis, le 9 octobre, Henri les quitte alors qu'elles se rendent à Marmande. À l'instar de Bordeaux, il est évident qu'il ne pouvait pas accueillir ces dames dans cette cité majeure de Moyenne Garonne, demeurée catholique, où il s'était rendu ridicule en tentant de l'assiéger. Il en est de même à Agen, qui accueille sa comtesse dans des fastes fort couteux. Dans son discours adressé à la noblesse de Guyenne, Catherine commande à cette dernière d'obéir au roi de Navarre, leur gouverneur, « tant qu'il sera toujours bien » avec Henri III, ainsi qu'à son lieutenant, Biron et, elle poursuit :

> Il [le roi] vous envoie aussi sa sœur, que j'ai chèrement nourrie et instruite à honorer et reconnaître le roi son frère et entendre à tout ce qui appartient à son service, et singulièrement à avoir soin du bien et conservation de ses bons sujets, comme je m'assure qu'elle aura de vous ; et partant si avez quelques doutes vous [devrez] avoir recours à elle, lui ferez entendre vos affaires, et elle vous y pourvoira selon qu'elle sait être de la volonté du roi son frère : que s'il advenait (ce que Dieu ne veuille et que je ne pourrais jamais penser) qu'elle eut autre intention, et moi-même, quand Dieu n'oublierait, tant que d'être envers le roi, qui est le vôtre et le mien, autre que je ne dois, je vous prie ne nous tenir, ne elle moi, pour ce que nous sommes et me (*sic*) préférer le service de votre roi à toute autre considérations. Toutefois je m'assure que Dieu lui fera cette grâce de se conduire si sagement que pourrez mettre votre entière confiance en elle[52].

La formulation, telle qu'elle a été relevée par le copiste, manque de clarté. Quoi qu'il en soit, Catherine envisage l'éventualité d'une rupture entre Marguerite et Henri III. Comment pourrait-elle s'y trouver associée ? Dans ce cas, les nobles de Guyenne (et les Agenais) auraient le devoir de la (les) désavouer pour suivre leur roi. Pense-t-elle à Marguerite reine de Navarre, ou bien princesse apanagée ? Étonnante paroles qui pourraient nous apparaître comme prémonitoires de la révolte de Margot, en 1585 !

52 Recueil des propos tenus par la reine mère du roi à la noblesse de Guyenne au mois d'octobre 1578, en la salle de l'évêché d'Agen.

Pas plus qu'à Agen, Navarre ne se présentera pas dans la puissante citadelle catholique de Languedoc : Toulouse, hantise du parti huguenot. Huit ans auparavant, il y avait fait ses armes, avec son cousin Condé, sous la conduite de leur mentor Coligny, y apprenant surtout l'exercice de la « picore », aux côtés des reîtres de l'armée des Princes qui tuaient, pillaient et incendiaient les campagnes toulousaines avec les maisons aux champs des parlementaires, vengeant l'exécution du martyr Rapin de Toyras. Henri n'avait pas pu oublier, les Toulousains non plus. Et ces derniers ne pouvaient pas imaginer qu'Henri IV renouvellerait cette politique de la terre brûlée, en 1596, pour punir la ligueuse de l'avoir trompé par une apparente soumission.

Bien qu'elle n'en parle pas dans ses *Mémoires*, Marguerite tombe gravement malade à Toulouse. Sa santé cause une vive inquiétude à son entourage, et d'abord à sa mère. Navarre avait donné rendez-vous à cette dernière, le 7 novembre, à L'Isle-Jourdain. Soucieuse de ne pas le faire attendre, Catherine laisse sa fille à Toulouse, d'où elle ne repart que le 10 novembre.

Comme on pouvait s'y attendre, c'est à L'Isle-Jourdain, où il est chez lui, que Navarre envisageait d'abord de retrouver ces dames. Cependant, les Toulousains l'ayant repris en mars 1577, il ne contrôle pas, encore, la capitale de son comté. Il devra attendre la guerre de la Ligue pour en faire un bastion protestant. Ce sont alors ces dames qui attendent un comte qui ne vient pas. Prétextant d'abord un furoncle mal placé, c'est, soit disant, parce qu'il y redouterait un piège ! Il parlait d'expérience ; à moins que ce fût lui, qui aurait tenté, à l'occasion de cet accueil royal, un contrôle de sa cité, éventé ? Nous ne le saurons pas. Navarre s'arrête alors, tout près, à Mauvezin, capitale de son comté voisin de Fezensaguet, qu'il tient bien entre ses mains, à seulement 6 lieues (24 km) de L'Isle-Jourdain !

La reine mère qui patiente depuis plus de huit jours, en plein hiver, est furieuse. Marguerite pourrait juger son époux bien peu empressé de la retrouver. Ce n'est pas, comme on a pu l'écrire, un simple jeu de cache-cache. Nous avons pu considérer le contexte précis de ces cités et bourgs, non seulement depuis 1576, mais 1572. Comme il s'agit désormais de les répartir entre les confessions, aucune fausse note, qui révèlerait la faiblesse de Navarre, n'est possible. On tergiverse, par l'emploi d'émissaires de part et d'autre : La Mothe-Fénelon et Pibrac, par la reine mère, Turenne, pour Navarre.

On voyageait, de façon quasi ininterrompue, depuis le 2 août 1578 ; Marguerite n'avait-elle pas une légitime fatigue ? Poursuivant à travers la Gascogne, elle est contrainte de garder à nouveau la chambre, trois jours durant, à Aubiet. Elle rejoint ensuite sa mère à Auch, où elles demeurent du 20 novembre au 9 décembre, et où Navarre les retrouve, sans cérémonial, le 23 novembre. Si cette cité s'était refusée à lui, il déclarait à ses consuls : « je ne me souviens point du passé, mais que vous soyez gens de bien à l'avenir ». Auch, en échappant à la « pacification » du gouverneur de Guyenne, comte d'Armagnac et seigneur (ainsi que chanoine) d'Auch, avait pu maintenir la cohésion confessionnelle et sociale[53] ; elle s'était soumise à l'autorité de Villars, et désormais de Biron. Ces retrouvailles à Auch « où n'oyant plus parler d'armes, mais seulement de dames et d'amour » écrit Sully, se font dans la joie, au son des violons, et on danse. Mais, au milieu de ces réjouissances, un de ses valets s'approche de Navarre qui, subitement, accompagné de ses gentilshommes, quitte la salle de fête, pour foncer sur Fleurance, capitale du comté de Gaure, à plus de 6 lieues (26 km), qui appartenait à Marguerite, et s'en emparer.

Navarre avait appris que les catholiques venaient de se saisir de La Réole, suspectant un coup de sa belle-mère et de Biron, et il avait alors pris Fleurance en gage. D'Aubigné nous sert l'invention d'un vieux gouverneur de La Réole qui, devenu amoureux d'une des filles de la suite de Catherine de Médicis, dépité par les moqueries du roi de Navarre et de sa suite, aurait abjuré le calvinisme et rendu la place entre les mains de la reine mère en la livrant à Duras ! Légende. En fait les Réolais, excédés par la maltraitance du capitaine Favas, avaient profité de son absence pour s'emparer du château. La capture de Fleurance, elle non plus, ne fut pas le coup de bravoure qu'on a voulu y reconnaitre[54]. Quoi qu'il en soit, on finit par s'arranger, en rétrocédant les places, en janvier suivant ; la reine mère est excédée par ce jeu. À Condom, où le roi, son fils, et l'évêque, sont coseigneurs, elle a le souci d'apaiser les tensions, en y édictant un règlement, validé par Jean de Monluc, les habitants, et Saint-Orens, qu'elle place comme

53 Arbusti Stéphane, *Auch durant les premières guerres de Religion (1560-1575)*, maîtrise d'histoire, Université de Toulouse-Le Mirail, 2001.

54 Georges Tholin a fort bien rétabli les faits (Lauzun Philippe, *Itinéraire raisonné de Marguerite de Valois en Gascogne, d'après ses livres de comptes (1578-1586)*, Paris, Picard, 1902, et *Revue de l'Agenais*, t. XXIX, 1902, p. 52-55).

gouverneur[55]. Marguerite, à nouveau indisposée, après une semaine passée à Condom, arrive à Nérac, avec sa mère, le 15 décembre, où une belle entrée leur est réservée. Leur accueil est chaleureux, mais on entre dans les festivités de Noël, qui ne pourraient pas leur convenir dans cette cité huguenote, où la messe a été bannie. Dès le 22, ces dames, qui pensaient d'abord aller à Agen pour faire leurs dévotions, s'arrêtent à Port-Sainte-Marie. Elles y demeurent tout au long du mois de janvier, Catherine, dans le comté d'Agenais de sa fille, se sentant plus libre qu'à Nérac, avait l'espoir de pouvoir y tenir la conférence qui, malgré les venues répétées de Navarre, se trouvait ajournée par de multiples incidents[56]. Il serait favorable à Villeneuve-sur-Lot[57], les députés huguenots à Montauban. Catherine cède pour Nérac.

Celle-ci s'ouvre, enfin, le 4 février, en présence des députés des églises protestantes. Les échanges s'avèrent houleux et, en particulier le 15 février, Marguerite joue parfaitement son rôle de médiatrice. La convention est signée le 28 février : outre les huit accordées par l'édit de Poitiers, les protestants reçoivent quatorze places de sûreté supplémentaires, où ils doivent admettre le culte catholique, et qu'ils devront rendre dans six mois. Même si ce fut Catherine, avec son conseil, qui négocia, le rôle de Marguerite, dans ces tractations, ne fut pas des moindres, bien que, là encore, elle y accorde peu de place dans ses écrits.

Alors que sa mère inspecte, encore, la Guyenne, Marguerite rejoint Nérac, non sans venir à Agen durant le Carême. Le 5 mars, devançant sa fille d'une semaine, dans la salle de l'évêché d'Agen, Catherine présente les articles de la conférence de Nérac, déclarant laisser aux Agenais :

55 Dès janvier suivant, Catherine appelle Saint-Orens auprès d'elle, bien que les tensions persistent, et elle confie la garde de la cité à Monluc.

56 Catherine a manifesté un intérêt particulier pour le couvent du Paravis, de filles nobles de l'ordre de Fontrevault, rive gauche de la Garonne, ravagé par Marchastel, en septembre 1569, qu'elle a aidé à se relever par ses libéralités (Lauzun Philippe, *Itinéraire raisonné*, *op. cit.*, p. 65-66).

57 L'abbaye d'Eysses y avait été attaquée, en 1577. Biron s'était assuré du contrôle de cette seconde cité de l'Agenais, avec la paix de Bergerac, publiée à Agen le 14 octobre 1577. Les consuls, tout en s'affirmant fidèles à leur roi, ont juré, le 24 novembre suivant, « de vivre et de mourir en unité de foi, dans la religion catholique, apostolique et romaine » (Délibération citée par Baumont Stéphane, *Histoire de Villeneuve-sur-Lot*, [Villeneuve-sur-Lot], [Association Villeneuve 2000], 1989, p. 62). L'avantage, stratégique, de Villeneuve, pour y fixer la conférence, est d'être scindée en deux parties, chacune fortifiée, de part et d'autre du Lot, qui se prêteraient à accueillir chaque confession. Mais Navarre demande d'obtenir la partie nord, la plus considérable.

> le précieux gage que j'ai, qui est ma fille, laquelle est catholique, et m'assure qu'elle ne sera jamais autre, m'ayant Dieu fait cette grâce que tous mes enfants l'ont été et le sont. Elle sera toujours protectrice des catholiques, prendra vos affaires en main et aura soin de votre conservation ; adressez-vous à elle et assurez-vous qu'elle y apportera tout ce que vous pourriez désirer[58].

Mais ils apprennent aussi, avec angoisse, et colère, de Biron et de Bajamont[59], que la place, proche, de Puymirol est rendue aux huguenots, terrible épée de Damoclès, continuée jusqu'à la fin des guerres de Religion. Catherine ne parvient pas à empêcher le duel, sur les promenades du Gravier, à Agen, avec effusion de sang, entre le vicomte de Turenne et Jacques de Durfort, seigneur de Rozan et fils du fameux Symphorien, gouverneur de Casteljaloux, qui lui avait refusé l'entrée[60]. Avait-elle, vraiment, accédé à l'apaisement ? En avril, ces dames repartent, pour se séparer à Beaumont-de-Lomagne, le 7 avril. La reine mère qui, selon Marguerite, n'avait pas pensé rester si longtemps en Gascogne, poursuivait par le Languedoc, pour regagner Paris. La reine mère devait s'attacher à faire accepter l'édit de pacification, tant aux catholiques qu'aux protestants et, de plus, elle souhaitait, après son gendre, s'aboucher, pour cela, avec les autres chefs de partis : Condé, Damville, Lesdiguières, Bellegarde et le duc de Savoie.

Navarre et Marguerite devaient retrouver, une ultime fois, Catherine avant son éloignement. La rencontre était prévue à Castelnaudary, capitale du comté du Lauragais, qui appartenait à Catherine (par sa mère), où elles feraient leurs Pâques. Par Marguerite, le duc d'Anjou avait manifesté qu'il brûlait du désir de s'entretenir avec Navarre. Ce dernier use, notamment, de ce prétexte, pour laisser croire à Catherine qu'il pourrait l'accompagner jusqu'à Paris.

Navarre, pour les rejoindre, devait contourner Toulouse, mais il se voyait refuser l'entrée de la catholique Muret, cité commingeoise qui assurait Toulouse, en amont de la Garonne nourricière, où Marguerite retrouvait, elle, sa mère. Catherine fait un crochet par Saverdun, en comté de Foix, voulant affirmer que ce dernier, étant de la souveraineté du roi de France, les termes de l'Édit devaient y être appliqués, malgré l'indolence des gouverneurs, tant de Guyenne que de Languedoc, qui se

58 BnF, ms fr., n° 3319, f° 26.

59 François de Durfort, baron de Bajamont ou Bajaumont, sénéchal d'Agenais. Il réside en son château de Lafox où, en 1565, il avait reçu la cour de France ; il y accueille, à nouveau, Catherine, en 1579, et, plusieurs fois, Marguerite.

60 Lauzun Philippe, *Itinéraire raisonné*, *op. cit.*, p. 86-88.

le partageaient. Bien inutile démonstration. Au même moment, Navarre se tient à Mazères, à seulement dix kilomètres de Saverdun, comme pour narguer sa belle-mère. Continuant à jouer ses pions, Navarre permet à ses affidés de s'emparer d'Astaffort, capitale de son comté de Bruilhois, et refuser de rendre les canons de Monflanquin. Éternel jeu de dupes, pour se préparer au mieux à la guerre. On se réunit, avec d'interminables longueurs, pour préparer la mise en place d'une chambre de Justice en Languedoc, à soumettre au parlement de Toulouse, et pour préparer la réunion des États de Languedoc. Encore avant de quitter Castelnaudary, Navarre apprend, furieux, que des catholiques se seraient emparés de Langon, en amont de Bordeaux, alors que les partis continuent à se disputer Marciac, Uzerche, Mussidan, ou encore le château de Fronsac.

La reine mère, ayant ramené sa fille à son époux, fait accepter l'édit de Nérac par les partis, confiante en Biron, illusionnée par Navarre, veut, malgré toutes ces nuées, se persuader que la paix est assurée... et elle poursuit vers Narbonne. Navarre avait accepté que Catherine lui coupe le second « toupet de grand cheveux qu'il avait autour de l'oreille gauche[61] » (le premier ayant été sectionné lors de leur rencontre initiale à La Réole), marque physique de guerre qu'il avait, jusque-là, conservée, ainsi que ses fidèles. Belle comédie ! Marguerite, quant à elle, qui la quitte, non sans émotion, allait longer les Pyrénées, pour parvenir à Pau, qu'elle qualifie de « petite Genève », le 28 mai.

Nous savons la profonde dévotion catholique de la reine de Navarre, l'entretien d'une chapelle (5 aumôniers, 1 confesseur, 2 chapelains, 3 clercs de sacristie) au sein de sa maison, les ouvrages de sa bibliothèque, parmi de nombreux autres signes, en témoignent. Elle ne veut donc pas s'interrompre de se confesser, d'entendre la messe et de communier. Mais, lorsque c'est le cas, Navarre fait lever le pont-levis du château de Pau afin que la cérémonie demeure privée. Cette précaution autorise à penser que, malgré les *Ordonnances ecclésiastiques* de sa mère, il y avait encore, à Pau même, des crypto-catholiques susceptibles de venir participer à un office religieux. Ils parviennent à s'introduire dans la chapelle royale. Le secrétaire de Navarre, chargé des affaires religieuses, Jacques Lallier, sire du Pin, sans considération pour Marguerite, les fait arrêter, offense qui provoque le courroux de la reine. Navarre, soucieux de ne pas ébruiter l'affaire, donne son congé à Du Pin, non sans rancune à l'égard de son épouse, alors qu'il

61 Catherine de Médicis à Henri III, 8 mai 1579 (BnF, ms fr., 3319, n° 39).

s'éprend d'une de ses filles d'honneur, la malicieuse Mlle de Rebours. Mais l'affaire vient cependant aux oreilles de sa belle-mère et de son beau-frère, lequel lui conseille, bien inutilement, de tolérer l'exercice du catholicisme dans ses terres de souveraineté, comme il le fait lui-même dans les siennes.

Rien ne permet de dire que Marguerite aurait pu provoquer, volontairement, un tel affront, en entendant poursuivre son rôle de modératrice. Ce séjour palois lui devient vite insupportable et, dès le 13 juin, elle part, alors que Navarre se dirige vers Montauban, où doit se tenir une assemblée politique. Celui-ci tombe malade à Éauze, et Marguerite prend soin de lui, quinze jours durant, à son grand contentement. Celle-ci évoque, dans ses *Mémoires*, cette « félicité qui me dura l'espace de quatre ou cinq ans que je fus en Gascogne avec lui ». Faut-il croire à ce bonheur, alors que nous voyons, déjà, qu'elle maltraite encore la chronologie ; son séjour n'excéda par deux ans et demi !

MARGUERITE AU SERVICE DE SON ÉPOUX, MAIS AUSSI DE SON FRÈRE CADET

Marguerite s'installe alors à Nérac, dans un château qui, malgré les attentions portées par Navarre à son ameublement, reste relativement austère et étriqué pour penser loger convenablement les deux cours.

La lithographie réalisée par Alexandre Ducourneau témoigne encore de l'ampleur des destructions révolutionnaires qui ne laissèrent subsister que l'élégante aile nord du château de Nérac[62]. Édifié entre le XIVe et le XVIe siècle, autour d'une cour fermée, celui-ci gardait, au temps de Marguerite, son allure féodale, hérissé de tours. Elle y rétablit un oratoire[63]. Elle loue, cependant, la cour qu'elle y tint, écrivant qu'elle ne lui aurait pas fait regretter celle de France. Elle se fait, désormais, appeler « Sa Majesté ». On a glosé sur la qualité de cette vie de cour, réminiscence de celle de sa grand-tante, Marguerite de Navarre, où se retrouvaient les plus beaux esprits, les plus belles dames et jusqu'aux comédiens, italiens, de son époux, et qui aurait même inspiré Shakespeare. La reine de Navarre avait supporté les infidélités de son époux : la belle Grecque Dayelle, Fosseuse, Mlle de Rebours… Nous n'y ajouterons pas.

---

62 Ducourneau Alexandre, *La Guyenne historique et monumentale*, Bordeaux, P. Couderc, 1842-1844, 3 vol.

63 « *En Nerac quedo la princesa Catalina hermana de Vandoma y se adereçava el palacio y hazian una capilla para que la muger de Vandoma oya misa.* » (« *Lo que avisa la persona que el licenciado Santoyo de Molina ymbio a Françia y de alla por su carta de XI otubre 1578* », AGS, *Estado* 395, n° 232).

FIG. 5 – Château de Nérac (XIXe s.)

« Je suis résolue de lui faire tout le service qui sera en ma puissance, en ce qui ne contreviendra à la grandeur et conservation de mon mari, car j'ai trop d'intérêt à son bien et à son mal », écrit-elle dans ses *Mémoires*, et nous pouvons la croire. Elle l'avait montré lors de l'incident de Pau, en ne cherchant pas, inutilement, à nuire à son époux alors si soucieux de s'imposer comme chef du parti huguenot, face à son cousin Condé. Mais, avant de quitter Paris, désobéissante à sa mère, elle continuait à inciter son frère cadet à poursuivre son intervention aux Pays-Bas.

Navarre, lui, après avoir été son allié, pour le contentement de Marguerite, restait fort méfiant à l'égard de celui qui n'avait pas hésité à se retourner contre les huguenots, bien que ses projets dans les Flandres desservaient le Roi Catholique. Au début de 1581, Sully avait reçu de Navarre : « Il a le cœur double et si malin et le courage si lâche, le corps si mal bâti et est tant inhabile à toutes sortes de vertueux exercices, que je ne me saurais persuader qu'il fasse jamais rien de généreux[64] ».

64 *Les œconomies royales de Sully*, Buisseret David, et Barbiche Bernard (éd.), Paris, Klincksieck, 1970, t. 1, p. 92-93.

Comme l'exprime parfaitement Jacqueline Boucher, Marguerite comprenait vite que son mari souhaitait reprendre la guerre, certains essayaient, aussi, de le faire entendre à sa mère, dès avant la conférence de Nérac, et, malgré son désir de paix, Marguerite ne pouvait pas maintenir ce rôle de médiatrice qu'on lui avait affecté.

Comme l'a bien montré Georges Tholin, c'est dès la conférence de Nérac que Marguerite, aidé de sa belle éloquence, de l'habileté de Navarre, et de la lassitude de la reine mère, change d'attitude. Elle comprenait que son propre intérêt était de s'ingénier à favoriser son époux et, partant, le parti huguenot, et c'en fut le résultat. De même, elle travaillait à l'union d'Anjou avec Catherine de Bourbon, dont il ne faut jamais oublier qu'elle est, à la fois, sœur, et héritière du roi de Navarre. Il fallait abandonner les faux-semblants d'un mariage avec Élisabeth Ire. Mais, là encore, Marguerite allait contre la volonté d'Henri III.

En octobre 1578, puis en avril 1579, les réformés s'étaient réunis à Montauban. La proximité de la reine mère les avait maintenus dans une certaine réserve. Il n'en fut plus de même en juillet suivant, en présence de nombreux représentants venus de toute la France, de Navarre, ainsi que de Turenne, lequel en témoigne. Assurés de leurs deux chefs, ils se préparent au retour de la guerre : « chacun s'employait à se préparer à de nouveaux remuements et à reconnaître des places », écrit ce dernier[65]. Diverses lettres de Navarre, datées de Montauban, attestent de son double discours. Close le 27 juillet, l'assemblée de Montauban, déverse les plaintes de ses coreligionnaires, et refuse la restitution de plusieurs places, prévue dans la paix de Bergerac, toujours avec l'aval de Navarre, Henri III accorda six mois de plus. Cela ne faisait que repousser le problème.

Les délices de la cour de Nérac, et les singuliers égards de Marguerite à l'attention de Fosseuse, dont Navarre est amoureux, ne doivent pas cacher le feu qui couve. Marguerite a, d'ailleurs, comme elle s'y était engagée, le soin d'avertir ses Agenais de se garder du risque de se trouver surpris par les huguenots[66]. En septembre, des catholiques s'emparent de Figeac[67], en Quercy, d'autres de Montagnac, en Bas-Languedoc et,

65 *Mémoires du vicomte de Turenne, depuis duc de Bouillon, 1565-1586*, Baguenot de Puchesse comte de (éd.), Paris, Renouard, 1891, p. 147.

66 Lettre datée du 24 août 1579 (AM Agen, BB 33, f° 55).

67 Les protestants reprennent Figeac à la fin de l'année.

le jour de Noël, le capitaine huguenot Merle pille et saccage la cité épiscopale de Mende. Prétextant pacifier, Navarre se rend à Mazères, pour y rencontrer des délégués du Bas-Languedoc et du Dauphiné, pour préparer la guerre. Comme lors de l'assemblée de Montauban, de juillet, on rompait des écus à envoyer aux différents chefs huguenots, là Châtillon et Lesdiguières, afin que tous se soulèvent au même moment, en recevant l'autre partie de l'écu[68]. Navarre reste en pays de Foix, tout janvier, à préparer, en secret, la guerre, et c'est Marguerite qui le prévient qu'on lui tente une nouvelle embuscade, probablement commanditée par Duras et Gramont. Il est évident que Marguerite s'attachait à favoriser son époux, appuyant, notamment, les lettres que lui et sa sœur adressaient à Henri III pour le paiement de pensions. L'envoi de Philippe Strozzi à Navarre, pour exiger la remise des places de sureté, et assurer le maintien de la paix, malgré le soutien de Marguerite, fut sans effet. Mais l'engagement marital de Marguerite, qui ne pouvait se résoudre à cette guerre, allait au-delà encore[69].

Alors que le déclenchement du conflit est fin prêt, la pieuse Marguerite est allée faire ses Pâques au couvent du Paravis, près de Port-Sainte-Marie. Bajamont sait que les huguenots s'apprêtent à aller à l'assaut d'Agen, de Villeneuve et de Marmande. Navarre, quant à lui, échange étroitement avec Lesdiguières et Châtillon et, de Lectoure, le 13 avril, il écrit au comte de Sussex, grand chambellan d'Angleterre, pour demander l'appui d'Élisabeth Ire, tout en donnant ses derniers ordres, détaillés, à ses capitaines. Le 10 avril, par une longue lettre justificative, il expose à Marguerite sa décision d'entrer en guerre, qu'il lui aurait cachée jusqu'alors, lui confiant de « commander pour votre garde aux habitants de Nérac », avec Lusignan pour l'assister[70].

Le 15 avril, la guerre est officiellement déclarée. Biron, Duras, Gramont entrent en lices[71]. Marguerite avertit la reine mère des levées

---

68 Dupleix Scipion, *Histoire d'Henri III*, Paris, Denis Béchet, 1663, p. 76.

69 Georges Tholin a démontré que ce bellicisme n'a rien à voir avec l'invention d'une vengeance féminine contre Henri III qui aurait dénoncé à Navarre une relation, non fondée, de sa sœur avec Turenne (Tholin Georges, *Itinéraire raisonné*, *op. cit.*, p. 130-132).

70 Berger de Xivrey Jules, *Lettres missives de Henri IV*, Paris, Imp. royale, 1843, t. 1, p. 285.

71 Sully confirme que « lors Lavardin, Duras, Gramont et autres catholiques, qui avaient accoutumé de vous [Sully] assister s'étaient retirés » (*Les œconomies royales de Sully*, Buisseret David, et Barbiche Bernard (éd.), Paris, Klincksieck, 1970, t. 1, p. 66). Ils prenaient part à la guerre contre Navarre. D'Antras nous apprend que Gramont, avec Duras, et lui-même, Péguilhan, Larboust, Salerm et Bazillac, accompagnés d'une nombreuse troupe, alors que

qu'effectuent ces derniers, contre son époux[72], dont elle prend, encore, la défense, en écrivant à son frère Henri III, elle s'attachait à lui obtenir des appuis, notamment Turenne. Elle écrivait, pour cela, aux consuls d'Auch, le 21 avril et, le même jour, à Saint-Orens, qui garde Condom. On a constaté la sollicitude de Marguerite à l'égard de Condom (elle n'adresse pas moins de six lettres à ses consuls pour le seul mois de juin 1580). Bien que l'évêché de Condom fut détaché de celui d'Agen (1317), il demeurait dans l'extension de son comté. Mais l'importance stratégique de cette place était augmentée, alors, par la résignation, puis la mort de son indéfectible défenseur : le soldat-évêque Jean de Monluc. Marguerite prétendait au choix de son évêque[73]. C'est son aumônier, et vicaire général, Jean Duchemin, qui

d'autres venaient par mer, avaient entrepris de s'emparer de Fontarabie, par surprise, mais que l'affaire fut éventée. Quelle pouvait bien être cette étrange expédition qui, si elle avait réussi, « aurait été au contentement du roi [de France] et du roi de Navarre » ? Visiblement, il y a substitution de lieu dans ces *Mémoires*. Il faut sûrement comprendre Bayonne plutôt que Fontarabie. D'Antras ne pouvait pas reconnaître qu'il avait entrepris une action contre Navarre. Gramont, secondant Biron, avait, lui, écrit à tous les gentilshommes de ses connaissances pour le suivre, contre une belle récompense du maréchal. Il s'en suivit de beaux rassemblement armés vers Mirande, et aussi Géaune, tout près de Hagetmau où résidait Corisande d'Andoins. Navarre, depuis Nérac, s'en plaignit longuement à la reine mère, suspectant que ces mouvements vers Fontarabie cachaient, en fait, une surprise de Navarrenx. Il obtint qu'Henri III écrive à Biron pour interdire ces mouvements de Gramont. Jeu d'esbroufe ! Gramont avait tâché d'obtenir un prêt de 10 000 écus, de Philippe II, pour s'emparer de Bayonne ; c'était, probablement, le premier objectif. Gramont, dépité, partirait ensuite pour le siège de La Fère, où il devait trouver la mort (Carsalade du Pont Jules de, et Tamizey de Larroque Philippe, éd., *Mémoires de Jean d'Antras de Samazan, seigneur de Cornac*, Jean Chollet, Sauveterre-de-Guyenne, 1880, p. 72-73. Ritter Raymond, *Une dame de chevalerie. Corisande d'Andoins, comtesse de Guiche*, Paris, Albin Michel, 1959, p. 62-64).

72 « les ligues de quoi que je vous ai déjà écrit, et les menées et pratiques de Monsieur le maréchal de Biron et de Duras nous ont réduit à tels termes que nous voyons à la veille de la guerre – le roi mon mari allant d'heure à autre avertissement que les villes catholiques ont commandement dudit maréchal de redoubler la garde, et que la noblesse catholique a pris jour pour se rassembler et prendre les armes. Même ce matin, trois gentilshommes catholiques lui ont écrit que Monsieur de Gramont lève des gens sur les frontières de Béarn, et qui les y avait appelés sans leur dire le sujet de son entreprise, et que sans être enquis, ayant su que c'était pour commander la guerre contre lui [Navarre], qui lui était serviteur et l'en avait voulu avertir, il a baillé le rendez-vous à ses troupes à demain entre Éauze et le Mont-de-Marsan. Si [ils] prennent quelque ville en ces quartiers, vous pouvez penser que l'alarme sera grande ici. » (Marguerite à Catherine de Médicis, s.l.n.d. (Nérac, avril 1579, et non mi-août, comme le pense Viennot Éliane, « Quelques lettres inédites ou publiées depuis l'édition de la correspondance », Magnien Catherine, et Viénnot Éliane (dir.), *De Marguerite de Valois à la reine Margot : autrice, mécène, inspiratrice*, Rennes, PUR, 2019, p. 127-144).

73 Des protestants s'étaient maintenus dans la cité épiscopale, et des confréries-milices s'y affrontaient. L'évêque avait résigné en faveur de son fidèle vicaire général, le chanoine Jean Duchemin, mais ce transfert n'était pas assuré. Sachant qu'il était souffrant, alors qu'elle se

obtient le bénéfice, suivant la volonté du défunt Jean de Monluc, même s'il ne dispose pas de tous les revenus qui y sont attachés[74]. Aussi batailleur que son prédécesseur, Duchemin allait, pourtant, y favoriser la Ligue[75]. De juillet à septembre, Biron écrivait, de son côté, 5 lettres aux mêmes Condomois pour les engager à rester fidèles à leur souverain.

Le 31 mai, Navarre s'emparait de Cahors, cité qui, elle, relevait de l'apanage de sa femme. Henri III, qui voyait là un acte de guerre caractérisé, accusait sa sœur de l'avoir favorisé. « Cahors avait été pris et saccagé, tous les habitants massacrés, et le butin des églises pris et vendu publiquement à Nérac[76] », reproche vertement Henri III à Pibrac,

---

trouvait à Auch, Marguerite avait, d'abord, souhaité en faire bénéficier Pibrac, mais le prélat avait survécu (Lettre justificative de Pibrac à Marguerite, s.l.n.d., 1981. Guessard François, *Mémoires et lettres de Marguerite de Valois*, Paris, Société de l'histoire de France, 1842, p. 275). Il était, ensuite, envisagé que Fontenilles (gendre de Blaise de Monluc) rachetât l'évêché, pour 80 000 livres, au profit de François Choisnin, intendant de la reine de Navarre (choisi comme son précepteur en 1579, il est son médecin, en 1584), Nicolas Cambronne, musicien (chantre de la chambre), Frédeville, écuyer (écuyer d'écuries. Il sera, aussi, échanson), tous de la Maison de Marguerite, et Balker, valet de chambre du roi de Navarre, le 17 mai 1583. Mais la vente n'a pas eu lieu, parce que Fontenilles n'a pas occupé le siège lorsqu'il est devenu vacant, à la mort de Jean de Monluc, le 6 août 1581. Duchemin allait l'occuper (Mazéret Ludovic, *Chroniques de l'Église de Condom*, Condom, Bousquet, 1927, p. Mazéret, p. 244-245 et 251). Il s'agissait, pour Marguerite, de capter la substantielle commende afin de subvenir aux besoins de sa Maison, comme elle s'y exerce abondamment, autant que, semble-t-il, de contrôler la destinée de la cité. Ce bénéfice relevait, en fait, du patronage d'Henri III, selon le concordat de Bologne, de 1516. Marguerite disposait, aussi, d'une pension de 2 000 écus sur l'évêché d'Agen, qu'elle avait accordé à Bajaumont ; elle nommait aux abbayes de Figeac, de Gimont, de Saint-Morin, à la Domerie d'Aubrac, etc.

74 En 1595, Marguerite sollicite d'Henri IV l'autorisation de la nomination qu'elle a faite de l'archidiacre de Toulouse, Jean de Bertier, frère de son conseil à Toulouse, Philippe de Bertier, écuyer, seigneur de Montrabé, président à mortier au parlement de Toulouse, à l'évêché de Condom. S'il ne disposait pas de l'entièreté de ses revenus, nous comprenons les reproches réitérés que le chapitre cathédral faisait à Duchemin de ne pas avoir engagé la restauration des édifices de culte ravagés par les protestants. L'archidiacre, chancelier de Marguerite, sera chargé, en 1599, d'aller à Usson afin de lui demander son consentement au divorce. Il sera évêque de Rieux en 1602. Il était aussi, notamment, abbé commendataire de Saint-Pierre-de-Mas-Grenier et de Saint-Server-de-Rustan (Marguerite à Henri IV, Usson, 24 janvier 1595, BnF, ms fr., coll. Dupuy, t. 217, f° 39, Guessard François, *Mémoires et lettres de Marguerite de Valois*, Paris, Société de l'histoire de France, 1842, p. 313-315).

75 Sur sa recommandation, et avec le consentement de Navarre, Duchemin pourra choisir, comme coadjuteur, son neveu et collaborateur, Antoine de Cous. Dès 1604, Clément VIII le sacre, sous le tire « d'évêque d'Aure », prenant possession de son siège, à son retour de Rome, en qualité de coadjuteur et de futur évêque (Mazéret Ludovic, *Chroniques de l'Église de Condom*, *op. cit.*, p. 277).

76 Pibrac à Marguerite, s.l.n.d. (1581) (Guessard François, *Mémoires et lettres de Marguerite de Valois*, *op. cit.*, p. 239).

chancelier de Marguerite, dans la basse-cour du Louvre. Quoi qu'il en soit, même si L'Estoile précise que Navarre n'arriva à Cahors que dix heures après le premier assaut de ses partisans, en quittant la couche de son épouse, même si celle-ci se trouve, par rétorsion, menacée de la saisie de ses biens, elle ne semble pas s'y être opposée. On la voit, d'ailleurs, autoriser, et favoriser auprès d'Henri III, pour la bourgeoisie de Montauban qui, avec le Quercy, est de son apanage, la fondation d'un collège, pour « l'instruction de la jeunesse et pour autres affaires qui les concernent en général[77] ». Étonnant cadeau, au moment où les cités catholiques s'efforcent d'attirer les jésuites. Biron, preuves à l'appui, dénonçait au roi la fausse neutralité de sa sœur, qui engageait les catholiques à ne pas agir contre son époux. Mais Marguerite semblait avoir guère d'illusion, en écrivant que la prise de Cahors « affaiblit [les réformés] plus qu'elle ne les fortifia, le maréchal de Biron, prenant son temps, tint la campagne, attaquant et emportant toutes les petites villes qui tenaient pour les huguenots, mettant tout au fil de l'épée ».

Condé, de son côté, entendait jouer sa partition. Le 22 mai 1580, il part pour l'Allemagne chercher un soutien militaire, pour le parti huguenot mais sans y associer Navarre. Avec le concours de villes du Dauphiné et de Languedoc, il promet au prince Casimir Aigues-Mortes et les précieuses salines de Peccais pour servir de garantie à la solde de ses gens de guerre. Averti, Navarre envoie Turenne pour déjouer les plans, concurrentiels, de son cousin[78].

Il était entendu que Nérac, résidence de Marguerite, restait neutre. Mais Navarre et les siens y séjournaient souvent. Biron est un homme puissant, riche de ses alliances familiales et d'une ample clientèle. Sa renommée a été acquise autant sur les champs de bataille que par son intelligence et sa culture. Il « s'était rendu maître de la campagne » (Sully), et fait ombrage au jeune Navarre, qu'il poursuit jusqu'à Nérac, d'où il n'ose sortir et, le 12 septembre 1580, en la présence de Margot, il a l'affront de faire « tirer cinq ou six coups de canon, puis se retira

77 Marguerite à Henri III, Nérac, 24 septembre 1579 (Viennot Éliane, « Quelques lettres inédites ou publiées depuis l'édition de la correspondance », Magnien Catherine, et Viénnot Éliane (dir.), *De Marguerite de Valois à la reine Margot : autrice, mécène, inspiratrice*, Rennes, PUR, 2019, p. 137). Par cette lettre, elle appuie, ostensiblement, la délégation des Montalbanais auprès du roi, pour l'obtention de cette permission.

78 *Les œconomies royales de Sully*, Buisseret David, et Barbiche Bernard (éd.), Paris, Klincksieck, 1970, t. 1, p. 77-78.

pour aller prendre logis » (Sully). Mais il s'excusera de cette « espèce de bravade » (Sully) avant de quitter sa charge, et Marguerite lui pardonnera dès le printemps suivant[79].

On a soupçonné Marguerite, servant son époux, d'avoir accepté la guerre pour réserver à son jeune frère de se poser, une nouvelle fois, en médiateur, en travaillant au rétablissement de la paix. Les avis des contemporains sont partagés. De fait, la rumeur de ce rapprochement se répandait dans les milieux huguenots ; des fidèles de Navarre, tels Sully, et Turenne, allaient s'engager dans les Pays-Bas. Navarre ne s'y opposait pas, alors que Marguerite espérait le mariage d'Anjou avec Catherine de Bourbon. De fait, Anjou est mandaté par son frère pour négocier la paix. Une fois encore, négligeant la trêve, Navarre surprend et pille Saint-Émilion (15 octobre 1580), tout près de Coutras, où se déroulaient les pourparlers de paix[80]. Celle-ci est signée à Fleix, le 26 novembre 1580, engageant la restitution de 15 places, pour 6 ans.

Anjou devait agir avec célérité. Mécontents de l'archiduc Mathias, avec le prince d'Orange pour lieutenant général, les Pays-Bas restaient divisés entre union d'Arras, sous l'obéissance du roi d'Espagne, et union d'Utrecht, toujours rebelle. Les États généraux, mettant leurs espoirs dans le duc d'Anjou, avaient résolu de l'élire comme leur prince, au traité de Plessis-lès-Tours, le 19 septembre 1580, Si Anjou conserve l'illusion d'épouser la reine d'Angleterre, Henri lui laisse poursuivre son recrutement de troupes pour les Pays-Bas, vers lesquels il se dirige au printemps 1581[81].

Sully, de son côté, ajoute la nécessité de se rendre sur ses terres, pour justifier, auprès de Navarre, qu'il accompagne l'expédition d'Anjou aux Pays-Bas. Un peu à la manière de la promesse du gouvernement d'une île que Don Quichotte fit à Sancho Panza pour l'entrainer dans ses aventures, Anjou, s'il le suivait avec un régiment ou bien une bonne troupe, avait promis à Sully, écrit-il, « de vous mettre en possession des biens de M. le vicomte de Gand, votre oncle et votre parrain, desquels il avait déshérité monsieur votre père et vous par conséquent, à cause de la religion[82] ». Malgré son peu de confiance en

79 *Mémoires et autres écrits de Marguerite de Valois*, *op. cit.*, p. 132.

80 *Les œconomies royales de Sully*, *op. cit.* t. 1, p. 87-89.

81 *Idem*, p. 85-89.

82 *Ibid.*, p. 90.

Anjou, Navarre lui-même avait songé le suivre dans les Flandres, en décembre 1580[83]. Le 26 juillet 1581, les États généraux des Provinces-Unies publient l'acte de déposition de Philippe II. Le 18 août, l'armée d'Anjou prend Cambrai, dont Marguerite avait su gagner le gouverneur, Inchy (mais qu'Anjou trompe lamentablement, pour le remplacer par Balagny)[84], puis c'est le Cateau-Cambrésis (7 septembre 1581). Anjou, qui a été nommé duc de Brabant, entre aux Pays-Bas en février 1582, mais il dépasse les limites de ses pouvoirs en prétendant occuper, par la force, différentes cités et en s'attaquant, en janvier 1583, à Anvers. Repoussé par ses habitants, il accuse plus de 1600 tués dans sa déroute. Ne pouvant plus se maintenir aux Pays-Bas, il les quitte, en juin 1583, et les troupes françaises s'en retirent, deux mois plus tard. L'accord de Plessis-lès-Tours, ratifié par le traité de Bordeaux (23 janvier 1581), ne sera pas réalisé, les Provinces-Unies choisissant de devenir une république.

Le dessinateur Pierre Dumonstier (1543 ?-1601) nous a laissé un portrait du duc d'Anjou, réalisé, en 1582, à la pierre noire et au crayon de couleur. Approchant la trentaine, son regard ne dénote pas, là, l'assurance d'un chef de guerre.

83 Navarre au sieur de La Bourlie, 12 décembre 1580 (Berger de Xivrey Jules, *Lettres missives de Henri IV*, Paris, Imp. royale, 1843, t. 1, p. 336-337. *Documents concernant les relations entre le duc d'Anjou et les Pays-Bas (1576-1583)*, Muller Pieter Lodewijk et Digerick Alphonse (éd.), Gravenhage, Martinus Nishoff, 1891, t. 3, p. 612. Kervyn de Lettenhove Joseph Marie B. C., *Les huguenots et les Gueux, étude historique, 1560-1585*, Bruges, Beyaert-Storie, 1885, t. 6, p. 7-9).

84 *Les œconomies royales de Sully*, *op. cit.*, t. 1, p. 103-106.

FIG. 6 – François de Valois, duc d'Alençon, 1582, par Pierre Dumonstier, Bibliothèque nationale de France.

Navarre, quant à lui, eu égard à sa faiblesse militaire, et à ses piètres coups de main à défaut de batailles, sort gagnant de ce retour à la paix de Bergerac. Le détail de ses escarmouches contre Marmande, où Biron assemblait une armée, et sa honteuse fuite, pour éviter de combattre, en disent long sur la valeur de ses troupes[85]. Condé ne fit pas mieux. « De trente ou quarante entreprises qu'avaient les huguenots, il n'y en eut que trois qui réussissent, à savoir La Fère[86] en Picardie et Montaigu en Poitou [...] et Cahors en Quercy[87]. » Navarre obtient, aussi, le rappel de Biron, qui va commander l'armée des Flandres, et son remplacement par Matignon. Enfin, depuis Blaise de Monluc et ses épigones, Navarre ne sera plus en prise avec un lieutenant général s'attachant à contraindre le gouverneur de la vaste province de Guyenne, véritable source de sa puissance. C'est grâce à ce fin Normand qu'il pourra, désormais, gravir, sans entraves majeures, les marches vers le trône de France.

Le portrait du maréchal de Matignon, conservé au Palais de Monaco, révèle la sagesse et la retenue de cet homme d'âge mûr. De la Normandie à la Guyenne, il sait s'informer, et agir avec discernement.

85 *Idem*, t. 1, p. 72-77. La prise du bourg huguenot de Monségur, en juin 1580, avec des pétards, n'est guère plus glorieuse (*Ibid.*, p. 80-81).

86 Condé, en prenant La Fère (qui était à Marguerite), le 29 novembre 1579, espérait reconquérir son gouvernement de Picardie. Matignon reprend la place en septembre 1580.

87 *Les œconomies royales de Sully*, *op. cit.*, t. 1, p. 66-67.

FIG. 7 – Jacques II de Goyon-Matignon,
estampe Maison Odieuvre (Paris), reproduction Pierre-Yves Morandon
© Archives du Palais princier de Monaco – IAM.

UNE REINE DE NAVARRE INSOUMISE

Qu'est-ce qui a poussé Marguerite à quitter la cour de Nérac, en mai 1582, pour retrouver celle de France, où elle ne pouvait qu'être mal accueillie par Henri III ? C'est le moment où ses *Mémoires* s'interrompent, ce qui n'est sûrement pas un hasard.

LA RUPTURE

Marguerite semble bien s'être préparée à ce départ, dès la fin de l'année 1581. Navarre l'accompagnera jusqu'à La Mothe-Saint-Héray, chez l'éminent conseiller de Catherine de Médicis (laquelle vient à leur rencontre), Louis de Lansac. La lecture attentive de ses comptes, enfilant les dépenses de solides portes et verrous tout au long de son parcours, semble indiquer que Marguerite craignait pour sa vie. Ce n'était pas la première fois ; ce ne sera pas la dernière. Craindrait-elle un meurtrier à la solde de son époux, de Fosseuse, qu'elle a faite renvoyer, ou d'un huguenot fanatique de ces pays traversés ? De fait, son chancelier, Pibrac, avait consulté un horoscope qui indiquait que son mari devait « la tuer de ses mains », la Semaine Sainte lui serait funeste et la rumeur avait gagné la cour ; en ces temps troublés, il n'y avait pas que Catherine pour tendre l'oreille à ce type de propos[88]. Ils ajoutaient à ses inquiétudes. Lors de sa cure à Bagnères-de-Bigorre, l'insidieuse Mlle de Rebours l'avait informée des mauvaises intentions de son époux à son égard. Cet époux volage lui avait infligé de couvrir, et assister, l'enfantement de sa maîtresse préférée, Fosseuse. Humiliation. Pouvait-elle, elle-même, avoir l'heur de lui donner un héritier alors qu'il ne partageait plus sa couche ? Henri III et Catherine approuvaient ce retour, fut-il momentané, mais ils le souhaitaient en couple ; le chef huguenot serait plus contrôlable en revenant à la cour de France. Et Marguerite, contre l'avis

---

88 C'est d'un célèbre astrologue florentin, Francesco Junctini, que Pibrac tenait cet avertissement. Le roi et la reine mère, toujours selon ce dernier, lui auraient demandé de l'en avertir, lui conseillant de prendre le prétexte de faire ses dévotions de la semaine sainte à Agen, ou à Port-Sainte-Marie… prétexte, qu'en effet, Marguerite sait reprendre pour sa « révolte » de 15S5. Dans sa longue justification contre les récriminations de Marguerite, Pibrac s'attache à démontrer qu'il lui a nullement conseillé de se retrancher dans ses terres, avec une force armée… autre développement prémonitoire de ce qu'elle va accomplir.

de ces derniers, entendait continuer à favoriser les ambitions flamandes de François d'Anjou. Quel que soit ce faisceau d'indices, le mystère de ce départ, de cette fuite (?) demeure entier.

À l'aube de sa trentième année, il marque une rupture majeure dans la vie de Marguerite. Elle se dégageait de l'emprise du couple machiavélique mère/frère, comme de son mari volage et manipulateur. Ses *Mémoires* s'interrompent ; une autre vie commence.

À la cour de France, Marguerite, mène un vie dispendieuse, faite de festins, de bals et de concerts ; tourbillon d'oubli ? Ses comptes démontrent clairement qu'elle s'installe à Paris pour un certain temps. Elle y appelait Navarre, qui lui faisait l'affront de lui imposer la condition préalable de réintégrer Fosseuse dans sa maison, avant que Corisande d'Andoins ne le retienne puissamment dans ses rets d'amour. Même d'Aubigné qualifiait celle-ci de « sorcière, l'accusant d'avoir empoisonné l'esprit du roi[89] ». Marguerite se faisait forte d'assurer Navarre de l'amitié de son royal frère. D'un autre côté, elle ne cessait de suivre, et favoriser, les entreprises flamandes de François d'Anjou. Rêvant, là encore, de son rapprochement avec son époux. Si ce dernier loin d'elle, réduisait tout espoir de naissance d'un héritier, Marguerite exultait de l'amour du beau, et brillant, Jacques de Champvallon. Relation bien assurée, contrairement à toute celles que les médisants lui attribuaient.

Marguerite aurait été enceinte de œuvres de Champvallon. On en murmure tout au long de l'hiver, et du printemps 1983. Henri III qui, lui-même, en quête d'un héritier, traverse une période d'intense mysticisme, est exaspéré par les dérèglements de sa sœur. Son comportement, et celui de ses dames d'honneur, Madame de Duras[90] et Mademoiselle de Béthune[91], sont très décriés. Henri III la tance vertement et exige qu'elle retourne à Nérac. Malgré ses récriminations, le roi lui attribue, le 8 juillet 1583, le duché d'Étampes.

Marguerite quitte Paris le 8 août, non sans subir l'humiliation de l'arrestation momentané, et interrogatoire, de partie de ses gens, indigne pour une fille de France. Son retour en Guyenne est long et laborieux.

---

89 D'Aubigné Agrippa, *Mémoires*, Lalanne Ludovic (éd.), Paris, Charpentier, 1854, p. 68.

90 Barbe de Maupas était la mère de Jean et de Jacques de Durfort, mais aussi de Marguerite, mariée à Philippe de Belleville, comte de Caunac, et de Jeanne, épouse de Georges de Foix, comte de Rabat (Favre Jean, *Précis historique sur la famille de Durfort Duras*, Marmande, Duberort, 1858, p. 79-83).

91 Marguerite de Béthune, fille du duc de Sully, femme de Henri, duc de Rohan.

C'est désormais son époux qui prétend refuser de la recevoir, s'emparant de Mont-de-Marsan, et mettant en état de guerre des cités telles que Condom, Agen ou Bazas, afin de mieux négocier ce retour. Les deux rois finissent par s'accorder : Navarre garde Mont-de-Marsan, et les garnisons sont retirées, sauf à Bazas. …Marguerite, une fois de plus, n'est que le jouet, si ce n'est l'enjeu, de ses frère et mari. Encore des embûches en arrivant sur les terres de ce dernier, à Jarnac, puis à Coutras. Matignon, attentionné, s'efforce de la recevoir dignement, en évitant, cependant, de réunir une trop grande « assemblée de catholiques » qui ne pourrait que déplaire à l'entourage de son époux[92].

Outre les dépenses qu'elle a consacré à diverses œuvres, et l'attention portée au couvent du Paravis, près de Port-Sainte-Marie, la dévotion que la reine de Navarre porte au sanctuaire marial de Bon-Encontre, tout près d'Agen, témoigne encore de sa réelle et profonde piété[93]. Celle-ci, jointe à sa tendre inclination pour sa sœur, la défunte reine d'Espagne Isabel/Élisabeth, contribuaient à la rapprocher de Philippe II, qui ne manquait jamais de lui manifester son affection dans ses courriers[94]. Les espions espagnols, bien présents en Guyenne, étaient très attentifs à toutes ses marques de dévotion.

Dans ses lettres adressées à son « cousin », Matignon, Marguerite se présente soumise à sa mère en déclarant se « gouverner par son conseil

92 Matignon à Henri III, 20 septembre 1583 (APM, J 41). Une fille de Matignon, Gillonne, confidente, et complice, de Marguerite, la suivait dans ses déplacements. Lors du séjour à Nérac, elle a été mariée, à la demande de la reine mère, avec Georges d'Harcourt, marquis de Beuvron (30 novembre 1578).

93 Le 15 août 1584, Marguerite se rend, à pied, « à La Rocqual ou elle va en rominaige [pèlerinage] à Nostre Dame [Nostre-Dame de Bonne-Fortune, aujourd'hui : de Bonne-Encontre] », accompagnée de l'évêque d'Agen, Janus Frégose et de « toute la noblesse de l'Agenais » (De Rouen V., *L'Heureuse Rencontre du Ciel et de la Terre*, Toulouse, Colomiez, 1642 et Archives Municipales (AM) Agen, FF 38). L'invention de la statue de la Vierge, sous les sabots d'un bœuf, serait advenue en 1511 ou 1512. Dans une ambiance de controverse religieuse, la reine de Navarre, qui portait alors le deuil de son frère, contribue au rayonnement de la dévotion. Sur Janus Frégose : Chichkine Vladimir, « Un prélat à l'époque des guerres de Religion : Janus Frégose, évêque d'Agen », *Revue de l'Agenais*, t. CXLIV, 2017, p. 501-514. L'évêque suivant, Nicolas de Villars, entreprend la construction d'une église et d'un couvent. Marguerite, mais aussi sa dame d'honneur, Antoinette de Raffin, épouse du ligueur Guy de Lansac, consacreront d'importantes donations au bénéfice de cette chapelle (*Histoire de Notre-Dame de Bon-Encontre*, par un Prêtre Mariste, Avignon, Seguin, 1883, p. 1-85).

94 Sur l'attachement particulier de Philippe II à Élisabeth de Valois : Douais Célestin, *Les dernières années d'Élisabeth de Valois, reine d'Espagne*, Toulouse, Privat, 1896.

et par le vôtre ». Dans ce même désir d'apaisement, elle déclare avoir persuadé son frère cadet, François d'Anjou, d'envoyer Lavardin se justifier de « choses qui sont anciennes [mais qu'elle craint qu'elles] nous aient brouillé avec le roi mon mari ». Lavardin, qui tient Marguerite étroitement informée, aura soin d'éviter Agen, en avançant vers Nérac ; « [il] passera tout droit sans me voir afin qu'on l'en ait moins suspect. » écrit-elle[95].

Arrivée à Agen le 7 décembre 1583, elle le quitte, pour Nérac, le 12 avril suivant. Le lendemain, les époux se retrouvent, enfin, à Port-Sainte-Marie. Mais Henri de Navarre reste froid, dédaigneux et absent à l'endroit de son épouse. Reconstituant sa maison à Nérac, Marguerite reprend, parmi ses dames et filles d'honneur, Mmes de Duras et de Béthune, tant décriées par Navarre, Catherine et Henri III, signe de son désir d'autonomie.

MARGUERITE LIGUEUSE

L'annonce de la mort de François d'Anjou (10 juin 1584), que l'on savait souffrant, finit d'ébranler Marguerite. Désormais, la voici seule, dans un monde hostile. S'ouvre une crise dynastique. Le premier prince de sang, son époux, est protestant. La Ligue va se dresser. Dans le cas d'une contestation de la loi salique, Marguerite penserait-elle pouvoir disposer de l'accès à la couronne de France ? Les agents de l'Espagne corroboreront cette hypothèse. Brantôme, lui-même, Dans le *Recueil des dames*, rapporterait les propos significatifs de Catherine de Médicis à ce sujet.

> Or, si par l'abolition de la loi salique, dit encore la reine [Catherine de Médici], le royaume venait à ma fille par son juste droit comme aussi d'autres royaumes tombent en quenouille, certes ma fille est bien capable de régner, ou plus que beaucoup d'hommes et rois que je sais et qui ont été : et crois-je que son règne serait beau et le rendrait pareil à celui du roi son grand-père et roi son père car elle a un grand esprit et de grandes vertus pour ce faire[96].

95 Deux lettres de Marguerite à Matignon, s.l.n.d. (APM, J 42). Il s'agit probablement, après la désastreuse conjuration des Malcontents (fin février et début avril 1574), du retournement contre les protestants de François d'Alençon et de Marguerite, celui-ci espérant devenir souverain des Pays-Bas (1576-1578).

96 Brantôme, *Recueil des dames*, I, V, « Sur la reine de France et de Navarre, Marguerite », Paris, Gallimard, 1991, p. 134.

Navarre devenant l'héritier présomptif du trône de France, cette position l'engage, de son côté, à se rapprocher de Henri III[97]. Jean-Pierre Babelon considérait que ce n'était qu'à partir de sa fuite de la cour de France, en 1576, que l'éventualité qu'il puisse recueillir la couronne de France s'imposait[98]. L'ancien ambassadeur d'Espagne, Francès de Álava, devenu Grand espion, nous révèle que cette option hantait déjà les esprits dix ans auparavant. Il avait, alors, recueilli les paroles d'Anne d'Este, duchesse de Guise, prononcées « avec une grande dissimulation, étant dans une cheminée avec le roi Charles [IX] et la reine mère », qui leur exposait, dans le détail, la constitution déficiente des fils Valois, et « le danger que notre couronne tombe entre les mains de Vendôme [Henri de Navarre][99] ».

Navarre, autant que Marguerite, porte alors, ostensiblement, le deuil de Monsieur, avec toute sa maisonnée[100]. Contrairement à ses allégations rassurantes, portées par Duplessis-Mornay, il faut plutôt, avec Pierre de L'Estoile, considérer que l'assemblée de Montauban, qui s'ouvre, enfin, le 15 août 1584, sensible à la mort soudaine de Monsieur, ravive l'espoir d'un royaume de France calviniste[101]. Les catholiques, dont le sénéchal d'Agen, Bajamont, s'en inquiètent fortement[102].

C'est à ce moment que se structure la Ligue, et que Marguerite, qui ne cessera d'accuser Henri III de ses infortunes, s'accorde avec Henri de Guise[103]. Celui-ci écrit à Philippe II « [qu'elle] s'est jointe à nous dès le

97 C'est dès le 16 mai 1584, et donc avant la mort de son frère, que Henri III envoie en Gascogne l'archimignon Jean-Louis de Nogaret de La Valette, premier duc d'Épernon. Sa mission, officielle, est d'offrir la couronne de France au roi de Navarre, en sa qualité de premier héritier du roi régnant. Il doit, pour cela, se faire catholique et revenir à la cour. Les deux rois devront également contracter un traité d'alliance offensive contre la maison de Lorraine et la Ligue.

98 Babelon Jean-Pierre, *Henri IV*, *op. cit.*, p. 225.

99 Francès de Álava à Philippe II, Madrid, 22 septembre 1578 (AGS, Estado 359, n° 235).

100 Raymond P., « Notes extraites des comptes de Jeanne d'Albret et de ses enfants (1556-1608) », *Revue d'Aquitaine et des Pyrénées*, 1867, t. XII, n° 6, p. 266.

101 Anquez Léonce, *Histoire des assemblées politiques des réformés de France (1573-1622)*, Paris, Auguste Durand, 1859, p. 36. De L'Estoile Pierre, *Registre-journal du règne de Henri III*, t. IV (1582-1584), Lazard Madeleine et Schrenck Gilbert (éd.), Genève, Droz, 2000, p. 153.

102 Il n'en peut rien savoir, mais on lui assure la présence de « Besse » (Théodore de Bèze ?) (Bajamont à Matignon, Lafox, 30 août 1584, APM, J 136, n° 144).

103 Au printemps 1570, alors âgée de 16 ans, Marguerite avait osé écrire à Henri de Guise. Gondi avait dénoncé l'intrigue amoureuse qui se nouait et Charles IX, furieux, avait un moment interdit l'entrée de Henri de Guise et de Mayenne à la cour, en menaçant de tuer le premier s'il levait les yeux sur sa sœur. Cette union, souhaitée par les oncles de Henri contrevenait aux projets matrimoniaux de la cour et risquait d'entraîner la guerre avec les protestants. En octobre suivant on mariait Henri de Guise à Catherine

commencement, avec un nombre considérable de gentilshommes[104] ». Par la signature du traité de Joinville, le 17 janvier 1585 (et non pas le 31 janvier 1584, comme on l'a longtemps cru)[105], le Roi Catholique s'engage à soutenir la Ligue, tant financièrement que militairement[106]. Les catholiques zélés de Guyenne et de Gascogne entrent alors en action[107].

---

de Clèves, veuve d'Antoine de Croy, prince de Porcien (Constant Jean-Marie, *Les Guise*, Paris, Hachette, 1984, p. 67-68).

104 Henri de Guise à Philippe II, Troyes, 14 septembre 1585 (De Croze Joseph, *Les Guises, les Valois et Philippe II*, Paris, Amyot, 1866, p. 350-351).

105 Le texte a été antidaté afin de précéder l'union de Cambrai à la couronne de France et éviter ainsi aux princes ligueurs de se présenter dans une entreprise contre leur souverain (« *Ynstruccion y accuerdo para el Sr. Comendador Moreo* », Joinville, 17 janvier 1585, AGS, *Estado*, leg. 2846, Vásquez de Prada Valentin, *Felipe II y Francia (1559-1598). Política, religión y razón de Estado*, Pamplona, EUNSA, 2004, p. 279).

106 Sont au château de Joinville : les ducs de Guise et de Mayenne, fondés de pouvoir du cardinal de Guise, leur frère, des ducs d'Aumale et d'Elbeuf, leurs oncles, et François de Roncherolles, sieur de Maineville, représentant du cardinal de Bourbon (Charles X de la Ligue). Ils s'engagent à maintenir l'unité de la religion catholique en France. Pour cela, il est nécessaire d'extirper l'hérésie des Pays-Bas, d'exclure du trône de France tout prince hérétique, de reconnaître le cardinal de Bourbon comme le plus proche et légitime héritier de la couronne, et admettre le concile de Trente comme loi fondamentale du royaume. Les ligués s'engagent à aider Philippe II à recouvrer Cambrai, que Catherine de Médicis gardait comme une porte ouverte sur les Pays-Bas, et à l'assister contre les rebelles de ces provinces. Parmi les autres promesses solennelles du pacte, les ligueurs s'engagent à ce que, une fois devenu roi de France, le cardinal de Bourbon ratifie le traité de Cateau-Cambrésis (1559) et renonce à toute alliance avec le Turc. Il fera cesser les expéditions maritimes nuisibles au commerce des Espagnols dans les Indes. Le cardinal de Bourbon, devenu roi, interdira l'hérésie en France et il exterminera ses adeptes. De son côté, Philippe II promettait de fournir à la Ligue un subside de 600 000 écus dans les six premiers mois de la prise d'armes qui était convenue, et 50 000 écus par mois tant que durerait la guerre. Ces sommes devaient être remboursées à l'avènement du cardinal de Bourbon, ou bien de son successeur. Ce traité devait s'étendre à tous les grands officiers de la couronne, les seigneurs et les gentilshommes, les villes, les chapitres et universités du royaume, ainsi qu'à tous les catholiques. Le roi d'Espagne et les princes ligués s'interdisaient de négocier directement ou indirectement avec le roi de France ou avec quelque autre prince sans un consentement mutuel. Pour retarder la réaction des protestants, le pacte devait demeurer secret tant qu'il ne serait pas publié d'un commun accord. Une copie était envoyée à Philippe II, qui le ratifierait en mars suivant, une autre au cardinal de Bourbon et aux princes ligués, dont les ducs de Mercœur et de Nevers, absents. Par des actes particuliers, les ducs de Guise et de Mayenne promettent à Philippe II de lui livrer le prétendant au trône de Portugal, dom Antonio, prieur de Crato. Le cardinal de Bourbon, s'engage, quant à lui, à céder non seulement la Basse-Navarre, mais aussi le Béarn, au Roi Catholique. La cour de Rome adhère au complot en accordant une indulgence plénière, sous forme de jubilé, aux conspirateurs, et en promettant d'excommunier le roi de Navarre et le prince de Condé aussitôt que les catholiques auront pris les armes.

107 Brunet Serge, *« De l'Espagnol dedans le ventre ! »*, *op. cit.*, p. 682-739.

Comment, et quand, Marguerite s'est-elle abouchée avec les guisards ? Alors qu'elle est à Agen, peu avant d'être enfin autorisée à rejoindre son époux à Nérac, elle écrit à Matignon, dans une relation de confiance continuée, que

> on m'a dit que l'on envoie quérir M. de Gondrin et d'autres gentilshommes catholiques qui me fait penser que c'est en intention de me voir, si Dieu permet que je sois à mon contentement [que j'en sois satisfaite]. Croyez que ma plus grande étude sera de vous tenir bien ensemble [de m'efforcer que vous vous entendiez][108].

Hector de Pardaillan-Gondrin, capitaine des gardes du Corps du Roi, baron de Gondrin et de Montespan, sénéchal d'Albret, est le chef de cette illustre famille qui sert fidèlement les Bourbons-Albret, mais seulement jusqu'à leur conversion au calvinisme. Ses membres ont suivi Blaise de Monluc. C'est de cette lignée, unanimement catholique, qui rappelait avoir accompagné Louis IX aux croisades, et participé à la *Reconquista*, qu'est sortie Blaise de Lamotte-Gondrin, lieutenant général en Dauphiné pour Guise, le martyr de Valence (avril 1562). Le père d'Hector avait pris part aux premières ligues catholiques ; son fils, Antoine-Arnaud, sera, à son tour, un chef majeur de la Ligue de Guyenne. Comme nous l'avons vu, Hector a agi dès la Ligue de 1576, avec l'évêque de Comminges, Urbain de Saint-Gelais. Il rejoindra l'armée de Mayenne en mars 1585 et il fera partie de ces quelques ligueurs que les historiens s'étonnent de compter dans la 8e promotion des chevaliers du Saint-Esprit (21 décembre 1585)[109]. Malgré la prudence de Matignon, Marguerite est donc approchée, d'une façon plus insistante, par la noblesse gasconne guisarde.

---

108 Marguerite à Matignon, s.l.n.d. (APM, J 42).

109 En 1586, Henri III, soucieux de sa sécurité, utilise Gondrin, alors lieutenant des gardes suisses, comme intermédiaire entre lui et l'ambassadeur Lucinge, et même comme envoyé auprès de Mayenne, lui témoignant là de sa confiance continuée (Le Roux Nicolas, *La faveur du roi. Mignons et courtisans au temps des derniers Valois (vers 1547-vers 1589)*, Seyssel, Champ Vallon, 2000, p. 191-192).

MARGUERITE, LES LANSAC, ET LA NOBLESSE CATHOLIQUE GASCONNE

Les conjurés avaient l'espoir, en soulevant l'Agenais, « au milieu des forces des hérétiques[110] », d'emporter plus aisément le reste de la Guyenne catholique, en contrecarrant ainsi la réaction de son gouverneur, le roi de Navarre. Les guisards, qui espéraient encore le ralliement du louvoyant gouverneur de Languedoc, Henri de Montmorency-Damville, tablaient aussi sur l'excommunication de Henri de Navarre, laquelle leur attirerait nombre de catholiques et, partant, la reconnaissance rapide de la Sainte Union par Henri III[111]. Ainsi le roi unirait les forces de la Ligue à son armée contre le parti protestant ; et c'est ce qu'il allait faire.

Catherine de Médicis, comme Philippe II, n'a plus l'espoir que Marguerite pourrait ramener Henri de Navarre au catholicisme, et lui donner un héritier[112]. La rupture avec son époux est irréductible, même si elle n'est pas encore déclarée. Marguerite se sent alors en danger à Nérac, trop près de la machiavélique Corisande d'Andoins, qui souhaiterait se faire épouser par le roi de Navarre. On spécule sur les destinées de la pauvre Marguerite. Peut-être que Catherine de Médicis est, aussi, sensible à cette fameuse prédiction qui courrait, et dont Pierre de L'Estoile se fait, aussi, l'écho, que sa fille sera tuée pas son mari. Bellièvre, envoyé par la cour en Guyenne, craint qu'on ne l'empoisonne[113].

La maréchale de Matignon[114], quant à elle, propage le faux bruit selon lequel le roi d'Espagne projetterait d'enlever Marguerite pour la

110 Henri de Guise à Philippe II, Troyes, 14 septembre 1585 (De Croze Joseph, *Les Guises*, *op. cit.*, p. 351).

111 Les lettres de Guise à Philippe II et à son ambassadeur montrent qu'un traité était espéré en ce sens avec Damville, dès 1584, laissé en l'état du fait des « longues irrésolutions » de ce dernier. Il est toujours réclamé par Guise, par l'entregent du commandeur Moreo, en février 1586, mais Philippe II diffère de solliciter directement Damville et s'en remet à son gendre, le duc de Savoie, lequel tarde. Dès l'été suivant, il s'allie à François de Bourbon, duc de Montpensier, que Henri III a chargé de tenter d'amener Navarre à la conversion (Guise à Bernardino de Mendoza, Reims, 1er octobre 1585, s.l., 3 février 1586, Nancy, 17 juillet 1586 et s.l., 18 septembre 1586, De Croze Joseph, *Les Guises*, *op. cit.*, p. 354-359, 370-371, 376-378 et 382-384).

112 Philippe II à Tassis, 23 septembre 1584 (AGS, *Estado*, K 1448).

113 Une femme de l'entourage de Marguerite était morte empoisonnée par un potage qui lui était destiné. Tous, y compris Montaigne, s'inquiètent du « diabolique » ascendant de la comtesse de Guiche sur Navarre (Ritter Raymond, *Une dame de chevalerie. Corisande d'Andoins*, *op. cit.*, p. 124-139 et 154-161).

114 Françoise de Daillon du Lude, épousée en 1558, fille aînée de Jean de Daillon, comte du Lude, gouverneur de Poitou et sénéchal de Rouergue, et d'Anne de Batarnay.

démarier et se servir ensuite de son droit afin de disputer au Béarnais la succession à la couronne de France[115]. L'absence de la moindre allusion à cela dans les sources espagnoles conforte l'hypothèse d'une intoxication qui, tout en désignant l'Espagne, a pour effet que Henri III et la reine mère exigent avec plus de force que la reine de Navarre se soumette à l'autorité de son époux. Peu avant la mort du duc d'Anjou, une autre intox, habilement utilisée par Duplessis-Mornay, avait propagé le bruit que Philippe II aurait proposé de payer à Navarre

> 150 000 écus pour faire une levée de reitres et commencer la guerre en ce royaume avec promesse de toute assistance que l'armée du prince de Parme favorisera en tout ce qu'il pourra. Lorsque l'on aura pris les armes l'on mandera le nom des pensionnaires de deçà [c'est-à-dire les espions espagnols en France !] pour s'en servir[116].

Proposition ubuesque, qui entraînerait à détruire les services secrets espagnols en France ! En réalité, c'est Navarre, alors faible et faisant flèche de tout bois pour trouver des financements et circonvenir Henri III, qui avait sollicité Philippe II, et non pas l'inverse, par l'intermédiaire d'Antonin, vicomte d'Etchaux, agent double navarrais depuis longtemps reconnu comme tel – et manœuvré – par les services secrets espagnols[117]. L'habile commandeur de Malte Juan Moreo, d'origine béarnaise, plénipotentiaire du Roi Catholique auprès de la Ligue, y a probablement eu sa part ; l'ambassadeur de France en Espagne, Pierre de Segusson, seigneur de Longlée, est conscient qu'il s'ingénie à manipuler Navarre[118].

115 Ces bruits auraient été dévoilés à la cour par la maréchale de Matignon, au commencement de l'année 1584. Sans appartenir à sa cour, celle-ci « était souvent auprès d'elle » et l'espionnait pour le compte de son époux. La rumeur persiste au cours de l'été suivant (De Caillière Jacques, *Histoire du maréchal de Matignon*, *op. cit.*, p. 164, Lauzun Philippe, « Itinéraire raisonné de Marguerite de Valois en Gascogne (1578-1586) », *Revue de l'Agenais*, t. XXIX, 1902, p. 253).

116 Matignon à Villeroy, 18 octobre 1583 (APM, J 41). Brunet Serge, *« De l'Espagnol dedans le ventre ! »*, *op. cit.*, p. 603. D'Aubigné n'hésite pas à écrire qu'il aurait participé à ces négociations (D'Aubigné Agrippa, *Histoire universelle depuis 1550 jusqu'en 1601*, Genève, Droz, 1981-2000, liv. 10, chap. XVIII, p. 247-248).

117 Matignon ajoute : « Que tout aussitôt que Ségur fut trouver le roi pour lui faire entendre les offres que le roi de Navarre faisait à sa majesté [Henri III cherchait à s'entendre avec Navarre, au prix de sa conversion], le roi d'Espagne en fut averti, mais il n'en est entré en doute et n'a la négociation cessé de continuer. Ledit vicomte d'Etchau a rapporté que le roi a écrit et prié au roi d'Espagne de faire mourir le vicomte de Turenne et La No[u]e. » (*Idem*). Sur la reconnaissance précoce d'Etchaux comme un agent double : Brunet Serge, *« De l'Espagnol dedans le ventre ! »*, *op. cit.*, p. 611-612).

118 De Longlée à Matignon, Saragosse, 17 mars 1585 (APM, J 132, nº 210).

Quitter Navarre et Nérac est une évidence et, dès ce moment, Marguerite choisit d'aider les guisards, avant de les rejoindre officiellement[119]. Sa subite activité épistolaire nous alerte. Alors que la reine de Navarre expédiait communément six à sept courriers par mois, du mois de juin au mois de septembre, ce sont pas moins de 42 lettres qui sont expédiées à divers gentilshommes catholiques du Sud-Ouest[120]. Certains, comme Bajamont[121], sénéchal d'Agen, ou Charrin, de Condom, sont à des postes-clés[122]. Navarre, qui la fait espionner, s'en inquiète.

C'est alors dans cette dynamique de préparation du complot des Guises qu'il faut placer la rencontre de Marguerite de Valois avec l'évêque de Comminges, qu'elle avait déjà reçu, « avec une belle troupe de gentilshommes » catholiques aux eaux de Bagnères-de-Bigorre trois ans

119 Marguerite, en exposant les raisons pour lesquelles elle demeura fidèle à son époux en 1580, nous présente également pourquoi elle le quittait cinq ans plus tard. Consciente que Biron, plus fort que lui, pouvait l'écraser, « Dès le commencement de cette guerre, voyant que l'honneur que le roi mon mari me faisait de m'aimer, me commandait de ne l'abandonner, je me résolus de courre sa fortune, non sans extrême regret de voir que le motif de cette guerre fut tel, que je ne pouvais souhaiter l'avantage de l'un ou de l'autre [parti] que je ne souhaitasse mon dommage. Car si les huguenots avaient du meilleur [gagnaient], c'était à la ruine de la religion catholique, de quoi j'affectionnais la conservation plus que ma propre vie ; si aussi les catholiques avaient l'avantage sur les huguenots, je voyais la ruine du roi mon mari. » (Viennot Éliane (éd.), Marguerite de Valois, *Mémoires et autres écrits, 1574-1614*, Paris, Champion, 1999, p. 202). Mais Corisande n'était pas Fosseuse ; désormais Navarre la maltraitait et, s'il devenait roi de France, ce ne serait pas à son bras, au détriment de sa foi.

120 En juin 1581, à Bagnères-de-Bigorre, toute la noblesse catholique des alentours vient lui faire sa cour, ainsi qu'Urbain de Saint-Gelais et ses affidés. En 1583, celui-ci, avec Poyanne, aurait conjuré pour s'emparer de plusieurs places en Armagnac, dont Mont-de-Marsan (D'Aubigné Agrippa, *Histoire universelle*, *op. cit.*, liv. 10, chap. VI, p. 168-172). Mais nous pouvons suspecter là une fausse rumeur servant à justifier que Navarre s'empare de cette place. L'année suivante, on remarque au sein de la Maison de Marguerite, la présence de François d'Esparbès de Lussan, sieur du Fauga et frère de Jean-Paul, gouverneur de Blaye qui se déclare pour la Ligue, ou encore Jean de Castanet, sieur de Campsègue (Lauzun Philippe, « Itinéraire raisonné de Marguerite de Valois en Gascogne (1578-1586) », *op. cit.*, p. 177-178 et 263). Du Fauga transmet des informations secrètes (Boucher Jacqueline, *Deux épouses et reines*, *op. cit.*, p. 287-288). Il a été, successivement, gouverneur de Lectoure (1558), Nérac (1570), Saint-Sever (1572) et Mézin (1574). En 1580, il était le lieutenant de Biron et participe à la prise de Montfort. Il s'éteint en 1602 (Carsalade du Pont Jules de, « Les deux sièges de Montfort, en 1580 et 1585 », *Revue de Gascogne*, t. XXXIX, 1898, p. 385-388).

121 François de Durfort, baron de Bajamont, de Monbalen et de Laroque-Timbaut, avait succédé à Guy de Lansac au sénéchalat d'Agenais, en 1573. Il remplit son rôle avec un zèle peu commun et défend Agen contre les religionnaires.

122 AnF, KK 173 : comptes de l'écurie pour l'année 1584 (Garrisson Janine, *Marguerite de Valois*, Paris, Fayard, 1994, p. 231).

auparavant[123]. Comme, jadis, elle avait prétexté une cure à Spa pour traiter en cachette des affaires du duc d'Alençon, ce sont les bains d'Encausse, en Comminges, qui lui permettent de retrouver Urbain de Saint-Gelais. Officiellement, elle s'y rendait dans l'espoir d'améliorer sa fécondité ; faible justification eu égard à sa rupture conjugale. Au retour de sa cure, d'une vingtaine de jours, elle s'arrête au palais épiscopal d'Alan, du 10 au 12 octobre[124]. Elle sait que l'évêque, avec son demi-frère, sont des guisards en relation avec l'Espagne, notamment par l'intermédiaire de l'ambassadeur Juan Bautista de Tassis, rejoint par Bernardino de Mendoza[125]. Déjà, avec Jean, vicomte de Duras[126], et Charles de Monluc[127], Guy de Lansac faisaient la recherche d'armes, participant à des « menées qui se font pour soulever le peuple[128] ». Polyglotte et fort instruit, ce dernier renseignait déjà le cardinal de Lorraine, en Allemagne, en 1565 ! Encore dans les grâces d'Henri III,

123 Lauzun Philippe, « Itinéraire raisonné de Marguerite de Valois en Gascogne (1578-1586) », *op. cit.*, p. 203.

124 La cure de Marguerite a duré du 20 septembre au 10 octobre (Lauzun Philippe, *Un voyage de Marguerite de Valois aux eaux d'Encausse en Comminges en 1584*, Auch, 1913. Boucher Jacqueline, *Deux épouses et reines à la fin du XVIe siècle : Louise de Lorraine et Marguerite de France*, Saint-Étienne, Publications de l'Université de Saint-Étienne, 1995, p. 284-287).

125 Mendoza était un vétéran des guerres de Flandres. Il avait conspiré, notamment avec le duc de Guise, pour préparer l'invasion de l'Angleterre et, en janvier 1584, la reine Élisabeth lui avait ordonné de quitter son pays. Philippe II l'envoie en France, après la mort du duc d'Anjou, pour présenter ses condoléances à Henri III et à la reine mère. Il supplante Tassis à l'ambassade de France, lequel devient inspecteur général de l'armée des Flandres. Cet ambassadeur a une moindre connaissance du sud-ouest de la France. Mais Philippe II pallie ces insuffisances par l'envoi d'émissaires spéciaux. Jensen De Lamar, *Diplomacy and Dogmatism. Bernardino de Mendoza and the French Catholic League*, Cambridge (Massachussets), Harvard University Press, 1964.

126 Avant de s'engager, Duras, qui n'a pas d'enfants, prend soin de rédiger son testament, le 27 février 1584. Il y reconnait, comme plus grand péché, d'avoir été calviniste. Sa femme, puis son frère Jacques, et ses enfants, hériteront « pourvu qu'ils ne soient pas huguenots », clause d'annulation (Blanc René, *Histoire du Pays Duraquois*, Eymet, Imp. Gombeaud, 2e éd., 1979, p. 64). Son château sera, plusieurs fois, attaqué par ses anciens coreligionnaires.

127 Charles de Monluc, seigneur de Caupène, petit-fils de Blaise, est le second fils de Pierre-Bertrand de Monluc et de Marguerite de Caupène. Il est capitaine de cinquante hommes d'armes.

128 Navarre à Matignon, novembre 1584 (Berger de Xivrey Jules, *Lettres missives de Henri IV*, Paris, Imp. royale, 1843, t. 1, p. 688-689). C'est Matignon qui a averti Navarre de ces menées. Voir, aussi, le 16 octobre 1584, l'ordre de Henri III à Lansac de les disperser (Boucher Jacqueline, *Deux épouses et reines*, *op. cit.*, p. 289). Lansac prétextait de vouloir assister Jean de Durfort, gouverneur de Casteljaloux.

il l'a efficacement servi pour obtenir le royaume de Pologne. « Intime et familier[129] », d'Henri de Guise, il est ensuite un informateur très écouté des Espagnols, au moins dès 1578[130]. Contrairement à ce que l'on a longtemps cru, c'est d'ailleurs dès cette date que Guise est entré en relation avec Philippe II et en a reçu des financements[131]. Vice-amiral de Guyenne, Guy de Lansac amène à la Ligue François

129 Vargas à Philippe II, Paris, 14 octobre 1578 (AGS, *Estado*, K 1546, n° 70). Brunet Serge, « *De l'Espagnol dedans le ventre !* », *op. cit.*, p. 657-661. La famille de Guy de Lansac avait longtemps détenu le gouvernement de Bourg (Le Roux Nicolas, « Guerre civile, entreprises maritimes et identité nobiliaire : les imaginations de Guy de Lanssac (1544-1622) », in *Bibliothèque d'humanisme et de Renaissance*, t. LXV, 2003, p. 529-569 ; Arnault Aurélien, *Guy de Lansac. Partie 1 : de serviteur de la cour de France à la trahison (1565-1580)*, mémoire de master 1, Université Paul-Valéry Montpellier III, 2015).

130 « Quoiqu'il soit jeune, il ne l'est pas tant que cela, ayant été ambassadeur en Pologne et ayant eu des charges de guerre en mer et sur terre, et il est marié et il a des enfants et il donne des preuves d'avoir plus de poids et de maturité que ce que l'on est habitué à voir dans sa nation. C'est un homme très bien vu, très instruit, avec qui on peut négocier et très au fait des affaires du monde et surtout un homme d'honneur. » (Juan de Vargas Mexía, ambassadeur d'Espagne, à Philippe II, Paris, 14 octobre 1578, AGS, Estado, K 1546, n° 70). Lansac « le jeune » (pour le distinguer de son illustre père), qui renseigne régulièrement l'ambassadeur Vargas sur tout ce qui se fait et dit à la cour de France comme à Bordeaux, avait déjà été associé aux intrigues d'Henri de Guise et de Don Juan d'Autriche. Il adresse aussi directement ses informations à Philippe II, auquel il propose ses services, et qu'il va rencontrer dès octobre 1578 (Brunet Serge, *« De l'Espagnol dedans le ventre ! »*, *op. cit.*, p. 689-694). Chevalier de l'ordre du roi, capitaine de cinquante hommes d'armes de ses ordonnances, un temps gouverneur de Blaye, il a été maire de Bordeaux de 1567 à 1571 (Son père l'avait été de 1556 à 1558). « Quant à Monsieur de Guise [il me suffit] de lui être serviteur volontaire comme d'un prince que depuis vingt-six ans j'ai connu nourri près du roi à la cour et en ses armées où il avait réputation d'être prince vertueux et bien mérité de Sa Majesté et aussi que toujours lui et les siens m'ont fait cet honneur de m'aimer et estimer. Mais pour cela je n'accepte le titre de guisart qui m'est-il donné de gens qui me connaissent peu et qui me veulent mal mortel et que je n'aime guère plus. » (Lansac à Matignon, Royan, 15 janvier 1585, APM, J 132).

131 À la fin de l'année 1581, on voit alors se multiplier les lettres que Henri de Guise adresse à la cour d'Espagne. Il cache son identité sous le pseudonyme de « Hercules » (AGS, *Estado*, K 1560 et 1561). Ce n'est qu'à partir de 1584 qu'il change pour « Mucio » (La première mention doit advenir au mois d'avril 1584 : AGS, *Estado*, K 1563, n° 7). C'est cette modification de dénomination qui a d'abord fait penser, par erreur, que les relations des Guises avec l'Espagne ne commençaient pas avant cette seconde date, ou bien qu'elles s'étaient refroidies entre temps. Henri de Guise fournit des informations politiques et militaires et sollicite un soutien financier. En septembre 1582, il obtient un premier versement de 10 000 écus. « Et outre ce qui précède, vous pourrez encore dire à Hercules de bien prendre garde que dans les affaires de la religion, on doit avoir aussi peu de confiance dans Henri III que dans Henri de Navarre », écrit Philippe II (Philippe II à Tassis, septembre 1582 (AGS, *Estado*, K 1573, n° 14). Le 5 mai 1583, ce sont 20 000 écus qui lui sont attribués, le 24 juin suivant, 10 000 écus, et le 2 septembre de

d'Espinay, sieur de Saint-Luc, gouverneur de Brouage, aux précieuses salines, mignon du roi en défaveur. Il le visite, accompagné de sa femme Antoinette de Raffin, qui sera présente à leur côté lors du soulèvement ligueur[132], avant d'être dame d'honneur de Marguerite de Valois[133]. C'est par son mariage avec cette dernière (fille du puissant François de Raffin, dit Pothon), qu'il avait obtenu le fief de Puycavalcary et, un temps, le sénéchalat d'Agen. Marguerite et le duc d'Anjou avaient passé les fêtes de Pâques 1581 chez Lansac, à Bourg. Après son premier départ de Nérac, en avril de l'année suivante, c'est encore dans une demeure des Lansac, au château de La Mothe-Saint-Héray (près de Saint-Maixent-l'École) que Catherine de Médicis était venue retrouver sa fille[134]. Les demi-frères conspirent de concert ; l'entrevue d'Alan ne peut être que ligueuse.

Les comploteurs doivent tenir une réunion avant la prise d'armes de la Ligue, dont la date exacte nous demeure inconnue. Brantôme en a été informé « par la bouche d'un de ces messieurs les conviés[135] ». Comme lors du déclenchement de la première Ligue, déjà à l'instigation de

---

l'année suivante, Guise reçoit encore 12 000 écus (*Idem*, Aranjuez, 5 mai 1583 et Juan de Idiáquez à Tassis, 2 septembre 1584, AGS, *Estado*, K 1573).

132 Saint-Luc à Lansac, Blaye, 7 août 1585 (APM, J 42). Elle avait loué l'action de son mari et dénoncé les fausses rumeurs que le parti protestant répandait contre lui (Antoinette de Raffin à Matignon, Bourg, 6 février 1585, APM, J 132, f° 146). Matignon, le 12 février, apprenant que Lansac était à Brouage, avait écrit à son père pour savoir à quoi s'en tenir sur la position du couple. En déclarant qu'il n'en savait pas plus, le puissant conseiller de la reine mère l'engageait à « leur continuer toujours votre faveur et avantage et à moi votre bonne grâce » (Louis de Lansac à Matignon, Paris, 20 février 1585, *idem*, f° 177). Mais Matignon reste méfiant, face aux rumeurs persistantes, et il souhaite que Lansac retire de Bourg le capitaine Descroix qu'il y avait installé (Guy de Lansac à Matignon, Brouage, 28 février 1585, *idem*, f° 185). Saint-Luc, quant à lui, continue, de son côté, à déclarer sa fidélité à Henri III (Bellièvre à Matignon, Paris, 1er mars 1585, APM, J 132, f° 189).

133 Vigé Éliane et Jimmy, *Brouage, ville d'histoire et place forte*, Saint-Jean-d'Angély, Bordessoules, 1989, t. 1, p. 46. Dom Devienne, *Histoire de la ville de Bordeaux*, Bordeaux, La Court, 1771, t. 1, p. 179. Après son retour à Paris, en 1605, Marguerite prend pour dame d'honneur Antoinette de Raffin (Boucher Jacqueline, *Deux épouses et reines*, *op. cit.*, p. 303, n. 139).

134 Cooper Richard, « Marguerite vue par les diplomates (1577-1585) », *Albineana. Cahiers d'Aubigné*, t. 24, 2012, p. 45-78. Du 28 au 30 mars 1582, Marguerite et sa mère avaient été somptueusement reçues par Louis de Lansac dans son château de La Mothe-Saint-Héray (Lauzun Philippe, « Itinéraire raisonné de Marguerite de Valois en Gascogne (1578-1586) », *op. cit.*, p. 203).

135 Brantôme, *Œuvres complètes*, *op. cit.*, t. 5, 1872, p. 146. Il avait prévu de développer ce point dans une biographie consacrée à Henri de Guise qui, si tant est qu'il l'ait rédigée, nous reste inconnue.

Guise, elle se tient chez Guy de Lansac, cousin de Brantôme, à Bourg-sur-Gironde[136]. Disgracié et isolé sur ses terres, Pierre de Bourdeille avait pensé servir à nouveau le Roi Catholique, en le renseignant, en particulier, sur les ports français[137]. Mais il a décliné l'invitation de son compagnon d'armes. La présence de son ennemi, David Bouchard, ne pouvait qu'entraver son ralliement et un accident, qui le maintenait alité, lui facilitait sûrement cette position[138]. Biron, qui avait été contraint de laisser la lieutenance générale de Guyenne à Matignon[139], a également été pressenti pour le « festin » de Bourg, avec la promesse de 30 000 écus, mais il décline l'offre. Saint-Luc et Jean-Paul d'Esparbès de Lussan, gouverneurs de Brouage et de Blaye, que Lansac avait contribué à installer et avec lesquels il pouvait contrôler l'estuaire de la Gironde, étaient présents. Il y avait donc également David Bouchard, vicomte

---

136 Ce sont le duc de Guise et le cardinal de Lorraine qui étaient alors venus à Bourg pour « l'accréditer [la Ligue] dans la Guyenne. Ils y réussirent, et grand nombre de Bordelais entrèrent dans leurs vues » (Dom Devienne, *Histoire de la ville de Bordeaux*, *op. cit.*, p. 176 et Brunet Serge, « *De l'Espagnol dedans le ventre !* », *op. cit.*, p. 657-659).

137 En 1564, Brantôme était allé servir dans l'armée espagnole sous les ordres de don García de Toledo, commandant de la flotte de Méditerranée (1564-1568). Il avait assisté à la prise de Peñon de Velez de Gomera, sur la côte de l'Afrique. Il était revenu par Lisbonne, où le roi Sébastien lui avait conféré l'ordre du Christ, et par Madrid, où il avait été reçu avec la bienveillance de la reine Élisabeth. À la suite de sa disgrâce, à la fin de l'année 1581, Brantôme échafaude un plan pour servir Philippe II (Cocula-Vaillières Anne-Marie, *Brantôme. Amour et gloire au temps des Valois*, Paris, Albin Michel, 1986, p. 376-384).

138 Son frère aîné, André, étant au plus mal, Henri III avait laissé espérer à Brantôme qu'il pourrait jouir de son sénéchalat du Périgord, dans l'attente de la majorité de son neveu. Dans les derniers jours de 1581, c'est en faveur de David Bouchard, sieur d'Aubeterre, époux de Renée de Bourdeille, nièce de Brantôme, que André adresse sa résignation au roi. Contrairement à sa promesse, celui-ci l'accepte en ces termes, provoquant l'indignation et le départ de Brantôme (Brantôme, *Œuvres complètes*, Paris, Lalanne, 1864-1882, t. 5, p. 145-146. Cocula-Vaillières Anne-Marie, *op. cit.*, p. 374-378 et 396).

139 Pour la précédente guerre, Henri III avait organisé trois armées, respectivement confiées à Mayenne pour le Dauphiné, Matignon pour la Picardie, où il excella, et Biron pour la Guyenne. Mais, bien que ce dernier devait s'opposer à Henri de Navarre, « comme ce n'était pas le dessein de la cour de le ruiner absolument, afin de le garder pour contrepoids aux seigneurs de la Ligue, le roi crût judicieusement que Biron, qui était de ne pas haïr les huguenots, le pourrait affaiblir sans défaire absolument son parti. » La paix signée, Henri III, « qui le [Matignon] considérait comme un homme sage et résolu, voulut que le maréchal de Biron se démit entre ses mains de la lieutenance générale de Guyenne, et le choisit parmi tous ses sujets pour s'opposer au roi de Navarre qui en était gouverneur, et qui en faisait la retraite principale des forces de son parti. » (De Caillière Jacques, *Histoire du maréchal de Matignon*, *op. cit.*, p. 152 et 155).

d'Aubeterre, sénéchal et gouverneur de Périgord, qui s'avèrera un ligueur peu fidèle, et Marguerite ne pouvait qu'y être représentée[140].

Le commandeur Juan Moreo, plénipotentiaire de Philippe II auprès de la Ligue, a-t-il participé à la conjuration de Bourg[141] ? Cela est fort probable. Pierre de Longlée écrit, qu'avant de l'envoyer auprès des Guises, en février 1584, Philippe II l'a chargé de l'informer sur la flotte qui se constitue pour soutenir Dom Antonio[142]. Lansac, de son côté, confirme sa venue « dans ma maison en Gascogne au début de la Ligue », au cours de laquelle il le gratifie de 2 000 doublons de la part du roi d'Espagne[143]. Surtout, c'est lui, avec son demi-frère, qui vient accueillir Moreo à la frontière du Val d'Aran, en Comminges, alors qu'il va signer le traité de Joinville, le 17 janvier, au nom de Philippe II[144]. La présence de ce dispensateur prodigue et adroit de l'or espagnol justifierait l'offre mirifique faite à Biron, qui ne pouvait pas venir du panier percé qu'était Lansac, ni de Saint-Luc, et encore moins de Marguerite qui avait contribué à sa disgrâce[145]. Désormais, Lansac est reconnu « guisart » et, dans ce fascinant

140 David Bouchard renseignait Matignon sur la situation en Périgord (Mémoire d'Aubeterre à Matignon, Aubeterre, 22 mai 1581, APM, J 42) et, en 1585, il est fait chevalier du St-Esprit. Il choisit cependant la Ligue et, le 30 mai 1589, avec son parent François de Bourdeille, évêque de Périgueux, il pousse cette cité à se déclarer pour la Ligue (Cassan Michel, « La fragilité des ligues provinciales. Poitou, Périgord, Limousin, Velay », Brunet Serge (dir.), *La Sainte Union des catholiques de France et la fin des guerres de Religion (1585-1629)*, Paris, Classiques Garnier, 2016, p. 23-49). Mais, dès l'année suivante, il rallie Henri IV. Sa fille et héritière, Hippolyte, épousera, en 1597, François d'Esparbès de Lussan, fils de Jean-Paul.

141 « Cet humble chevalier de Malte a été le premier moteur des guerres furieuses qui ont embrasé la France durant tant d'années ; empressé à répandre l'argent du roi, consommé dans l'art d'acheter les volontés, il sut gagner le duc de Guise, et le rendre Espagnol de cœur. » (Coloma Général Don Carlos, *Guerras de los Estados Bajos*, 1625, éd. fr. Rivadeneyra, p. 33). Moreo/Moreau, dont le père était né en Béarn, parle très bien le français. Après la mort de Henri de Guise et du cardinal de Lorraine, qui l'apprécient au plus haut point, il poursuivra sa mission auprès de Mayenne, jusqu'à son assassinat. En 1588, c'est encore lui qui parvient à obtenir le soutien de Charles III, duc de Lorraine.

142 Longlée à Henri III, Madrid, 12 avril 1584 (Mousset Albert, *Dépêches diplomatiques de M. de Longlée, résident de France en Espagne (1582-1590)*, Paris, Plon-Nourrit, 1912, p. 53). Pierre de Segusson, sieur de Longlée, remplace Saint-Gouard à Madrid en septembre 1583.

143 Mémoire de Lansac à Philippe III, Paris, 7 août 1616 (AGS, *Estado*, K 1472, n° 11).

144 Brunet Serge, *« De l'Espagnol dedans le ventre ! »*, *op. cit.*, p. 694. Vers le 2 mars, il est de retour à la cour d'Espagne, qui se trouve alors à Saragosse (De Longlée à Matignon, Saragosse, 17 mars 1585, APM, J 132, n° 210).

145 Voir : Marguerite à Henri III, s.l.n.d. (fin 1580 ou début 1581), véritable diatribe contre Biron. Le départ du maréchal, qui avait osé canonner Nérac où elle se trouvait avec son époux « réfugié », était une des clauses essentielles du traité de Fleix (27 novembre 1580). Il avait dû passer toute l'année 1581 dans son château de Biron « à soigner sa jambe cassée et

combat de *fake news*, Lansac désavoue l'accusation portée contre lui par une autre, contraire, qui prétend que Condé répandrait à la cour qu'il aurait été chargé « d'accorder le roi de Navarre et Monsieur de Guise[146] » !

Des instructions secrètes que Moreo rapporte ensuite de Joinville à Philippe II fournissent la liste des villes et places-fortes qui s'associent au soulèvement et démontrent que les princes ligueurs envisageaient de l'appuyer par deux fronts secondaires : le Dauphiné et la Guyenne, sous le commandement de Biron. Philippe II promet 600 000 écus à la Ligue, et 50 000 écus par mois durant les six mois qui suivent l'entrée en guerre. 50 000 écus seront à Fontarabie pour l'armée de Guyenne, mais Biron fera défaut[147]. Marguerite, en quelque sorte, s'efforcera d'y pallier.

Henri III est conscient qu'

> il court des bruits qu'il se fait amas de quelques gentilshommes et autres gens de guerre ès environs de Brouage, et d'armes pour les armer ; et aussi que l'on fait faire quelques fortifications extraordinaires en mon havre et place audit Brouage, dont l'on pense qu'il se doive bientôt éclore quelque sinistre entreprise[148].

---

ses trois coups d'arquebusade », dans un certain dénuement semble-t-il (Lauzun Philippe, *Lettres inédites de Marguerite de Valois tirées de la Bibliothèque impériale de Saint-Pétersbourg, 1579-1606*, Paris-Auch, Champion-Cocharaux, 1886, p. 16-18). Il se plaignait, après avoir servi 42 ans comme capitaine, d'avoir beaucoup dépensé pour n'obtenir que « tant d'assurances et promesses que les rois m'ont faites, et notamment celui-ci, depuis qu'il est roi et auparavant ». Contrairement à Henri III, il a peu de doutes sur l'ampleur du conflit ourdi par les guisards et il tient absolument à assembler sa compagnie « comme il est très nécessaire qu'ils soient près de moi quand toute la France sera en feu » (Biron à M. de Beauregard, Biron, 27 mars 1585 (Hellman Ehrman Sidney, (coll.), Westfall Thompson James, *et ali.* (ed.), *The Letters and Documents of Armand de Gontaut, baron de Biron, marshal of France, 1524-1592*, Berkeley, University of California Press, 1936, t. 1, p. 372-373).

146 Ce faux bruit est répandu par le parti protestant pour le discréditer. Matignon s'inquiète de la présence et des mouvements de Lansac qui, notamment, met en défense sa maison de Bourg (Lansac à Matignon, Royan, 20 janvier 1585, APM, J 132). Le 31, le lieutenant du sénéchal lui confirme, depuis Saintes, la rumeur que « plusieurs se sont retirés es ville de Royan et Brouage où ils ont fait descendre grand quantité d'armes, commençant à se fortifier audit lieu de Royan » (*Idem*, f° 129). Il s'agit, naturellement, de Lansac et de Saint-Luc.

147 « *Memoria que lo que Mucio y los demas encargan al comendador Moreo que advierta y suplique a Su Magestad de su parte* » (AGS, *Estado*, leg. 2846, Vásquez de Prada Valentín, *Felipe II y Francia*, *op. cit.*, p. 279).

148 Henri III à Saint-Luc, 18 février 1585 (Vigé Éliane et Jimmy, *Brouage, op. cit.*, p. 45). Au printemps de l'année suivante, Henri III choisit de confier l'armée de mer à Aymar de Chattes, « nonobstant que son vice-amiral eusse voulu prendre cette charge » (Lucinge au duc de Savoie, Paris, 30 mai et 28 juin 1586, De Lucinge René, *Lettres sur la cour d'Henri III en 1586*, Alain Dufour (éd.), Genève, Droz, 1966, p. 212-214 et 256).

NAVARRE ET HENRI III : CONTRER LES GUISES, ET MARGUERITE

L'ARRESTATION DE FERRAND, AGENT DE MARGUERITE

Henri III cherche à prouver, sans succès, la déloyauté de Saint-Luc, mais c'est de sa sœur que vient la première maladresse. Turenne écrira plus tard dans ses *Mémoires*

> nous voyons les pratiques de la Ligue croître et paroistre [se manifester, être évident] de jour à autre, auxquelles évidemment la reine Marguerite participait, et voyant un sien valet de chambre aller et venir, je conseille audit roi [Henri de Navarre] de le faire prendre, le mener à Pau et soudain lui faire confesser ce qu'il saurait.

Navarre constatait, tout autant, que Lansac et Aubeterre faisaient, séparément, un « grand amas » de gens de guerre, « sous couleur d'avoir querelle d'un contre l'autre », avant que Lussan, « qui était de la partie », frustré « pour ne voir pas un partage à son gré ou la [de la] peau de l'ours qu'on divisait avant la mort », ne lui fasse comprendre qu'il s'agissait, en fait, d'une entreprise contre La Rochelle[149].

Le roi de Navarre fait espionner un secrétaire (et non pas valet de chambre) de Marguerite, Jacques Ferrand qui, dira-t-elle, « n'est pas gentilhomme, il avait été nourri au collège de Béarn pour être ministre et depuis il s'est mis aux affaires[150] ». « Il était comme mon domestique, étant à ma femme » écrit Navarre, qui le fait arrêter par son fidèle Mazelière[151], au tout début de février, pour le conduire à Pau et le faire interroger[152]. Il est toujours séquestré deux mois plus tard et Henri III s'offusque que son beau-frère ait outrepassé, là, ses pouvoirs

149 D'Aubigné prétend l'avoir déjouée (d'Aubigné Agrippa, *Mémoires*, *op. cit.*, p. 60).

150 Marguerite à Matignon, s.l.n.d. (APM, J 42).

151 Jean de Mazelière, à l'égard duquel Navarre témoigne une vive affection, est capitaine-exempt de ses gardes du corps. Parmi ses frères : Odet, est ministre et secrétaire d'État de Navarre, Gaixiot est aussi ministre d'État, et Bertrand colonel du régiment de Navarre (Laîné Pierre-Louis, *Dictionnaire véridique des maisons nobles ou anoblies du royaume de France*, Paris, Arthus Bertrand, t. 2, 1819, p. 225).

152 La rumeur qui court est « qu'il a été pris à trois lieues de Nérac allant à la cour [de France] et ramené à Pau » (Montaigne à Matignon, Montaigne, 9 février 1585, APM, J 132, f° 166).

de justice[153]. Navarre s'ingénie à cacher, d'abord, son identité, puis ce qu'il apprend de sa mission. Mais Poyanne[154], lieutenant général à Dax, rapporte vite à Matignon :

> J'ai vu aussi qu'un secrétaire de la reine de Navarre a été pris par un nommé le capitaine Mazelière, s'en allant vers Madame Duras lui portant 2500 écus et force lettres et a été mené à Pau.

Montaigne, peu après, peut échanger, à Fleix, avec Mazelière et les autres du conseil de Navarre qui

> disent que depuis l'accident de Ferran et pour cet effet, Frontenac est venu à Nérac, auquel la reine de Navarre dit que si elle en estime le roi son mari si curieux qu'elle eut fait passer par ses mains toutes les dépêches et que ce qui s'est trouvé dans la lettre qu'elle écrit à la reine sa mère qu'elle parte de s'en retourner en France que c'est comme en demandant avis et en délibérant, mais non pas comme y étant résolu, et qu'elle le met en double pour le peu de compte qu'on fait d'elle si apparemment que chacun le voit et connait assez. Et Frontenac dit que ce que le roi de Navarre en a fait n'a été que pour la défiance qu'on lui avait donné que Ferran portait des mémoires qui touchait son État et affaires publiques. Ils disent que le principal effet est que plusieurs lettres des filles de cette cour à leurs amis de France, je dis les lettres qui se sont sauvées, car ils disent que quand Ferran fut pris il eut moyen de jeter quelques papiers au feu qui furent consumés avant qu'on les peut retirer. Ces lettres qui restaient apprêtent fort à rire.

Il ajoute, en marge, « Le dit Ferran avait mil écus sur lui, dit-on, car toute cette information n'est guère certaine. » En effet, Navarre envoie immédiatement à Marguerite son écuyer personnel, Antoine de Buade, seigneur de Frontenac, afin qu'elle se justifie. Navarre est furieux d'apprendre que son épouse envisage de le quitter. Frontenac lui précise que son maître « l'avait fait prendre pour quelque avis qu'il avait eu qu'il faisait des menées avec quelques-uns qu'il dit lui être mal affectionnés ». Marguerite a du mal à se disculper ; elle charge alors Ferrand :

---

153 Navarre à Henri III, Montauban, 1er avril 1585 (Berger de Xivrey Jules, *Lettres missives de Henri IV*, *op. cit.*, t. 2, p. 28.

154 Bernard de Baylens, seigneur de Poyanne, est sénéchal des Landes et gouverneur de Dax. Le 18 septembre 1580, il s'était emparé de Mont-de-Marsan. En vertu du traité de Fleix, cette place devait être rendue au roi de Navarre, mais, durant trois ans, le gouverneur catholique avait résisté (D'Aubigné Agrippa, *Histoire universelle*, *op. cit.*, t. 6, liv. X, chap. VI, p. 168-170). D'une manière exceptionnelle, Henri III l'a nommé lieutenant général pour les Lannes, afin d'y suppléer Matignon, face au Béarn. Il le sert fidèlement mais il envisagera de rejoindre la Ligue, en 1589, ce dont le président Daffis le dissuadera.

> le connaissant mal affectionné à mon service et homme de qui tous ceux qui en prenaient des expéditions s'en plaignaient infiniment. Je l'ai choisi estimant que d'un homme tel, et qui n'avait point d'âme, étant de la Religion [protestante] et faisant profession du contraire que je n'en pourrais être que mal servie et que comme il trahissait Dieu il ne pourrait avoir plus de fidélité à son maître[155]. Il y a fort longtemps que j'étais après pour m'en défaire, tantôt il prenait excuse pour demeurer sur faute de moyen, tantôt il se rendait nécessaire pour quelque dépêche, se fâchant que je crois de quitter son principal métier qui était plus d'espion que de secrétaire. Ce que ne pouvant plus souffrir, je lui dis que je voulais qu'il s'en allât, d'avant partir il me demanda d'aller pour quelques siennes affaires à Agen, et le faisant observer je su qu'il était allé à La Magistère parler au Digieres et Calignon. Depuis il partit et le bruit arrivant qu'il avait été pris je m'en moquais fort[156].

Comme il s'est débarrassé des courriers les plus compromettants, Marguerite feint de rire, aussi, des courriers du cœur de ses dames d'honneur, comme pour esquiver le trait, quitte à sembler plus ridicule : « Le tout s'est passé en risée et cela m'apportera beaucoup de bien car j'en verrai le roi mon mari plus tôt qu'il m'a mandé qui sera ici dans quatre ou cinq jours[157]. »

Sous la plume de Pierre de L'Estoile, peu favorable à Marguerite, le messager que Navarre a envoyé au roi et à la reine mère aurait déclaré que ce secrétaire lui avait été donné pour

> l'empoisonner, ce faisant (comme il disait et soutenait) par le conseil et commandement de sa maîtresse [Marguerite], laquelle on disait être fort malcontente de son mari, qui la négligeait, n'ayant couché avec elle depuis les nouvelles de l'affront que le roi, son frère, lui avait fait recevoir en août 1583. Et bien que, pour contenter le Roy, ledit roi de Navarre l'eût comme reprise, par manière d'acquit et pour le commandement que Sa Majesté avait sur lui, si ne fut-il jamais possible de lui persuader de coucher avec elle seulement une nuit, la caressant de bonnes paroles et bon visage, mais de l'autre, point : dont la mère et la fille enrageaient[158].

Vengeance d'une épouse délaissée ? Agent qui se rendait auprès de la reine mère et de Guise, chargé de mémoires et de missives, tout en

155 Marguerite l'utilisait, comme secrétaire de ses finances, dès 1583, et elle lui confiait des missions délicates (Boucher Jacqueline, *Deux épouses et reines*, *op. cit.*, p. 288-290).

156 Marguerite à Matignon, s.l.n.d., copie du XVIIIe siècle (APM, J 41).

157 *Idem.*

158 L'envoyé de Navarre arrive à la cour le 28 février (De L'Estoile Pierre, *Mémoires-Journaux*, t. 2, *1581-1586*, Paris, Tallandier, 1982, p. 181-182).

passant apporter à Mme de Duras de quoi payer des troupes, voire par le « festin » de Bourg ? L'affaire, qui fait beaucoup de bruit, reste obscure mais alerte sur l'engagement ligueur de Marguerite.

HENRI III : DÉJOUER LE COMPLOT GUISARD

Les Lorrains et le cardinal de Bourbon comptaient, pour entreprendre la guerre, sur 4000 reîtres sous le commandement de Othon Plot et de Bassompierre[159], ainsi que sur 6000 Suisses, commandés par le colonel Ludwig Pfiffer, et entretenus par Philippe II. Les autres forces de la Ligue dépendaient de la mobilisation en province. Le 19 mars, La Rochette, gentilhomme ligueur, est capturé. Il révèle au roi le complot, ses participants, et la fonction de maréchal de camp de Lansac[160].

Le 21 mars, la Ligue entre en action. Le duc de Guise prend Châlons-sur-Saône. La Champagne, la Picardie, la Normandie, la Bretagne, l'Anjou, la Provence, l'Auvergne et le Dauphiné suivent le mouvement. René de Lucinge, fort bien informé, nous donne les noms des

> partisans et ligués de cette nation [qui] sont le duc de Nevers, Mercœur en Bretagne, Mayenne, Aumale, marquis d'Elbeuf, cardinal de Bourbon, et de Guise, le sieur Brissac [Charles II de Cossé, comte de Brissac] en Anjou, Saint-Luc en Brouage[161], Lansac le jeune en Guyenne, Monsieur de Suze et le comte de Sault en Provence, et le sieur de Vins, d'O[162] en Normandie, Tavannes et plusieurs autres, qui s'iront découvrant de jour en jour. Car la chose a été secrète et tenue si à couvert que le Roy (je crois) ni guère autres de son parti en savent le fond. [...] On parle diversement de Monsieur de Biron ; quelques-uns le veulent guisard, les autres l'allient avec le roi de Navarre, mais je ne croirai pas qu'il s'y doive fier pour les mauvaises intelligences et effets de guerre passez entre eux. Monsieur Damville n'est ni pour les uns ni pour les autres. [...] Ceux de la maison de Guise ont l'avantage en gens de conduite et capitaines. [...] outre cela, Lansac, Brissac, Saint-Luc, sont tenus pour personnages d'entreprise et de valeur. Ils [les Guises] ont après la suite

---

159 Christophe, baron de Bassompierre, était colonel de reîtres.

160 C'est l'ambassadeur anglais qui le révèle (*Calendar of state papers of the reign of Elizabeth*, London, 1869-1950, t. 8, p. 359-362. Cité par Boucher Jacqueline, *Deux épouses et reines*, *op. cit.*, p. 290).

161 On le soupçonne, notamment, de vouloir s'emparer d'Angoulême, en y menant trois canons (Saint-Luc à Matignon, Brouage, 22 et 29 mars 1585, APM, J 132, n° 224 et 238).

162 Leboucq Karine, *François d'O (1551-1594). Vie et carrière politique d'un « mignon » sous Henri III et Henri IV*, thèse de l'École des chartes ; Leboucq Karine, « L'administration provinciale à l'époque des guerres de Religion : Henri III, François d'O et le gouvernement de Basse-Normandie (1579-1588) », *Revue Historique*, t. CCXCVIII, n° 606, 1998, p. 345-408.

> de tous les vieux capitaines catholiques et des soldats vieux aussi, pour la réputation qu'ils ont d'être princes de parole, libéraux et fortunés[163]

Ainsi, diverses villes restant « favorables au nom de Guise, sous le prétexte du service du roi, et de résister à ceux de la nouvelle religion[164] », Henri III veut s'assurer de la fidélité des gouverneurs de leurs citadelles. Il l'avait fait à Lyon contre Mandelot, ouvertement et en personne, en juillet 1584 ; il avait échoué à Orléans, contre Entragues, le 7 avril[165]. Il choisit le secret pour Bordeaux. Le complot guisard sera aussi déjoué à Marseille, en avril 1585, et il est possible que le château d'Angers fit l'objet d'une autre machination ourdie par le roi[166]. Ainsi, contrairement à ce qu'affirme le biographe de Matignon, c'est Henri III qui a donné à ce dernier l'ordre de déjouer le complot ligueur à Bordeaux, en faisant arrêter Louis de Genouillac, baron de Vaillac, gouverneur de la forteresse du Château-Trompette[167]. Le roi, en suivant, attribue au maréchal la

---

163 Paris, 25 mars, puis 1er avril 1585 (De Lucinge René, *Lettres sur les débuts de la Ligue (1585)*, Dufour Alain (éd.), Genève, Droz, 1964, p. 25-28 et 37-40).

164 Paris, autour du 1er mai 1585 (*Idem*, p. 68-76).

165 De L'Estoile Pierre, *Journaux mémoires*, t. 2, Paris, Éditions Paleo, 2007, p. 38 et 49-50).

166 Le 23 octobre 1585, Henri de Joyeuse, comte de Bouchage (le futur Père Ange), reprend le château d'Angers dont le calviniste Halot s'était emparé, et le roi fait détruire toutes ses défenses côté ville « comme il avait peu auparavant fait de la citadelle de Mâcon ». Halot, qui est roué, « maintint jusqu'à son dernier soupir qu'il n'avait rien exécuté que suivant le commandement verbal du roi, qui avait envie de l'enlever des mains de Brissac, un des chefs de la Ligue. » (De L'Estoile Pierre, *Journaux mémoires*, *op. cit.*, t. 2, p. 60 et *Registre journal*, *op. cit.*, t. 5, p. 44-45). De Thou relate cette affaire dans le menu, sans pour autant charger le roi (De Thou Jacques-Auguste, *Histoire universelle*, *op. cit.*, t. 9, p. 185-190).

167 Caillière, repris ensuite par tous les historiens, affirme que Matignon agit « feignant d'avoir reçu des ordres du roi ». Pour ce laudateur : « Il semble que le destin de la maison de Matignon lui ait réservé l'avantage de découvrir les défections des princes du sang royal », et il rappelle que son père avait révélé celle du connétable de Bourbon à François 1er, et lui-même celle du duc d'Alençon, déjà à l'encontre Marguerite. Ses précieux services contribuèrent à lui obtenir rapidement le bâton de maréchal et le Cordon bleu (De Caillière Jacques, *Histoire du maréchal de Matignon*, *op. cit.*, p. 143 et 157). Mais, si Matignon disposait, en effet, d'un bon réseau d'informateurs, cette assertion est fausse, comme le prouve la lettre qu'il adresse au roi, le 20 avril 1585 : « Sire, j'ai exécuté ce que Votre Majesté m'a commandé pour le regard du Château-Trompette de cette ville dont le sieur de Vaillac avait la charge de sorte qu'il est de cette heure entre mes mains » (APM, J 41). Bordeaux « était toute pleine de ligueurs » (Caillière), et le maître des postes de Bordeaux, comme ses prédécesseurs, espionne efficacement pour l'Espagne. Il sera démis de ses fonctions dès qu'il se déclarera pour la Ligue (Brunet Serge, *« De l'Espagnol dedans le ventre ! »*, *op. cit.*, p. 390-391). Au moins dès le 2 avril, on savait à Paris que Bordeaux, avec Toulouse, s'étaient déjà déclarés pour la Ligue (Lettre du 2 avril 1585, de Paris, De Lucinge René, *Lettres sur les débuts de la Ligue (1585)*, *op. cit.*, p. 40-45). Un mois plus

mairie de Bordeaux, dans laquelle Montaigne ne jouait qu'une fidèle suppléance (1581-1585), et une efficace collecte de renseignements, toujours par la volonté royale[168]. L'archevêque de Bordeaux, Antoine Prévost de Sansac, est également repéré comme ligueur dès avant le complot[169] ; il aidera ensuite à l'élection de députés de ce parti aux états de Blois de 1588. La longue vacance qui suit sa mort (1591) renforcera encore le pouvoir de Matignon sur Bordeaux[170].

C'est toujours Henri III qui, le 3 mai 1585, enjoint Matignon d'accourir à Agen pour déjouer la conjuration de sa sœur[171]. La nomination du Toulousain Guillaume Daffis à la première présidence du parlement de Bordeaux, longtemps décrédibilisé, le 19 octobre, conforte encore la position de Matignon. Informateur fidèle et assidu d'Henri III et de la reine mère, Daffis s'opposera à la Ligue et parviendra, avec Matignon, à « retourner » le premier président du parlement de Toulouse, l'ex-ligueur Jean-Étienne Duranti, entraînant son assassinat[172].

---

tard, l'annonce de la soumission du Château-Trompette est toujours tenue secrète (Paris, autour du 1er mai 1585 (*Idem*, p. 68-76), alors que deux lettres de Navarre démontrent que celle-ci a eu lieu dès avant le 3 avril (Navarre à Matignon, début avril 1585 ; le même au maire et jurats de Bordeaux, 3 avril 1585 (Berger de Xivrey Jules, *Lettres missives de Henri IV*, t. 2, p. 26-27 et 29).

168 Cooper Richard, « Montaigne dans l'entourage du maréchal de Matignon », *Montaigne Studies*, vol. XIII, 2001, nº 1-2, p. 99-140. Desan Philippe, *Montaigne. Une biographie politique*, Paris, Odile Jacob, 2014, p. 395-460. Jouanna Arlette, *Montaigne*, Paris, Gallimard, 2017.

169 Bellièvre à Matignon, Paris, 1er mars 1585 (APM, J 132, fº 189).

170 Henri III aurait envisagé de le remplacer par Arnaud de Pontac, évêque de Bazas, membre de son conseil privé, alors qu'il arrivait aux états de Blois (*Notice sur Messire Arnaud de Pontac, évêque et seigneur de Bazas*, Bazas, Constant F., s.d. Tiré-à-part du *Glaneur. Journal de l'arrondissement de Bazas*). Mais ses positions ligueuses, et surtout la tentative de son frère, Mathieu de Pontac, de faire jurer la Ligue à Bordeaux, au lendemain de l'assassinat des Guises, n'ont pu que l'en dissuader.

171 « Je désire [ici, une partie de la lettre est chiffrée] que vous vous acheminiez à Agen le plutôt que vous pourrez : car j'ai été averti que ma sœur a délibéré de s'en assurer, et que déjà elle se vante qu'elle l'a du tout [complètement] à sa dévotion ; à quoi je vous prie remédier et n'en sortir point […] et néanmoins vous y conduire avec votre accoutumée prudence afin de n'effaroucher personne » (Henri III à Matignon, Paris, 3 mai 1585. De Caillière Jacques, *Histoire du maréchal de Matignon*, *op. cit.*, p. 159-160).

172 Brunet Serge, *« De l'Espagnol dedans le ventre ! »*, *op. cit.*, p. 780-781 et 784. L'influence du vieux Jacques Benoist de Lagebaston, qui s'était opposé avec une vigueur partisane aux premières ligues catholiques, subsista jusqu'à sa mort, en 1585 (Brunet Serge, « Les milices dans la France du Midi au début des guerres de Religion (vers 1559-1564) », Brunet Serge et Ruiz Ibáñez José Javier (éd), *Les milices durant la première modernité*, Rennes, Presses Universitaires de Rennes, 2015, p. 59-113). La justice ne se rendant « que par haine ou par faveur » (De Thou Jacques-Auguste, *Mémoires*, Rotterdam, Reinier Leers, 1711, p. 56),

MARS À JUILLET 1585 : MAIS QUI COMBAT CONTRE QUI ?

Entre le manifeste publié à Péronne, le 31 mars 1585, qui nourrit l'espoir que la prise d'armes de la Ligue forcera Henri III à y entrer, et le traité de Nemours, le 7 juillet suivant, 1585, par lequel le roi y accède, l'entrée en guerre des belligérants n'était que tromperies et faux-semblants. En juillet, au moins officiellement, l'unique adversaire du roi et de Guise est le parti protestant. Sixte Quint, d'abord hésitant, renforce l'union des catholiques en excommuniant Henri de Navarre, avec Condé, et en le déclarant déchu de tout droit à la couronne de France, le 1er septembre suivant.

Duranti, lui aussi, informait Matignon. Il lui avait notamment communiqué les bribes d'avis reçus de cette étrange « entrevue » de Castres où, du 16 au 24 mars, Navarre avait reçu Damville. Cette rencontre des deux gouverneurs de province le mettait « en alarme », avec toutes les villes catholiques, qui ne savaient si elles devaient leur ouvrir ou bien leur fermer leurs portes, et la noblesse catholique était tout aussi perplexe, en l'absence de commandement du roi. L'entrevue de Castres avait été « ouverte » par un colloque de 80 à 100 ministres du culte et Navarre avait transféré à Condé le titre de protecteur des Églises protestantes alors que lui-même était « nommé maintenant le premier prince de sang[173] ». Navarre, en s'accordant avec Condé, semblait préparer le parti protestant à la guerre, tout en confortant ses droits à la couronne.

L'ancien gouverneur de Guyenne, Biron, quant à lui, sans donc se déclarer pour la Ligue, se joint à Matignon, qui mène les armées royales en Guyenne et Saintonge, dans l'attente d'un secours majeur de Mayenne, propre à engager le roi de Navarre à se résoudre à négocier avec Henri III[174].

Henri III dépêche une Chambre de justice, composée de brillants parlementaires parisiens, en 1582 (Brives-Cazes Émile, « Le Parlement de Bordeaux et la Chambre de Justice de Guyenne, en 1582 », *Actes de l'Académie de Bordeaux*, t. XXVII, 1865, p. 355-395 et t. XVIII, p. 257-338). Il envoie ensuite, comme premier président, Gérard Coton (4 janvier 1584), maître des requêtes, avec une commission limitée à deux ans. Il assure Matignon et le roi de sa fidélité, mais il est mal accepté (Henri III à Gérard Coton, 23 août 1585 (Boucher Jacqueline, *Lettres de Henri III*, t. 7, Paris, Société de l'Histoire de France, 2012, p. 135. De L'Estoile Pierre, *Journaux mémoires*, *op. cit.* t. 2, p. 36-37).

173 Jean-Étienne Duranti à Matignon, Toulouse, 17 et 23 mars 1585 (APM, J 132, n° 208 et 228).

174 De Caillière Jacques, *Histoire du maréchal de Matignon*, *op. cit.*, p. 170.

Mais, comme les catholiques le craignaient, ces mouvements de troupes allaient être, comme jadis celles de Villars, sans conséquences[175]. Le roi, qui venait de renouveler, en l'augmentant, la commission de Matignon[176], l'incitait à éviter que l'armée de Mayenne ne vint en Guyenne, de crainte qu'elle écrasât définitivement Navarre[177]. Les ligueurs, qui n'étaient pas dupes, percevaient que des ordres secrets du roi allaient à Matignon, et ils craignaient une nouvelle paix de compromis.

Navarre et le parti protestant se trouvent, de leur côté, devant un dilemme, bien présenté par d'Aubigné : leur impassibilité devant l'affrontement entre ligueurs et royaux pourrait leur être fatale. Si, par contre, ils prenaient les armes contre la Ligue pour « secourir le roi », le danger qu'ils représenteraient engagerait immanquablement le roi à se retourner, ensuite, contre eux et à « les écraser ». L'option qui est choisie, à la conférence de Guîtres, en mai 1585, est de :

> couler leurs gens de guerre dans les troupes du Roi : et plutôt s'ils faisaient prendre le nom des compagnies à des Catholiques bien que leurs inférieurs, spécialement à ceux qui avaient suivi leur parti : que dedans ces compagnies se cacheraient plusieurs hommes de bonne maison qui ne laisseraient pas de frapper en Capitaines, bien qu'ils ne fussent que soldats : qu'ils verraient le Catholique ruiné par le Catholique et que l'on ne pourrait les accuser d'ambition, quand aucune compagnie ne porterait le nom d'un Réformé[178].

175 *Idem*, p. 179-188. Biron écrit avec cynisme que : « Matignon était allé promener l'armée, craignant qu'elle s'ennuyât [se fâche] du trop long séjour [repos] » (Biron à Henri III, Poitiers, 14 juin 1586 (Hellman Ehrman Sidney (coll.), Westfall Thompson James *et ali.* (ed.), *The Letters and Documents of Armand de Gontaut*, *op. cit.*, t. 2, p. 388).

176 Le 8 mai 1585, Henri III adresse une nouvelle commission à Matignon (APM, J 40), et il lui adjoint donc Poyanne, pour lequel il crée la charge de lieutenant du roi au pays et sénéchaussée des Lannes, avant d'y joindre le gouvernement de Dax, ce qui permet à Matignon de bien contrôler le sud de son gouvernement. Mais, alors que Matignon abandonne l'armée de Mayenne pour se retirer à Langon, c'est à Poyanne que ce dernier confie 1200 soldats, essentiellement à cheval, pour les disposer sur le passage de Navarre et s'emparer de lui, sans succès (Varillas Antoine, *Histoire de Henri III*, *op. cit.* p. 34).

177 « La Ligue le [Matignon] regardait comme un partisan secret du roi de Navarre » (Dom Devienne, *Histoire de Bordeaux*, *op. cit.*, p. 182).

178 D'Aubigné Agrippa, *Histoire universelle*, Thierry André (éd.), Genève, Droz, 1992, livre 10, t. VIII, p. 181. Turenne, sans évoquer la dissimulation choisie, discourt sur le choix des huguenots (Voir aussi : Petitot Claude-Bernard (éd.), *Mémoires de Henri de La Tour d'Auvergne, vicomte de Turenne*, *op. cit.* p. 210-212). Notons que c'est Jean de Pierre-Buffière, baron de Génissac, qui, avec son régiment, a entièrement détruit le couvent de Guîtres et massacré les religieux (Matignon à Henri III, 25 mai 1582, APM, J 41), avant la bataille de Coutras, contrairement à ce que l'on a écrit à la suite de : Goulart Simon, *Mémoires*

Ces troupes royales mêlées de protestants, sorte de cinquième colonne, ont été levées. Elles peuvent entraver l'action de Matignon, comme lorsqu'il réclame à Henri III des compagnies à cheval

> autres que celles de ce dit pays desquelles l'on ne se peut assurer qu'elles tiennent fermes dedans l'armée aussi que la plupart ne veulent servir que à leur commodité et près de leur maison, outre que ce qui me met en la plus grande peine c'est qu'il n'y a catholique qui n'ait cinq ou six huguenots à sa protection, de manière qu'il ne se peut rien entreprendre contre eux qu'ils n'en soient incontinent avertis. Ces jours passés j'avais délibéré de faire raser les maisons fortes des sieurs de Lusignan[179] et de Fontrailles[180], qui commandent l'un à Puymirol et l'autre à Lectoure, lesquels sont les principaux chefs et auteurs de tous les maux qui se font de deçà, mais la plupart de la noblesse, et ceux même dont je faisais le plus d'état, s'est tellement opposé et jusqu'à me dire que si cela avait lieu ils se retireraient en leurs maisons, d'où même ils ne partent guère qu'à leur commodité que j'ai été contraint de n'exécuter ce que j'avais délibéré qui eut servi de beaucoup d'exemple en ce dit pays[181]

de la Ligue, 1602, rééd., Amsterdam, Arkstée et Merkus, 1758, t. 2, p. 249. Cela facilite cette assemblée, dans une ville dominée par les réformés.

179 Navarre, en 1577, avait nommé le huguenot Henri de Lusignan gouverneur d'Agen, en lui attribuant des compagnies et en ordonnant la construction de deux forts : aux Jacobins et à la Porte du Pin, au grand mécontentement des Agenais. Henri III ayant attribué le comté d'Agen à Marguerite, l'année suivante, Biron, gouverneur de Guyenne, obtient le départ de Lusignan avec ses compagnies, et la destruction des forts, contre l'installation de la chambre de l'Édit. En 1584, Lusignan, gouverneur de Puymirol, entre dans le conseil de Navarre (Brunet Serge, *« De l'Espagnol dedans le ventre ! »*, *op. cit.*, p. 563 et 569).

180 Navarre vient de rappeler le huguenot Michel-Gabriel d'Astarac, baron de Fontrailles à Lectoure, avec des compagnies de gens d'armes, et le large pouvoir de « gouverneur du comté d'Armagnac, pays de Gaure, Comminges, Astarac et Fimarcon », qu'il ajoute au sénéchalat d'Armagnac (*Idem*, p. 577.

181 Matignon à Henri III, s.l.n.d. (APM, J 41). Navarre, également, reconnaît qu'il n'a pas de commission pour lever des compagnies mais que « je n'ay laissé néanmoins, suivant votre volonté, de recognoistre [passer en revue] ceux qui me sont affectionnez, pour les préparer et disposer à s'employer pour le service de Votre dicte Majesté, lorsqu'il leur serait commandé », par Matignon (Navarre à Henri III, Bergerac, 26 avril 1585, Berger de Xivrey Jules, *Lettres missives de Henri IV*, *op. cit.*, t. 2, p. 45-48). Cela contredit l'opinion selon laquelle Navarre se serait opposé à l'application de cette décision, au moins en Guyenne (Daussy Hugues, *Les huguenots et le roi. Le combat politique de Philippe Duplessy-Mornay, 1572-1600*, Genève, Droz, 2002, p. 317-318). Observant, avec inquiétude, les 5 à 600 cavaliers qui accompagnent Navarre et Damville pour leur entrevue de Castres, Joyeuse constate une autre forme de bigarrure : « La troupe de Mgr de Montmorency est presque toute composée de ce parti-là [huguenot]. Il y a quelques catholiques, mais ce sont de ceux-là qui ont les poings et pieds liés et qui sont comme esclaves en ses troupes. » (Joyeuse à Matignon, Carcassonne, 22 mars 1585, APM, J 132, n° 220).

Dans ce faux-semblant du printemps et de l'été 1585, Marguerite à Agen, Guy de Lansac, Saint-Luc et Vaillac[182] à Bordeaux et en Saintonge, Charles de Luxe en Soule et Urbain de Saint-Gelais en Comminges, à l'instigation de Guise, agissent de concert pour tenter de déjouer le machiavélique stratagème royal.

Agen, sous la surveillance de Bajamont, avec la milice bourgeoise, avait pu échapper aux garnisons[183]. Henri III y avait cantonné la compagnie du sieur d'Oraison, qui opprimait les habitants, et que Marguerite avait pu déloger[184]. Mais, désormais, cette défense était insuffisante, alors que Henri de Navarre, qui avait donc obtenu la place de Puymirol contre Périgueux, menaçait directement la cité[185]. Les raids des huguenots de

182 Vaillac avait déjà eu l'occasion de se mettre sous le commandement de Lansac, dix ans plus tôt, pour tenter, sans succès, de reprendre Brouage à Montgomery, que Condé y avait placé (Brunet Serge, *« De l'Espagnol dedans le ventre ! »*, *op. cit.*, p. 662-663). En avril 1585, Matignon parvient à faire échouer la maladroite tentative de Vaillac associé à des jurats ligueurs, lequel s'était « déclaré si ouvertement pour la Ligue, qu'il avait fait pointer du canon contre l'hôtel du gouverneur » (Varillas, qui détaille, plus que ne le fait Mézeray, un scénario éloigné de la vulgate, est injustement négligé par les historiens, *Histoire de Henri III*, La Haye, Abraham de Hondt, 1694, t. 2, p. 358 et 459-463. De Mézeray François Eudes, *Histoire de France*, Paris, Mathieu Guillemot, 1651, t. 3, p. 343-344). Varillas implique des jurats, ce que confortent les épaves des Archives communales (*Inventaire sommaire des registres de la jurade, 1520-1783*, vol. 8, Bordeaux, E. Castéra, 1947, p. 76. Henri III à Saint-Gouard, Paris, 30 avril 1585, Boucher Jacqueline, *Lettres de Henri III*, *op. cit.*, t. 7, p. 43). Au tout début de février, au moment où Ferrand est arrêté, des jurats, députés par le corps de ville, reviennent de la cour de France avec « des nouvelles fraîches » qu'ils communiquent à Matignon. Il s'agirait d'une « heureuse députation » et M. de La Mothe (jurat qui supplée Montaigne quand il est absent de Bordeaux, quitte Paris le 9, en passant par Blois) doit rapidement communiquer au maire, Montaigne, des « choses qui ne se peuvent écrire ». Henri III, qui était donc très au courant de la situation bordelaise, a pu, dès ce moment-là, programmer de faire échouer le complot ligueur (Montaigne à Matignon, Montaigne, 9 février 1585 et M. du Laurens à Matignon, Paris, 10 février 1585, APM, J 132, f° 166 et 168). Rappelons que Varillas, outre 37 volumes de mémoires sur la Ligue conservés dans la Bibliothèque royale, a pu utiliser nombre de manuscrits originaux, dont un *Journal manuscrit des campagnes de 1585 et 1586*, de Mayenne, qui paraissent authentiques.

183 Brunet Serge, « Les milices dans la France du Midi au début des guerres de Religion (vers 1559-1564) », *op. cit.*

184 Jurades des 7 janvier et 26 mars 1584 (AM Agen, BB 33, f° 227 et FF 38).

185 À Lectoure, en particulier, où Marguerite avait été reçue en 1584, dès le début des hostilités, le roi de Navarre apporte d'importants perfectionnements aux fortifications de la ville (bastions, tenailles), en augmente l'armement et la garde, et il donne au fidèle Fontrailles les pouvoirs pour gouverner le comté d'Armagnac, le pays de Gaure, le Comminges, l'Astarac et le Fimarcon. Aux élections consulaires de 1585, « vu les temps présents », c'est le roi de Navarre, représenté par Fontrailles, qui nomme les consuls, malgré les protestations. La ville qui paie la garnison ainsi que toutes les améliorations apportées

Puymirol, joints à ceux de Clairac, de Layrac et de Castelculier, entretenaient une fièvre obsidionale.

L'attachement à la catholicité des Agenais s'exprimait, aussi, par la volonté de préserver leurs enfants de la Réforme en accueillant les jésuites. Marguerite y contribuait, en dotant le futur collège d'une rente de 500 livres, avant d'ajouter 1 200 livres pour en hâter la fondation[186]. En matière de justice, la chambre d'Agen, bien impuissante, s'était dissoute. Une nouvelle chambre de justice de Guyenne avait été constituée ; elle avait pour mission de tenir des assises dans les principales villes du Sud-Ouest[187]. Le roi avait, aussi, créé une commission chargée d'ouvrir une grande enquête sur l'état et sur les causes de souffrance des provinces de Guyenne et de Languedoc (1582).

L'agressivité du parti protestant, et ses préparatifs guerriers, s'exprimaient donc avant la prise d'armes de la Ligue alors que, le 20 février 1585, le sénéchal Bajamont s'éteignait. Matignon ordonne alors à Simon de Bazordan de venir à Agen pour y constituer sa compagnie[188]. Marguerite, qui se réjouit avec les Agenais de ce secours, vient également les assister. Mais elle apprend que Henri III, qui a changé d'avis à son égard, commande désormais, discrètement, à Matignon de rappeler Bazordan.

Alors que Marguerite est souffrante, à Agen, les consuls, en déréliction, se réunissent, le 2 mars, chez leur évêque, Janus Frégose (qui dispose, aussi, d'une autorité de gouverneur de la cité) et décident d'envoyer Alain de Vaurs supplier Matignon de venir à leur secours. L'agent principal de renseignement de Matignon en Agenais, Antoine de Nort, l'implore à l'unisson[189]. Le maréchal de Biron, qui a rencon-

aux fortifications par l'ingénieur du roi de Navarre Barthélemy Ricarde (AM Lectoure, BB 4 et CC 36, f° 7 et suiv.).

186 La reine de Navarre désirait voir commencer la construction de la chapelle du collège avant son retour auprès de son époux (AM Agen, FF 38).

187 De Thou, notamment, en faisait partie.

188 Bazordan (ou Bajordan/Bajourdan) est en Magnoac (Quatre-Vallées). Simon, fils de Pierre et de Paule de La Barthe de Termes, la sœur du célèbre maréchal, est chevalier de l'ordre du roi et capitaine de cinquante hommes d'armes de ses ordonnances. Son frère aîné, Hugues, vaillant capitaine en Italie et en Gascogne, très apprécié de Monluc, a été tué au siège de Montauban (1562). Simon s'est distingué aux sièges de Poitiers (1569) et de La Rochelle (1573). Il fera ensuite la guerre en Languedoc, sous le commandement de Damville. Époux de Rose de Montpezat, en 1592, il acquerra de Claire d'Espagne-Panassac, épouse d'Henri de Noailles, d'Ayen, les terres de Panassac, Bézues, Loubersan et Mongardin.

189 Les consuls d'Agen à Matignon, Agen, 2 mars 1585 (APM, J 132). « Hier, la nouvelle vint à la reine de Navarre que vouliez mander venir là-bas ledit sieur de Bazordan et sa

tré Navarre en janvier, à Sainte-Foy-la-Grande[190], vient alors à Agen, s'entretenir avec Marguerite[191].

Il est plus que probable que les quelques révélations de Ferrand ont contribué à inscrire Marguerite du côté de la Ligue. Il n'est pas question, pour Henri III, de risquer de perdre Agen en y soutenant sa sœur. C'est dès ce moment-là qu'il a probablement programmé son échec et, partant, sa perte. Matignon va être le parfait instrument de cette machiavélique entreprise. Dans l'immédiat, les Agenais, et Bazordan, ne comprennent pas ce brusque changement d'attitude de leur lieutenant général. En agissant de la sorte, il ne peut que les pousser dans les bras de la Ligue, ultime espoir de leur survie. Antoine de Nort ne le cache pas à Matignon : « Je ne vois ici personne qui soit autre que serviteur du roi, ores [maintenant] que quelqu'un qui vous est allé trouver depuis deux jours, ait dit par deçà que nous étions bons guisards[192]. »

---

compagnie dont Sa Majesté vous écrit » (Antoine de Nort à Matignon, Agen, 3 mars 1585, *idem*). Antoine de Nort, sieur de Lamothe-Ferrand, conseiller du roi et juge mage d'Agen, déjà cité en 1562, meurt en 1587. Fils du consul Pierre, qui va mourir à la « surprise » d'Agen de janvier 1591, il est le frère d'Odet, pasteur à La Rochelle.

190 « Le maréchal de Biron y a séjourné trois jours où s'est amusé [occupé] à faire des appointements [conciliations, arrangements] de querelles. Le roi, mon maître, lui a fait fort bon visage et a parlé à lui primerement. Il s'en est retourné content, ainsi qu'il démontra. Le roi, mon maître, partira dedans cinq ou six jours pour aller voir Madame sa sœur [et Corisande] à Pau, et la reine, sa femme, à Nérac. ». Canisy rend compte du détail de ces échanges à Matignon, mais oralement (Dupin à Matignon, Sainte-Foy-la-Grande, 13 janvier 1585, APM, J 132, n° 37). Si Biron retourne à son château sans rencontrer Matignon (Biron à Matignon, Biron, 17 janvier 1585, *idem*, n° 51) il ne manquera pas, à son départ d'Agen, de lui rendre amplement compte par écrit (« Vous ayant aussi écrit à mon partement d'Agen et donné mon paquet au trésorier Codoing dudit Agen. Je vous avais encore écrit par Mgr le président Brûlard qui me gardera de vous étendre la présente. » Biron à Matignon, Biron, 7 avril 1585, *idem*, n° 269). Si ces pièces ont disparu, il en est de même de l'essentiel des lettres de Biron pour ces années de son action en Guyenne.

191 Bazordan et sa compagnie étaient alors à Agen (Bazordan à Matignon, Agen, 5 avril 1585, APM, J 132, n° 256).

192 Antoine de Nort à Matignon, Agen, 3 mars 1585 (APM, J 132). Il ajoute : « Le maréchal de Biron est en cette ville depuis lundi pour voir la reine de Navarre, et fait état de s'en retourner bientôt à Biron […] La reine de Navarre est malade depuis cinq ou six jours ».

MARGUERITE GUERRIÈRE

Inquiet de la situation d'Agen, qu'il surveille attentivement depuis la mort de son sénéchal, le maréchal de Matignon, lieutenant général en Guyenne, y a envoyé Simon de Bazordan, capitaine expérimenté qui, avec « manœuvres et gendarmes », met la cité en défense. Il y constitue sa compagnie, qui doit être soldée à la montre (ou revue d'inspection) de fin mars. Les consuls d'Agen s'émeuvent particulièrement de l'arrivée de compagnies huguenotes à Puymirol, et du prochain passage de Henri de Navarre, qui se rendra de Toulouse à Bergerac, via Clairac. Convaincus, « qu'il se braze entreprinse [attaque] sur nous », ils montent la « garde bourgeoise accoutumée » et se réunissent autour de leur évêque, Janus Frégose. Mais leur comtesse, Marguerite de Valois, est également dans leurs murs. Bien que souffrante, elle accueille, de son côté, le maréchal de Biron. Dépité, quasi ruiné, il ne peut (veut) pas prendre les armes pour son roi et souhaite se rendre aux eaux pour soigner ses blessures. Il répond à une lettre de Henri III, du 12 mars, sur un ton amer car, dit-il, « de mesdits services, je n'en rapporte que ruine en ma maison[1] ». Que se trame-t-il à Agen, au moment où les partisans des Guises vont prendre les armes, au nom de la Sainte Union des catholiques, pour empêcher le roi de Navarre, huguenot, de ceindre la couronne de France ?

1 Biron à Henri III, Biron, 29 mars 1585 (Lettre publiée par Tamizey de Larroque Philippe, dans : *Archives historiques du département de la Gironde*, t. XIV, 1873, p. 243-245). S'il avait reçu le collier du Saint-Esprit en janvier 1581, Biron avait souffert de son échec à son renouvellement à la mairie de Bordeaux, devant Montaigne. Blessé et sans argent, il s'était retiré à Biron jusqu'à ce que le roi, en janvier 1582, lui accorde 25 000 écus pour commander en Flandre sous les ordres du duc d'Anjou. L'échec d'Anvers, où il perd son fils second, l'indiscipline des mercenaires et le défaut de paiement des soldats l'engagent à demander son congé, pour se rendre à Paris (juillet 1583). Au cours des deux années suivantes, il est entre la cour et Biron. Les agents de l'Espagne savaient cette frustration. En venant à Agen, le maréchal, qui devait poursuivre son voyage vers des eaux thermales, se ravise, et regagne Biron.

MARGUERITE CONTRE SES ROYAUX ÉPOUX ET FRÈRE

Nous constatons que deux légitimités défensives, distinctes, s'exercent à Agen. L'une, royale, l'autre, comtale. Les consuls missionnent vers le maréchal de Matignon, à Bordeaux, Alain de Vaurs, pour implorer son secours... mais, aussi, pour dénoncer la position ligueuse de Marguerite en prétendant que les Agenais seraient « tous guisards[2] ». Il corroborait la défiance de Henri III à l'égard de sa sœur, depuis l'arrestation de son secrétaire-espion, Ferrand. Au même moment où Vaurs se rend à Bordeaux, le 2 mars, Marguerite apprend que son royal frère vient de commander à Matignon de retirer Bazordan et sa compagnie d'Agen. La détresse des Agenais, et de leur comtesse, est maximale.

MARGUERITE PROTÈGE AGEN, FACE À MATIGNON

Bazordan reste cependant, bien que sa compagnie ne soit pas soldée. Matignon, secondé par le trésorier de France Ogier de Gourgues[3], général des finances de Guyenne, a du mal à répondre aux demandes croissantes des villes en matière de défense, mais son attitude – pour le moins ambigüe – à l'égard d'Agen couvre, en réalité, la volonté du roi de désarmer sa sœur. Le 8 mars, le maréchal rassure, en déclarant que Henri III accorde que Bazordan reste jusqu'à la fin du mois, seulement, en garnison à Agen, moment où sa compagnie sera payée[4].

---

2 Les consuls d'Agen à Matignon, Agen, 2 mars 1585 ; Antoine de Nort à Matignon, Agen, 3 mars 1585 (Archives du Palais de Monaco (APM) J 132, n° 199 et 200). Antoine de Nort, sieur de Lamothe-Ferrand, est le fils de Pierre, plusieurs fois consul, qui sera tué lors de la « surprise » d'Agen du 4 janvier 1591, et le neveu d'Odet, ministre à La Rochelle. Il meurt en 1587.

3 Il est frère, ou cousin, selon les auteurs, du capitaine Dominique de Gourgues ; ceux-ci, comme leurs descendants, demeurent catholiques. Conseiller d'État, maître ordinaire de l'hôtel du roi, président des Trésoriers de France en la généralité de Guyenne, fort riche, il sert successivement cinq rois. Le 31 juin 1585, Matignon écrit au roi que « la peste augmente de telle façon en cette ville qu'il n'y a personne qui aie moyen de vivre ailleurs qui ne l'ait abandonnée, et n'y a pour aujourd'hui que les sieurs premier président, et de Gourgues, qui y soient demeurés pour l'affection particulière qu'ils ont à votre service » (De Gourgues Alexis, « Dominique de Gourgues », *Bulletin du Comité d'histoire et d'archéologie de la province ecclésiastique d'Auch*, t. II, 1861, p. 466-490).

4 Bazordan à Matignon, Agen, 20 avril 1585, (*Idem*, n° 326).

Est-ce pour pallier ce retrait programmé que Matignon a, aussi, commandé à des capitaines (catholiques) de stationner leurs compagnies à Aubiac, aux portes d'Agen, mais sur l'autre rive[5] ? Marguerite va, ensuite, les utiliser, et on l'accusera de les avoir levées elle-même, sans commission préalable.

Les annales ont retenu que Marguerite n'aurait quitté Nérac, pour se réfugier à Agen, que le 19 mars[6]. Le prétexte en aurait été d'y accomplir ses dévotions de carême. Mais celui-ci avait commencé dix jours auparavant[7] ! Son entrée se serait faite discrète, dit-on ; sa suite la rejoignant, par petits groupes, au cours des semaines suivantes[8]. L'hypothèse qu'elle aurait d'abord songé à aller se réfugier auprès de sa

---

5 Joseph de Lard de Galard, seigneur de Birac et d'Aubiac, frère d'Aubiac qui servira Marguerite, s'adresse à Matignon dans l'espoir d'éviter un nouveau logement de troupes : « J'ai reçu à ce soir bien tard la lettre qu'il vous a plu m'écrire et commander de faire loger ici les sieurs de La Mothe Rougié et de Palandran et quelques autres gentilshommes qui sont ensemble. Si j'eusse pu monter à cheval je vous fusse aller trouver pour vous supplier et remontrer très humblement qu'il vous plaise avoir pitié et compassion de ce pauvre lieu et qu'il vous plut considérer combien il y a eu de gens logés depuis un an seulement, même dernièrement, il y eut logis sur logis de sorte que toute la foule [charge] fut sur moi. Davantage la tempête ne laissa presque rien l'année passée, étant en telle extrémité tous les habitants qu'il n'y a pas trois maisons qui n'aillent gagner ou mendier leur pain. » (Birac à Matignon, Aubiac, 22 mars 1585, APM J 136, n° 51). Mlle de Birac est ajoutée au nombre des dames d'honneur de la reine de Navarre en 1584. Palandran, capitaine catholique qui avait été condamné, puis élargi, par la chambre de l'Édit d'Agen (avec Crozat), commandait à Sainte-Livrade (*Déclaration et protestation du Roi de Navarre sur les justes occasions qui l'ont meu de prendre les armes, pour la défense et tuition des Églises réformées de France*, s.l., 1580, p. 16). Ils serviront Marguerite. Le seigneur de La Mothe-Rouge est probablement le fils d'Honoré de Caumont, qui avait servi Monluc.

6 Elle se cache notamment de son chancelier, Guy du Faur de Pibrac, qui informe Henri III, et qu'elle parvient à berner (Gerbeau Jean-Baptiste, *Essai historique sur la baronnie de Pujols en Agenais*, Agen-Villeneuve-sur-Lot, J. Roche-Glady, 1891, p. 128-132. Cet auteur produit des documents, inédits, des archives des Pibrac).

7 On n'a pas remarqué une discordance de dates : Pâques 1585 étant fixé au 21 avril, le premier dimanche de carême avait été célébré le 10 mars.

8 Effectivement, Marguerite publie son intention d'assister à tous les offices de la cathédrale, où prêche un jésuite. Jusqu'à Pâques (21 avril), la reine accomplit pieusement ses dévotions (Habasque Francisque, « La domination de la reine de Navarre à Agen en 1585 », *Bulletin historique et philologique du Comité des Travaux historiques*, 1890, n° 2-3, Tholin Georges, « La ville d'Agen pendant les guerres de Religion du XVIe siècle », *Revue de l'Agenais*, t. XIV à XX, 1887 à 1893, chap. XIV). La Chronique du Frère Hélie (vers 1610-vers 1695), ermite d'Agen, est précieuse (*La chronique dite du Frère Hélie*, Mateu André (éd.), Agen, Quesseveur, 1977). Est-ce pour plus de discrétion que le marché d'Agen, du samedi, s'est tenu, contre toute tradition, à l'extérieur de la ville, ce dont se plaignent les Lectourois ? (AM Lectoure, CC 36, f° 12v°).

sœur, duchesse de Lorraine, est dénuée de fondement[9]. Assez étonnamment, et dans les mêmes conditions de péril pour sa vie, elle accomplit, là, le subterfuge qu'elle avait vertement reproché à Pibrac, en 1581, de l'avoir suspecté de vouloir jouer… mais pour la Semaine sainte 1580 ! C'est, en effet, exactement le scénario accompli, cinq ans plus tard, au soulèvement de la Ligue des Guises.

Les comptes de la reine de Navarre indiquent bien « [qu']elle et son train » se tenaient à Nérac entre le 1er et le 18 mars, bien que les archives d'Agen restent muettes sur la date de son entrée, lacune protocolaire bien étonnante, effacement mémoriel vraisemblable. Si c'est bien le 21 mars que le duc de Guise ouvre les hostilités[10], les missives contenues dans le fonds Matignon prouvent que, quelques jours auparavant, Marguerite était déjà dans Agen, et qu'elle y œuvrait pour sa défense[11].

Il n'y a guère que Philippe Lauzun pour relever que, dès son arrivée à Agen, Marguerite avait envoyé son médecin (mais tout autant « intendant »), le fameux Choisnin, auprès du duc de Guise, pour s'enquérir de ses instructions[12]. Les *Mémoires* de Turenne – significativement taiseux sur ces événements – n'ont pas oublié de préciser que, le mois précédent, c'est encore vers le Lorrain que Marguerite avait envoyé le non moins fameux Ferrand.

Le 22 mars, alors que les consuls d'Agen réclament à cor et à cris la protection de troupes à Matignon[13], Janus Fregose s'inquiète de la présence active de la comtesse. Recevant « un avertissement de bon lieu », il renvoie en urgence Alain de Vaurs vers Matignon[14]. Qu'a-t-il

9 Introduction à : Magnien Catherine, et Viénnot Éliane (dir.), *De Marguerite de Valois à la reine Margot : autrice, mécène, inspiratrice*, Rennes, PUR, 2019, p. 7-30.

10 Si Guise rompt, officiellement, avec son attitude dissimulée, à Châlons, le 21 mars, son entrée en guerre est déjà connue de tous, jusque dans les provinces. Duranti, qui a reçu « des nouvelles de la cour du 18e de ce mois […] de quelque bruit de remuement de Monsieur de Guise », l'écrit à Matignon (Duranti à Matignon, Toulouse, 23 mars 1585, APM J 132, f° 228). Marguerite sait donc, aussi, que le soulèvement a commencé.

11 Nous devons, donc, considérer que ces comptabilités, soucieuses de relever les déplacements du « train » de la reine, c'est-à-dire d'une suite relativement dispendieuse, ne reproduisent pas, dans le détail, sa mobilité personnelle, à moins que Marguerite ait souhaité conserver l'incognito.

12 Lauzun Philippe, « Itinéraire raisonné de Marguerite de Valois en Gascogne (1578-1586) », *Revue de l'Agenais*, t. XXIX, 1902, p. 316.

13 Les consuls d'Agen à Matignon, Agen, 22 mars 1585 (APM, J 132, n° 218).

14 Janus Fregose à Matignon, Agen, 22 mars 1585 (*Idem*, n° 226).

pu lui dire ? Nous suspectons une nouvelle dénonciation de Marguerite. Quoi qu'il en soit, sa prétendue « fuite » est immédiatement connue à la cour[15]. Ce que l'histoire a qualifié de « révolte » de Margot a commencé.

Nous avons vu combien l'entrevue de Castres, entre Navarre et Damville, puissants gouverneurs des provinces de Guyenne et de Languedoc, angoissait les catholiques[16]. Sous prétexte de mieux contrôler leur frontière commune, tous y voient un mariage de la carpe et du lapin, néfaste à la Ligue, mais tout autant au roi de France. Longlée, ambassadeur de France auprès de Philippe II, ne doute pas que ces gouverneurs « n'aient quelques intelligences qui correspondent en ces

15 Lucinge l'écrit, de Paris, dès le 1er avril suivant (De Lucinge René, *Lettres sur les débuts de la Ligue (1585)*, Dufour Alain (éd.), Genève, Droz, 1964, p. 37-40), alors que L'Estoile attend la fin mai, lorsqu'elle se déclare ouvertement pour la Ligue, avec le concours des troupes de Duras, en précisant qu'elle agit « contre l'effort [l'armée] du Roy, de son mari et de tous ceux du parti contraire. » (De L'Estoile Pierre, *Mémoires-journaux*, t. 2, *1581-1586*, Paris, Tallandier, 1982, p. 197-198).

16 Duranti, premier président du parlement de Toulouse, à Matignon, Toulouse, 17 mars 1585 (APM, J 132, n° 208). Considérant que Navarre ne quittera pas Castres avant 10 à 12 jours, il demande à Matignon de « s'approcher de nous », Muret, aux portes et en amont de Toulouse, sur la Garonne, mais en Comminges (donc du ressort de Matignon), se trouvant « en très grand danger ». Jacques Auguste de Thou (dont chacun sait la haine à l'égard des Guises), lorsqu'il passa par Toulouse, deux ans auparavant, par deux fois, avec Pierre Pithou et d'autres parlementaires, puis seul, déclina l'invitation de Duranti à le rencontrer, en corps puis individuellement, « pour certaines considérations qui regardaient leur compagnie » (*Mémoires de la vie de Jacques Auguste de Thou*, Rotterdam, Reinier Leers, 1711, p. 78). Rappelons que ces parlementaires parisiens étaient venus en Guyenne pour la chambre de justice, et cette étrange distance, voire cet affront, intriguent. À ce moment-là, De Thou est très soucieux de la véracité de la conjuration de Salcèdo, sur laquelle il interroge les personnes rencontrées, et à laquelle il finit par accorder du crédit. Mais Dupleix, comme d'Aubigné, considèrent que la haine de De Thou à l'égard des Guises peuvent altérer son discernement. Ce faux monnayeur d'origine espagnole, gracié par l'intervention du duc de Lorraine, avait offert ses services au duc d'Anjou, devenu duc de Brabant. Suspecté d'être un agent double, il est arrêté à Bruges (21 juillet 1582). Menacé de la question, il révèle qu'il a épié, pour Guise, lequel en avisait l'Espagne, sur les préparatifs militaires de Strozzi (1581). Surtout, il a avoué une énorme conspiration, impliquant Don Juan d'Autriche, le duc de Savoie, le pape, et nombre de grands (les ducs de Guise, de Mayenne, d'Aumale, de Nevers, d'Elbeuf, de Nemours, de Brunswick, de Joyeuse, le secrétaire d'État Villeroy, mais aussi Lansac, Gourdan, etc.), consistant à bloquer le duc d'Anjou, à s'emparer de Calais, de Cambrai et de Dunkerque, et à se saisir de Henri III afin de mettre son royaume entre les mains du roi d'Espagne. Il est certain que Salcèdo a considérablement exagéré l'affaire ; livré à Henri III, il est condamné par le Parlement et exécuté. Le roi de France efface les traces de ses accusations. Cette exubérance a malheureusement recouvert, et par là discrédité, la réalité de la conspiration de Guise avec Don Juan (De L'Estoile Pierre, *Mémoires-Journaux*, Paris, Tallandier, 1982, t. 3, *Preuves* ; De Thou Jacques-Auguste, *Histoire universelle*, La Haye, Scheurleer, 1740, liv. LXXV).

quartiers », et il voit que le commandeur Juan Moreo, qui les espionne pour le Roi Catholique, s'attache à tromper Navarre[17]. Le lieutenant du gouverneur de Languedoc, Guillaume de Joyeuse, est tout aussi inquiet de cette entrevue « si inopinée et si promptement exécutée », ainsi que Jean-Étienne Duranti, le premier président du parlement de Toulouse, qui penche alors pour la Ligue[18].

Dès ce moment, la levée de compagnies, sans commissions, tant ligueuses que réformées, est générale dans le plus vaste gouvernement militaire du royaume, sous le manteau de servir le roi, à tel point que Matignon, dont les moyens financiers sont limités, peine à dresser les siennes. Certaines défections, comme celles de Baratnau, de Lamothe-Gondrin et de Charles de Monluc, paraissent même suspectes[19]. À Rodez, l'évêque François de Corneillan (qui se déclarera ligueur en 1588,

17 De Longlée à Matignon, Saragosse, 17 mars 1585 (APM, J 132, n° 210). Moreo est de retour à la cour, depuis 15 jours, où vient d'arriver, également, le duc de Savoie, pour épouser l'infante.

18 Joyeuse à Matignon, Carcassonne, 22 mars 1585 (*Idem*, n° 220). Il s'est rendu ici afin de surveiller les gouverneurs et de tenter de savoir leurs délibérations.

19 François de Monlezun, sieur de Baratnau et capitaine d'Auch, invoque une cure médicale de 12 jours. Monluc quitte Condom pour sa seigneurie de Magesc, dans les Lannes, quand Matignon y arrive (Baratnau à Matignon, Baratnau, 8 avril 1585 et Monluc à Matignon, Magescq, 29 mai 1585, *idem*, n° 273 et 462). La lettre que Matignon écrit à Lamothe-Gondrin, le 28 mars, ne lui parvient que le 11 avril et, il regagne sa maison deux jours plus tard, « tant là pour donner en ordre à mes affaires et m'équiper de ce qui m'est nécessaire que aussi pouvoir avertir des compagnons me venir trouver afin que je me puisse rendre à vous avec le plus de commodité que je pourrai pour exécuter quelque chose de bon si nous y sommes employés. Je m'assure que je m'aurai une douzaine d'honnêtes gens et qui ne sont pas apprentis en leur charge. Il est vrai que je les retiens avec beaucoup de promesse qu'ils seront mieux reconnus qu'ils n'ont été pour le passé. Vous savez que ces gens ne marchent pas sans beaucoup de mystère ni organ [personne intermédiaire]. Voilà pourquoi plutôt que de les faire partir j'ai pensé vous en devoir avertir afin que je ne les amène quant et moi inutilement qu'est cause que je vous prie bien humblement me mander par ce porteur que j'envoie exprès ce qui est de votre intention » (Lamothe-Gondrin à Matignon, Sarlat, 13 avril 1585, *idem*, n° 284). Quel manque d'empressement ! Quant à Jean de Saint-Esteben, qui « espérai[t] [s]'en aller en France et à ces fins prendre [observer] vos commandements », considérant ces « remuements », choisit de demeurer dans son gouvernement de Dax (Saint-Esteben à Matignon, Dax, 17 avril 1585, *idem*, n° 310). Saint Esteben que nous savons être, par ailleurs, un informateur soudoyé par l'Espagne, a l'affront de proposer à Matignon d'employer le vicomte d'Orthe qui serait « prêt et disposé » à le servir. Il feignait d'oublier que, peu avant, Navarre l'avait démissionné du gouvernement de Bayonne, pour lui substituer le fidèle La Hillère, que Philippe II espérait d'ailleurs voir, à son tour, remplacé par Antoine de Gramont, fils de la comtesse de Guiche (Brunet Serge, *« De l'Espagnol dedans le ventre ! ». Les catholiques du Sud-Ouest de la France face à la Réforme (vers 1540-1589)*, Paris, Champion, 2007, p. 622-623).

en accord avec Urbain de Saint-Gelais), refuse de laisser sa garde suisse à Matignon[20]. Les ligueurs du Limousin, quant à eux, s'assemblent autour du vicomte de Pompadour, qui en deviendra gouverneur pour la Ligue, et qui entretiendra une relation privilégiée avec l'ambassadeur d'Espagne, Bernardino de Mendoza[21]. Il en est de même autour du gouverneur de l'Auvergne, Jean-Louis de La Rochefoucauld, comte de Randan, baron de Luguet, chevalier de l'Ordre du roi et capitaine de cent hommes d'armes, qui se ligue avec ceux du Rouergue, du Quercy et du Gévaudan[22]. On suspecte Saint-Luc de préparer l'assaut d'Angoulême[23]. Leurs affidés angoumois, qui dressent aussi leurs compagnies, se vantent d'ailleurs de bénéficier de « l'argent d'Espagne dont ils font montre et grande largesse[24] » ; ils leurrent les catholiques qui sont prêts à servir leur

20 Corneillan à Matignon, Rodez, 14 mai 1588 (APM, J 132, n° 388). Le capitaine de la compagnie des Suisses, bien que ces derniers ne soient pas soldés, repousse également la demande insistante de Matignon de se rendre à Bordeaux, prétextant l'impossibilité de le faire « sans le consentement de nos seigneurs et supérieurs » (De Viter (?), capitaine des Suisses de Rodez, à Matignon, Rodez, 3 juin 1585, *idem*, n° 484). Les consuls de Villefranche-de-Rouergue, où l'artillerie est entreposée, demandent, quant à eux, de passer d'une garnison de 60 à 100 soldats (Consuls de Villefranche à Matignon, Villefranche, 25 avril 1585 ; M. de Caylus à Matignon, 25 avril 1585, *idem*, n° 337 et 341).

21 Bertrand de Pierre-Buffière, seigneur de Génissac (l'un des Quarante-cinq), qui quitte Matignon pour rejoindre Chabannes, près de Limoges, lui écrit, stupéfait : « J'étais parti d'auprès de vous ne pensant pas trouver un lieu où je fus venu si préparé à la guerre mais y étant arrivé j'ai trouvé beaucoup de mes amis qui s'y attendent ». Il lui propose d'abord de se mettre à son service pour y remédier, sinon « Je fusse déjà parti pour aller trouver Sa Majesté car je vois ce pays bien troublé et force gens prêts de monter à cheval et mêmes des compagnies de gens de pied qui s'élèvent lesquelles je taillerais bien en pièces avec votre commandement. Il y a de mes amis qui m'avertissent de beaucoup de choses que je n'ose fier sur le papier et attendant ce qu'il vous plaira que je fasse » (Génissac à Matignon, Chabannes, 28 mars 1585, *idem*, n° 234). Cela n'y fait rien et, le mois suivant, M. de Forat peine toujours pour attirer vers Matignon des gentilshommes limousins, alors que Louis de Pompadour a déjà dressé quatre compagnies et Boyfranc, deux autres de chevau-légers, pour la Ligue (M. de Forat à Matignon, Puysserat (?), 18 mai, *idem*, n° 400). Sur les liens entre Pompadour et Mendoza : Brunet Serge, *« De l'Espagnol dedans le ventre ! »*, *op. cit.*, p. 835-836.

22 Imberdis André, *Histoire des guerres religieuses en Auvergne, pendant les* XVI*e et* XVII*e siècles*, Moulins, Desrosiers, 1840, t. 2, p. 6-12.

23 Matignon fait arrêter un garde des magasins de Brouage, qui était suspecté de transporter des pétards contre Angoulême. Saint-Luc se disculpe, « mais voyant les levées se faire partout, je pense faire ce que je dois d'assembler dorénavant mes amis qui ne seront à si petit nombre que le roi de Navarre ni les siens me puissent nuire. Je suis averti que l'on me veut assiéger et je sais pour être chose qui court par les miens avertis de leur religion » (Saint-Luc à Matignon, s.l., 29 mars, *idem*, n° 238).

24 François de Nesmond à Matignon, Angoulême, 6 avril 1585 (*Idem*, n° 262). Nesmond, seigneur de Saint-Dysan en Angoumois, est le frère du second président du parlement de Bordeaux.

roi, en les incitant à les rejoindre en leur annonçant qu'ils vont faire le siège de La Rochelle[25]. Quant à Navarre, qui a placé 400 hommes dans Lectoure, il distribue ses propres commissions pour lever des compagnies de gens de pied et de chevau-légers, jusque dans les villes catholiques, qu'il force, comme Solomiac[26].

Navarre avait soin de parfaire le contrôle des cités et bourgs de Gascogne, qu'il avait eu tant de mal à commencer, sous couvert de la paix de Beaulieu. Il rétablissait le culte protestant à Puycasquier, puis à Montfort, non sans faire pendre quatre consuls au clocher, qu'il dépouillait de ses cloches, pour les faire fondre en canons à Mauvezin. En 1586, Jean de Luppé, seigneur de Maravat, qui devient gouverneur de la vicomté de Fézensaguet, crée à Mauvezin un bureau chargé de concentrer et de gérer le produit des razzias alentour, pour la subsistance des troupes huguenotes et le perfectionnement des fortifications. L'excellence de la guerre de course sera atteinte lorsque, dès 1586, le Béarnais Antoine-Gabriel, baron de Sus, s'installera à Mauvezin, renforçant, ainsi, Maravat[27]. Le

---

Le mois suivant, Frédéric de Beaumont, qui éprouve toujours autant de difficulté pour recruter des soldats pour Matignon en Angoumois, lui fait part de « la crainte que j'avais de perdre en ce temps beaucoup d'hommes à cause du grand nombre des compagnies qui se lèvent en ce pays tant en la faveur de monsieur de Saint-Luc que de ceux de la religion prétendue qui pourront lever un grand nombre d'hommes de ceux desquels je fais état de vous mener ». Avant qu'il n'arrive au pays, son propre capitaine, La Symandières, le trahit et rejoint Saint-Luc à Brouage, « faisant le nombre de 5 ou 600 hommes avec sa compagnie » ! (Beaumont à Matignon, Beaumont, 25 mai 1585, *idem*, n° 434).

25 « C'est le langage que l'on tenait à ceux que l'on connaissait être bien affectionnés à la religion catholique et au service du roi, estimant qu'après qu'ils seraient une fois en campagne ils ne se pouvaient plus retirer. » écrit Nesmond, qui s'efforce de les dissuader et de les engager à rejoindre Matignon (Nesmond à Matignon, Angoulême, 7 avril 1585, *idem*, n° 267).

26 Duranti à Matignon, Toulouse, 6 avril 1585, *idem*, n° 258). « Je vous ai écrit ce jourd'hui de la levée des compagnies tant de pied que à cheval sous le nom que en vertu des commissions du roi de Navarre il y en a qui se sont déjà présentés pour faire lesdites compagnies en villes catholiques. Ce sera un moyen bien facile de s'emparer desdites villes. » ajoute-t-il dans une seconde missive, témoignant de sa vive inquiétude (*Idem*, n° 260).

27 Le baron de Sus appartient à une famille béarnaise connue dès le XIIIe siècle. Il a d'abord porté les armes contre Jeanne d'Albret. Montamat sollicite son pardon en 1570 (Montamat à Jeanne d'Albret, 25 février 1570, Communay Arnaud, *Les huguenots dans le Béarn et la Navarre*, Paris-Auch, Champion-Cocharaux, 1885, p. 107-108). Il est ensuite un fidèle serviteur de la reine de Navarre, puis de son fils. Il avait épousé Jeanne de Montaut-Bénac, fille de Madeleine d'Andoins, dame d'atours de la reine de Navarre. Il se trouvait donc être un proche de Corisande d'Andoins. Sus « est celui qui en sa saison a [dé]passé en réputation d'homme de guerre, pour le peu qu'il a duré, tous les jeunes gentilshommes de son pays. » (D'Aubigné Agrippa, *Histoire universelle depuis 1550 jusqu'en 1601*, 1616-1620, Genève, Droz, 1981-2000, t. 7, liv. XII, chap. X, p. 306).

champ d'action des soldats pillards s'étendra alors considérablement, avec prises de places-fortes : Saint-Bertrand-de-Comminges, Montfort, Solomiac, Sainte-Gemme, Samatan, Maubec, Bajonnette, Lafite-Volvestre, Le Fousseret, Brugnens… On ne consentira qu'à de maigres trêves de labourages, afin de se servir avec plus de profit, aux moissons.

Dans l'immédiat, Nicolas Brûlart de Sillery, alors président en la chambre des enquêtes du Parlement de Paris, qui est régulièrement informé des affaires de Guyenne par Matignon, pour s'en entretenir ensuite avec le roi, lui écrit : « Je vous avais vu fort mal assisté et qu'aviez peu de gens auxquels vous pussiez [vous] fier ce qui appartenait au bien de son service [du roi][28] ».

Nous comprenons alors combien la présence de Marguerite à Agen est jugée providentielle par le petit peuple agenais, d'autant plus que Matignon se préoccupe plus de la défense de Condom, dont le siège de la recette des tailles est majeur et où il a de précieux créanciers[29]. Toutes les villes catholiques souhaitent désormais des compagnies, et elles se fortifient, voire se dotent d'une citadelle, comme deviennent les couvents des cordeliers de Penne et de Villeneuve[30]. Biron insiste sur la valeur stratégique de cette dernière place, dont le pont sur le Lot permet le passage de troupes avec son artillerie de siège et que, dans la suite de Blaise de Monluc, il a jadis reprise aux réformés[31].

L'inquiétude grandit encore quand les Agenais apprennent que Navarre a décidé de venir retrouver son épouse à Agen. Ses consuls, qui craignent qu'il en profite pour s'emparer de la cité, lui refusent l'entrée, comme l'ont fait Auch et Fleurance[32].

---

28 Brûlart à Matignon, Paris, 16 avril 1585 (APM, J 132, n° 308).

29 Dès la fin du XVe siècle, et toujours en 1582, le siège de Condom comprenait les recettes de Condom, du Condomois, du Fimarcon, du comté de Gaure, des terres et seigneuries d'Albret, de la ville de Bazas et de la sénéchaussée du Bazadais, Uzeste, Xaintrailles, de la temporalité de l'archevêque d'Auch (y compris le parsan d'Auch) et du comté d'Astarac (Samazeuilh Jean-François, *Histoire de l'Agenais, du Condomois et du Bazadais*, Auch, J. Foix, 1847, t. 2, p. 6. Duffour J., « Les états d'Astarac de 1582 », *Revue de Gascogne*, 47e année, 1906, p. 19-30). Les sommes qui y étaient amassées ne pouvaient pas risquer d'être saisies par l'ennemi.

30 Bonal à Matignon, Bonnal, 12 mai 1585 (APM, J 132, n° 379).

31 Biron à Matignon, Biron, 23 avril 1585 (*Idem*, n° 333).

32 Le maréchal de Matignon, qui a défendu « de laisser entrer aucun plus fort que nous en ceste ville » sera averti de cette décision (Délibération du 3 avril 1585, AM Agen, FF 39). Henri III avait ordonné à Matignon de refuser à Henri de Navarre d'entrer dans les villes catholiques, de crainte qu'il en profite pour s'en saisir (Lettre publiée par De Caillière Jacques, *Histoire du maréchal de Matignon*, Paris, Augustin Courbe, 1661, p. 164).

La missive que Bazordan écrit à Matignon, le 26 mars, témoigne de l'ambiguïté de l'exercice du commandement militaire à Agen. Envoyé par ordre du lieutenant général, en réponse aux prières des consuls, Bazordan est arrivé avec une lettre, présentant sa commission, destinée à Marguerite. La comtesse, sans daigner répondre à Matignon, choisit de s'adresser directement au roi et à la reine mère. Nous constatons, qu'en fait, c'est elle, assurément, qui commande à Bazordan, pour la satisfaction des Agenais.

> Monsieur, étant allé à Agen pour faire entendre aux consuls de ladite ville votre volonté, qui est que je fisse ma montre en ladite ville. Y étant la reine de Navarre, je n'ai fait faute lui aller baiser les mains, et à lui faire entendre la volonté du roi et vôtre pour cet effait [action, exécution]. Où étant [à Agen] j'ai reçu celle qui vous a plu m'écrire par celui [le messager] que j'avais envoyé devers vous ensemble [Matignon lui a adressé une seconde lettre, en même temps, destinée à Marguerite] celle qui étaient à la reine de Navarre, laquelle je lui ai baillée comme vous pourrez voir par celle que Sa Majesté vous écrit. Elle [Marguerite] m'a commandé de dresser ma compagnie en cette ville et si m'a dit que si je l'eusse eue à cent lieues d'ici qu'elle m'eut commandé l'amener je ici. Elle l'a très agréable que j'y sois en garnison et que ma montre s'y fasse, comme ont bien, aussi, tous les habitants de cette ville, et pense je qu'ils seraient très marris s'ils voient que votre volonté fut autre. Quant à moi je suis tout prêt de me rendre où il vous plaira me commander, tant pour le service du roi que votre particulier[33].

Henri III, s'il veut empêcher Navarre de s'emparer d'Agen, cauteleux, ne souhaite en aucun cas que sa sœur en contrôle (pour la Ligue) la force militaire. Quatre jours plus tard, Bazordan, qui est prêt pour sa montre, réalise qu'elle n'aura pas lieu.

> m'ayant les habitants de cette ville hier, fort tard, fait prier de me rendre soudain dans ce lieu avec ma troupe, je l'ai fait, car suivant la lettre que dernièrement il vous plut m'envoyer, la reine de Navarre a eu pour fort agréable que j'y vinsse, voire me le commanda expressément. Et de tant [d'autant plus] que je pensais y trouver les commissaire, contrôleur et payeur pour soulager mes hommes de ce peu que sa majesté nous a ordonné, ce que non. Je vous ai voulu très humblement supplier, Monsieur, nous vouloir envoyer lesdits officiers, car vous savez qu'on ne peut demeurer en cette ville, avec équipage, sans grands frais[34].

---

33 Bazordan à Matignon, Agen, 26 mars 1585 (APM, J 132, n° 231).
34 Bazordan à Matignon, Agen, 31 mars 1585 (*Idem*, n° 249).

Ce même 31 mars, qui est la date de la proclamation de la Ligue à Péronne, et celle du départ de Juan Moreo de la cour d'Espagne, de Saragosse, pour la rejoindre[35], Henri III nomme sénéchal d'Agen Jacques de Goth, marquis de Rouillac (proche d'Agen), gentilhomme de la chambre du roi et capitaine de 50 hommes d'armes, en remplacement du défunt Bajamont. Rouillac, d'une illustre famille qui avait favorisé la formation aux armes de Blaise de Monluc, auprès des Lorrains, venait d'épouser Hélène de Nogaret, sœur du duc d'Épernon (21 avril 1582), l'archi-mignon détesté par Marguerite. Il se trouvait dans sa suite lorsque, l'année suivante, Épernon lui permit d'entrer dans la maison du roi. C'était donc le choix judicieux d'un sénéchal qui resterait sous la coupe royale. Mais cette nomination aurait dû être faite par la comtesse apanagée, et non par le roi. Quoi qu'il en soit, Rouillac ne pourra pas prendre possession de son sénéchalat, pas plus, d'ailleurs, que son malheureux successeur[36]. Bazordan, lui, pour le soulagement des Agenais, reste au service de leur comtesse[37].

Janus Fregose écrit à Matignon, le 18 avril suivant :

> On continue en cette ville de faire tout devoir pour la garde d'icelle, à quoi la reine de Navarre prend grand plaisir et même de la bonne diligence [application, zèle] que y fait Monsieur de Bazordan avec sa compagnie. Il est vrai que les gendarmes d'icelle ont remontré à Sa Majesté que le quartier [partie du paiement] qu'ils ont reçu n'est suffisant pour leur faire tenir garnison un mois non que les deux que leur avez ordonnés, alléguant que ayant payé leurs casaques et lances, ce que leur reste est si peu, qu'ils ne s'en pourraient entretenir comme Sa dite Majesté vous écrit, laquelle désirerait qu'il vous plut aviser de leur donner quelque moyen pour tenir ladite garnison lesdits deux mois[38].

35 Longlée à Matignon, Saragosse, 6 avril 1585 (*Idem*, n° 264).

36 « Rouillac n'y sera pas reçu pour sénéchal » (Matignon à une personne non identifiée, Bordeaux, 30 avril 1585, Lettre publiée par Tamizey de Larroque Philippe, dans : *Archives historiques du département de la Gironde*, t. XIV, 1873, p. 285). En 1588, Rouillac est remplacé par Pierre de Peyronenc, seigneur de Saint-Chamarand, auxquels les ligueurs agenais refusent également l'entrée, et qui sera tué, en 1591, en cherchant à s'emparer de la cité (AM Lectoure, II 16. Brunet Serge, *« De l'Espagnol dedans le ventre ! »*, *op. cit.*, p. 85. Lettre d'Henri III à Matignon, Paris, 31 mars 1585, Boucher Jacqueline, *Lettres de Henri III*, t. 7, Paris, Société de l'Histoire de France, 2012, p. 14. Le Roux Nicolas, *La faveur du roi. Mignons et courtisans au temps des derniers Valois (vers 1547-vers 1589)*, Seyssel, Champ Vallon, 2000, p. 513).

37 Bazordan à Matignon, Agen, 26 mars 1585 (APM J 132, n° 231).

38 Janus Fregose à Matignon, Agen, 18 avril 1585 (*Idem*, n° 312).

Mais, si Henri III accorde aux Agenais que la compagnie de Bazordan reste un mois supplémentaire, il ne souhaite toujours pas qu'elle soit payée. Une lettre cryptée de Matignon à Henri III nous apprend que, contrairement aux autres capitaines qui, eux bénéficient d'une montre, « les sieurs de Fontenilles, Saint-Orens, Bazordan et Baratnau », par la volonté du roi, ne seront pas soldés[39] ! Bazordan nous informe, en effet, de l'arrivée d'autres capitaines catholiques, qui viennent à la rescousse de Marguerite. C'est, en effet, Fontenilles, avec sa compagnie, que Matignon détourne vers Condom où il lui assure une montre (c'est, en effet, à ce moment-là que les soldats sont payés !). C'est également Saint-Orens, dont Bazordan appuie la demande de montre[40]. Matignon le dirige vers Sainte-Livrade, mais avec une compagnie qu'il « a accommodé comme il a pu », dont « les gens ont été bien fâchés » de ne pas être, non plus, soldés[41]. C'est enfin le sieur de La Salle, porteur d'une lettre de Bazordan, lequel appuie sa sollicitation de pouvoir lever une compagnie. Nous le voyons bien : Matignon s'attache à détourner les gentilshommes qui viennent servir Marguerite à Agen, et il ne pourvoit toujours pas aux frais des soldats de Bazordan, lesquels menacent désormais de se débander. Enfin, pour parfaire son dispositif, le lieutenant général fait publier une ordonnance « portant commandement à tous gentilshommes et archers de la Maison du roi [de] se tenir prêts montés et armés et [de] se rendre [au]près de Sa Majesté le premier du mois prochain[42]. »

Les consuls d'Agen, à l'unisson de leur comtesse, supplient toujours Matignon.

> La Cassaigne[43] qui doit faire quelque régiment (comme on dit sous le nom du roi) s'est jeté dans Layrac avec ses armes et bon nombre de piques. C'est

39 Matignon à Henri III, Bordeaux, 30 avril 1585 (Lettre publiée par Tamizey de Larroque Philippe, dans : *Archives historiques du département de la Gironde*, t. XIV, 1873, p. 283).

40 François de Cassagnet-Tilladet, seigneur de Saint-Orens et de La Roque, sénéchal de Bazadais, chevalier de l'Ordre et capitaine de cinquante hommes d'armes, est un ancien compagnon d'armes de Monluc, avec son frère aîné, Antoine (mort en 1569). Il s'est opposé à Navarre, à Mirande, pour la première Ligue. Le 31 juillet 1582, il s'est remarié avec Charlotte de Loudun. Il teste, à Condom, le 13 avril 1588 (Moréri Louis, *Le grand dictionnaire historique*, Paris, Les Libraires associés, 1759, t. 3, p. 290). Il sera gouverneur de Condom en 1589, sans se déclarer pour la Ligue.

41 Saint-Orens à Matignon, La Réole, 18 avril 1585 (APM, J 132, n° 314).

42 Antoine de Nort à Matignon, Agen, 15 avril 1585 (*Idem*, n° 300). En sa qualité de conseiller du roi et de juge mage d'Agen (nommé le 26 décembre 1583, il a prêté serment le 12 janvier suivant), Nort fait publier cette ordonnance, qu'il a reçue le 8 avril, avec celles du roi.

43 Probablement Bertrand de Vezin, écuyer, seigneur de La Cassaigne et de Saint-Avit, près de Lectoure, qui, en 1581, avait épouse Françoise d'Esparbès de Lussan (Chartrier

une ville importante à la nôtre pour la proximité d'icelle. Elle est de votre gouvernement, ores [bien que] que soit du ressort de la cour de parlement de Toulouse. S'il vous plait Monseigneur [veuillez] écrire aux consuls dudit Layrac peut-être qu'ils seraient encore les plus forts et se conserveraient sous l'obéissance de Sa Majesté. Cela nous alarme beaucoup pour les menaces que fait ledit La Cassaigne contre les habitants de cette ville. Joint qu'il se tient commun bruit que le roi de Navarre doit être à Layrac le mardi de Pâques et que tous de ce parti-là se doivent eslever [soulever] mais nous faisons exacte garde et la présence du sieur de Bazordan avec sa compagnie nous sert de beaucoup. Vous suppliant Mgr vouloir leur continuer les moyens de leur entretenement [entretien, subsistance] pour le devoir qu'ils font à la garde avec nous, ayant ja [déjà] employé leur montre [solde] à eux mettre en équipage [équipement militaire] nous commençons [à] réparer la ville aux guérites et fossés, et pour la continuation vous supplions nous donner commission pour y contraindre ceux de la juridiction. Aussi nous amplier [augmenter] la commission de 50 soldats jusque à 80 ou 100 et que la solde se lève tant sur l'enclos de la ville que juridiction[44].

Ils sont appuyés, le même jour, par une lettre d'Antoine de Nort qui ajoute qu'Antoine de Belsunce, mestre de camp d'infanterie, qui est passé du gouvernement de Périgueux à celui de Puymirol, dresse également des régiments.

ils pratiquent [gagnent, subordonnent, entrainent dans leur complot] les hommes et dit-on qu'ils les enrôlent par dessous main et que pour cet égard La Cassaigne s'est mis dans Layrac où il fait faire garde à tous les habitants tant d'une religion que d'autre et veut dresser là son régiment et y a fait porter grand nombre d'armes nonobstant les proclamations qu'ont été faite par l'ordonnance du roi et vôtre. Cela nous fait entrer en grand soupçon en cette ville pour ce que nous est fort près et à une petite lieue et peuvent venir par eau [Gers, affluent de la Garonne]. Ladite ville est au ressort de Toulouse et n'est pas en cette sénéchaussée, toutefois [elle] est en votre gouvernement. Qu'est la cause que vous en ai voulu avertir afin qu'il vous plaise y pourvoir devant il y [avant qu'il] soit fort car il n'y a encore que les habitants. Il se fait en cette ville bonne garde, M. de Bazordan et sa compagnie servent de

---

de Luppé, AD 47, 25 J). L'ambigüité de l'exercice de l'autorité sur une frontière administrative, Layrac, se retrouve à Périgueux, où les « 50 à 60 mauvais arquebusiers » du conseiller M. de La Mote « surchargent le pays et courent campagne », sans commission de Matignon « et se trouvent ici sur la lisière de deux divers ressorts et gouvernements pour trouver son service en passant légèrement de l'un à l'autre. » (M. de Pressac à Matignon, Saurillac (?), 23 avril 1585, APM, J 132, nº 333). Probablement François de Pressac, sieur de La Forêt.

44 Les consuls d'Agen à Matignon, Agen, 19 avril 1585 (*Idem*, nº 320).

beaucoup et y veillent soigneusement. Mais ils sont fort étonnés de ceux que leur avez écrit que ne pourront faire l'autre montre encore de deux mois parce que lors de leur montre ils la despendirent [dépensèrent] presque toute en casaques ou autrement pour s'accommoder et crois qu'il leur en reste bien peu pour vivre comme ils disent aussi. Et, partant, ils ne seraient être si longuement ici sans argent et n'est la cause que je vous supplie très humblement Monseigneur leur vouloir départir votre faveur afin qu'ils aient moyen de s'entretenir comme ils font bien doucement. Vous assurant que la présence dudit sieur de Bazordan et de sa compagnie y est nécessaire pour la conservation de cette ville en l'obéissance du roi s'il vous plait leur faire cette faveur, les habitants vous en seront redevables[45].

Bazordan nous apprendra que c'est grâce à la venue du maréchal de Biron à Agen que le contrôleur Dagron s'y était transporté, alors qu'il se rendait à Condom pour la montre de Fontenilles[46]. Il a usé de son autorité pour soutenir Marguerite, et il appuie également les Villeneuvois qui réclament une augmentation de leur garnison[47]. Mais Dagron ne paiera pas les soldats de Bazordan à Agen[48]. Le message, à peine voilé, est clair : Bazordan ne doit pas servir Marguerite, qui porte ombrage aux levées de Matignon ! Lassé de supplier, et se sentant trompé, Bazordan ne peut plus contenir sa fureur :

le roi vous avait écrit que Sa Majesté voulait que ma dite compagnie fit montre en armes pour deux quartiers [c'est-à-dire deux revues en armes, mensuelles,

45 Antoine de Nort à Matignon, Agen, 19 avril 1585 (*Idem*, n° 322).

46 « Étant venu monseigneur le maréchal de Biron en ce lieu, le contrôleur Dagron s'est acheminé jusqu'en ce lieu disant avoir commandement de vous d'aller à Condom faire la montre de la compagnie de monsieur de Fontenilles qu'on voyait ici, prie mondit sieur le maréchal lui commander de demeurer jusqu'à ce qu'il vous eut plu nous faire réponse pour s'il est besoin de lui » (Bazordan à Matignon, Agen, 5 avril 1585, APM J 132, n° 256). Philippe de La Roche, baron de Fontenilles, seigneur du Castéra-Lectourois, avait épousé, en 1557, Françoise de Monluc, fille de Blaise puis, en 1583, Paule de Vigier, « la belle Paule ». Il meurt en 1586.

47 Comme pour Agen, Biron présente que, considérant la ténuité des sommes allouées par Matignon, la juridiction de Villeneuve est trop restreinte pour assumer l'entretien de sa garnison. Il préconise d'y associer les 30 paroisses de la juridiction de Penne, qui n'ont pas ces charges, car le château en a été abattu et la ville démantelée (Biron à Matignon, Biron, 23 avril 1585 (APM, J 132, n° 333). Matignon leur accorde de disposer, chaque jour, pour leur garde, de 15 hommes de la juridiction de Penne (Bonal à Matignon, Bonnal, 12 mai 1585, *idem*, n° 367).

48 Bazordan à Matignon, Agen, 5 et 12 avril 1585. Le 2, il lui avait dépêché un de ses laquais (*Idem*, n° 256 et 280). En quittant Agen, Biron adresse une lettre à Matignon, qui nous est inconnue, et laisse son « paquet » au trésorier d'Agen, Codoing (Biron à Matignon, Biron, 7 avril 1585, *idem*, n° 269).

avec paiement, dans deux cantonnements successifs] et qu'elle tint garnison pour un mois et que pour cet effet je me rendisse le dernier de mars dans cette ville d'Agen à quoi je n'ai failli aucunement tous mes compagnons et non sans grands frais attendu l'équipage qu'il faut mener comme trop mieux savez et maintenant j'ai reçu une autre votre lettre différente de la susdite par laquelle vous me mandez que Sa dite Majesté veut que nous tenions garnison deux mois et que après si elle vous commande nous faire payer pour un autre quartier [c'est-à-dire rester les mois de mars et d'avril à Agen, sans paiement, avant de se retrouver dans un autre cantonnement où la compagnie devrait être payée] de quoi, monsieur, j'ai demeuré fort scandalisé car il est impossible que moi ni mes compagnons puissions suppléer à ces grands frais que déjà le nôtre y court ne recevant nulle commodité en ce lieu qu'avec la bourse[49].

Matignon propose à Marguerite de lui envoyer une simple compagnie de gens de pied à la place de celle de Bazordan, ce qu'elle refuse[50]. La ficelle est un peu grosse : il cherche à la contrôler. Le 7 mai, c'est Charles de Monluc qui arrive à Agen, avec le commandement de Matignon d'y « redresser » sa compagnie pour le 20 courant[51]. Mais nous devons considérer ce sentiment de déréliction des Agenais, et même de trahison de la part du lieutenant général, pour bien comprendre leur acceptation de se tourner, avec leur comtesse, vers leur ultime secours : la Ligue, soutenue par les doublons de l'Espagne.

L'ESPOIR DE DOUBLONS ESPAGNOLS

Philippe II s'étant engagé à subvenir au financement de la Ligue, la voie la plus rapide pour l'acheminement des fonds était celle de Bordeaux. Le 28 mars, les 2 ou 300 soldats que Lansac avait placés dans sa maison de Bourg, accompagnés d'affidés comme Taudias, s'emparent par surprise de la place. Celle-ci est mise sous le commandement du capitaine Decroix, à la solde de Lansac. Au même moment, Lussan rassemble 400 hommes

49 Bazordan à Matignon, Agen, 20 avril 1585 (*Idem*, n° 326).

50 Matignon à une personne non identifiée, Bordeaux, 30 avril 1585 (Lettre publiée par Tamizey de Larroque Philippe, dans : *Archives historiques du département de la Gironde*, t. XIV, 1873, p. 285).

51 Monluc à Matignon, Agen, 7 mai 1585 (APM, J 132, n° 369). De son côté, Biron, assisté de Lamothe-Gondrin, se déclare prêt à faire mouvement, suivi de sa compagnie, de 20 à 25 chevaux, qui, avec les gentilshommes qui se joindront à lui, monteront à 400 chevaux. Il aura soin de laisser 3 à 400 gens de pied dans son château, toujours grâce aux commissions qu'il espère de Matignon. Mais il en informera Navarre « afin qu'il n'en prenne alarme » (Biron à Matignon, Biron, 3 et 4 mai 1585, *idem*, n° 363 et 365).

à Blaye. Les Libournais pensent « [qu']ils attendent du côté d'Espagne une grande et forte armée de 40 grands vaisseaux ronds et 15 galères d'ailleurs. Ils n'ont point faute d'argent pour payer les soldats, parce qu'en voulant faire avance parmi leurs entreprises[52] ».

L'Espagne est riche de son or, et l'est aussi de ses chevaux, indispensables à la guerre, mais qui finissent par manquer. Longlée n'est pas en mesure d'en fournir à Matignon, d'abord parce que, durant un an et demi, des émissaires de Joyeuse et de Mayenne en ont déjà fait la recherche « par toute l'Espagne ». Mais il y a aussi à la cour d'Espagne « un homme de Monsieur de Duras », connu de tous et influent, qui semble être là pour obtenir du Roi Catholique « un passeport de chevaux », bien que Longlée ne soit pas parvenu à « pénétrer ses desseins[53] ». Cette présence corrobore la préparation du soulèvement de Marguerite.

Le 25 avril, c'est Guy de Lansac qui se rend à Fontarabie. Un de ses agents devait y recevoir des fonds, par l'intermédiaire du gouverneur de la place, García de Arze. Il envoie ainsi à Brouage, vers Saint-Luc, une patache chargée de 100 000 écus, sous la garde de cinquante hommes, tant français qu'espagnols[54] ! Il s'agit d'un versement intermédiaire correspondant à ces 600 000 écus que Philippe II s'est engagé à verser à la Ligue pendant les premiers six mois de la prise d'armes, selon les articles du traité de Joinville. Longlée dénonce Guy de Lansac comme l'un des principaux interlocuteurs de Philippe II en France, l'accusant de se charger d'acheminer les fonds espagnols par voie de mer jusqu'à Bourg[55]. La Hillère, ce Commingeois fidèle au roi et à Matignon, qui gouverne Bayonne, sait, tout autant, « que tant d'Espagne que d'Italie,

52 Du Luys à Matignon, Libourne, 29 mars 1585 (*Idem*, n° 242). Voir aussi : Lansac à Matignon, Brouage, 29 mars 1585 (*Idem*, n° 244) et les officiers de Bourg à Lansac, Bourg, 30 mars 1585 (*Idem*, n° 246).

53 Longlée à Matignon, Saragosse, 6 avril 1585 (*Idem*, n° 264). Duras, qui se plaint que le roi ait cassé sa compagnie au profit de celle de Saint-Orens, a bien obtenu un passeport de Matignon pour aller acheter des chevaux en Espagne (Duras à Matignon, s.l.n.d., APM, J 136, n° 211).

54 Vigé Éliane et Jimmy, *Brouage, ville d'histoire et place forte*, Saint-Jean-d'Angély, Bordessoules, 1989, t. 1, p. 46. Il semble que Saint-Luc soit chargé, depuis Brouage « qui est hors de France » (D'Aubigné Agrippa, *Histoire universelle*, *op. cit.*, liv. XI, chap. 24) de redistribuer l'argent que Philippe II consacre au ralliement de la noblesse catholique (Vigé Éliane et Jimmy, *Brouage*, *op. cit.*, p. 53). Lettre de Denis de La Hillère à Henri III, Bayonne, 26 avril 1585 (BnF, ms fr., 15569, f° 118).

55 Longlée à Henri III, Saragosse, 23 avril 1585 (Mousset Albert, *Dépêches diplomatiques de M. de Longlée, résident de France en Espagne (1582-1590)*, Paris, Plon-Nourrit, 1912, p. 132).

par la voie des galères qui passent, ceux de la Ligue tirent grande quantité d'argent[56] ».

Henri III est convaincu que sa sœur va, rapidement, s'assurer d'Agen pour la Ligue. Le 3 mai, il commande secrètement à Matignon de s'y rendre au plus tôt, en ayant soin d'augmenter encore ses pouvoirs en renouvelant sa commission de lieutenant général en Guyenne[57].

> Je désire que vous vous acheminiez à Agen le plus tôt que vous pourrez : car j'ai été averti que ma sœur a délibéré de s'en assurer [s'en emparer], et que déjà elle se vante qu'elle l'a du tout [totalement] à sa dévotion ; à quoi je vous prie remédier, et n'en sortir point qu'avenant que madite sœur y veuille séjourner longuement, et qu'elle et madite ville dépendent de ma disposition [pouvoir] étant chose que j'ai très à cœur, pour l'assiette et importance de la place, à laquelle je vous prie pourvoir si bien, que j'en reçoive contentement, et néanmoins vous y conduire avec votre accoutumée prudence, afin de n'effaroucher [mettre en défiance] personne. Je vous enverrai bientôt mes lettres d'ampliation [augmentation] de pouvoir pour mes affaires de par-delà : ensemble celle pour votre décharge dudit Château-Trompette [qui surveille Bordeaux] : et désire que vous m'avertissiez souvent des occurrences de par-delà[58].

Les calvinistes de Puymirol pillent systématiquement les campagnes de l'Agenais, sous le prétexte que leur garnison n'est pas payée par le roi de France. Pour pallier le défaut de soldats dans Agen, après le départ de Bazordan, la reine de Navarre utilise deux compagnies, sous les ordres des sieurs d'Aubiac[59] et de Ligardes[60]. Nous avons vu que c'était Matignon lui-même qui en avait initié la levée. Marguerite ne fait là

---

56 La Hillère à Matignon, Bayonne, 23 mai 1585 (APM, J 132, n° 426).

57 Henri III à Matignon, Paris, 3 mai 1585 (De Caillière Jacques, *Histoire du maréchal de Matignon*, *op. cit.*, p. 159-160). Henri III renouvelle sa commission, le 8 mai, « sur les occasions des nouveaux troubles qui sont en ce royaume » (APM, J 40).

58 Ce commandement est chiffré (De Caillière Jacques, *Histoire du maréchal de Matignon*, *op. cit.*, p. 159-160).

59 Jean de Lard et de Galard, appelé M. d'Aubiac, du nom du château paternel. Il est le fils d'Antoine de Lard de Galard, et le frère de Joseph de Lard de Galard, seigneur de Birac, d'Aubiac, etc. Il était au service de François, duc d'Anjou (Biron à Henri III, Bordeaux, 23 octobre 1579, Lettre publiée par Tamizey de Larroque Philippe, dans : *Archives historiques du département de la Gironde*, t. XIV, 1873, p. 119-120). Il est entré au service de Marguerite en 1585. Sa sœur, Madeleine, dame d'honneur de Marguerite, la suit à Carlat et jusqu'à Ivoy. On a fait de Jean un amant de Marguerite, ce qui aurait provoqué son exécution du fait de la jalousie de Canillac (1586), et dont elle aurait accouché d'un enfant naturel à Ivoy (1587), curieusement mis en scène dans un divertissement pastoral en Agenais (Lauzun Philippe, *Un ballet agenais au commencement du XVIIe siècle*, Agen, Fernand Lamy, 1879).

60 Pons du Bouzet, seigneur de Ligardes.

que protéger sa ville et son comté ; il ne s'agit pas encore, comme on a pu l'écrire, d'un acte de guerre.

Du 9 avril, à Épernay, et jusqu'au 20 juin, Catherine de Médicis conduit des négociations avec les princes lorrains. Guy de Lansac en tient informé son demi-frère, l'évêque de Comminges, et, partant, Marguerite. Le 2 mai, Lansac écrit à Matignon : « nous sommes ici [à Épernay] dont je ne sais quelle espérance vous donner, mais monseigneur le cardinal de Bourbon nous assure que dans quinze jours nous aurons la paix[61] ». Cette perspective est terrible pour les ligueurs, qui veulent absolument que Henri III déclare la guerre aux réformés. C'est pour y parvenir que Guise commande à Marguerite d'engager les hostilités.

Le 15 mai, la reine de Navarre se découvre pour la Sainte Union, en convoquant à l'évêché les notables d'Agen : Janus Frégose, le chanoine Blasimont, prieur de Saint-Caprais (qui avait déjà œuvré, avec le défunt Clément de Lalande, pour mettre en œuvre les premières ligues catholiques et qui était demeuré gouverneur d'Agen)[62], les principaux clercs, les membres du présidial, les consuls, les sergents et les caporaux. Elle leur démontre l'insidieuse attitude de Matignon, et elle obtient le serment de fidélité des habitants ainsi que les clés de la ville. Dès ce moment-là, « elle se fortifie le plus qu'elle peut à Agen[63] ».

Pressentant ce coup politique, Matignon avait tenté de circonvenir la reine de Navarre en s'entretenant avec un consul d'Agen, un serviteur de D'Aubiac et M. de Rossadis, son homme des missions délicates. Mais, lorsqu'il apprend la proclamation ligueuse de Marguerite, le lieutenant général les renvoie en urgence à Agen.

> Quand je partis de Bordeaux [écrit Rossadis] pour m'en venir, le consul d'Agen vint avec moi jusqu'à Langon. De Langon il prit la poste et s'en alla avec l'homme de monsieur d'Aubiac à Agen et m'avait promis qu'il arriverait si tard que l'on ne saurait point sa venue et que j'arriverai le lundi bon matin

61 Lansac à Matignon, Épernay, 2 mai 1585 (APM, J 132, n° 359). Dans cette missive, le rusé Lansac n'hésite pas à féliciter Matignon de s'être emparé du Château-Trompette, et il lui recommande « de donner aussi bon ordre à Bourg et autres lieux où j'ai puissance » ! Le 22 mai, Lansac est de retour à Bourg (Ogier de Gourgues à Matignon, Bordeaux, 23 mai 1585, *idem*, n° 424).

62 Brunet Serge, « Les milices dans la France du Midi au début des guerres de Religion (vers 1559-1564) », Brunet Serge et Ruiz Ibáñez José Javier (éd), *Les milices durant la première modernité*, Rennes, Presses Universitaires de Rennes, 2015, p. 59-113.

63 Navarre à François de Ségur-Pardaillan, Bergerac, 10 juin 1585 (Berger de Xivrey Jules, *Lettres missives de Henri IV*, Paris, Imp. royale, 1843, t. 2, p. 74-75).

afin que [parce que] je voulais parler plus tôt [avant sa présence, son arrivée] avec Monsieur d'Agen [Janus Frégose] et monsieur le président [Antoine de Nort] de lui présent pour savoir d'eux de quelle opinion était la reine de Navarre devant que [avant de] parler à elle ni montrer votre lettre. Mais ledit consul, le dimanche au soir, s'en alla parler à la reine et lui dit tout ce que vous l'[lui] aviez dit ensemble [avec] tout ce que vous m'aviez dit en sa présence de façon qu'elle m'attendit le matin avec une colère extrême, disant que ce n'était pas moi qui devais prendre cette charge et lui apporter ces paroles ni à vous de la contrôler en ses actions et qu'elle était fille de France et sœur du roi et s'accorderai avec sa mère et son frère. Devant [avant] d'avoir voulu lire votre lettre disant qu'elle savait ce qu'elle portait et qu'il y avait demi-douzaine de ses amis de Bordeaux qui lui avaient écrit la charge que vous m'avez donnée. Jamais depuis que je la connais [je] ne l'avais vue en si grand froie [fureur] contre moi et fallu que je m'en allasse hors de sa chambre sans pu lui dire adieu et ne faut point penser que je puisse être plus en sa bonne grâce, présent[s] monsieur de Duras et madame sa femme. Je n'arrêtié pour cela à lui dire ce que m'aviez commandé car c'étaient les affaires du roi et que je ne crains rien à dire étant pour son service et fasse ce qu'elle a délibération de tenir fort à Agen. J'ai parlé à messieurs de la ville [les consuls], leur ai fait entendre votre volonté et leur devoir qu'ils devaient au roi sans penser qu'elle fut d'autre opinion de façon qu'elle trouva fort mauvais cela, vous aviserez, monsieur, ce que vous avez à faire en cela. Je vis payer 12 capitaines pour leurs 12 compagnies et le sieur du Bouzet est mestre de camp. Ils doivent être 6 000 arquebusiers dans douze jours s'allé s'en formait de Monsieur de Comminges [Urbain de Saint-Gelais], avec le sieur de Lussan[64], lieutenant de monsieur de Bajamont qui venait de là-haut. Il lui a dit qu'il n'avait point de ses nouvelles. Ils doivent être force gens ensemble car l'on leur a apporté de l'argent. Je ne savais pas tout cela quand je partis ~~d'Agen~~ de Bordeaux. Je ne sais quelle opinion elle prit sur cette venue d'Aubiac qui n'avoue pas qu'il vous [a] dit d'être façon là et que l'on ne l'a pas fait hâter pour la venir avertir. Le tout tombe sur moi, monsieur, si vous ne me soutenez je suis fort en arrière [écarté, banni] et je vous [le] disais bien d'avant [avant] de partir mais puisque vous me le commandez j'ai exécuté votre commandement comme je ferai tout ce qu'il vous plaira me commander qui sera en ma puissance. S'il vous plait me mander quelles nouvelles vous avez eu de France tant de la reine mère que des affaires que vous m'aviez promis de prime en écrire je vous ferai très humble service[65].

Marguerite s'ouvre tout aussi clairement sur ses intentions à sa mère, comptant sur son assentiment, même si, en s'opposant à son époux, elle dessert aussi son frère.

---

64 François d'Esparbès de Lussan, maître d'hôtel de Marguerite, frère de Jean-Paul, le gouverneur de Blaye. Il est donc, alors, lieutenant du sénéchal d'Agen.

65 Rossadis à Matignon, La Roque, 19 mai 1585 (APM, J 132, n°402).

La reine de Navarre (autre indice de la guerre, si elle arrive à temps) vient vers la reine mère et veut joindre ses forces à celles de Monsieur de Guise ; elle se voudra venger de l'affront que le roi lui fit à la persuasion [sous l'influence] de Monsieur d'Épernon, qui fit épier ses actions et découvrir son mesnaige [révéler ses préparatifs de troupes] (s'il est vrai toutes fois). Il lui sera aisé d'induire [persuader] sa mère qui est cet escorne [affront, injure] à très mauvaise part, et qui est de soi irritée contre Épernon, et qu'elle veut perdre si elle peut. Épernon se plaint que la reine mère abuse le roi sous prétexte d'entendre [de s'appliquer] à la paix. La reine de Navarre tient Agen et deux autres villes maugré le [au mécontentement du] roi de Navarre, et a le fils de Monsieur de Biron qui gouverne pour elle dedans[66].

TRAHISONS

BIRON TRAHIT MARGUERITE

René de Lucinge est le seul à mentionner ce commandement d'Agen par Charles de Biron (le futur conspirateur)[67]. Il est étonnant. Nous devons le mettre en relation avec la venue (tout autant masquée dans les annales) du maréchal, son père, deux mois auparavant. Nous savons le rôle que Guise et Philippe II espéraient lui faire jouer en Guyenne, dans le soulèvement ligueur, malgré son louvoiement. Cela renforce l'hypothèse que l'action guerrière de Marguerite n'était qu'un expédient, en l'absence

66 Paris, 25 mai 1585 (De Lucinge René, *Lettres de 1585*, *op. cit.*, p. 97-101). Raymond Paul, « Notes extraites des comptes de Jeanne d'Albret et de ses enfants (1556-1608) », *Revue d'Aquitaine*, t. XI, 1867, p. 267-268. Lucinge est corroboré par Scipion Dupleix, natif de Condom et que Marguerite appellera auprès d'elle à Usson. Il est le seul à distinguer, dans les diverses rencontres entre Navarre et d'Épernon (sous prétexte, là encore, de se rendre aux eaux mais, en fait, à la demande de Henri III), la dernière, du 6 août, en présence de Turenne et de Marguerite. Il écrit, qu'à son retour de Pamiers, puis de Pau, celui-ci est venu rencontrer Marguerite à Nérac, « à sa très instante prière. Car elle était en ce temps-là en divorce avec son mari, et doutant que le roi son frère (qui ne l'aimait pas) lui voulut faire jouer quelque mauvais tour par l'entremise du duc d'Épernon, désirait de s'en éclaircir en entretenant celui-ci, qui ne manqua pas de rendre ce devoir à une si grande princesse. Mais aussi le roi de Navarre (qui redoutait l'esprit de sa femme) vola incontinent à Nérac, où le duc d'Épernon (comme il a été toujours accort [rusé] et prudent) leva de leurs esprits toutes sortes de soupçons et de défiance. » (Dupleix Scipion, *Histoire de Henri III, roy de France et de Pologne*, Paris, Claude Sonnius, 1633, p. 111).

67 Charles de Biron accompagne ensuite Joyeuse en Normandie (Paris, 8 juin 1585, De Lucinge René, *Lettres de 1585*, *op. cit.*, p. 102-106).

du maréchal de Biron, visant à retenir les forces de Navarre dans l'attente de la puissante « armée de Guyenne », sous le commandement de Mayenne.

Dans l'immédiat, Charles de Biron ne pouvait que tenir à distance le nouveau sénéchal épernoniste, Rouillac. Bien qu'il se tienne prêt à marcher avec sa troupe, le prudent maréchal, dans l'expectative de nouvelles assurées de la cour, choisit d'attendre, sous le prétexte « d'une maladie de la colique », qui irait empirant, et qui le retient plus de quinze jours à Biron[68]. Il prévoit enfin d'en partir le 23 mai, non sans rencontrer « le roi de Navarre en passant[69] ». Ce qu'il fait, entre le 23 et le 25 mai, alors que ce dernier se rend à la réunion des chefs protestants de Guîtres (29-30 mai), tout aussi inquiets des tractations entre la reine mère et les Guises, avant de poursuivre en Poitou. « Je l'ai laissé en bonne résolution de ne rien remuer sans la volonté du roi. Je ne sais s'il changera d'avis ayant vu tous les siens. Il y en a plusieurs près de lui qui n'estiment que paille [de peu d'importance] toutes les forces des ligues. Je voudrais qu'il fut ainsi, nous en aurions moins de peine », écrit-il à Matignon[70]. Fontenilles est du même avis[71]. Biron a pris son parti : celui du roi contre la Ligue.

On n'en mesure que mieux le futur ressentiment de Marguerite à l'égard du maréchal de Biron, cet « homme fourbe et tout à fait gagné aux hérétiques » qui, pensant « trouver là le moyen de s'enrichir davantage à mes dépens », entreprend, dès sa fuite, de s'emparer de Carlat, son refuge, et de se saisir de sa personne, tout en restant dissimulé, « me traitant comme une fillette [*una niña*], il me fit subir les pires maux, encerclée

68 Biron à Matignon, Biron, 20 mai 1585 (APM, J 132, n° 406).

69 Ogier de Gourgues à Matignon, Bordeaux, 23 mai 1585 (*Idem*, n° 424).

70 Biron à Matignon, Clairac, 25 mai 1585 (*Idem*, n° 432).

71 Alors qu'il s'apprête à obéir à Matignon, en regagnant Condom, tout en se désolant de ne pas pouvoir tenir sa compagnie faute de paiement, le vieux capitaine considère que « pour le regard des ligues et assemblées qui se font par deçà croyez s'il vous plait qu'elles sont plus grandes que l'on ne pense, pour vous savoir dire leur nombre de ce qui peuvent être je ne le puis faire pour ce qu'ils ne sont pas encore en campagne et n'attendent qu'un chef qui les doit venir recevoir. Il est à craindre que ceux qui dorment s'éveillent » (Fontenilles à Matignon, Fontenilles, 26 mai 1585, *idem*, n° 448). Jean, baron de Salignac, qui est, d'ailleurs, du conseil de Navarre, voit, de la même façon, sa compagnie se débander faute de paiement, car « ces remuements venus, il y a la plus grande part qui ont pris parti ailleurs voyant que je ne les entretenais que de paroles ». Il ne peut donc pas suivre le commandement du lieutenant général de se rendre à Samatan qui, de plus, n'accepterait pas que l'on s'y assemble sans commission expresse du roi (Salignac à Matignon, Fontenilles, 26 mai 1585, *idem*, n° 450).

par les ennemis » écrira-t-elle à Philippe II[72]. Il est vrai que les finances de Biron étaient au plus mal, et qu'il était gagné par l'amertume d'avoir tant payé sur ses deniers pour des souverains peu magnanimes. Alors que les échanges entre Marie de Médicis et les Guises s'achèvent, que « Monseigneur de Guise et le surplus [le reste] des colligués amassent leurs troupes et s'avancent fort » et que l'on pressent un accord léonin en faveur de ces derniers, Biron arrive à la cour de France « plein de bonne volonté[73] ».

Quant aux consuls d'Agen, suspectés autant par Matignon que par Marguerite, ils constatent, par une lettre que Janus Frégose a reçue de Matignon, qu'il lui

> déplait grandement ce qu'il s'est passé en cette ville [de]puis huit jours en ça que supplions très humblement ne nous imputer ains à la [de ne pas nous rendre responsables de la] défiance en laquelle est entrée la reine de Navarre tant contre vous que contre les habitants de cette dite ville pour les causes contenues es mémoires que vous envoyons comme histoire vraie de ce qui s'est passé jour pour jour que la fît parler si haut [avec fierté et force] et de paroles de commandements que n'a été possible lui pouvoir résister et encore Sa Majesté [Marguerite] n'a levé le soupçon de sur nous, en tant que même le jour d'hier fît mettre en chacun de nos corps de garde autant et plus de soldats des siens qu'il y a des habitants que font la garde. Nous sommes toujours après supplier Sa Majesté remettre toutes choses au premier état et que la garde en sera meilleure, levant toutes ses défenses elle répond que ce n'est [pas] à nous [de] lui faire la loi et qu'elle se veut garder pour ne tomber es mains de ses ennemis et ce qu'elle en fait n'altère aucunement le service du roi. Jugez monseigneur en quelle peine nous avons été et sommes sans notre faute[74].

---

72 Marguerite à Philippe II (Archivo General de Simancas (AGS), *Estado* 595, n° 14). Une version de cette lettre, en français, est conservée dans les fonds bruxellois (Kervyn de Lettenhove, « Un mémoire inédit de Marguerite de Valois », *Revue d'histoire diplomatique*, t. V, 1892, p. 161-175). Rappelons que l'essentiel des lettres de Biron, pour ces années, ont, opportunément, disparues (Lettres publiées par Tamizey de Larroque Philippe, dans : *Archives historiques du département de la Gironde*, t. XIV, 1873. Hellman Ehrman Sidney (coll.), Westfall Thompson James *et ali.* (ed.), *The Letters and Documents of Armand de Gontaut, baron de Biron, marshal of France, 1524-1592*, Berkeley, University of California Press, 1936, 2 vol. À compléter par les manuscrits occidentaux de la Bibliothèque nationale de St-Pétersbourg, ABT 78).

73 Bellièvre à Matignon, Paris, 16 juin 1585 (APM, J 132, n° 498).

74 Les consuls d'Agen à Matignon, Agen, 22 mai 1585 (*Idem*, n° 412). Signataires : De Lescazes, De Vaurs, Mathieu, De Lendas, Ulmihac. Il doit s'agir de Jean de Lescazes, juge d'Agen, d'Alain de Vaurs, Mathieu, consul qui, avec Trenque, s'opposera le premier à la tentative de Saint-Chamarand de prendre Agen en 1591 (Boudon de Saint-Amans Jean-Florimond, *Histoire ancienne et moderne du département de Lot-et-Garonne*, Agen, Bertrand,

Mais Matignon met également en doute la probité d'Antoine de Nort, et même celle de Janus Frégose, avec celle des officiers d'Agen, consuls et habitants, qu'il suspecte « d'être intelligent à [dans le secret de] ce qui est advenu ». Il missionne à Agen son fils, Thorigny, que Marguerite refuse de recevoir, cette « légation » étant interprétée comme une tentative pour s'emparer du commandement de la cité[75], et il décide alors de quitter Bordeaux « avec quelques forces ayant opinion que c'était pour la [Marguerite] venir prendre ici et mettre es mains de ses ennemis », ce dont la reine de Navarre est avertie, particulièrement par Saint-Orens[76]. L'évêque d'Agen, qui vient présenter à Marguerite le contenu de la lettre de Matignon, du 19 mai, ne parvient pas à la dissuader.

> j'ai communiqué à la reine de Navarre le contenu d'icelle et lui ai remontré combien [vous] lui étiez très affectionné serviteur, ainsi que lui avez écrit sans toutefois avoir eu aucune réponse, ce que vous mettait en opinion de penser qu'elle fut mal contente de vous, et que, pour le désir qu'avez de son bien et repos eussiez bien voulu qu'elle ne se fut mise en peine de faire lever de gens de guerre pour les mettre en cette ville n'y voyant aucune occasion pour ce faire, lui ayant aussi remontré vouloir peser et considérer quelle affliction pourrait sentir la reine sa mère entendant tels remuements venant d'elle et mesmement étant en l'âge qui a plus besoin sentir consolation que pouvoir porter telles fâcheries et tout ce que j'ai pu tirer d'elle est que Sa Majesté [Marguerite] m'a répondu qu'elle était résolue de se conserver et ce qu'elle en avait fait c'était pour ce que à l'arrivée de Monsieur de Saint-Orens, elle avait été avertie que veniez par deçà pour vous saisir de cette dite ville et de sa personne pour la mettre es mains de ses ennemis, et qu'elle s'assurait tant de la bonne volonté de ladite dame reine sa mère qu'elle trouvera toujours bon ce qu'elle faisait pour se conserver et plutôt en cette ville en étant dame [seigneur], que ailleurs, de sorte que aucun ne le devait trouver mauvais ne tendant son intention que à cette fin, et m'a dit qu'elle vous écrirait[77].

1836, t. 1, p. 449), de Jean de Lendas, avocat, qui représentera les consuls à Lavit, en 1594, pour la soumission de la Ligue d'Agen et d'Arnaud Albinhac ou Albignac, qui a déjà été consul en 1577.

75 Une « charge », dont la teneur n'est pas précisée par Nort, a été donnée à Alain de Vaurs, concernant la compagnie de d'Aubiac.

76 Antoine de Nort à Matignon, Agen, 22 mai 1585 (APM, J 132, n° 414).

77 Janus Frégose à Matignon, Agen, 22 mai 1585 (*Idem*, n° 416).

MATIGNON MAIN DANS LA MAIN AVEC NAVARRE, POUR DÉLOGER MARGUERITE

Matignon, qui épargne désormais Navarre, contre les ligueurs, représente bien une menace pour les cités catholiques de moyenne Garonne. Ayant quitté Bordeaux dès l'annonce du coup de majesté de Marguerite, pour s'avancer en Agenais, c'est Montaigne qui le supplée, non sans grande inquiétude[78]. Il monte la garde à Bordeaux, jour et nuit, se rendant chaque jour au Château-Trompette, où il fait achever la plate-forme, et à l'évêché (où l'on sait l'esprit ligueur de l'archevêque), craignant son vieil ennemi, Vaillac[79]. Le « voyant si près », les consuls d'Agen viennent, à nouveau, implorer Matignon[80]. Après Biron, ce sont les Agenais, apeurés, qui s'apprêtent à trahir leur comtesse. Mais le voyage de Matignon en Agenais fut un passage éclair, quasi incognito, à tel point que ses correspondants habituels s'étonnent, et se désolent, de ne pas avoir pu le rencontrer[81]. Passant par Marmande (24 mai), il se rend à Nérac, puis à Condom, avant de rentrer à Bordeaux. On peut s'interroger sur une rencontre avec Navarre, juste avant que celui-ci ne voie Biron, et ne se rende à Guîtres. Matignon a vraisemblablement

78 « Ledit sieur de Montaigne vous fait bien particulièrement entendre tout ce qui se passe ici [à Bordeaux] où les affaires sont en même état que vous les y avez laissées » écrit Ogier de Gourgues à Matignon, qui pense que, pour l'aider à contrôler Agen « il serait très intéressant qu'il vous plut commander à Pigousset, conseiller au siège présidial d'Agen, qui se tient à Marmande, qu'il allât faire sa charge audit Agen pour des occasions que vous entendrez » (Gourgues à Matignon, Bordeaux, 23 mai 1585, *idem*, n° 424). Guillaume Pigousset, fils de François, décède avant 1600 (*Plaidoyers et actions graves et éloquentes de plusieurs avocats du parlement de Bordeaux*, Bordeaux, Gilbert Vernoy, 1616, p. 319 et suiv.).

79 « Le voisinage de monsieur de Vaillac nous remplit d'alarmes et n'était qu'on ne m'en donne cinquante bien pressantes. Nous vous supplions très humblement de nous en venir incontinent que vos affaires le pourront permettre. J'ai passé toutes les nuits par la ville en armes ou hors la ville sur le port et ayant votre avertissement j'avais désir veiller une nuit sur la nouvelle d'un bateau chargé d'hommes armés qui devait passer. Nous n'avons rien vu et avant ce soir y fumes jusqu'après minuit où Mr de Gourgues se trouva mais rien ne vint. » (Montaigne à Matignon, Bordeaux, 27 mai 1585, APM, J 132, n° 454).

80 Les consuls d'Agen à Matignon, Agen, 25 mai 1585 (*Idem*, n° 436).

81 Tels son créditeur, Dupuy, de Condom qui, constatant son « prompt et inopiné départ », lance son frère à sa poursuite, Charles de Monluc, et, surtout, François d'Alesme, conseiller au parlement de Bordeaux, que Henri III vient de nommer pour exercer la justice souveraine à Condom, où il prend soin de l'achèvement du fort. C'est son beau-frère, le premier président de Bordeaux, qui lui apprend la visite éclair de Matignon ! (Dupuy à Matignon, Condom, 29 mai 1585 ; Monluc à Matignon, Magescq, 29 mai 1585 et D'Alesme à Matignon, Condom, 31 mai 1585, *idem*, n° 460, 462 et 464). Voir aussi : Du Franc à Matignon, Condom, 1er juin 1585 (*Idem*, n° 478).

conversé, au moins, avec son secrétaire, Jérôme Berziau, sieur de La Marsillière.

Une lettre que Matignon adresse, le 24 mai, à Jacques du Lau, gouverneur d'Armagnac (et ligueur), laisse transparaître combien il est complaisant à l'égard de Navarre[82]. Arrivant en Agenais, il renvoie, contre toute attente, les régiments de Du Lau, de Descluseaux et d'Aubeterre qui l'accompagnaient. Nous savons les affinités ligueuses de D'Aubeterre. François Blanchard de Cluseau est, aussi, ligueur, et il sera aux côtés de Joyeuse, avec son régiment de 2 000 fantassins, à la bataille de Coutras ; il rejoindra Mayenne en 1589[83]. Il faudra attendre août de la même année pour que Du Lau vienne, enfin, au secours de la Ligue d'Agen, aux côtés du marquis de Villars[84] ! Est-ce que Matignon n'était pas assez assuré de ces capitaines catholiques pour ne pas risquer de leur confier la défense de l'Agenais ? Le résultat ne se fait pas attendre :

> Incontinent que les ennemis surent que vous [Du Lau], avec autres sieurs et capitaines de gendarmes, vous étiez retirés et que j'étais demeuré seul, n'ayant que si peu que j'ai d'Albanais[85], ils se sont mis à la campagne, ayant en peu d'heures assemblé ce qu'ils ont pu de forces de Bergerac, Sainte Foy, Clairac et autres lieux, comme ils ont fait aussi ce qui était du delà de la Garonne ; ont pris les armes à Clairac : font venir celles de Lectoure

Au retour de Guîtres, toujours dans l'attente de la décision royale à l'égard de la Ligue, La Marsillière sollicite encore plus de coordination entre le roi de Navarre et son lieutenant général.

> Le temps et les affaires ont requis que ces deux princes [Navarre et Condé] se vissent, pour les raisons que savez, Dieu aidant si nous avons ce bien de vous voir au retour. Mais tant plus nous allons avant plus nous connaissons qu'il est nécessaire que vous entrevoyez et confériez ensemble vos délibérations afin que vos actions soient autant que faire se pourra conformes pour le moins tendant à même but pour le service du roi. C'est pourquoi le roi de Navarre vous envoie ce gentilhomme exprès. Il eut bien désiré que c'eut été à Cadillac ou à Sainte-Bazeille pour avoir le moyen aussi de voir de messieurs

82 Lettre conservée au château de Xaintrailles (Tamizey de Larroque Philippe, *Documents inédits relatifs à l'histoire de l'Agenais*, Paris/Bordeaux, Aubry/Lefebvre, 1874, p. 172-174).

83 De Mézeray François Eudes, *Histoire de France*, Paris, Mathieu Guillemot, 1651, p. 457. De Thou Jacques-Auguste, *Histoire universelle*, *op. cit.*, t. 3, p. 622-623.

84 Brunet Serge, *« De l'Espagnol dedans le ventre ! »*, *op. cit.*, p. 825 et 832.

85 Mercenaire de cavalerie légère.

de la cour. Ce petit voyage en a détourné le chemin. Nous n'avons point de nouvelles certaines de la cour, nous en espérons bientôt[86].

Au même moment, dans Agen, où il y « avait un grand nombre de gens de guerre tant dans la ville que dehors icelle », Marguerite saisit 3 000 écus du receveur du lieu, engageant les autres receveurs des tailles royales à ne pas hasarder de fonds sur la Garonne. Alors que Moissac va se déclarer pour la Ligue, Matignon y envoie de toute urgence l'évêque et le juge mage de Cahors, qui parviennent à en dissuader les consuls[87].

Navarre, de son côté, s'attache à contrôler le chemin d'Agen à Toulouse[88], et il soudoie les capitaines de places fortes de l'Agenais (Nicole, Montazet[89], Monheurt), contraignant Matignon à se réfugier dans Marmande. Celui-ci, au lieu d'appeler Du Lau à la rescousse, le maintient en Condomois, plus pour observer que pour agir, lui ordonnant « si l'ennemi attaquait quelque place [du Condomois] de vous jeter dedans en attendant que je puisse être à vous pour tous ensemble nous opposer et résister à ce qui pourrait se présenter de dommage. » Il écrit également aux consuls de Condom et d'Auch de se défier d'une noblesse qui suivrait Navarre[90].

86 La Marsillière à Matignon, Castillon, 29 mai 1585 (APM, J 132, n° 464).

87 M. de Peyrusse, juge mage de Quercy, à Matignon, Moissac, 29 mai 1585 ; Antoine Hébrard de Saint-Sulpice, évêque de Cahors, à Matignon, Moissac, 30 mai 1585 et Brun, receveur des tailles, à Matignon, Moissac, 30 mai 1585 (*Idem*, n° 465, 467 et 469).

88 Des soldats huguenots sont sortis du château de Terride et du Mas-Grenier pour contrôler « Montbéqui, [où ils] se sont emparés de l'église et fortifient ledit fort et tenir sur le grand chemin tholosan » (Les consuls de Montech à Matignon, Montech, 25 mai 1585, *idem*, n° 430). Navarre s'empare aussi de Montfort, le 29 octobre suivant, dont il fait pendre les consuls. Cette redoutable citadelle, majoritairement calviniste, lui était essentielle pour assurer Mauvezin et la vicomté de Fézensaguet. Biron l'avait prise en 1580. (Philip de Barjeau Jean, *Le protestantisme dans la vicomté de Fezensaguet*, Auch, Cocharaux, 1891, p. 15-16. Carsalade du Pont Jules de, « Les deux sièges de Montfort, en 1580 et 1585 », *Revue de Gascogne*, t. XXXIX, 1898, p. 385-388).

89 La seigneurie de Montazet, avec ses appartenances, relevait du comté de Montpezat et seigneurie d'Aiguillon, et donc de Mayenne. En 1502, parce qu'il avait épousé Jeanne, une des héritières des Monpezat, Charles de Malvin, seigneur de Montazet obtint d'écarteler ses armes avec celle des Montpezat. Le 29 juillet 1564, Barthélemy de Malvin, écuyer, avait rendu hommage, pour Montazet, à Honorat de Savoie (Archives de M. Malvin de Montazet, La Béoussé, à Aiguillon).

90 Henri III avait, de la même façon, incité l'infortuné baron de Pailhès à demeurer, avec tous ses « amis » en son obéissance et service. Il rejoint l'armée du roi. En juillet 1584, concluant les états de Foix, Navarre lui avait violemment retiré le gouvernement général du comté de Foix, pour le confier au baron d'Audou, qu'il investissait, également, du sénéchalat. Il s'assurait, ainsi, de cette portion de frontière (Henri III à M. de Pailhès, Paris, 31 mars 1585. De La Hitte Charles, *Lettres inédites de Henri IV à M. de Pailhès,*

Alors qu'il évite donc d'entrer dans Agen, Matignon envoie son propre fils cadet, Charles, à Janus Frégose, pour lui transmettre ses informations, restées orales, et recevoir de lui des précisions sur la situation d'Agen. Il fait de même avec Alain de Vaurs, lequel transmet à M. de La Lieue[91] de se charger de la garde de l'important château de Castelculier, à l'entrée d'Agen, vers Toulouse, d'où partira l'attaque sur la porte du Pin[92]. C'est sur ses propres deniers que celui-ci paie les 20 soldats qui y sont placés. Mais, alors qu'il espère que les deniers du roi, ou bien une imposition sur la juridiction de Castelculier y pallie, Belsunce, parce que sa garnison de Puymirol n'est pas payée, menace de la mettre en coupe réglée[93]. Est-ce parce qu'il perçoit l'attaque prochaine d'Agen que Frégose choisit de se retirer de la scène ? Par deux fois, il prie le roi de lui accorder la résignation de son évêché, ce qu'il refuse[94]. La rupture entre la comtesse et l'évêque d'Agen est donc, aussi, consommée[95].

Matignon semble cependant éviter de rencontrer personnellement Navarre, alors que les discussions d'Épernay ne sont pas achevées, mais,

---

gouverneur du comté de Foix, et aux consuls de la ville de Foix, 1576-1602, Paris-Auch, Champion-Cocharaux, 1886, p. 65-66).

91 Pourrait-il s'agir du sieur de La Liève, pannetier de la Maison de Marguerite en 1582, et toujours en 1584 ?

92 La Lieue semble tenir le château de Lafox, voisin de Castelculier, après la mort de Bajamont, et le château de Castelculier appartient à la famille de Gourgues (Magen Adolphe, *La ville d'Agen sous le sénéchalat de Pierre de Peyronenc, seigneur de Saint-Chamarand, novembre 1588-janvier 1591*, Paris, Imprimerie impériale, 1865). Il est entièrement détruit, en 1633-1634, par ordre du roi.

93 La Lieue à Matignon, Lafox, 6 juin 1585 (APM, J 132, n° 492).

94 L'émissaire de Matignon est « M. de La Roche ». Il s'agit de Charles (1564-1648), troisième fils du maréchal, capitaine de cent hommes d'armes des ordonnances du roi (1579). À la mort de Odet (7 août 1595), son frère aîné, il deviendra comte de Thorigny et héritier de sa maison (Janus Frégose à Matignon, Agen, 1er juin 1585, *idem*, n° 475). Janus Frégose à Henri III, Agen, 8 juin 1585 (Tamizey de Larroque Philippe, « Lettres inédites de Janus Frégose, évêque d'Agen », *Recueil de travaux de la Société d'agriculture, sciences et arts d'Agen*, 2e série, t. III, 1873, p. 68-74). Cette lettre réitérait une première demande, et un premier refus, qui devait suivre de peu le coup de majesté de Marguerite, trois semaines auparavant. Malgré son prénom, et la duplicité ambiante, l'évêque ne semble pas avoir été *bifrons*. Reste, parmi les habitants d'Agen, un noble César Frégose, chevalier des ordres du roi (28 février 1589, AM Agen, 33 141/19).

95 Nous voyons bien, là encore, que l'évêque d'Agen n'avait pas de rôle de conseil auprès de Marguerite, contrairement à celui de Comminges. Il avait participé à la lutte armée contre les protestants, recevant l'estime de Monluc, puis ardemment agi pour appliquer la paix de 1576 et il demeure parfaitement fidèle à Catherine de Médicis, en s'efforçant d'appliquer sa difficile politique de conciliation (Dubost J.-F., *Fregoso, Giano*, dans *Dizionario biografico degli Italiani*, vol. 50, 1998).

le 12 juin, il y sacrifie et il lui accorde, enfin, le paiement immédiat, qu'il espérait tant, des garnisons de ses places de sûreté, pour un mois[96]. Au moins, Belsunce ne viendra pas perturber l'attaque d'Agen qui se prépare. Au même moment, Henri III appelle auprès de lui Bazordan, avec sa compagnie. Il ne peut refuser cet honneur. Marguerite n'a alors plus auprès d'elle « un des vieux [expérimenté] capitaines de cette province, même de ce royaume[97] ». Le madré Navarre écrit à Ségur :

> Nous vivons en incertitude, attendant la résolution de la guerre ou de la paix, et toutefois bien assurés que l'un et l'autre ne nous peuvent apporter que du mal. Le Maréchal de Matignon n'avance guère. Ceux d'Agen commencent à courir [attaquer, ravager]. Ma femme dit qu'étiez [Ségur] venu à Nérac exprès pour l'enlever et mener prisonnière à Pau, avec plusieurs autres propos de même. Monsieur et Madame de Duras triomphent, et ne croiriez les insolents propos dont ils usent[98].

Saint-Luc, Lussan et Lansac avaient construit un fort au Bec d'Ambès, sur les terres de ce dernier. Il leur permettait, avec leurs navires, de contrôler la navigation au confluent de la Dordogne et de la Garonne, et d'en tirer de substantiels revenus. Matignon prend 4 canons à Bordeaux pour aller le détruire et en chasser les 50 à 60 arquebusiers qui s'y trouvaient, avec 4 galions chargés de mousquets[99]. Il s'agissait, d'ailleurs, de soldats venus d'Agen, ce qui montre la coordination des actions

96 La Marsillière, qui vient à Libourne pour préparer cette entrevue et convenir de son lieu, est confronté à l'évitement et s'en retourne déçu, ne sachant pas « si votre maladie en est cause » ou bien « si c'est autre occasion, comme peut être quelques esprits [qui] seraient bien aise de divertir un tel bien. Je sais que le roi de Navarre, Monseigneur le Prince [Condé] avec une si bonne compagnie en seront très marris. Je sais aussi en mon particulier qu'il n'en fut advenu que beaucoup de contentement et de fruit pour le service du roi et pour le vôtre » (La Marsillière à Matignon, Libourne, 3 juin 1585, APM, J 132, n° 386). Navarre à André de Meslon, lieutenant du sénéchal d'Albret, conseiller et maître des requêtes du roi de Navarre, gouverneur de Monségur, Clairac, 13 juin 1585 (Berger de Xivrey Jules, *Lettres missives de Henri IV*, *op. cit.*, t. 2, p. 76).

97 Matignon à Henri III, Marmande, 13 juin 1585 (Lettre publiée par Tamizey de Larroque Philippe, dans : *Archives historiques du département de la Gironde*, t. XIV, 1873, p. 288-289).

98 Navarre à Ségur, Lectoure, 28 juin 1585 (Berger de Xivrey, Jules, *Lettres missives de Henri IV*, *op. cit.*, t. 2, p. 79).

99 Matignon à Henri III, Bordeaux, 30 juin 1585 (Lettre publiée par Tamizey de Larroque Philippe, dans : *Archives historiques du département de la Gironde*, t. XIV, 1873, p. 290). En avril précédent, Lansac n'avait pas hésité à emprisonner le célèbre architecte du phare de Cordouan, Louis de Foix, avec un jurat et des experts, qui revenaient du chantier vers Bordeaux (AM Bourg-sur-Gironde, E supplt. 2347 et BB 2).

ligueuses. Navarre, quant à lui, fait venir de la poudre du Béarn[100]. L'hallali contre Marguerite a commencé.

Le 6 juillet, le très informé Lucinge écrit que l'évêque de Comminges et Jean-Étienne Duranti

> remuent tout en Gascogne, pour le parti de Monsieur de Guise contre le roi de Navarre. Je les ay connus étant là aux études. Ils ont grand crédit parmi ces peuples-là. L'évêque est le conseil [conseiller] de la Reine de Navarre, laquelle a des forces plus de trois mil hommes en pied[101]

Ceux-ci ont été levés par le vicomte de Duras[102]. Duranti, de son côté, assemble les gentilshommes catholiques du pays et les incite à se jeter sur Montauban, Castres, Caraman et d'autres villes tenues par les protestants. Les comtes d'Aubijoux et d'Ambres s'y opposent[103]. Louis de Lansac, père de Guy, a, quant à lui, rassemblé « ses cousins et bons voisins » et il est allé retrouver Saint-Luc à Brouage, au printemps 1585[104].

Dans une lettre datée du 21 juillet suivant, Lucinge nous apprend encore que

> Saint-Luc et Lansac le jeune ont mis ensemble XXV ou XXX navires de guerre et ont fait comme une enceinte à La Rochelle, mais les affaires du Dauphiné arrêteront ce dessein, si elles amusent [retiennent, retardent] les forces de Monsieur du Maine [Mayenne] qui devait marcher en Guyenne[105].

---

100 Navarre à Saint-Geniès, « gouverneur et lieutenant général en mes royaumes et pays souverain », Lectoure, 30 juin 1585, et Catherine de Bourbon à Saint-Geniès (Berger de Xivrey Jules, *Lettres missives de Henri IV*, *op. cit.*, t. 2, p. 80-81). Il y avait notamment le capitaine Gabarret, qui avait plusieurs fois attenté à la vie de Navarre.

101 Paris, 6 juillet 1585 (De Lucinge René, *Lettres de 1585*, *op. cit.*, p. 134-135). Lucinge avait, lui aussi, fait son droit à Toulouse.

102 Babelon Jean-Pierre, *Henri IV*, Paris, Fayard, 1982, p. 156.

103 Dès qu'il apprend que le roi a signé la Ligue, Duranti fait chanter un *Te Deum* devant les corps saints de la basilique Saint-Sernin. Il réclame un feu de joie qu'à défaut d'ordre royal le parlement refuse, mais il publie avec empressement l'édit de juillet, la plupart de ses officiers s'étant déclarés pour la Ligue (Dom Devic et Dom Vaissète, *Histoire générale de Languedoc*, Toulouse, Privat, 1872-1904, t. 11, p. 730-731).

104 « Messieurs mes cousins et bons voisins, vous connaissez ce porteur. Il vous dira le besoin que j'ay de votre assistance. Je la vous requiers, et que vous croyez ledit porteur comme moi-même en pareille chose, jugez ce que vous voudrez de moi et de mes moyens et me permettrez que j'espère et m'assure de même de votre amitié vers moi, et pour la fin venez en diligence, messeigneurs, secourir votre humble serviteur, Lansac (S.l.n.d., BnF, ms. fr., 15571, f° 195). Guy de Lansac à Matignon, Blaye, 10 août 1585 (*Idem*, 15570, f° 175).

105 Paris, 21 juillet 1585 (De Lucinge René, *Lettres de 1585*, *op. cit.*, p. 156).

Alors que Navarre est occupé du côté de la Saintonge, Guy de Lansac arme, en effet, ses vaisseaux sans ordre du roi et fait le blocus de Bordeaux où se trouve Matignon[106]. Contrôlant la Gironde et toute la côte saintongeaise, les ligueurs assurent leurs relations avec l'Espagne, pourvoyeuse d'or. En s'emparant du fortin du Bec d'Ambès, après le Château-Trompette, Matignon résiste à la tenaille ligueuse des citadelles de Blaye, Bourg et Brouage[107]. Mais d'autres opérations ligueuses sont menées à Alet, Castres, L'Isle-Jourdain, et en Basse-Navarre[108]. Urbain de Saint-Gelais, quant à lui, s'appuie sur le prélude des « milices campanères » du Comminges, à l'instar de d'Aumale en Picardie, ou d'Elbœuf, qui ont fait « de toutes parts grand amas d'armes et de gens de guerre[109] ». En Bigorre, qui est un comté de Henri de Navarre, un

---

106 Lucinge écrit « Bureau » pour « Bourg » (10 avril 1585, *Idem*, p. 52). Catherine de Médicis à M. de Villeroy, 18 décembre 1586 (Baguenault de Puchesse Gustave, *Lettres de Catherine de Médicis*, Paris, Imprimerie nationale, 1905, t. 9). Henri III commande à Matignon de l'en chasser avant qu'il ne s'y fortifie (Henri III à Matignon, Paris, 12 avril 1585, Boucher Jacqueline, *Lettres de Henri III*, Paris, Société de l'histoire de France, t. 7, 2012, p. 24-25). Matignon à Henri III, Bordeaux, 30 avril 1585 (Lettre publiée par Tamizey de Larroque Philippe, dans : *Archives historiques du département de la Gironde*, t. XIV, 1873, p. 283).

107 Matignon à Henri III, Bordeaux, 30 juin 1585 (BnF, ms. fr., 15570, f° 75). Matignon entrera, enfin, dans la stratégique citadelle, mais il devra payer 12 600 écus, obligation d'abord valable durant deux mois, le temps que le roi accepte cette résignation et désigne un autre capitaine. Elle est dénoncée le 3 décembre suivant (Convention passée entre Matignon et Vaillac, Guîtres, 19 octobre 1586. APM, J 40). En fait, il faudra attendre 9 ans, pour que Henri IV lui offre 16 000 écus, dont 12 000 pour payer Vaillac, et le reste pour reconstruire sa maison de Paris, que les « ennemis et rebelles » avaient entièrement détruite. Il pourra alors, officiellement, transmettre la capitainerie à son fils, le sieur de La Roche (Donation d'Henri IV, Compiègne, 13 mai 1594 et nomination du sieur de La Roche par le même, Paris, 16 février 1595, *idem*, J 38).

108 Samazeuilh Jean-François, *Histoire de l'Agenais, du Condomois et du Bazadais*, Auch, J. Foix, 1846-1847, t. 2, p. 161-169. Belsunce, capitaine du château de Mauléon, l'ayant abandonné en 1568 et laissé dévaster par Montgomery l'année suivante, Charles IX en avait confié à Charles de Luxe la garde, confirmée par Henri III (1575) et Navarre (février 1585). Mais Belsunce, qui continue de lui contester, lui enlève le château, en 1587, l'obligeant à se réfugier en Navarre espagnole (Diverses lettres publiées dans : *Revue de Béarn, Navarre et Lannes*, t. III, 1885, p. 33-56). Catherine de Bourbon, régente du Béarn, compte sur le gouverneur de Bayonne, La Hillère, pour maintenir un étau sur la turbulente Soule (Tucoo-Chala Pierre, *Catherine de Bourbon. Une calviniste exemplaire*, Biarritz, Atlantica, 1997, p. 87-88).

109 En mai, L'Estoile dénigre « le duc d'Aumale, l'un des chefs de la Ligue, ayant levé quelque nombre de fressuriers [casseurs, voire rôtisseurs], faucheurs ["et botteleurs de foin, soudouvrés", pour "soudoyés/soldés", ajoute le *Registre journal*] et telles canailles, qu'il conduisait en personne, disant qu'il cherchait les huguenots pour les dévaliser et massacrer, court bonne part de Picardie, tue et pille gentilshommes et roturiers, prêtres, moines, etc., sans épargner les églises ; faisant autant de maux que les plus échauffés

nouveau gouverneur de Tarbes est nommé, probablement à l'instigation de Mayenne, et le pays, tout en restant apparemment fidèle à son comte, tient pour la Ligue[110]. Avec le soutien de l'Espagne, les terres du prétendant au trône de France sont singulièrement assaillies de tous côtés.

On voit là toute l'ambiguïté, le jeu de dupes, de cette guerre dans laquelle les royaux, alliés aux ligueurs contre le roi de Navarre, poursuivent en fait des objectifs contraires. Matignon, indéfectiblement fidèle à Henri III (puis à Henri IV), joue parfaitement, en Guyenne, le jeu machiavélique du dernier Valois.

RETENIR MAYENNE… ET ÉCRASER MARGUERITE

Marguerite a contribué à la victoire des Lorrains en se déclarant pour la Ligue : le 7 juillet, le roi leur cède enfin, officiellement, en signant l'édit de Nemours, qui est enregistré au parlement de Paris le 18 suivant. Il révoque le régime de tolérance établi en 1577, et confirmé en 1580, en supprimant toute liberté non seulement de culte mais de conscience aux réformés. Ceux-ci ont six mois (le 7 octobre, le roi ne leur accorde plus que 15 jours) pour choisir entre l'abjuration ou l'exil. Les places de sûreté leur sont retirées et le roi de Navarre est officiellement écarté de

huguenots dans les troubles précédents n'avaient fait. Aussi est-ce à faire à des badaux à croire que telles gens aient aucune religion. » (L'Estoile Pierre de, *Journaux mémoires*, *op. cit.*, t. 2, p. 52 et *Registre journal*, *op. cit.*, t. 5, p. 27-28). D'Aubigné emploie les mêmes termes à l'égard des campanères de l'évêque de Comminges.

110 En 1585, les états de Bigorre avaient pris pour gouverneur le capitaine Forgues, auquel avait été confié une garnison. Même si, officiellement, le roi de Navarre, comte de Bigorre, la place sous sa protection, il n'est pas en mesure d'empêcher l'entrée des compagnies de Larboust et de Théophile de Gramont, évêque de Tarbes, qui sont pour la Ligue. Alors que Matignon s'efforce de lever des compagnies pour le roi, Duras lui écrit qu'il y a en Bigorre « 2 000 arquebusiers qui empêcheront les levées huguenotes » et que 150 gentilshommes attendent ses ordres (Duras à Matignon, s.l.n.d. (mais 1585), APM, J 136, nº 217). Au décès de Forgues, le gouvernement revient à Arnaud-Guilhem de Saint-Paul, seigneur de Lespouey, « qui venait fraichement de l'armée de M. le duc de Mayenne, et fut soupçonné par les Béarnais de tenir le parti de la Ligue ». En mai 1587, une tentative de contrôle de Tarbes par une troupe de huguenots échoue. Les Bigourdans s'ingénient cependant à conserver de bonnes relations avec Catherine de Bourbon, régente de Béarn, et le calme est maintenu jusqu'en 1592 (Mauran Guillaume, *Sommaire description du païs et comté de Bigorre*, Balencie, Gaston (éd.), Paris-Auch, Champion-Cocharaux, 1887, p. 173 et 177-179).

la succession au trône. Comme il l'avait fait en 1576, Henri III prétend prendre la tête de la Ligue, pour mieux la contrôler. La huitième guerre de Religion est ouverte. Comme les autres ligueurs, Marguerite pense avoir fait le bon choix. Mais son frère ne t'entend pas de la sorte. En l'ignorant dans les articles de la paix avec la Ligue des Guises, il déniait tout caractère guerrier, et donc politique, à son action, qu'il réduisait à une querelle conjugale. Les historiens sont restés, jusqu'à aujourd'hui, dans cette mystification.

MARGOT AU COMBAT, SEULE CONTRE TOUS

Très significativement, les nombreux courriers que nous avons utilisés, tant autour de Matignon, que de Navarre, de Biron ou de Henri III font défaut au moment où on s'apprête à écraser Marguerite de Valois. Devoir d'oubli ; effacement mémoriel.

Guise, qui ne doit pas s'éloigner de la capitale, est trop loin pour porter secours à ses affidés de Guyenne. L'édit de Nemours publié, « le duc de Mayenne était déjà à Orléans qui assemblait ses troupes, pour attaquer vivement les religionnaires », mais Henri III diffère son départ[111]. Il envoie une dernière, et bien illusoire, ambassade vers Navarre. S'agirait-il seulement, pour cet esprit retord, de différer l'écrasement programmé de Navarre ? Philippe, cardinal de Lenoncourt, se présente à Nérac, le 25 août, avec Brûlart de Sillery, dans l'apparent espoir d'obtenir son abjuration, « afin d'éviter la fureur de la guerre qui allait fondre sur lui et sur ceux de son parti[112]. »

L'Estoile témoigne de la vive inquiétude du parti protestant : « en ce temps, beaucoup de la religion, pour sauver leurs biens et leurs vies, se font catéchiser, retournent à la messe, et ont bien de la peine à contrefaire les bons catholiques. [...] d'autres, de bas tenants, qui tiennent ferme, et abandonnent tout[113]. » Mais Marguerite reste bien seule.

Matignon était retourné à Marmande, le 4 juillet, pour voir Navarre, lequel l'avait invité à dîner à Tonneins, « où nous pourrons parler ensemble

111 De Mézeray François Eudes, *Histoire de France*, *op. cit.*, p. 356.

112 Il y a aussi Jean d'Angennes, seigneur de Poigny, et les théologiens Jean Prévôt, curé de St-Séverin, et Jacques Cueuilly, curé de St-Germain (De L'Estoile Pierre, *Journaux mémoires*, *op. cit.*, t. 2, p. 55).

113 Il donne deux exemples contraires : la chancelière de L'Hôpital et Jacques Androuet du Cerceau (De L'Estoile Pierre, *Journaux mémoires*, *op. cit.*, t. 2, p. 62-63 et *Registre journal*, *op. cit.*, t. 5, p. 50).

sept à huit heures[114] » ! La collusion de Navarre et de Henri III, avec Matignon, contre Marguerite, est évidente aux yeux de tous. Même s'il évite de relater le soulèvement d'Agen, l'honnête Scipion Dupleix valide cet accord secret dénoncé par les ligueurs, au grand dam du parlement de Bordeaux et des capitaines catholiques « ce qui obligea depuis la plupart de la noblesse catholique à prendre le parti de la Ligue[115]. »

Marguerite ne s'en prépare que plus aux combats. Consciente que les villes se prennent d'abord par trahison, elle a le soin de remplacer le capitaine Murio (ou Morio), qui commande à la porte du Pin, d'Agen, par Falachon. D'intelligence avec Navarre, il aurait « formé le projet d'enlever sa femme[116] ». Elle fait de même avec le sergent qui surveille le pont de la Garonne. Elle renforce la garnison de la porte de Garonne, placée directement sous les ordres de Duras[117]. Elle lance alors un appel à la noblesse catholique, et de nombreux gentilshommes accourent, dont le bailli de Haute Auvergne, François de Lignerac[118]. Dix compagnies sont ainsi dressées[119]. Elles forment un régiment, qui est confié à Michel du Bouzet[120]. Dès le mois de mai, celui-ci exerce une autorité, au nom de

---

114 Berger de Xivrey Jules, *Lettres missives de Henri IV*, *op. cit.*, t. 2, p. 83-84).

115 Dupleix Scipion, *Histoire de Henri III*, *op. cit.*, p. 121 et 127-128. Il explique la mésentente entre Marguerite et Henri III par le fait « qu'elle vivait mal avec son mari » et sa complicité réitérée dans les complots du duc d'Alençon. Mais il était prêt à lui pardonner « jusqu'à ce que Marguerite (soit par jeu ou sérieusement) porta une parole d'amour incestueux à la Reine Louise épouse de Sa Majesté », laquelle la confia à son époux qui en demeura profondément offensé (*Idem*, p. 202-203).

116 Une note de l'éditeur du livre de Boudon de Saint-Amans affirme que ce projet d'enlèvement est attesté dans « nos manuscrits », cependant Morio, « lorsque, entaché lui-même de trahison, cet officier se crut aussi trahi, [il] perdit la tête, se démasqua lui-même et fit échouer l'entreprise. » (Boudon de Saint-Amans Jean-Florimond, *Histoire ancienne et moderne du département de Lot-et-Garonne*, Agen, Bertrand, 1836, t. 1, p. 426).

117 *La chronique dite du Frère Hélie*, *op. cit.*, p. 23. C'est probablement, aussi, à son instigation, que, la même année, Antoine Brageyrac, notaire des consuls d'Agen, parce qu'il est huguenot, est remplacé par Berthomieu Prochet (AM Agen, BB 38, f° 78).

118 François Robert, baron de Lignerac, seigneur de Pléaux, Saint-Chamant, etc., était capitaine des gardes d'Élisabeth d'Autriche, épouse de Charles IX. Il avait épousé Catherine de Hautefort (1575). Lieutenant de la Haute Auvergne et gouverneur d'Aurillac, il meurt en 1613.

119 Les capitaines Monviel, Caussègue, Bessière frère de Du Bouzet, Gajan, Charry, Jougla, Pauqua, Cruzol, Dufour et Mauléon.

120 Michel du Bouzet, seigneur de Marin, de Roquépine et de Sainte-Colombe. Successivement capitaine de 200 hommes de pied, lieutenant d'une compagnie de gendarmes, chevalier de l'Ordre. Il est conseiller de Marguerite et son premier maître d'hôtel. Soldat d'expérience, il s'est déjà longtemps battu dans le camp catholique. Marié avec Madeleine de Faudoas (1556), Marguerite de Bezin (1572), puis Anne de Biran (1591), il suit Marguerite à la cour d'Usson et, en 1592-1593, on le voit agir dans la Ligue d'Agen, auprès du marquis

Marguerite, sur l'ensemble de son apanage, dans lequel il interdit toute levée sans son consentement[121]. Avec la garde d'honneur de la reine, ce sont 1200 hommes qu'Agen doit héberger. Mais d'autres gentilshommes ligueurs affluent, et neuf autres compagnies doivent être formées[122]. Il faut de l'argent. Durant le mois de juillet 1585, un certain Huselin (Pierre Hinsselin, sur d'autres documents), qui s'intitule « trésorier de la Ligue en Guyenne », vient demander 50 000 écus au gouverneur de Fontarabie, García de Arze. Il doit « les porter à Agen à la Princesse de Béarn », mais cet argent ne pourra pas lui être délivré[123].

Marguerite se fait livrer, par le receveur Nicolas, les deniers des tailles et du taillon afin de payer ses troupes. Mais l'argent manque encore. Les soldats sont alors d'abord logés chez les quelques huguenots qui restaient dans la ville, puis il faut bien avoir recours aux autres habitants, qui connaissent les désagréments de la présence de la soldatesque. Les Agenais sont taxés d'emprunts forcés ou bien de redevances qui pouvaient s'élever jusqu'à 10 écus par jour. Ceux qui refusent le paiement sont soumis au logement des soldats et leurs meubles sont vendus. Nombre de notables préfèrent quitter Agen[124]. Assez rapidement les subsistances même manquent aux Agenais.

La topographie d'Agen ne facilite pas sa défense, et la reine de Navarre se risque à reprendre les mesures qui, neuf ans plus tôt, avaient entraîné le

---

de Villars (Noulens Joseph, *Maisons historiques de Gascogne, Guyenne, Béarn, Languedoc et Périgord*, Paris, Aubry/Dumoulin, 1865, p. 86-90. AD 34, 1 B 22519).

121 Ce commandement a des effets, notamment à Beaumont-de-Lomagne, où les consuls refusent de recevoir une compagnie de d'Épernon, qui dispose pourtant d'une commission de Matignon, sous prétexte de l'interdiction de Henri III d'assembler des gens de pied ou de cheval sans commission expresse de son grand sceau « et l'autre la défense que la reine de Navarre en a fait faire par lettre de créance que le sieur Du Bouzet leur a apporté qu'à cette cause que avons congédié ceux de ladite compagnie qui s'étaient présentés et contremandé les autres » (Castelnau à Matignon, Castelnau, 23 mai 1585, APM, J 132, n° 422).

122 Sous les ordres des capitaines Limport, Cézan, Palandran, Saint-Gruère, Molinier, Estanel, Tayrac (Jean du Sorbier, dont les grand-père et père furent, successivement, seigneur de Tayrac et châtelain de Puymirol. Il meurt peu après), Gaches et Crozat. Nous avons vu que ce dernier, avec Palandran, avait été condamné, puis élargi par la Chambre de l'Édit d'Agen.

123 Le trésorier de la Ligue disposait d'une recommandation de l'ambassadeur Tassis et une autre de l'agent de Philippe II, Juan Iñiguez, datées de mai 1585 (Philippe II à Tassis, Monzón, 23 juillet 1585, AGS, *Estado*, K 1563, n° 45).

124 Le lieutenant Redon se réfugie à Villeneuve, Cambefort à Moirax, les conseillers Raymond et Boissonnade à Castelculier, le conseiller Valier à Pujols, les conseillers Laroche et Du Repaire au Castella, le receveur Loubatéry à Clermont, le trésorier Codoing à Guillot, l'enquêteur Bannel à Boville, alors que d'aucuns cherchent un asile dans d'autres villes et châteaux.

rejet de son mari[125]. Au mois de juin, en violation des privilèges d'Agen, elle entreprend de transformer en une vaste forteresse l'ensemble du quartier situé entre les Jacobins et la Porte-Neuve, en fossoyant la rue de Garonne. Sa méfiance à l'égard des Agenais rendait cette citadelle indispensable ; Villeneuve et Penne avaient bien fait de même. Des terrassements sont aussi effectués sur la promenade du Gravier et trois éperons extérieurs sont élevés au-devant de la tour de la Poudre, de la Porte-Neuve et de la Porte-Saint-Georges. Ces grands travaux, réalisés grâce à la corvée des paysans de la banlieue, entraînent la destruction de nombre d'hôtels de la bourgeoisie agenaise.

Non seulement des repaires protestants, comme le château de Lusignan mais, au-delà, les bourgs calvinistes de Layrac, Clairac, Puymirol, Lectoure et bien sûr Nérac, menacent Agen. Les troupes de Navarre, et désormais celles également de Matignon, sont à l'affut. Cela rend encore plus courageuse l'action militaire, résolument ligueuse, et injustement négligée, de Marguerite[126]. Le traité de Nemours aurait dû la transformer en une alliée objective de son frère, mais celui-ci lui déniait toute reconnaissance militaire. Il confinait sa révolte au domaine privé[127]. L'historien Mézeray consacrera cette mystification en parlant d'un simple « mal domestique », autour du premier Bourbon[128]. Et l'historiographie n'a, malheureusement, pas changé depuis.

---

125 Brunet Serge, « *De l'Espagnol dedans le ventre !* », *op. cit.*, p. 566-571.

126 Éliane Viennot n'en parle pas (Viennot Éliane, *Marguerite de Valois, histoire d'une femme, histoire d'un mythe*, Paris, Payot, 1994) ; Janine Garrisson évoque des « coups de main sur des petites villes proches » de la Garonne (Garrisson Janine, *Marguerite de Valois*, Paris, Fayard, 1994, p. 236). Philippe Lauzun niait qu'une « amazone romantique » ait pu mener, physiquement, ces combats virils. Il s'agit de places majeures ; Matignon s'assurera rapidement de Tonneins et de Villeneuve, en évitant que Navarre s'installe à Agen, alors qu'il conserve Lectoure. Si Tonneins demeure une puissante citadelle protestante, Villeneuve et Marmande suivent Agen dans la Ligue. Le 15 novembre 1589, 150 Villeneuvois signent la Ligue, à la demande de M. de Foucauld, agent de Mayenne (AM Villeneuve-sur-Lot, BB).

127 La reine mère avait informé Bellièvre que Marguerite ne serait pas mentionnée dans les articles de paix. C'était considérer que sa révolte relevait d'une affaire privée et non d'État (Catherine de Médicis à Bellièvre, 20 juin 1585, Baguenault de Puchesse Gustave, *Lettres de Catherine de Médicis*, *op. cit.*, t. 9, p. 325. Bourrachot Lucille, « La vie à Agen au temps de Marguerite de Valois », Lazard Madeleine et Cubelier de Beynac Jean (éd.), *Marguerite de France, reine de Navarre, et son temps*, Actes du colloque d'Agen, 12-13 octobre 1991, Agen, Centre Matteo Bandello, 1994, p. 61-79).

128 Mézeray réduit le soulèvement de Marguerite à une querelle de ménage, niant tout lien avec la Ligue, en l'appuyant sur la contre-vérité qu'elle « avait pris l'occasion sur l'excommunication

C'est Marguerite, elle-même, qui prend la tête d'une campagne militaire, en attaquant, au tout début de juillet, Tonneins, où ses troupes sont battues par celles de son mari[129]. Quelques jours après, alors que l'édit de Nemours vient d'être signé, elle se dirige vers Villeneuve, dans l'espoir de tenir le passage stratégique sur le Lot qui empêchera l'armée de Navarre de sortir de Guyenne par le Périgord. Elle est sur le point de s'en emparer, quand ses soldats rompent l'assaut, victimes, dit-on, du stratagème du premier consul et de son fils, qui feignent l'arrivée imminente de Navarre. Celui-ci se trouvait bien à proximité. Ses comptes révèlent que, le 19 juillet, après avoir dîné à Tonneins, il vient coucher au château de Madaillan[130], tout près d'Agen. Le lendemain, il repasse la Garonne pour dormir à Lectoure, comme l'attestent les comptes consulaires.

Dans la nuit du 19 au 20 août suivants, alors qu'ils fêtent la réception de l'édit de Nemours, des Agenais viennent jusqu'à Saint-Mézard (qui appartient au marquis de Rouillac), au-devant de Lectoure, narguer Navarre[131]. Ils en sont délogés. Ils se retranchent alors, et se fortifient, au Passage-d'Agen, et ils placent encore cinq compagnies dans Valence-d'Agen[132]. Navarre n'hésite pas à demander à Matignon de les en chasser, semblant oublier que Henri III lui a déclaré la guerre ! Il lui propose, pour cela, les services de Belsunce, le pillard de l'Agenais[133].

---

du pape » (advenue six mois après sa fuite de Nérac !). Il communie avec la dérision misogyne ambiante. Son seul intérêt historique, ici, est de reconnaître qu'elle a été chassée d'Agen « après les intrigues de Matignon » (De Mézeray François Eudes, *Histoire de France*, *op. cit.* t. 3, p. 372).

129 Plusieurs soldats de Navarre y sont blessés (Raymond P., « Notice extraites des comptes de Jeanne d'Albret et de ses enfants (1556-1608) », *op. cit.*, p. 271).

130 Cette seigneurie a été apportée à Mayenne, par son mariage avec Henriette de Savoie-Villars. Précédemment, ce redoutable château, enlevé par les protestants, résistant au siège mené par Blaise de Monluc (janvier 1575), avait été restitué à la paix de Beaulieu (6 mai 1576). Mais nous constatons que Navarre en était désormais le maître.

131 L'édit est publié le 19 août, en présence des officiers du présidial et des consuls d'Agen et, le soir, un feu de joie est allumé, et un *Te Deum* chanté, en présence de l'évêque, Janus Fregose, et de Marguerite (*La chronique dite du Frère Hélie*, *op. cit.*, p. 24).

132 Le siège échoué que Monluc conduit, « avec les forces de Gascogne » pour rendre Vic-Fézensac à la Ligue, en juillet 1585, mériterait d'être ajouté aux actions militaires – malheureuses – de la Ligue d'Agen (D'Aubigné Agrippa, *Histoire universelle*, *op. cit.*, livre 10, t. VII, p. 194). C'est Turenne, en renforçant la garnison iconoclaste, qui a permis à Navarre de garder cette cité catholique qu'il venait d'investir (Monlezun Jean-Justin, *Histoire de Vic-Fezensac*, ms, repris par : Bacqué Zacharie, *Histoire de Vic-Fezensac*, 4e partie, *Du XVe siècle à la Révolution*, Auch, Cocharaux, 1941, p. 65-66).

133 Navarre à Matignon, 20 août 1585 (Berger de Xivrey Jules, *Lettres missives de Henri IV*, *op. cit.*, t. 2, p. 122-123).

Le 12 juin, par l'entremise de Montaigne, et à la demande évidente d'Henri III qui persévérait dans son désir de rapprochement, Matignon avait rencontré Navarre[134]. Malgré la signature de l'édit de Nemours, Navarre et Matignon, au mieux, s'évitent, voire se concertent, et la nasse se referme sur Marguerite[135].

Le soulèvement ligueur touche également le Béarn. Le château de Pau avait dû être mis en défense alors que Catherine de Bourbon et Corisande d'Andoins s'enfermaient dans Navarrenx. On soupçonne, là encore, la pression de l'Espagne. Miossens, gouverneur du Béarn, constatant une mobilisation des Espagnols, craint qu'ils ne traversent les Pyrénées, avant que Navarre l'en dissuade en invoquant des levées pour l'Invincible Armada. Mais le Labourd s'agite, et encore la Soule, derrière le comte de Luxe, beau-frère de Lansac. Jean de Duras, qui espérait un soulèvement en Béarn, lequel aurait permis de desserrer l'étau qui se refermait sur Agen, avait lancé, en août, trois compagnies, qui sont taillées en pièces par Navarre[136].

Celui-ci se tient à Lectoure, qu'il fortifie et où, le 20 août, la compagnie de gendarmes du capitaine Pontéjac (Bernard de Comminges), depuis Mauvezin, le rejoint. Le même jour, il appelle Gaspard Vigollet, maître fondeur de Montauban, qui vient fondre un canon de fort calibre et d'autres pièces d'artillerie. Jusque en septembre, on constate d'étonnants passages de troupes par Lectoure, source de « dépenses extraordinaires » – d'une rare ampleur – de la part du consulat[137]. Le 25 août, Navarre

---

134 Desan, Philippe, *Montaigne. Une biographie politique*, Paris, Odile Jacob, 2014, p. 445.

135 Caillière, tout en demeurant allusif, présente bien que Matignon était parvenu à « rompre adroitement [l]es mesures » que Navarre prenait pour s'emparer d'Agen « sans témoigner ouvertement qu'il eut défiance de lui ». Il évoque le désir de Navarre de l'assiéger (De Caillière, Jacques, *Histoire du maréchal de Matignon*, *op. cit.*, p. 172-173). Depuis deux ans, Navarre pressait Matignon de venir le rencontrer, en personne, mais celui-ci s'y refusait, en l'absence d'un ordre exprès du roi (Matignon à une personne non identifiée, 2 mars 1583, APM, J 41). Il allait le faire en mars, puis en septembre suivant, mais il en fut empêché (Matignon à Henri III, puis à Catherine de Médicis, 17 mars puis 20 septembre 1583, *idem*). Matignon avait ensuite délégué son fils, Thorigny, auprès du roi de Navarre. Considérant ces prudentes réserves, il est certain que l'entrevue du 12 juin s'est faite à la demande expresse du roi.

136 Navarre à Henri d'Albret, baron de Miossens, lieutenant général en Béarn, vers le 20 août 1585 (Berger de Xivrey, Jules, *Lettres missives de Henri IV*, *op. cit.*, t. 2, p. 121-121).

137 Elle stationne dans le faubourg de Lectoure, à partir du 20 août, au moins jusqu'au 22. Le 23 août, c'est le régiment de Parabère (Bernard de Baudéan) qui vient loger au faubourg. Le capitaine Penabuyre et le capitaine Salustre, ce dernier accompagné de six soldats, y sont le 28 (AM Lectoure, CC 36, f° 129 et suiv.). Le 2 septembre, le capitaine

quitte Lectoure pour Nérac, accompagné de son gouverneur, Fontrailles. Le 4 septembre, les compagnies de Salustre et de Vergue sont à Layrac… à deux pas d'Agen. Le 15 septembre, Navarre est revenu à Lectoure, d'où il envoie « un paquet » à Fontrailles, gouverneur de la cité, qui, alors, se trouve à Castillonnès, au nord de Villeneuve. Un dispositif militaire en Agenais est établi, sous l'autorité directe de Navarre[138]. Il renforce notamment Sainte-Bazeille, et introduit une forte garnison à Caumont, places-fortes qui entourent Marmande et contrôlent son accès à la Garonne. Il met le château de Goudourville, qui domine Valence-d'Agen ligueuse, directement sous le contrôle du gouverneur de Puymirol[139].

PHILIPPE II TARDE À LA FINANCER

Malgré leurs souffrances, dues à la guerre, mais aussi à la disette et aux épidémies qui s'étendent sur tout le pays, les Agenais tiennent pour la Ligue. Alors que court le bruit que Navarre veut la répudier[140], Marguerite communie à la grande allégresse des Agenais qui fêtent l'édit de Nemours, le 19 août, en entonnant un *Te Deum* sur la place de la cathédrale et les consuls lui offrent d'allumer le feu de joie[141].

Mais, la guerre étant officiellement déclarée, Marguerite a d'autant plus besoin d'argent. Nous avons vu, qu'en juillet, elle a envoyé, sans succès, un trésorier à Fontarabie. Elle missionne alors Jean de Duras

Lissandre, avec 18 soldats, 10 valets et 13 chevaux, vient à son tour loger aux faubourg. Le lendemain, les consuls de Lectoure s'inquiètent d'une « assemblée d'hommes à cheval et de pied », qu'ils vont faire espionner (*Idem*, f° 11v°). De 1584 à 1591, les fortifications de Lectoure engloutissent plus de 10 000 livres. Les maîtres d'œuvres sont Georges Daugères et Arnaud Cazanova. Le 21 mars 1592, les experts estimeront que 20 000 écus supplémentaires (60 000 livres) ne suffiront pas pour moderniser la place selon la volonté du roi ! (*Histoire de Lectoure*, Auch, Bouquet, 1972, p. 90).

138 Les compagnies des capitaines de Marsolan et de Corné sont stationnées à Lectoure, le 28 août, et elles y restent jusqu'à la fin de l'année. En octobre suivant ce sont encore 700 hommes que Henri de Navarre y réunit. Pour plus de docilité, c'est Fontrailles qui choisit directement les consuls et la cité est entièrement entre les mains du roi de Navarre, qu'elle s'empressera de reconnaître à la mort de Henri III (AM Lectoure, BB 4 et CC 36, f° 7 et suiv.).

139 Le sieur de Foussac avance 911 écus pour la garnison qu'il commande à Caumont, « en septembre, octobre et partie de novembre » (« Mémoire adressé par de Vivans au roi de Navarre, portant en marge les réponses de ce dernier (16 janvier 1586) », *Revue de l'Agenais*, 1900, p. 256-258).

140 Lucinge n'y prête pas crédit, car cette répudiation nuirait à une paix générale, souhaitée par la reine mère (Paris, 8 août 1585, De Lucinge René, *Lettres de 1585*, *op. cit.*, p. 168-170).

141 *Chronique dite du Frère Hélie*, *op. cit.*, p. 24.

auprès du Roi Catholique, qui tient les *Cortès* de Catalogne à Monzón, tout près de la frontière, à peine à 300 km d'Agen. Présenté à Philippe II le 17 août[142], il lui expose le danger qu'il y aurait à rétablir la paix :

> que dans les six mois [temps imparti pour l'aide de l'Espagne, à Joinville] les forces catholiques ne faiblissent et que la reine mère ne vienne en Guyenne, qu'elle arrange les affaires avec le prince de Béarn, et que lui feigne une conversion comme les ministres de sa secte essaient de l'en persuader et que, ainsi, tout s'écroule, et qu'elle soit remise entre ses mains.

Duras réclame une aide financière pour « les 10 000 fantassins et les 1 200 cavaliers » dont la reine de Navarre dispose – force étonnante – qui, joints aux troupes encore attendues de la Ligue, pourront s'opposer aux réformés. Il estime « que les ligueurs n'auront pas de scrupules s'ils contreviennent à la paix, parce qu'ils viennent avec des forces qui lutteront contre des hérétiques en son nom à elle. »

Philippe II, qui répond à Duras « avec douceur », regrette les difficultés rencontrées par Marguerite et il souhaite que l'on puisse y remédier, cependant il considère que le moment est mal choisi pour lancer une offensive. Il pense que la reine de Navarre doit se maintenir avec ses forces dans Agen, dans l'attente de l'armée que Mayenne doit conduire prochainement en Guyenne. Elle pourra alors se joindre à ses forces. Le *Rey prudente* écrit à son ambassadeur, Bernardino de Mendoza :

> Jusqu'à ce que l'on voie ce qu'il en est, je ne peux non plus prendre de résolution, que l'on voie ce qui nous conviendrait à tous, m'en informant et là-dessus avec de bons mots d'encouragement, sans avance d'argent [*sin prenda*] Duras fait ses adieux d'ici [s'en va]

Philippe II recommande à Mendoza de bien informer Henri de Guise, de sa part, de tout cela, « lui demandant quels sont ses sentiments sur cette affaire et tâchant de pénétrer quelle attitude il a à ce sujet et en tout. » Si le Roi Catholique, peut-être trop confiant en la déchéance du Béarnais, ne refuse pas son aide à son épouse, il la conditionne à l'accord préalable de Guise. Cette propension à différer lui est commune ; elle sera fatale à Marguerite.

L'ambassade de Duras est infructueuse. Il revient à Agen seulement chargé de bonnes paroles. Immédiatement, par plusieurs lettres qu'il

142 Philippe II à Mendoza, Monzón, 17 août 1585 (AGS, *Estado*, K 1448).

adresse à Mendoza, en août et septembre 1585, Henri de Guise s'efforce de pallier la maladresse de Duras. Il demande d'attribuer à Marguerite un des versements mensuels prévus pour la Ligue, par Fontarabie, d'un montant de 50 000 écus. Si le versement n'est pas prêt, il supplie le Roi Catholique « de fournir soudainement quelque argent audit Fontarabie pour la princesse de Béarn ». À défaut de cette aide urgente, il lui sera impossible de maintenir « selon notre dessein la guerre en Gascogne quel que dessein que l'on [leurs ennemis] eut à l'éteindre[143] ». Marguerite, pour continuer la lutte, a déjà vendu nombre de ses bijoux.

En effet, il ne suffit pas de déclarer la guerre, il faut la financer. Henri III, quant à lui, ne veut pas le faire seul ; il sollicite Paris et demande à Rome une vente des biens du clergé. Il y a alors, encore, des pourparlers de paix. Afin de clarifier cette « paix trompeuse », Philippe II et les Guises réclament la déchéance des droits à la couronne de Henri de Navarre et de Henri de Condé. Sixte Quint l'accorde enfin, le 9 septembre, avec l'excommunication de Navarre, publiée à Paris à la fin du mois, qui ne peut qu'entériner la rupture avec sa très catholique épouse. Mais elle correspond – aussi – à une forme d'abrogation de fait de la loi salique, qui ne peut que fâcher les gallicans. Henri III refuse alors d'approuver et de publier cette bulle privatoire, et il apparaît de plus en plus favorable aux huguenots. Quant à Henri de Navarre, bien isolé, il tente de se rapprocher de Montmorency-Damville, afin de sceller une alliance avec les politiques. Il cherche également du secours en Angleterre et en Allemagne. Mais, en début septembre, Catherine de Médicis s'éloigne de la position de Henri III. Elle s'abouche avec Guise et envisage, enfin, de renoncer à se rendre en Guyenne pour s'entendre avec Navarre[144].

Durant les mois d'octobre et de novembre, le duc de Guise tente, de son côté, de réaliser cette alliance avec Damville, qui lui refuse. L'association des huguenots avec les politiques va renforcer leur position en Guyenne et en Languedoc. Tant Navarre et le parti protestant, que Henri III, doivent écraser la résistance de Marguerite à Agen, avant que lui parvienne les doublons espagnols. Sa chute est programmée.

143 Guise à Mendoza, Châlons, 25 août 1585. Voir aussi : Guise à Mendoza, Troyes, 14 septembre 1585 (AGS, *Estado*, K 1563, n° 137 et 142).

144 Paris, les 8 et 14 septembre 1585 (De Lucinge René, *Lettres de 1585*, *op. cit.*, p. 180-186).

ULTIMES TRAHISONS

AGEN TRAHIT SA COMTESSE

Les 15, 16 et 17 septembre 1585, la destruction de 44 maisons particulières pour agrandir la citadelle va mettre, au sens propre et figuré, le feu aux poudres. Elle provoque un vif mécontentement, attisé par les adversaires de Marguerite[145]. Mais c'est aussi le summum de l'épidémie de peste qui, comme à Bordeaux, ne peut que générer une vive angoisse, d'autant plus que chacun sait le rôle propagateur des mouvements de troupes[146]. Grâce aux « intelligences que Matignon y avait conservées [à Agen], et qu'elle [Marguerite] n'avait pu découvrir[147] », dès le 20 septembre, le lieutenant général traite avec des Agenais auxquels il demande de chasser les gens de guerre de leur ville, tout en respectant la reine de Navarre et sa suite[148]. À la cour, on palabre encore sur la question de savoir si Mayenne sera envoyé en Guyenne, ou si la reine mère ira rencontrer Navarre. Mais cette dernière option s'éloigne.

> De plus, que la reine mère hait le roi de Navarre, entre autres choses pour le mauvais traitement de sa fille, et aussi qu'il n'est encore bien assuré qu'elle aillie [y aille] et que ce serait autant pour amener [faire venir] sa fille que pour autre chose (l'on m'a dit toutesfois qu'elle est à Toulouse retirée par commandement de la reine mère). Au moins prendra elle ce prétexte, doutant qu'elle ne puisse rien faire avec lui [Navarre]. Car il parlera haut et voudra des avantages plus grands que jamais[149]

145 Brantôme accuse surtout Madame de Duras. Marguerite « fut très mal servie par le moyen de madame de Duras. Le peuple de la ville s'en aigrit » (Brantôme, *Œuvres complètes*, Lalanne Ludovic (éd.), Paris, Renouard, 1864-1882, t. 8, p. 69).

146 Barry Stéphane, « Bordeaux face à la peste aux XVIe et XVIIe siècles », *Histoire des sciences médicales*, t. XXXIV, n° 3, 2000, p. 305-313). On a pu avancer, qu'à Bordeaux, l'épidémie aurait causé 14 000 décès sur une population de 50 000 âmes. Le 18 septembre, les consuls d'Agen passent marché avec Innocent Joubert et Denis Paumier, maîtres chirurgiens natifs d'Angers, pour venir soigner les malades atteints de la peste (AM Agen, BB 34).

147 Varillas Antoine, *Histoire de Henri III*, t. 2, Paris, Claude Barbin, 1694, liv. IX, p. 29.

148 Ordonnance de Matignon commandant aux consuls et habitants de la cité d'Agen de chasser les gens de guerre qui s'étaient emparés de la ville contre l'intention du roi, et de lui donner l'entrée pour la remettre en l'obéissance de la reine de Navarre (Tonneins, 20 septembre 1585, AM Agen, EE 59).

149 Paris, 20 septembre 1585 (De Lucinge René, *Lettres de 1585*, *op. cit.*, p. 187-191). Bien que Henri III ait annoncé, dès juillet, sa volonté de lever trois fortes armées contre les

Nous le voyons, Catherine de Médicis, qui ne condamne pas les actions de sa fille, et sait la roublardise de son gendre, est d'abord soucieuse de sa sécurité. Pourtant, cinq jours plus tard, Marguerite, vaincue, devra s'enfuir. Le seul témoignage sur les combats qui se déroulent à Agen est celui rédigé par le consul Trinque, qui prétend y occuper le rôle principal[150].

> Le 25 du même mois de septembre 1585, on tira la reine de Navarre avec tous ses gens de la présente ville. Quelques habitants se saisirent de la Porte du Pin qui étaient MM. Trinque, Corne, Baulac et Gardès, et plusieurs autres, environ trente, qui furent attaqués par un grand nombre d'ennemis. L'épouvante ayant pris ceux de dedans, tous quittèrent, exceptés douze, un desquels fut tué, et deux blessés : les ennemis mirent le feu à la porte après avoir combattu quatre heures. Mais M. Dufranc vint au secours avec trente hommes, qui firent fuir les ennemis.
>
> Le lendemain M. de Matignon arriva en la ville d'Agen, qui trouva qu'on avait bien fait. Et en récompense de cela, donna à la ville d'Agen cinq cent trente écus, que M. d'Arasse, trésorier, leur délivra.

Récompense ou bien paiement ? Trinque omet l'explosion de la forteresse des Jacobins qui, plus que son « combat », a atteint les ligueurs. Si Marguerite en réchappe, elle entraîne la mort de tous les religieux, sauf deux. Soixante bourgeois périssent également, là ou bien dans les combats de rue qui suivent la déflagration.

Le chanoine Labénazie propose une interprétation divergente, qui accentue le rôle de l'explosion. Il se base sur la relation du jacobin Jean de Rechac, lequel a pu interroger les deux moines qui ont échappé à la mort. Celle-ci incrimine le roi de Navarre. Alors que Marguerite s'était réfugiée dans le couvent fortifié, c'est son mari qui aurait envoyé un de

---

religionnaires puis, un mois plus tard, qu'il hâtait les préparatifs de celle de Guyenne, avec ses reîtres, sous le commandement de Mayenne (Henri III au vicomte de Gourdon, 27 juillet 1585 ; Henri III Gaspard de Schomberg et au sieur de Longlée, ambassadeur à Madrid, 21 août 1585, Boucher Jacqueline, *Lettres de Henri III*, *op. cit.*, t. 7, p. 112 et 132-134), on débat toujours à la cour, du 20 au 27 septembre, avant d'envoyer Mayenne commander celle-ci. « Ceux qui le mettent en doute ont pour leur opinion qu'ils ne savent comme il s'assurera auprès du duc de Montpensier et avec le maréchal de Matignon, qu'on lui donne pour adjoint ». Le départ de Mayenne est résolu le 26 septembre ; le rejet programmé de Marguerite d'Agen n'a pu qu'y contribuer (Paris, le 20 et le 26 septembre 1585, *idem*, p. 187-195). L'avis contraire s'appuyait, notamment, sur une confrontation entre Mayenne et Matignon, qui ne pourrait s'avérer que difficile.

150 « Mémoires du consul Trinque (de 1570 à 1615) », *Revue de l'Agenais*, t. X, 1883, p. 531-545.

ses soldats pour mettre le feu aux poudres qui y étaient entreposées. L'attentat, perpétré durant son déjeuner, la visait directement[151].

La facilité avec laquelle Trinque s'empare du fort du Pin, forteresse majeure, renforce l'hypothèse du complot et la dénonciation, par Réchac, d'un sapeur de Navarre[152]. L'implication de ce dernier est, enfin, corroborée par le fait qu'il semble avoir préparé Lectoure à cet assaut. En effet, ses consuls ont, préventivement, donné l'ordre « de faire bonne garde à armes découvertes le vingt-quatrième de septembre[153] » ! Commandement non justifié, combien étrange, à appliquer le jour même de l'assaut contre Marguerite. La légende henricienne va ensuite recouvrir cet attentat du voile de l'oubli. Dupleix, autant que Turenne et même d'Aubigné, dans son *Histoire universelle* pourtant si bavarde, passeront sous silence Marguerite à Agen !

Une vue cavalière d'Agen, en 1648, nous fournit une représentation assez proche de ce qu'elle était, déjà, au temps de Marguerite. Assise sur la rive droite de la Garonne, de plain pied, la cité est mal aisée à défendre.

---

151 Garrisson Janine, *Marguerite de Valois*, *op. cit.*, p. 237. D'Aubigné, qui évite de relater la révolte de Marguerite, écrit, qu'après le retour de cette dernière à Nérac, sans en préciser la date, bien qu'elle « se réconcilia avec tous, hormis Aubigné », il fut « appelé en un conseil, pour faire mourir cette reine [et qu'il] rompit par ses remontrances une telle action » (D'Aubigné Agrippa, *Mémoires*, Lalanne Ludovic (éd.), Paris, Charpentier, 1854, p. 70). Il nous précise que Jacques de Ségur-Pardaillan, chef du conseil du roi de Navarre, après l'avant tant décriée, était désormais soumis à l'emprise de la comtesse de Guiche.

152 Turenne, qui arrête ses *Mémoires* en 1586, montre parfaitement son double jeu. Tout en prétendant se battre – mollement – pour le roi de France, il demeure aux ordres du roi de Navarre dont il ménage les intérêts. Sully, qui n'hésite pas à le qualifier de « lieutenant général en Guyenne » pour Navarre, le reconnaît comme l'une « des quatre fortes têtes à votre parti », pour cette province, alors que Damville l'est pour le Languedoc, Lesdiguières pour le Dauphiné et Navarre, avec Condé, pour La Rochelle et ses environs (Buisseret David et Barbiche Bernard (éd.), *Les Œconomies royales de Sully*, Paris, Klincksieck, 1970, t. 1, p. 143-144 et 150).

153 AM Lectoure, CC 36, f° 11v°. Les consuls qui, trois jours auparavant, avaient délibéré de tenir les portes de la ville ouvertes pour faciliter les vendanges (*Idem*, f° 15v°), ne semblent pas saisir les raisons de cet ordre, mais ils obtempèrent.

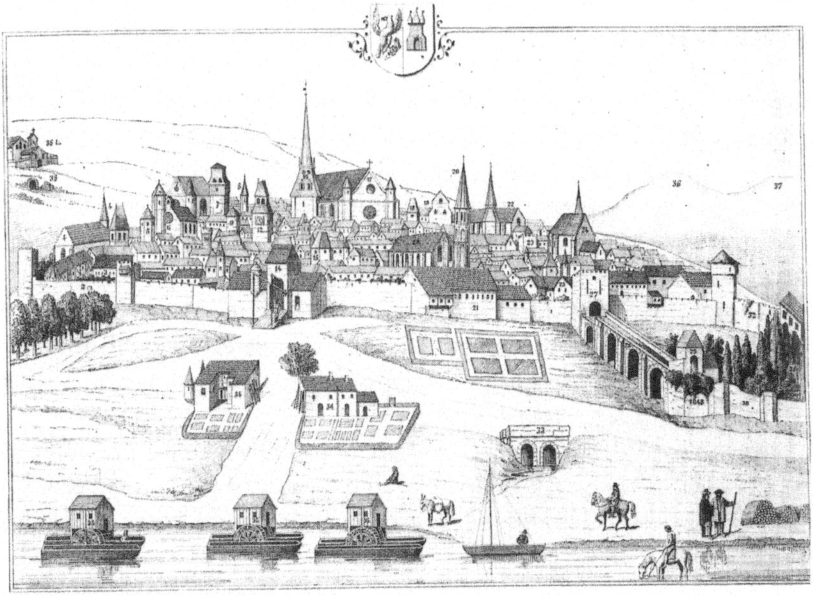

Fig. 8 – Perspective de la ville d'Agen, 1648.

Matignon, qui s'était toujours tenu près d'Agen, y entre donc dès le lendemain[154]. Il félicite les Agenais (de leur félonie) et les gratifie de 530 écus. Il a gagné. Les autres cités catholiques de Moyenne Garonne, suspendues au sort d'Agen, ne la suivront pas, au moins dans l'immédiat. Les lettres missives conservées de Navarre sont d'une grande pauvreté pour ce mois de septembre mais, le 1er octobre, dans une lettre très affectueuse, il s'empresse de venir à Nérac pour converser avec Matignon[155]. Ainsi

> Après que l'affaire de la reine de Navarre fut terminée, le maréchal ajusta toutes celles de la province avec le roi de Navarre. Il [Navarre] promit de faire cesser les troubles qui faisaient crier [protester] Toulouse, et changea les

154 De Rechac Jean de Giffre, *Vie de saint Dominique*, Paris, S. Huré, 1635. Labénazie, qui n'accuse pas Matignon dans cette affaire, reconnaît plus loin sa duplicité (Labénazie Bernard, *Histoire de la ville d'Agen et pays d'Agenais*, 1721, Saint-Nicolas-de-la-Balerme, 1888, p. 289-290).

155 Navarre à Matignon, 1er octobre 1585 (Berger de Xivrey Jules, *Lettres missives de Henri IV*, *op. cit.*, t. 2, p. 134). Les comptes consulaires de Lectoure nous assurent que cette entrevue a bien eu lieu (AM Lectoure, CC 36, f° 12 r°).

garnisons de ses villes de sûreté, qui se donnaient la liberté de piller le pays, quand on manquait à leur payer leur solde[156].

La cour apprend le rejet de Marguerite par les Agenais qui, disait-on, « voyaient ses garnisons à contre-cœur[157] ». Sont-ils pour autant apaisés, alors que, le mois suivant, Navarre a délibéré de venir attaquer Agen, Villeneuve et Marmande[158] ? Agen devra encore souffrir des garnisons[159].

Marguerite a dû partir ; une partie de sa suite et ses bagages (sans la précipitation que l'on a répétée à l'envi), restent, sans crainte particulière, à Agen, pour, ensuite la rejoindre à Carlat. Lignerac organise une escorte autour de Marguerite, et l'on fait étape dans des maisons amies, si ce n'est affidées. C'est la forteresse de Brassac, chez René de Galard de Béarn, ancien fidèle de Monluc[160], puis Saint-Projet, chez Flotar de Lafon, qui venait d'épouser, la même année, Isabelle de La Roche Fontenilles, fille de Philippe, fidèle de Marguerite, et de Françoise de Monluc. C'est ensuite Bournazel, chez Antoine de Buisson, chevalier de l'Ordre du roi, capitaine de 50 hommes d'armes de ses ordonnances, commandant en Rouergue depuis que Marguerite en est apanagée (1578). On ne s'étonnera pas de le savoir nommé sénéchal de Rouergue, en 1586, et de le voir

---

156 De Caillière Jacques, *Histoire du maréchal de Matignon*, *op. cit.*, p. 166.

157 Paris, 5 octobre 1585 (De Lucinge René, *Lettres de 1585*, *op. cit.*, p. 203-204). L'Estoile reprend cette interprétation du rejet de Marguerite par « les bourgeois de la ville d'Agen » qui ne supportaient plus la présence de ses soldats. Il précise que « sans le maréchal de Matignon [ils] l'eussent jetée par-dessus les murailles, nonobstant son renc [importance, autorité] et qualité, étant furieusement mutinés contre elle, pour le mauvais traitement qu'ils en avaient reçus. » (De L'Estoile Pierre, *Mémoires-journaux*, *op. cit.*, p. 213).

158 Matignon à Henri III, Saintes, 12 novembre 1585 (Cité par Tamisey de Larroque Philippe, *Notice sur la ville de Marmande*, Villeneuve-sur-Lot, X. Duteis, 1872, p. 81). Voir, notamment, la commission que Navarre adresse à Lestelle, de le rejoindre avec ses compagnies à Tonneins ou Clairac, pour que « nous avancions et rejoignons ensemble pour quelque bon effet » qu'il ne peut lui dévoiler par écrit. Il lui confie, successivement, le gouvernement de Tonneins, de Clairac, puis de Montpellier (Navarre à Louis de Brunet, seigneur de Lestelle et baron de Pujols, Le Mas-d'Agenais, 8 novembre 1585, Arch. de la famille de Panat, Gerbeau Jean-Baptiste, *Essai historique sur la baronnie de Pujols*, *op. cit.* p. 103).

159 Pour les payer, Matignon prend 7 000 livres à un huguenot, mais il faut encore tirer 4 000 autres écus de la recette générale (Henri III à Matignon, St-Maur-les-Fossés, 28 juin 1586, Boucher Jacqueline, *Lettres de Henri III*, *op. cit.*, t. 7, p. 356).

160 Son père, Jean, gentilhomme de la Maison du roi, chevalier de l'Ordre, avait été gouverneur de Saint-Jean–d'Angély. Son engagement auprès de Monluc lui avait valu l'attaque de son château par les huguenots. René avait épousé (1578) Marie de Rochebeaucourt. Leur fils, Jean, né en 1579, verra sa baronnie érigée en comté (janvier 1609). Conseiller du roi, capitaine de 50 hommes des Ordonnance, chevaler des Ordres du roi, ambassadeur à Rome, il sera gouverneur de Poitou, Saintonge et Angoumois.

paraître aux États de Blois, en 1588. À Carlat, où Marguerite réside du 30 septembre au 13 octobre, elle est chez elle, encore dans son apanage. Si c'est le roi qui en nomme cependant le gouverneur, celui-ci n'est autre que Gilbert de Lignerac, sieur de Marzé, frère de celui qui a organisé le départ d'Agen ! Avant de rejoindre Marguerite à Agen, en pleine paix, Lignerac, non seulement s'était emparé du château de Carlat, mais il « attira toute la noblesse au parti de la Ligue[161] ». Impossible de savoir si ce fut en accord avec Marguerite, mais il faut bien rejeter l'image de la fuite éperdue de l'amazone, au bénéfice d'un cheminement bien préparé, par une Marguerite toujours en lutte. Marzé l'attendait au Carlat.

Mais Henri III ne cesse de lui mettre des bâtons dans les roues de son train. Non seulement, profitant de sa déchéance, les gestionnaires des revenus seigneuriaux de Marguerite ne lui envoient plus les sommes dues, au titre de leurs fermes, mais le roi dispose, lui-même, des offices de ses apanages, à son profit, empêchant les acquéreurs nommés par Marguerite d'être titularisés par son conseil, en contraignant son trésorier de le rembourser ! La ténuité de ses ressources se fait sentir. Mendoza s'efforce de lui faire venir de l'argent depuis Lyon (d'accès rapide par Issoire), en lettres de change, grâce auquel il espère qu'elle pourra repartir en guerre.

> Vous avez su maintenant comment, par faute d'argent, la reine de Navarre a été contrainte de quitter Agen, et de laisser la Guyenne à la merci de ceux de la religion, lesquels courant et pillant à leur volonté se sont resserrés et empêchés de personne [enfermés et mis en résistance contre tous] bien qu'en apparence il y ait force suffisante pour ce faire, ce qui me donne beaucoup de défiances, à l'effet desquelles, j'espère toutefois remédier par le bon secours du roi votre maître, en attendant lequel s'il plaisait à Sa Majesté d'aider ladite Dame de la somme dont je lui ai fait la très humble prière par ma dernière dépêche, elle pourrait se remettre sus et exécuter quelque belle entreprise qu'elle a sur la même ville dont elle a été sortie et sur plusieurs autres de grande importance ; mais il faudrait qu'elle fût formée du côté de Lyon et s'il était possible que ce fût par lettre de change audit Lyon[162].

161 *Mémoires de Jehan de Vernyes, 1589-1593*, Clermont-Ferrand, Thibaud-Landriot, 1838, p. 68. Adversaire de la Ligue, président en la cour des aides de Montferrand, il est aussi qualifié de conseiller du roi, conseiller d'État en la cour de Navarre, substitut du procureur en la chambre de l'Édit de Nérac, procureur général en toute la France pour la réformation de la justice et de tous les officiers, etc. ; il informe, avec beaucoup de précision, Henri IV. Voir aussi : Cassan Michel, « Jean de Vernyes et les guerres de Religion en Auvergne », *Revue de la Haute Auvergne*, t. LXI, 1999, p. 61-74.

162 AGS, K 1563, *Estado*, f° 56.

Henri III fait espionner sa sœur, lui causant d'autre trahisons. Si elle avait atteint Le Carlat en une semaine, ses gens et ses effets mettent le mois pour la rejoindre. Son trésorier général, Antoine Charpentier, et son contrôleur général, François Rousselet, sont chargés de ce rapatriement. Eu égard à l'urgence, Marguerite avait alors été contrainte de les remplacer par le fidèle Choisnin, son intendant. Ceux-ci arrivés, Choisnin rechignait à leur céder la place, exigeant 6 000 écus en dédommagement pour ses services, n'hésitant pas à souffleter un huissier de la chambre de la reine. Celle-ci n'a pas de liquidités, et on lui a volé des perles de grande valeur, restées à Agen. Elle suspecte, et menace, le consulat, mais Navarre ne semble pas étranger à cette disparition. Renvoyé huit jours, Choisnin a l'outrecuidance de rédiger un pasquin[163] contre sa maîtresse. Chassé à coup de bâton, toujours selon Marguerite, il se venge en communiquant à Henri III toutes les « instructions et les lettres » qu'elle avait adressé à Guise depuis qu'elle était à Agen, « y ajoutant toutes sortes de calomnies[164] ». C'est ainsi que Marguerite, 17 ans plus tard, devant le président Séguier, justifie sa conduite à l'égard de la trahison de son serviteur, lui attribuant un visage de « More » et un crypto-calvinisme, pour mieux le noircir (annexe). Toujours est-il qu'elle fut trahie, et que les révélations de Choisnin sur son engagement ligueur, continué, ne pouvaient que justifier son arrestation immédiate.

Toujours par oral, par la voix d'un émissaire, Henri III continue à transmettre à Matignon la conduite à tenir à l'égard de sa sœur[165].

---

163 Il pourrait s'agir de *La Ruelle mal assortie* (Viénnot Éliane, « Marguerite de Valois et La Ruelle mal assortie, une attribution erronée », *Nouvelle revue du* XVI*e siècle*, t. X, 1992, p. 81-98).

164 En 1588, Marguerite avait déjà cassé le don en argent qu'elle avait fait à Choisnin. En entamant un procès contre ce dernier, en 1602, pour mauvaise gestion financière et vol qualifié, au temps où il servait de trésorier et de contrôleur au Carlat, Marguerite se présente comme victime d'une Agen ligueuse, ce qui la contraignait d'entrer en relation avec Guise afin d'assurer sa survie ! (Marguerite à M. Séguier, Usson, 5 novembre 1602, BnF, ms fr. coll. Dupuy, t. 217, f° 71. Guessard François, *Mémoires et lettres de Marguerite de Valois*, Paris, Société de l'histoire de France, 1842, p. 363-368).

165 Henri III à Matignon, 9 octobre 1585 (*Idem*, t. 7, p. 172). Sachant qu'elle est à Carlat, il interdit à Jean-Louis de La Rochefoucauld, comte de Randan, gouverneur d'Auvergne, qu'il sait ligueur, d'aller la rencontrer. Il ignorait qu'il l'avait déjà retenue à dîner, sur son périple, le 16 octobre. La reine mère avait, d'ailleurs, prévu de passer l'hiver à Clermont. Espérait-elle voir sa fille ? (Henri III à Randan, Paris, 23 octobre 1585, *idem*, p. 189-190). Il se disait, aussi, à la cour, que Marguerite allait y paraître (Bernard de Girard du Haillan à Matignon, Paris, 25 octobre 1585, APM, J 132, n° 511).

Contrairement à ce que l'on a écrit, bien que repliée sous la protection de sa mère, qui envisage de la remarier à Henri de Lorraine, fils et héritier du duc Charles III, elle n'a donc pas cessé le combat[166].

Marguerite a renvoyé Duras à la cour de Philippe II, où il obtient enfin satisfaction[167]. Le 29 décembre 1585, Philippe II commande à Mendoza « d'avertir Mucio [pseudonyme, secret, de Guise] que grâce à son intercession 20 000 ducats seront envoyés à la princesse de Béarn par le seigneur de Duras », comme il l'avait sollicité, alors que les 30 000 restants lui seront apportés par l'intermédiaire de l'ancien ambassadeur, Juan Bautista de Tassis[168]. Mais il est trop tard pour Agen, qui a député Alain de Vaurs auprès du roi[169]. En réponse, le 19 décembre, celui-ci complimente les Agenais pour leur conduite, et il révoque la cession du comté faite en faveur de sa sœur[170]. Il déclare que Matignon a agi par ses ordres, en les engageant à prendre les armes pour se libérer, et il défend expressément de faire aucune recherche sur cette journée du 25 septembre, attendu qu'il avouait, approuvait et autorisait tout ce qui avait été exécuté ce jour-là[171] ! Devoir d'oubli.

Lorsque Duras rejoint Marguerite, à Carlat, il a, à nouveau, les mains vides. Où sont passés les 20 000 ducats de la Ligue accordés par le Roi Catholique ? Comme lors de sa première ambassade, Longlée connaissait,

166 Pour assurer la paix, dès septembre, ayant perdu tout espoir d'un rapprochement du couple Navarre, Catherine de Médicis imaginait de marier sa fille au duc de Bar, le prince de Condé à la fille de Henri de Guise, et l'un des frères de ce prince avec la fille de Nevers. Ces perspectives matrimoniales effrayaient le duc de Guise (Guise à Mendoza, Reims, 1er octobre 1585, AGS, *Estado*, K 1563).

167 Henri de Guise à Mendoza, 17 octobre 1585 (AGS, *Estado*, K 1563).

168 Philippe II à Mendoza, Tortosa, 29 décembre 1585, et Philippe II à Tassis, Ulldecona, 4 janvier 1586 (AGS, *Estado*, K 1448, n° 25 et n° 34). Brillant homme de guerre, conseiller militaire et *veedor general* de l'armée des Flandres pour Don Juan d'Autriche puis Alexandre Farnèse, Tassis est ambassadeur en France, de 1580 à 1584. Spécialiste de la poste et du renseignement, il parle, outre l'espagnol, le français, l'italien, l'allemand, le flamand et pratique le latin (Brunet Serge, *« De l'Espagnol dedans le ventre ! »*, *op. cit.*, p. 390-391).

169 Vaurs quitte Agen dès le 4 octobre, pour atteindre Paris le 19. Il n'en repart que le 3 février suivant (Tholin Georges, « Un voyage d'Agen à Paris au XVIe siècle », *Revue de l'Agenais*, t. I, 1876, p. 153-159).

170 AM Agen, AA 17.

171 AM Agen, EE 59. Le même jour, il confirme les privilèges des Agenais, en vertu desquels la sénéchaussée d'Agen ne peut être distraite du domaine royal, et il la réunit à la couronne de France (Lettres patentes, Paris, 19 décembre 1585, *idem*, AA 47). Un an plus tard, à la demande des Agenais, une enquête est diligentée par les trésoriers généraux pour estimer les pertes subies, et 29 témoins sont entendus. Agen se trouve exempté de tout impôt durant cinq ans (*Idem*, CC 79).

par le menu, ces négociations, qu'il s'est empressé de communiquer à Henri III[172]. Aucun agent de la Ligue n'a été à ce point espionné à la cour d'Espagne. Aurait-il été, une nouvelle fois, berné[173] ? Il aurait pu, tout autant, les utiliser pour poursuivre les combats. En effet, Navarre écrit, qu'à son retour d'Espagne, Duras assemble des troupes en Comminges (probablement avec l'appui d'Urbain de Saint-Gelais) et dans d'autres de ses terres, menaçant le Béarn[174]. Adrien d'Aure et ses chevau-légers semblent le soutenir en Bigorre, comme aussi l'évêque de Comminges.

Navarre confie au terrible baron de Sus, gouverneur de Mauvezin, la charge de « rompre ou retarder les desseins que nos ennemis avaient sur mon pays de Béarn[175] ». Il saura prendre et piller Saint-Bertrand-de-Comminges, en avril suivant[176]. Il semble évident que, malgré la perte d'Agen, où Navarre a placé Lusignan comme gouverneur du pays (sans qu'il puisse tenir pour autant la cité)[177], les ligueurs de Guyenne poursuivent les combats dans l'attente de la fameuse armée de Mayenne. Quoi qu'il en soit, furieuse, la reine de Navarre congédie ce désespérant serviteur qu'était Jean de Duras[178]. Quant à Madame de Duras, elle tente, sans

172 Henri III à Longlée, 13 décembre 1585 (Boucher Jacqueline, *Lettres de Henri III*, *op. cit.*, t. 7, p. 236-237).

173 En tout début janvier, Saint-Geniès vient spécialement à Lectoure pour apporter bien vite à Navarre « les dix mille écus ». D'où vient cette somme, alors que le cheminement des fonds est, à cette date, plutôt inverse, pour protéger le Béarn ? (Navarre à Saint-Geniès, début janvier 1586 (Berger de Xivrey Jules, *Lettres de Henri IV*, *op. cit.*, t. 2, p. 179).

174 Navarre à Saint-Geniès, vers le 25 décembre et vers le 10 janvier1585 (*Idem*, t. 2, p. 160-161 et 180-181). Navarre renforce l'armement du Béarn, mais aussi de la Soule et du Labourd, où se trouve Luxe, alors qu'il craint l'arrivée prochaine de la grande armée de Mayenne (Navarre à Saint-Geniès, vers la fin de l'année 1585, *idem*, p. 163).

175 Navarre à Saint-Geniès, février 1586 (*Idem*, t. 2, p. 193).

176 Brunet Serge, *« De l'Espagnol dedans le ventre ! »*, *op. cit.*, p. 720-729.

177 Le fidèle Lestelle, que Navarre appelle affectueusement « crapaud », qui est venu soutenir son maître en Agenais contre Marguerite, est frustré de ne pas en avoir obtenu le gouvernement. Navarre lui rappelle qu'il lui a confié celui de Clairac, sous l'autorité de Lusignan (Navarre à Lestelle, Montauban, 17 janvier 1586, *idem*, p. 181-182). Ce dernier s'était déjà vu attribuer le gouvernement d'Agen quand Navarre tenta de s'y installer, en 1576, avant d'en être chassé, et cette réattribution est compréhensible (Brunet Serge, *« De l'Espagnol dedans le ventre ! »*, *op. cit.*, p. 568). Sans aucune assurance, nous pouvons cependant suspecter que la déception de « crapaud » est à la hauteur du rôle qu'il a pu jouer dans la conspiration agenaise.

178 Son épouse disparaît alors des dames d'honneur de la reine. Jean de Duras est tué, en février 1587, à Saint-Seurin-sur-L'Isle, près de Libourne. Il n'eut pas d'enfant de son mariage avec Marguerite de Gramont, fille d'Antoine, vicomte d'Aster et sénéchal de Béarn, et d'Hélène de Clermont. Son frère, Jacques, hérite. Il restera célèbre pour son duel avec Turenne, à Agen, sur la promenade du Gravier. Son engagement ligueur et

succès, de négocier une forme de paix, par l'intermédiaire de la comtesse de Guiche, avec Navarre, qui ne souhaite que s'emparer d'elle[179].

UNE « ARMÉE DE GUYENNE » QUI N'Y PARVIENDRA JAMAIS

Pour cette « drôle de guerre », Mayenne allait se mettre en marche vers la Guyenne, afin de joindre ses forces (15 000 fantassins et 3 000 cavaliers[180]) à celles de Matignon, et lutter, soi-disant, contre le vicomte de Turenne, que le roi de Navarre avait donc nommé lieutenant général en Guyenne. Contre cette « armée de Guyenne », que Catherine de Médicis tient à être appelée « armée du Roi[181] », « il semblait n'y en avoir aucune assez forte pour éviter la première furie d'une si grande armée, et [Navarre pensait d'abord à] mettre sa personne en sureté[182]. »

Matignon, de son côté, qui a neutralisé les ligueurs à Bordeaux, évité que Mayenne n'assiège Saint-Jean-d'Angély, joue le double jeu souhaité par Henri III, qui ne veut pas, en écrasant son beau-frère, permettre à la Ligue d'en retirer tous les honneurs. Ainsi, il se contente d'arrêter les progrès du prince de Condé dans l'ouest, et d'attendre, prétendument, Mayenne. En effet, Matignon ne cesse de jouer l'arlésienne ; la présence de son fils, le comte de Thorigny, avec sa compagnie, dans l'armée de Guyenne, ne peut que l'y aider[183].

Le 10 août, Henri III avait commandé aux ducs de Guise, de Mayenne et d'Elbœuf de licencier les troupes qu'ils avaient levées, soit disant parce qu'elles empêchaient les paysans de faire leurs récoltes, et de ne retenir que 20 enseignes, moitié pour l'armée de Guyenne (Mayenne) et moitié pour celle de Champagne (Guise)[184]. En octobre, l'armée de Guyenne n'est

---

celui de son frère, Jacques, seront occultés. On préfèrera évoquer leur père, huguenot, le terrible Symphorien (Favre Jean, *Précis historique sur la famille de Durfort Duras*, Marmande, Duberort, 1858, p. 84-91).

179 Navarre à Saint-Geniès, février 1586 (Berger de Xivrey Jules, *Lettres missives de Henri IV*, *op. cit.*, t. 2, p. 193).

180 Paris, 31 juillet 1585 (De Lucinge René, *Lettres de 1585*, *op. cit.*, p. 161-163.

181 Paris, 14 septembre 1585 (*Idem*, p. 184-186).

182 Buisseret Daniel et Barbiche Bernard (éd.), *Les Œconomies royales de Sully*, *op. cit.*, t. 1, p. 142. Sully se garde bien d'évoquer la révolte de Marguerite, puis le rôle ambigu joué par Matignon, notamment avant Coutras.

183 Henri III à Matignon, 24 août 1585 (*Idem*, p. 138-139).

184 Deux régiments sur trois de reîtres, les lansquenets et les Suisses de Pfyffer doivent être licenciés, comme le roi l'a déjà exigé sans effet (Henri III à Guise et à Mayenne, Paris, 10 août 1585, Boucher Jacqueline, *Lettres de Henri III*, *op. cit.*, t. 7, p. 116).

toujours pas partie[185], alors que Mayenne a été curieusement nommé – d'une manière bien formelle – lieutenant général en Guyenne[186].

Le 6 novembre, le roi ordonne à Mayenne, avec Matignon, de se porter sur Tulle afin d'éviter que Turenne ne s'en empare[187]. Trois jours plus tard, le dévoiement de l'armée de Guyenne est acté. Le roi, conscient que Damville agit contre ses édits[188], commande désormais à Mayenne de se porter en Languedoc, au secours du duc de Joyeuse, contre Damville. Il se contentera, au passage, de reprendre les villes de la Garonne, afin de priver le parti adverse des taxes et commodités qu'il tire de la navigation, soulageant ainsi Toulouse et Bordeaux. Mayenne doit toujours rencontrer et s'accorder avec Matignon, qui protègera Brouage et le revenu de ses salines.

Comme on devait s'y attendre, enhardi par le rejet de son épouse d'Agen, Navarre s'est remis en campagne, avec de l'artillerie, dès octobre. Il a pris Montfort, La Sauvetat-de-Savères, près d'Agen, dont il menace de s'emparer, avec Condom et Marmande, si la présence de Matignon ne l'en dissuadait quelque peu[189]. Ce même mois, il commande à son « lieutenant général en Agenois, Bazadois et Bourdelois », Frédéric de Foix, vicomte de Meille et comte de Gurson, d'assiéger Marmande. Ces combats, eux aussi, ont été effacés des annales. Malgré les troupes que Navarre détenait à Tonneins, et ses six canons, c'est un échec. Marmande tiendra pour la Ligue[190].

---

185 Henri III à Matignon, 4 et 9 octobre 1585 (*Idem*, p. 165-166 et 172).

186 1er octobre 1585 (AD 33, 1B 14, f° 42v°).

187 Henri III à Mayenne, 6 novembre 1585 (Boucher Jacqueline, *Lettres de Henri III*, *op. cit.*, t. 7, p. 202).

188 Henri III à Matignon, septembre 1585 (*Idem*, p. 162-163).

189 Henri III à Mayenne, 9 et 18 novembre 1585 (*Idem*, p. 208 et 221-222). Les comptes consulaires de Lectoure montrent que, le 24 octobre, 25 paires de bœufs y sont pansés pour aller rechercher, après le « siège de La Sauvetat » le canon qui venait d'être fondu à Lectoure, avec ses munitions. La ville avait aussi fourni une échelle pour l'escalade des murailles et envoyé son sergent et trompette, à la tête de piquiers et de manœuvres (AM Lectoure, CC 36, f° 34). Ces dépenses, jointes à celle des améliorations des fortifications de Lectoure, coûtent fort cher, et la ville doit lever des impôts exceptionnels, déjà pour un montant de 2 370 livres en juillet. Les catholiques, absents, au premier chefs Marguerite de Pellegrue, dame de Lisse, sont cotisés à outrance. L'évêque commendataire, qui n'est autre que Charles de Bourbon, frère bâtard de Navarre, qui le soutient avec ses troupes, contribue. Les calvinistes lectourois soutiennent leur seigneur, d'autant plus qu'il s'est engagé à les défendre contre la décision du parlement de Toulouse de transférer leurs sénéchaussée et présidial dans le bourg catholique d'Auvillar.

190 Tamizey de Larroque Philippe, *Notice sur la ville de Marmande*, *op. cit.*, p. 80-83. C'est ce remarquable chercheur qui a exhumé ces combats de l'oubli. Blessé à Marmande,

La proximité de Mayenne fait que l'on se prépare à combattre en Agenais et que Marguerite, malgré la distance, continue d'y présider. Elle ordonne au sieur de La Lieue, qui commande à Castelculier, « de bailler Castelculier en mains de personnage qui est à elle, lequel le roi aurait agréable ». Antoine de Nort s'inquiète, depuis un mois :

> des grandes entreprises qu'il y a sur cette ville de la part du roi de Navarre et comme aussi la reine de Navarre nous menaçait étrangement ensemble tous ses capitaines lesquels avaient commandement de ladite dame relever leurs compagnies disant tout haut qu'ils s'allaient joindre à Monsieur du Maine [Mayenne] et que la reine de Navarre l'allait trouver pour, par son moyen, nous faire maltraiter le mal talent [mauvais vouloir, colère] qu'[elle] a contre nous. Depuis ces nouvelles continuent et plus que jamais de sorte que ladite dame a fait bailler argent auxdits capitaines qui ont leurs compagnies prêtes, et en Agenais en y a deux, l'une du sieur de Mombo, frère de Monsieur de Rogier[191], l'autre de La Croze [Crozat ?], delà la rivière [rive gauche de la Garonne], ceux d'Aubiac, Cansegue[192], Paugua[193], De La Plume[194], Ligardes, Gaian[195] et autres, lesquels Ligardes et Gaian sont allés en Espagne pour trouver le sieur de Duras qui doit recouvrer audit pays 5 000 écus[196] et disent tout haut que seront fort maltraités de monseigneur du Mayne [Mayenne]. [...] le roi de Navarre embrassant cette occasion [de l'émotion du peuple causée par ces levées] fait renforcer et courir encore plus ces bruits par ceux de son parti et tache [en] sous main [de] gagner beaucoup de nos habitants, de sorte qu'en Gascogne et ailleurs hors d'ici le bruit court, qu'étant les habitants d'Agen

---

Candale aura l'honneur de porter l'étendard général à Coutras. En janvier 1586, Navarre se plaint toujours de « l'animosité de ceux de Marmande outre ceux de son parti » et, malgré Caumont et Sainte-Bazeille, il ne parvient pas, là, à contrôler – et tirer péage – des passages sur la Garonne, ni même, après Langon, sur ceux de son modeste affluent de rive gauche, le Ciron (« Mémoire adressé par de Vivans au roi de Navarre, portant en marge les réponses de ce dernier (16 janvier 1586) », *Revue de l'Agenais*, 1900, p. 256-258).

191 Sûrement le frère de François de Rogier, seigneur de Puissalicon, sénéchal de Lauragais, trésorier de France à Montpellier, maître d'hôtel du roi et de la reine, ambassadeur en Flandres, à la Sublime Porte puis à Rome, où il meurt en 1575. En 1559, il avait acheté le château de Ferrals à Jeanne de Poitiers, où il reçut la reine mère et Charles IX en 1565. Sa sœur, Jeanne, a épousé Antoine de Malras, président du parlement de Toulouse.

192 Jean de Castanet, sieur de Campsègue (en Lectourois), écuyer tranchant de la Maison de Marguerite en 1584.

193 Probablement Pagua, famille notable de l'Agenais.

194 S'agit-il du cadet du comte de Narbonne ?

195 Probablement Blaise-Étienne de Bluze, baron de Gajan (Saint-Arroman, Bigorre) (1529-1602), ou bien son fils, Antoine-Blaise, qui avait épousé Marguerite de Montaut (1555-1626) en 1584.

196 Les comptes de Matignon nous montrent qu'il faut 400 écus par mois pour entretenir une compagnie. Cette somme permettrait donc de maintenir au moins 12 compagnies pour un mois.

en désespération desdites menaces et maltraitement que leur doit advenir, ils veulent rendre la ville au roi de Navarre dont plusieurs nous ont averti et même madame de La Valette[197] nous a ici envoyé expressément monsieur de Casteljaloux pour nous dire qu'elle était avertie de bonne part qu'il y avait des entreprinses sur nous et que bruit était que nous rendions au roi de Navarre qu'il y avait de personnes qui le maniaient sous main ce que ne devions faire. Nous lui avons répondu ni avoir aunques [jamais] pensé comme de vrai je ne puis découvrir que les principaux ni autres de cette ville aient aucunement cette volonté. Mais voyant que ce bruit court tant et les intelligences que le roi de Navarre peut avoir par deçà je me crains que quelque malheur même que voyons le roi de Navarre et ses forces venir es environs d'ici y ait à Layrac, Puymirol et Clairac force gens de guerre et que grand munitions de guerre s'y font qu'est la cause, Monseigneur, que je vous supplie très humblement y pourvoir au tout vous assurant que si bientôt n'y est pourvu je ne prévois que l'entière ruine et perte de cette ville où y a bien peu de forces joint qu'il n'y a argent ni aucun moyen d'en lever pour la compagnie qui est et partant vous supplie encore très humblement y vouloir promptement remédier, priant Dieu[198].

À la fin du mois de novembre, Matignon attendait toujours de rencontrer Mayenne, vers Barbezieux[199]. Il en est de même au mois suivant et l'armée, que l'on continue pourtant de qualifier « de Guyenne », stationne à Poitiers. Elle y attend une artillerie, indispensable pour le siège des villes, mais que le roi ne lui souhaite pas. Elle ne s'est pas plus portée en Languedoc. Le roi souhaite même qu'elle dissipe une partie de ses forces en Poitou, Angoumois, Saintonge et à Brouage[200] !

Navarre, lui-même, feint de s'étonner, mais se réjouit, de l'immobilisme de cet étrange golem :

Grâces à Dieu, je n'ay encore souffert aucun dommage depuis que nous sommes armés ; et combien que mes adversaires emploient le vert et le sec pour ma ruine, ayant avec tout ce qu'ils ont peu [pu] de reîtres et de Suisses, dressé une forte armée conduite par le duc de Mayenne ; toutefois depuis quatre mois qu'elle est en Guyenne avec celle du Maréchal de Matignon, ils n'ont pu assiéger une seule vicoque [petite place ou ville mal fortifiée] des nôtres, ils n'ont pas défait une seule de nos compagnies ; et les leurs, ou de maladie, ou d'autre incommodité, se sont défaites de la moitié ; espérant bien,

---

197 Jeanne de Saint-Lary de Bellegarde, veuve de Jean de La Valette (1575), est la mère de d'Épernon. Elle s'éteint en 1611.

198 Antoine de Nort à Matignon, Agen, 22 décembre 1585 (APM, J 132, n° 518).

199 Henri III à Mayenne, 27 novembre 1585 (Boucher Jacqueline, *Lettres de Henri III*, *op. cit.*, t. 7, p. 230-231).

200 Henri III à Mayenne, 6 et 14 décembre 1585 (*Idem*, p. 234-235 et 239-240).

> avec le moindre secours que je puis avoir, les combattre, ou les chasser pour le moins de mon gouvernement, auquel j'ai eu jusqu'ici mes allées et venues franches, les tenant encore par-delà les rivières [du Lot et de la Garonne][201].

L'armée de Matignon, momentanément unie aux troupes d'Antoine Scipion de Joyeuse, ne mène guère qu'une « escarmouche » devant Sainte-Foy, en mars, où Navarre a convoqué une assemblée majeure pour décider de l'avenir de son parti[202]. Il retrouve enfin Mayenne, près de Châteauneuf-sur-Charente, au tout début de janvier 1586, pour le quitter aussitôt, en désaccord, et ne le retrouver, mollement, qu'au siège de Sainte-Bazeille (9-vers le 25 avril)[203], puis à nouveau à celui de Castillon (enlevé le 31 août, par Antoine de Gourgues, frère aîné d'Ogier)[204]. Matignon regagne le Bordelais, éloignant Mayenne du cœur de la Guyenne, lequel va en Périgord. La prise de Montignac, le 4 février 1586, celles de Castets[205] puis Monségur, en avril et mai suivants, avant

201 Navarre à Henri Clausse, seigneur de Fleury, « conseiller du roi et son ambassadeur en Suisse », Montauban, 20 janvier 1586 (Berger de Xivrey Jules, *Lettres missives de Henri IV*, *op. cit.*, t. 2, p. 182-184).

202 Navarre à Charles de Bourbon, comte de Soissons, vers le 10 mars 1586 (*Idem*, t. 2, p. 195-196).

203 En novembre 1585, un nommé Rivière s'est emparé du fort de Sainte-Bazeille. Par réaction, « un prêtre avec aucuns habitants de la paroisse de Saint-Vivian qui est près de leur ville [de Monségur] et dans leur juridiction s'est mis dans l'église où ci devant ils [les consuls de Monségur] avaient bâti un fort qui par votre commandement fut mis entre les mains desdits consuls de Monségur par moi qui les charge expressément de le faire démolir leur ayant donné suivant votre ordonnance une commission pour le faire ruiner, ils s'en sont si mal acquittés que ce coquin de prêtre contre les inhibitions qui lui en ont été faites, fortifie ladite église et est à craindre que ceux de Marmande ne se jettent dedans pour lever leurs contributions. » (De Barrault à Matignon, Blagnac, novembre 1585, APM, J 132, n° 527).

204 Mayenne ne cache pas combien le jeu trouble de Matignon, dirigé par Henri III, a entraîné l'échec de cette forte et coûteuse armée (pour le malheur des Guises) : *Discours du progrès de l'armée du roi en Guyenne, commandée par M. le duc du Maine*, Paris, Nivelle, 1586. Philippe Duplessis-Mornay contre-attaque par une *Réponse au petit discours sur le Voyage de M. de Mayenne*, le 22 décembre 1586. Palma-Cayet, comme ce dernier, y voit le doigt de Dieu (Palma-Cayet Pierre Victor, *Chronologie novenaire*, Paris, Jean Richer, 1608, f° 24v°). Lucinge a perçu ce double jeu du roi, et son incidence sur Matignon « censeur » de Mayenne (Paris, 4 et 12 décembre 1585, De Lucinge René, *Lettres de 1585*, *op. cit.*, p. 258-261 et 264-266). L'armée de Guyenne coûtait à Henri III 150 000 écus par mois, et celle du Dauphiné 60 000 (Henri III à l'évêque de Paris, Paris 22 janvier 1586 (Boucher Jacqueline, *Lettres de Henri III*, *op. cit.*, t. 7, p. 268-270).

205 Le vicomte de Castets-en-Dorthe est Jean de Fabas, aussi seigneur de Lados et d'Auros. Gentilhomme de la chambre du roi, capitaine de cinquante hommes d'armes, maréchal de camp, ce redoutable chef de guerre sert fidèlement Navarre, et donc Turenne, en étant, momentanément et successivement, gouverneur de Bazas, de Casteljaloux, puis du Haut-Albret, Condomois et Bazadais. Blessé en 1587, Mayenne le soumet l'année suivante, mais il reste très menaçant pour la Ligue de Guyenne.

Castillon, restent peu de chose[206]. Mézeray précise, qu'après la prise de Sainte-Bazeille, qui rendit furieux Navarre, Mayenne aurait dû prendre Caumont, ce qui aurait permis, non seulement de priver celui-ci de ses passages sur la Garonne, mais de contrôler ainsi les deux péages du Navarrais sur la Garonne et de libérer le commerce au profit des catholiques, et au premier chef des Bordelais[207]. C'était l'engagement

206 L'Estoile, politique, qui, contrairement à Lucinge, évite de parler de cette armée confiée au ligueur Mayenne, dénigre systématiquement ses conquêtes, par lesquelles « il n'avait rien fait qu'accroître la réputation du roi de Navarre et diminué la sienne » (De L'Estoile Pierre, *Mémoires-journaux*, *op. cit.*, p. 326, 334-335, 351-352 et 356-357). Il se moque, d'ailleurs, allègrement, de la prise de Castillon « où il n'y avait plus que deux femmes pour secourir les pestiférés » et colporte le bruit qu'il n'avait pu ramener de Gascogne que la riche fille héritière de Caumont, pour la marier à son fils aîné, reprenant le quolibet huguenot : « n'ayant pu prendre la Guyenne, il avait pris une fille » (De L'Estoile Pierre, *Journaux mémoires*, *op. cit.*, t. 2, p. 78-79). On a oublié de préciser que, par sa riche femme, Mayenne était vicomte de Castillon, et qu'il possédait aussi, en Bordelais, les seigneuries de Portets et de Mios. En Agenais, c'était le comté de Montpezat, la baronnie d'Aiguillon, les seigneuries de Sainte-Livrade et, comme nous l'avons vu, de Madaillan. Castillon est rapidement repris par les huguenots, de nuit, par la fausse négligence de son capitaine (De Lurbe Gabriel, *Chronique bourdeloise*, Bordeaux, Simon Millanges, 1594, rééd., 1619, p. 57).

207 « J'ai plus besoin de Caumont que de mes propres places » (Navarre à Geoffroy de Vivans, vers le 20 mars 1586 (Berger de Xivrey Jules, *Lettres missives de Henri IV*, *op. cit.*, t. 2, p. 202-203). Par contre, Navarre considérait que Monségur « est une mauvaise place que j'avais résolu, huit jours devant qu'elle ait été assiégée, de démanteler » (Navarre à MM. De Clervant, Guitry et Ségur, La Rochelle, 11 juin 1586, *idem*, p. 221-223). Monségur, comme Caumont, relevaient de l'héritage d'Armagnac. Le 8 mai 1580, avec la complicité interne d'hommes de loi et de bourgeois protestants, le capitaine Meslon s'était emparé de Monségur. Mayenne et Matignon l'enlèvent, avec canons et couleuvrines, le 17 mai 1586 ; Meslon s'enfuit et le consulat de 1580 est rétabli (Archu Jean-Baptiste, *Privilèges de Monségur*, Sauveterre, J. Chollet, 1876, p. 41-42). Navarre considérait, ici, l'importance des péages de Caumont. À l'issue de la guerre de Cent Ans, les Albret se sont vus dépouillés, par Louis XI, de la majeure partie des péages dont ils disposaient sur la Garonne, pourtant essentiels à leurs revenus. La bourgeoisie commerçante de Bordeaux avait, quant à elle, intérêt à une unification et à une diminution des péages. Le roi avait engagé une « réformation des péages de Garonne et autres rivières de Gascogne », dont Jean de La Chassaigne, second président du parlement de Bordeaux était le commissaire. Un tribunal d'arbitrage, constitué, en 1476, établit un compromis, enregistré au parlement de Bordeaux le 20 mai 1477, par lequel Alain d'Albret (1440-1522), arrière-grand-père d'Henri, conservait le droit de lever des péages, mais selon une liste révisée et des tarifs abaissés. Le péage du Mas-d'Agenais, notamment, fut supprimé et celui de Caumont, autorisé (Tucoo-Chala Pierre, « Contribution à l'étude des péages de la Moyenne Garonne aux XIVe et XVe siècles », *Revue historique de Bordeaux et du département de la Gironde*, 1960, p. 221-229). Repoussées par le duc de Mayenne Henri, fils de Charles, les troupes huguenotes du baron d'Eymet évacuent Caumont dans la nuit du 27 au 28 juillet 1621, non sans en profaner et détruire l'église (*Le Mercure françois*, t. 7, 1621). Le château et la ville sont alors entièrement rasés en 1623, et le bourg reconstruit dans un vallon proche.

de Henri III, à la requête expresse des Bordelais et des Toulousains, et la promesse que Matignon leur en avait faite[208]. Il suspecte Matignon d'avoir dévié Mayenne vers Monségur afin que, en n'accordant pas ce bénéfice aux Bordelais, d'éviter qu'ils ne s'attachent définitivement à la Ligue et, avec elle, qu'ils le chassent de Bordeaux[209]. Le double jeu du maréchal, en servant le roi, le servait également. Plus tard – et d'une façon bien anachronique – on interprétera la duplicité de Matignon comme une « tolérance » à l'égard des réformés.

Mayenne poursuit, ensuite, vers le Limousin et le Quercy, avec lenteur, et un défaut de gloire qui attire les quolibets. Lui aussi, jouait un double jeu, qui a été dénoncé par Henri Drouot, lequel visait à ne pas favoriser son aîné et à n'entrer véritablement dans la Ligue qu'après son assassinat[210]. Il faut comparer la modestie de ces opérations aux courageuses entreprises de Marguerite et de ses affidés. Au début de 1586, des fonds espagnols parviennent à nouveau à Lansac[211], qui a envoyé deux hommes à Fontarabie[212]. Peu de temps après, bien que le parlement de Bordeaux ait décrété la prise de corps à l'encontre de leurs capitaines, deux de ses navires croisent tout près de la côte de la Biscaye[213].

Le 2 mai, Henri III avait honoré Biron du commandement de l'armée du Poitou. En attaquant Marans, défendu par Navarre, en juillet, il obtient

---

208 Navarre à Saint-Geniès, vers le 25 janvier 1586 (Berger de Xivrey Jules, *Lettres missives de Henri IV*, *op. cit.*, t. 2, p. 185-187).

209 Mézeray corrobore ici la position de Dupleix (De Mézeray François Eudes, *Histoire de France*, *op. cit.*, t. 3, p. 384. Matignon en avait persuadé Henri III qui, comme nous l'avons vu, en savait pourtant les enjeux stratégiques (Henri III à Mayenne, Paris, 7 mai 1586, Boucher Jacqueline, *Lettres de Henri III*, *op. cit.*, t. 7, p. 334-336). C'est, aussi, celle de Varillas, qui écrit que Matignon a choisi de ne pas attaquer Caumont et libérer ainsi la Garonne pour les catholiques car « le maréchal appréhendait sagement que s'il ôtait cette épine du pied des Bordelais, ils se déclareraient pour les ligués et les aideraient à le chasser du gouvernement de Guyenne » (Varillas Antoine, *Histoire de Henri III*, *op. cit.*, t. 2, liv. IX, p. 41).

210 Son aigreur à l'égard de son aîné l'amène à jouer un jeu « à part » de Guise, que son attitude en Guyenne démontre (Drouot Henri, *Mayenne et la Bourgogne. Étude sur la Ligue (1587-1596)*, Paris, Picard, 1937, p. 103-106 et 208-217).

211 Longlée à Henri III, Madrid, 8 février 1586 (Mousset Albert, *Dépêches diplomatiques de M. de Longlée*, *op. cit.*, p. 224).

212 Longlée à Henri III, 4 mai 1586 (*Idem*, p. 254-255). En décembre, l'Anglais Edward Selwyn avait écrit à Béze que Mendoza faisait armer 40 navires normands et bretons dans les deux à trois mois (Selwyn à Béze, Bâle, 30 décembre 1585, Dufour Alain, Nicollier Béatrice et Genton Hervé (éd.), *Correspondance de Théodore de Bèze*, Genève, Droz, 2004, p. 245-247).

213 Longlée à Henri III, 12 mai 1586 (Mousset Albert, *Dépêches diplomatiques de M. de Longlée*, *op. cit.*, p. 262).

une trêve qui désespère les princes lorrains. L'absence de zèle de Biron est à la hauteur de celle de Matignon et cette léthargie favorise Navarre qui, trop faible, cherche à temporiser et à recruter des soldats à l'étranger. Cet immobilisme désespère cependant les membres de cette « noblesse volontaire de Guyenne, qui faisait un corps considérable [aux côté de Matignon] et de grand effet dans les combats » lesquels, « se voyant frustrés de l'espérance qu'ils avaient eue que l'armée, après la prise de Monségur serait employée le long de la Garonne pour mettre le pays en liberté et rétablir le commerce » se débandent avec leurs soldats[214]. La situation devient intenable. Matignon, pour pallier l'absence de l'attaque de Caumont, a établi de maigres forts sur la Garonne, dont il ne peut même pas payer les gardiens, et même Castillon n'a plus que pour dix jours de vivres. Il ne peut solder ses troupes, qui se débandent avec leurs capitaines, y compris Saint-Chamarand. Matignon craint, maintenant qu'il a fait le vide autour de lui, l'arrivée de l'armée de Turenne. Il ne veut pas assumer sa défaite programmée et il préfère la prévenir en proposant sa démission[215].

Le savant avocat Jean Raynal, à la suite de Varillas et de Dom Devienne, a bien analysé le destin des trois armées que Henri III s'est vu contraint de lever contre les huguenots. Il confirme que Mayenne, pour la Guyenne, se confronta à Matignon qui « au lieu de l'aider, le traversa [suscita des obstacles pour l'empêcher d'agir], dans tous ses projets, soit [si ce n'est] qu'il eût des ordres secrets du roi qui, dans le fond du cœur, ne voulait pas la ruine des religionnaires. » Il n'y eut que Joyeuse qui « faisait la guerre à outrance, dans le Languedoc, aux religionnaires des Cévennes, saccageant et brulant toutes les places dont il s'emparait, ce qui déplut fort au roi. [Alors que] D'Épernon, plus pénétrant que son rival, ou peut-être instruit des desseins secrets du roi, tint une conduite différente dans la Provence, et se contenta de balancer les avantages des [considérer mûrement les intérêts présentés, pour lui, par les] deux partis[216]. »

---

214 De Caillière Jacques, *Histoire du maréchal de Matignon*, *op. cit.*, p. 182).

215 Matignon à Henri III, s.l.n.d. (la fin de cette minute de lettre manque, mais son contenu montre qu'elle est postérieure à juillet 1586), APM, J 41.

216 Raynal Jean, *Histoire de la ville de Toulouse*, Toulouse, Jean-François Forest, 1759. Antoine Varillas, qui a donc utilisé le *Journal manuscrit* de Mayenne pour les campagnes de 1585 et 1586, montre, dans le détail, les intrigues de Matignon, dirigées par Henri III, pour empêcher Mayenne d'abattre Navarre et le parti protestant en Guyenne, ce qu'il était tout à fait en état de réaliser, eu égard à la faiblesse momentanée de ce dernier, qui ne pouvait pas rejoindre les reîtres mis à mal par Guise, et à l'exil de Condé en Angleterre après son

Quel que soit l'empressement et/ou le mauvais positionnement de ses canons[217], c'est d'abord à la lenteur calculée de Matignon, qui ne lui permettra pas de rejoindre Joyeuse, que ce dernier doit sa défaite – et donc celle, voulue, de l'armée royale – devant Navarre, à Coutras (20 octobre 1587), et l'assassinat du favori. Outre Anne de Joyeuse, plus de 2 000 catholiques sont tués, dont 300 éminents gentilshommes[218]. Si Henri III espérait ne pas écraser Navarre... il ne s'attendait pas à subir une telle tuerie de sa belle noblesse.

échec cuisant à Angers. Tous les contemporains, et non seulement les ligueurs, en étaient conscient alors que Philippe II, obnubilé par la préparation de l'Invincible Armada se gardait d'intervenir militairement au risque de rompre l'édit de Villers-Cotterêt et de ruiner son projet (Varillas Antoine, *Histoire de Henri III*, *op. cit.* t. 2, liv. IX, p. 22-26.

217 Sully développe ce point (Buisseret Daniel et Barbiche Bernard (éd.), *Les Œconomies royales de Sully*, *op. cit.*, t. 1, p. 188-189).

218 Le biographe de Matignon, Jacques de Caillières, luttait contre cette thèse, que validera encore, avec raison, l'érudit mauriste Dom Devienne (Dom Devienne, *Histoire de la ville de Bordeaux*, Bordeaux, La Court, 1771, t. 1, p. 182). Navarre écrivit à Matignon, en quittant Coutras, « qu'en cette journée, je ne puis faire différence des bons et naturels Français, d'avec les partisans et adhérents de la Ligue » (De Caillière Jacques, *Histoire du maréchal de Matignon*, *op. cit.*, p. 206-211). C'est bien pour remercier de sa médiation Montaigne, dont le jeune frère venait d'ailleurs de se battre aux côtés de Navarre, que ce dernier l'honore de sa visite après Coutras (Babelon Jean-Pierre, *Henri IV*, *op. cit.*, p. 389) que, significativement, il néglige de signaler dans son éphéméride. Navarre lui confia là, probablement, cette mission secrète de proposer une paix négociée à Henri III, avec l'assentiment de Matignon, dont le fils, Thorigny, était du voyage (Desan Philippe, *Montaigne*, *op. cit.*, p. 477-484). Cette « bataille si glorieuse aux huguenots », avec les nombreux meurtres qui y furent perpétrés, a gardé cette place imméritée dans la légende henricienne, pour se transformer en « exploit national » (J.-P. Babelon) que les commémorations ont évité d'égratigner (*Quatrième centenaire de la bataille de Coutras*, Pau, J&D Éditions-Association Henri IV 1989, 1988). Après Duplessis-Mornay (Daussy Hugues, *Les huguenots et le roi. Le combat politique de Philippe Duplessy-Mornay, 1572-1600*, Genève, Droz, 2002, p. 385-387), il doit beaucoup à la partialité de Simon Goulart qui, en évitant d'évoquer Marguerite et Corisande, ne peut cacher l'erreur commise par Navarre en « ayant temporisé environ deux mois et demi seulement » (p. 74) en Gascogne au lieu de rejoindre les reîtres, soi-disant pour aider Catherine à gérer le Béarn. Vantant sa magnanimité, il aligne alors les piètres placettes conquises en Gascogne par Navarre après Coutras, qui ne font pas illusion. S'il reconnait que c'est Matignon qui a conseillé à Joyeuse de livrer bataille à Coutras, il tait sa défection et ment en affirmant l'infériorité numérique de Navarre, aidé de Dieu (Goulart Simon, *Mémoires de la Ligue*, 1602, rééd., Amsterdam, Arkstée et Merkus, 1758, t. 2, p. 67, 74, 177, 239-250). Raynal souligne l'erreur stratégique de Navarre qui, plutôt que de courir au-devant des reîtres qui venaient à son secours, s'empressa d'aller en Béarn mettre les drapeaux gagnés à Coutras aux pieds de Corisande. Cette négligence permit à Guise d'écraser les mercenaires étrangers à Auneau (24 novembre 1587), d'amplifier leur débandade, « ces pauvres gens se voyant éloignés du roi de Navarre » (Matthieu Pierre, *Histoire générale des derniers troubles arrivés en France sous les règnes des rois Très Chrétiens Henri III, Henri IV et Louis XIII*, Paris, Jean Petit-Pas, 1622, f° 43) et de le « couronner », aux yeux des Parisiens, comme leur unique protecteur (Raynal Jean, *Histoire de la ville de Toulouse*, *op. cit.*, p. 286-287).

MARGUERITE TOUJOURS EN LUTTE

Après avoir été chassée d'Agen, menacée de mort, un temps emprisonnée, Marguerite s'est réfugiée au château d'Usson, partie de sa dot, au cœur de l'Auvergne de sa mère. On connaît le lustre de sa cour d'exil, mais on ignore que, malgré son exil, elle continue à soutenir la Ligue, et les prétentions au trône de France de sa nièce, l'infante Isabelle-Claire-Eugénie.

MARGUERITE : « SÉRÉNISSIME PRINCESSE »

LES « ANTIMÉMOIRES » D'UNE MARGUERITE (TROP) LONGTEMPS LIGUEUSE

Les *Mémoires* de Marguerite de Valois s'interrompent brutalement en 1581. Ou bien les manuscrits des années suivantes ont disparu, ou bien l'auteur a, de sa propre autorité, décidé d'interrompre son récit. C'est cette dernière théorie qui avait autorité. La mémorialiste se serait arrêtée d'elle-même, « de honte, à l'idée des turpitudes qui lui restaient à dire[1] » ! L'hypothèse, rarement émise, d'un texte censuré, est pourtant corroborée par d'autres lacunes dans son récit. Mais cela ne suffit pas à expliquer cette incomplétude. Plutôt qu'une destruction involontaire[2], nous suspectons une censure, voire une autocensure des *Mémoires*.

1 Viennot Éliane, introd. à *Marguerite de Valois, Mémoires et autres écrits, 1574-1614*, Paris, Champion, 1999, p. 15-65.

2 C'est la position de : Viennot Éliane, *Marguerite de Valois*, *op. cit.*, p. 163. À compléter par : Chichkine Vladimir (dir.), en collaboration avec Viennot Éliane et Angard Laurent, *Marguerite de Valois (1553-1615). Mémoires. Lettres choisies. Documents inédits*, Saint-Pétersbourg, Eurasia, 2010.

Nous devons reconnaître la même prudence de Marguerite dans ses échanges épistolaires. Ceux avec François d'Anjou ayant pratiquement disparus. Écrivant à sa « Sibille », la duchesse d'Uzès, conseillère de choix, en 1579, elle commence sa lettre en précisant qu'elle agit « contre la coutume de la façon des dépêches des ambassades, lesquels ne portent jamais que lettres de créances, je chargerai mon agent, que bien connaissez, de cette lettre plus ample et sans aucune rhétorique, que je sais vous déplaire ». Il faut s'aboucher et non écrire. Elle en termine une autre, au contenu pourtant assez insignifiant, par un *post scriptum* : « Brûlez toujours vos lettres[3]. ». D'Escars ou Pibrac, notamment, furent ses émissaires auprès de sa Sibille et, si des courriers plus informatifs, vers bien peu de destinataires, restent rares, ses missives proprement « politiques », *a fortiori* ligueuses, sont quasi inexistantes, hormis celles, conservées, qui allèrent vers Philippe II, et qui nous permettent, ici, de révéler son engagement ligueur.

Observons son singulier déni de toute action ligueuse, lorsqu'elle développe, devant le président Séguier, en 1602, les fondements de ses récriminations à l'égard de Choisnin, auquel elle engage un procès (annexe). Par mort ou par justice, Henri de Navarre s'efforçait de se libérer de son mariage. Le long mémoire que Marguerite adresse alors à Philippe II, à la fin 1587, montre qu'elle n'a plus que la mort à attendre de son époux qui, joint à Henri III et à la reine mère, veut la réduire au silence.

> Il n'est pas au monde une haine éternelle comme celle que Madame Marguerite porte au roi de Navarre, son mari, qui déjà l'a empoisonnée une fois ; et jamais personne plus qu'elle n'eut de motif de prendre les armes, puisqu'elle est à la nécessité de défendre et sa vie et son honneur. Si le roi d'Espagne la soutient et lui donne le moyen d'occuper quelques places fortes, elle maintiendra la guerre cinquante ans, fût-ce toute sa vie.

---

3 *Mémoires et autres écrits de Marguerite de Valois, la reine Margot*, Cazaux Yves (éd.), Paris, Mercure de France, 1971, p. 195 et 196. Louise de Clermont-Tallard, duchesse d'Uzès (1504-1596), veuve et âgée, dame de compagnie de Catherine de Médicis, gouvernante des enfants de France, fort cultivée, exerce, longtemps, une influence majeure à la cour de France. Marguerite l'appelle « ma vraie Sibille, mon conseil, ma compagne et ma nourrice, et bref celle du monde qui saura plus de mon intérieur » (Marguerite à la duchesse d'Uzès, s.l.n.d., BnF, coll. Béthune, t. 8884, f° 13, Guessard François, *Mémoires et lettres de Marguerite de Valois*, Paris, Société de l'histoire de France, 1842, p. 199-200). Outre ses conseils avisés, la duchesse prenait de l'intérêt à l'astrologie et aux oracles.

Tombée gravement malade, en février et mars 1586, les mauvaises langues l'avaient considérée enceinte des œuvres d'Aubiac. Mais la mort planait sur elle, et Lucinge rapportait au duc de Savoie que son décès pourrait arranger tout le monde, la reine mère faisant alors épouser à Navarre sa petite-fille de Lorraine, « ce qui serait le moyen de la paix » concluait le diplomate[4].

Marguerite se mettra à l'écriture en réaction à la réception du *Discours sur la Reyne de Navarre* de son ami Brantôme, auquel elle avait demandé un jour d'écrire sa vie, et qui était venu la rencontrer à Usson vers 1591.

> J'y ai aussi été conviée par cinq ou six remarques que j'ai faites en votre *Discours*, où il y a de l'erreur, qui sont : lorsque vous parlez de Pau et de mon voyage de France, quand vous parlez de feu Monsieur le maréchal de Biron, quand vous parlez d'Agen, et aussi de la sortie de ce lieu du marquis de Canillac[5].

L'affaire d'Agen aurait donc dû être, pour elle, un point essentiel du récit[6]. Il est peu probable qu'elle n'ait pas songé à sa rédaction. Éliane Viennot est assurée que son écriture a commencé dès la fin de l'année 1593, à un moment où l'abjuration de son époux (25 juillet 1593), puis la trêve des combats, provoquent l'intense agitation des ligueurs ardents[7]. Ses relations avec l'Espagne, notamment par Urbain de Saint-Gelais, sont alors régulières et encore pleines d'espoir. Nous pensons, alors, que l'issue des troubles religieux et l'effondrement brutal de ses illusions l'ont fait revenir sur sa décision de livrer au papier ce qu'avait été son engagement durant ces années. Nous avons montré combien cette attitude est commune à nombre de ligueurs après la victoire d'Henri IV.

---

4 De Lucinge René, *Lettres sur la cour d'Henri III en 1586*, Dufour, Alain (éd.), Genève, Droz, 1966, p. 129.

5 Viennot Éliane (éd.), *Marguerite de Valois, Mémoires et autres écrits*, *op. cit.*, p. 71.

6 Marguerite se soucie encore de l'histoire de cette ville quand elle charge Jean Darnalt de la rédiger. Cet auteur catholique, membre du « cercle d'Usson », sera tout aussi prudent, et donc muet, sur la période de la Ligue (Cassan Michel, « Les Antiquitez d'Agen, par Jean Darnalt », *Monluc, d'Aubigné. Deux épées, deux plumes*, colloque d'Agen, 1996, Agen, Centre Mathéo Bandello, 1999, p. 27-46).

7 Sur les enjeux de l'année 1593 : Brunet Serge, « Le grand siège de Blaye (1593), chant du cygne – et révélateur – de la Ligue hispanophile de Guyenne », Piot Céline et Lachaise Bernard (dir.), *La guerre en Aquitaine, les Aquitains en guerre, de l'Antiquité à nos jours)*, Actes du 68e Congrès de la Fédération Historique du Sud-Ouest, Nérac, 6-7 juin 2015, Nérac, Éditions de l'Albret / Amis du Vieux Nérac, 2017, p. 139-171.

SUPPRIMER MARGUERITE

Les échanges épistolaires archivés à Simancas n'en sont donc que plus précieux. L'intervention de Marguerite dans la conspiration guisarde de 1588, avec Urbain de Saint-Gelais, nous livre une lettre qu'elle adresse à Philippe II, et dans laquelle elle revient sur cet épisode de sa vie, tellement lourd de conséquences (annexe)[8]. Sans lieu ni date, cette longue missive est reçue à la cour d'Espagne le 10 mai 1588 ; elle répond à un courrier très chaleureux que le roi d'Espagne lui avait adressé. Nous pensons qu'elle a été rédigée entre la fin du mois d'octobre et la fin du mois de novembre 1587. Le roi d'Espagne lui répond depuis l'Escorial, le 27 juin 1588 :

> Combien j'ai été chagriné des malheurs que vous m'avez écrits où je vois quand même la prudence [*prudencia*] que vous avez eue et que vous avez encore pour la défense de la cause catholique[9].

Ce document est fort précieux. La reine de Navarre donne comme raison principale de son échec la maladresse de Jean de Duras, qui était chargé d'aller chercher les subsides espagnols et qui a trop tardé, voire qui a été leurré par les ennemis de Margot. « J'essayais de rattraper l'imprudence de M. de Duras. Et l'artifice de mes ennemis qui négocièrent avec lui, fit que je ne pus rien faire, car c'est lui qui était en possession de tous les moyens que vous aviez jugés bon de lui donner », dit-elle à Philippe II. Duras aurait pu détourner les fonds espagnols.

Grâce aux indicateurs de Mayenne en Agenais, l'ambassadeur Bernardino de Mendoza apprend « l'insolence » des Agenais à l'égard de la reine de Navarre. Pour lui, cette révolte a été fomentée par Henri III et la reine mère, par les fausses rumeurs qui se sont développées – probablement instrumentalisées – autour du voyage de Duras à la cour d'Espagne. Ne sachant qu'il venait seulement chercher du financement, le bruit aurait été répandu qu'il allait chercher des troupes, composées de bandouliers (mercenaires de la pire espèce), grâce auxquelles Marguerite allait s'emparer du pays. « et cela donna à faire croire aux habitants

8 AGS, *Estado* 595, n° 14. Une version de cette lettre, en français, est conservée dans les fonds bruxellois (Kervyn de Lettenhove, « Un mémoire inédit de Marguerite de Valois », *Revue d'histoire diplomatique*, t. V, 1892, p. 161-175).

9 Philippe II à « *Madama Margarita su hermana* », L'Escorial, 27 juin 1588 (AGS, *Estado* 595, n° 13).

qu'elle souhaitait faire une citadelle et renforcer la garnison[10]. » Il est vrai que Longlée, ambassadeur à Madrid, qui avait épié la venue de Duras, avec d'autres solliciteurs ligueurs, constatant des préparatifs militaires de Philippe II, craignait que celui-ci, comme l'avait fait Ferdinand, roi d'Aragon, à l'égard de Jean d'Albret, ne profite de l'excommunication de son petit-fils pour s'emparer de la Basse-Navarre, mais aussi des terres adjacentes dont le roi est souverain[11]. Le 21 septembre 1585, Sixte Quint avait publié une bulle d'excommunication, contre Henri de Navarre et Henri de Condé, qui les privait de l'exercice de toute autorité et, pour le premier, le déclarait déchu, tant de ses droits à la succession du royaume de France, que de son trône de Navarre[12].

Marguerite ajoute : « j'étais très contrariée d'avoir perdu Agen à cause de son retard [de Duras], et avec Agen, le moyen de m'opposer à cette paix qui nous fut si préjudiciable ».

Nous avons vu qu'elle accuse, ensuite, le maréchal de Biron de l'avoir trahie. Il entreprend de s'emparer de Carlat, où elle s'est réfugiée, et de se saisir de sa personne. Se sachant découvert, il se retire, mais en emportant les chiffres (code secret) et intelligences que Duras avait ramenés de la cour d'Espagne. Ainsi, Marguerite n'était plus en mesure de communiquer avec Philippe II, ni même de le remercier pour son aide.

C'est, enfin, Lignerac qui la trahit à son tour. Bailli de la Haute Auvergne, il était capitaine du château de Carlat. Marguerite rejoint le témoignage de Mendoza en écrivant que c'est le voyage de Duras en Espagne qui a provoqué la colère de Henri III qui suspectait sa sœur de livrer « nombre d'informations d'importance » pour son propre compte. La délation de Choisnin a joué. Marguerite écrit qu'elle était contrainte de s'en remettre à Lignerac « homme avare et fou[13] [...] parce qu'il

---

10 Mendoza à Philippe II, Paris, 9 octobre 1585 (Archivo General de Simancas (AGS), *Estado*, K 1563). La Coutume d'Agen ainsi qu'une charte accordée par Raymond VII, comte de Toulouse, en 1221, accordait aux Agenais de ne jamais se voir imposer une citadelle.

11 Henri III à Longlée, 21 août et 30 septembre 1585 (Boucher Jacqueline, *Lettres de Henri III*, t. 7, Paris, Société de l'Histoire de France, 2012, p. 132-134 et 160-162).

12 Schmitz Benoît, *Le pouvoir des clefs au* XVI*e* *siècle. La suprématie pontificale et son exercice face aux contestations religieuses et politiques*, thèse de doctorat, dactyl., Université Paris-Sorbonne, 2013.

13 Le texte français dit « ambitieux et fou ». Mendoza communique à Philippe II le célèbre épisode de Lignerac poignardant le fils de son apothicaire qu'il avait trouvé dans la chambre de Marguerite (Mendoza à Philippe II, Paris, 19 juillet 1586, AGS, *Estado* K 1564, n° 124). Lucinge dramatise encore l'affaire, tout en faisant du fils de l'apothicaire

m'avait accueillie et que M. de Guise le considérait comme très fidèle. Bien que je connaisse ses desseins, je n'osais pas les révéler de peur d'être remarquée. Il mit à exécution sa trahison pour la somme de 10 000 écus que le roi lui fit promettre et il s'empara de la place et de moi-même ». Cette assertion est encore appuyée par une phrase de Brantôme, qui dit qu'elle « fut par les menées du roi son frère, qui était un habile et subtil roi s'il en fut, vendue par ceux du pays et de la place[14] ». Marguerite parvient à dissuader Lignerac de la garder prisonnière, en développant trois arguments. Elle lui démontre « le préjudice de la perte de ma vie pour Guise », que Henri III « ne souhaitait me faire mourir que pour arranger un autre mariage pour le Prince de Béarn, afin de renforcer des alliances en Allemagne et lui assurer un soutien pour la couronne de France sans que ni Guise ni les catholiques pussent l'en empêcher[15] », et enfin « que Guise lui serait reconnaissant pour ce service rendu. » Elle conclut : « pour toutes ces raisons il me laissa partir[16]. »

La reine de Navarre écrit qu'elle ne pouvait pas se retirer en Gascogne, Anne de Joyeuse avait son armée à Rodez, et elle ne voit « pas d'autre

---

le fils d'un épicier d'Agen. « Il y en a qui murmurent que, si la paix se fait, qu'on pourrait marier le roi de Navarre avec la princesse de Lorraine et la princesse de Navarre avec le fils aîné du duc de Lorraine, qu'il y a assez d'occasions pour se défaire de la reine de Navarre. L'acte qui s'est joué dernièrement, outre les précédents, est suffisant pour causer un divorce et séparation entre elle et son mari. Un jeune homme, fils d'un marchant épicier d'Agen, a été tué en la ruelle de son lit par un nommé Linérac, à coups de poignard, le sang duquel vola pardessus cette misérable princesse. Elle était tant affolée [passionnée] de ce jeune homme qu'elle ne pouvait être sans lui, et jaçoy que [quoique, encore que] celui qui l'a tué l'aie fait par jalousie, si est-ce que le blâme est découvert. Elle ne s'étonne point de toutes ces choses, mais envieillie en ce pêché, ferme la porte à toute honte et vergogne. Il lamente sa condition et [j']écris avec frisson et en rougeur ces choses pour être en la personne de celle qui attouche de si près Vos Altesses. La Reine mère en meurt de douleur et le roi la hait à mort. » (Lucinge au duc de Savoie, Paris, 16 juillet 1586, De Lucinge René, *Lettres sur la cour d'Henri III en 1586*, Dufour Alain (éd.), Genève, Droz, 1966, p. 298). Curieusement, ni d'Aubigné ni L'Estoile n'évoquent cet épisode.

14 Brantôme, *Œuvres complètes*, Lalanne Ludovic, (éd.), Paris, Renouard, 1864-1882, 11 vol.

15 D'Aubigné témoigne d'un conseil auquel il a assisté et qui s'est tenu en présence de Henri de Navarre, où la plupart des présents réclamaient la mort de Marguerite (Lauzun Philippe, « Itinéraire raisonné de Marguerite de Valois en Gascogne (1578-1586) », *Revue de l'Agenais*, t. XXIX, 1902, p. 333).

16 Cette relation contredit l'opinion selon laquelle Lignerac, voyant qu'il ne serait jamais remboursé de l'argent qu'il avait avancé à la reine de Navarre au départ d'Agen, et qui s'élevaient à plus de 10 000 livres, aurait fait main basse sur les bijoux de sa maîtresse, provoquant une violente dispute entre les amants. C'est peu de temps après que Lignerac poignarde le fils de l'apothicaire de Marguerite (Lauzun Philippe, « Itinéraire raisonné de Marguerite de Valois en Gascogne (1578-1586) », *op. cit.*, p. 587-488).

issue que l'Auvergne[17] ». Marguerite se rend au château d'Ybois (Orbeil), près d'Issoire, qui appartenait à sa mère, où elle avait d'abord refusé à sa mère de se retirer, et « dont le capitaine m'était dévoué[18] ». Elle dit qu'elle est poursuivie par « quelques troupes de l'armée de Joyeuse » qui l'encerclent et tentent de l'affamer, alors qu'elle est « sans espoir d'être secourue (les Guises étaient soit en Champagne, soit en Gascogne). » Les soldats demandent la reddition, et la reine s'attend à

> une mort infâmante, [lorsque] Dieu permit que je fus secourue par un homme de bien, et si bon catholique et tellement ennemi des hérétiques [Canillac][19]. Lui ayant fait savoir quel était le but du roi, ma mort, comme on peut le voir avec celle de la reine d'Écosse [exécutée par Élisabeth d'Angleterre en février 1587], demandée par M. de Bellièvre, il prit la résolution de me sauver et de ne remettre ni cette place qui est très forte, ni moi-même. Et il est tellement dévoué au parti catholique, que, sachant, Mr mon frère [Philippe II], que vous êtes son vrai protecteur, comme le roi, mon frère [Henri III] l'avait employé à des négociations très importantes et qui vous auraient porté grand tort, il m'a donné les mémoires pour vous les envoyer et il m'a semblé que vous deviez les lire, car ces négociations et ce qu'elles visent ne sont pas abandonnées mais seulement suspendues pour cause de guerre, elles reprendront et seront menées à bien, une fois la paix conclue avec les hérétiques.

Henri III avait bien chargé Canillac de séquestrer Marguerite. D'Ybois, Marguerite est transférée au château de Murol, à Saint-Amant-Tallende, puis à celui de Saint-Saturnin, où elle demeure du 7 au 13 novembre. On la croit malade, et on s'attend à sa mort prochaine. Dès octobre, l'habile ambassadeur Toscan, Filippo Cavriana, qui connait bien Henri III et sa mère, pour être leur médecin, écrit : « Parmi les premières nouvelles

17 En 1586, le roi envoie deux de ses mignons : « à savoir le duc de Joyeuse vers le gouvernement de son père [Guillaume, vicomte de Joyeuse, maréchal de France et lieutenant général du roi en Languedoc] et le duc d'Épernon vers celui de son frère aîné [Bernard de Nogaret, seigneur de La Valette, gouverneur du Dauphiné]. » Rassemblée à Bourbon-l'Archambault, l'armée de Joyeuse va du côté de Mende, puis il se dirige vers Toulouse, en passant par le Rouergue (D'Aubigné Agrippa, *Histoire universelle depuis 1550 jusqu'en 1601*, Genève, Droz, 1981-2000, t. 7, liv. XI, chap. XII, p. 94-99).

18 Marguerite à Catherine de Médicis, s.l.n.d. Dans cette missive, la reine de Navarre exprime sa crainte de « retomber en la puissance de ceux qui m'ont voulu ôter le bien, la vie et l'honneur » (Lauzun Philippe, *Lettres inédites de Marguerite de Valois tirées de la Bibliothèque impériale de Saint-Pétersbourg, 1579-1606*, Paris-Auch, Champion-Cocharaux, 1886, p. 38-39).

19 Jean de Montboissier-Baufort-Canillac, marquis de Canillac, dit « Canillac », comte d'Allais, seigneur de Saint-Cirgues, etc., lieutenant général du roi en Auvergne, ambassadeur extraordinaire à Constantinople. Il avait épousé Gilberte de Chabannes (1565), dame de compagnie de Marguerite, à Usson. Il s'éteint en 1589.

qui viendront d'Auvergne et du Languedoc, je crois qu'on aura celle de la mort de la reine de Navarre. Si Dieu ne pourvoit à son cas, elle ne peut le mener long[20]. » Henri III ne dit pas moins en écrivant à Villeroy, le même jour : « Plus je vais en avant, plus je ressens et reconnais l'ignominie que cette misérable [Marguerite] nous fait. Le mieux que Dieu fera pour elle et pour nous, c'est de la prendre. »

Catherine de Médicis avait déjà proposé à Navarre de divorcer, si Rome y consentait, et de se remarier avec Christine de Lorraine, fille du duc de Lorraine. Le fils aîné de ce dernier, marquis de Pont-à-Mousson, épouserait, de son côté, Catherine de Bourbon. La reine mère n'avait d'ailleurs pas hésité à présenter Christine de Lorraine à son gendre... Le décès de Marguerite arrangerait bien cette affaire. Tout au long de son exil auvergnat, elle ne cessera pas, nous dit Scaliger, de faire préalablement goûter tous les plats qu'elle consommera.

En novembre 1586, Canillac avait bien enfermé Marguerite dans le château d'Usson. Mais la séquestration tourne court. Lucinge, qui est à Lyon en janvier 1587, écrit au duc de Savoie que c'est parce que le roi de France a ensuite tenté de surprendre Usson, que Canillac, dépité, a rejoint la Ligue[21]. Henri de Guise, quant à lui, attribue le succès de la conversion de Canillac aux négociations qu'il avait engagées avec lui[22]. Il envoie à Marguerite, depuis Orléans, des soldats, avec lesquels elle peut tenir la forteresse. Nous voyons bien que, si les mémorialistes et nombre d'historiens ont mis en avant le pouvoir de séduction de la Messaline sur le geôlier, il ne suffit pas pour expliquer le ralliement de ce dernier à la Ligue. Cette adhésion ne se limite pas à Usson. Grâce aux relations de Canillac, elle s'étend à toute la Haute Auvergne, et Marguerite participe à sa défense[23]. « Tous les gentilshommes d'Auvergne, hormis trois

20 *Négociations diplomatiques de la France avec la Toscane*, Desjardins Abel (éd.), Paris ; Imp. Impériale, 1865, t. 4, p. 663.

21 Lyon, 24 janvier 1587 (De Lucinge René, *Lettres de 1587. L'année des reîtres*, Supple, James J. (éd.), Genève, Droz, 1994, p. 34). La femme de Canillac était une dame d'honneur de Marguerite de Valois.

22 Le 14 février, Guise se réjouit en avertissant Mendoza « comme le traité que j'avais commencé avec le marquis de Canillac est heureusement réussi, l'ayant du tout [totalement] fait entrer à notre parti, et, par ce moyen, assurer la reine de Navarre, qui est maintenant en toute sécurité » (Guise à Mendoza, 14 février 1587, AGS, *Estado*, K 1566, n° 234). Canillac entrera dans le conseil parisien des Quarante (Barnavi Élie, *Le parti de Dieu : étude sociale et politique des chefs de la Ligue parisienne (1585-1594)*, Bruxelles, Nauwelaerts, 1980, p. 90-92).

23 De Vaissière Pierre, « Marguerite de Valois et la Ligue en Auvergne », *Revue des Questions historiques*, t. LXVI, 1938, p. 15-35 et 3-26. Moisan Michel, *L'exil auvergnat de Marguerite*

maisons, ont signé la Ligue entre les mains du marquis de Canillac », écrit Lucinge en mars 1587[24].

Bien qu'antérieur à la présence de Marguerite à Usson, sa représentation dans *L'armorial d'Auvergne*, par Guillaume Revel (1450-1460) correspond à ce que la citadelle n'avait cessé d'être. Accrochée sur un piton volcanique, protégée par une triple enceinte, hérissée de vingt tours, celle-ci était jugée imprenable.

FIG. 9 – La ville et le château d'Usson, Revel, Armorial d'Auvergne, Bibliothèque nationale de France.

de Valois. Carlat–Usson, 1585-1605, Nonette, Éd. Créer, 2009. Solignat Anne-Valérie, « L'exil auvergnat de Marguerite de Valois. La cour d'Usson, 1587-1605 », *Hypothèses*, Travaux de l'École Doctorale d'Histoire de l'université Paris I, 2008, p. 39-51.

24 Paris, 20 mars 1587 (De Lucinge René, *Lettres de 1587*, *op. cit.*, p. 99).

MARGUERITE DANS LA CONSPIRATION GUISARDE DE 1588

Le 6 février 1588, l'évêque de Comminges, Urbain de Saint-Gelais, se trouve à Anvers. Il se cache sous le nom de « *Frai Modestino Cortese, prior humile di Viella* », un clerc florentin qui, tout naturellement, enverrait du courrier à ses supérieurs en Espagne[25]. Fils de l'éminent Louis de Lansac, au même titre que son demi-frère Guy, Saint-Gelais est doté d'une grande culture et il pratique, couramment, plusieurs langues, dont l'italien. Son agent à la cour d'Espagne, le Piémontais Valerio, reçoit sa correspondance, la décrypte, et la transmet à Philippe II par l'intermédiaire de ses secrétaires. Ces lettres sont les plus ardues que nous ayons lues dans l'immense documentation laissée par les espions de l'Espagne. Non seulement le prélat cache son identité, mais il choisit de s'exprimer en italien, dans un langage codé, plutôt que d'utiliser le chiffre, afin de ne pas éveiller les soupçons.

La lettre du 6 février que l'évêque adresse donc à Valerio, pour Philippe II, est très allusive et cryptée[26]. Nous comprenons cependant qu'il s'est vu confier une mission, dont il est très fier, et qu'il se trouve auprès d'Alexandre Farnèse, duc de Parme et gouverneur des Pays-Bas. Il est soucieux de la constitution de l'Armada qui, en permettant à l'armée des Flandres de traverser le Channel, doit envahir l'Angleterre. L'évêque expédie d'ailleurs à Philippe II un autre mémoire, qui traite de la sécurité du commerce de l'Espagne et de ses îles, contre les activités de piraterie[27]. En France, on se prépare aux États généraux, à Blois (16 octobre 1588 – 16 janvier 1589), que Henri III s'est vu contraint de réunir, et pour lesquels les Guises s'attachent à envoyer des députés affidés (dont les évêques Urbain de Saint-Gelais pour Toulouse, l'évêque Nicolas de Villars, pour Agen, Arnaud de Pontac, pour la Guyenne et son frère, Thomas de Pontac, seigneur d'Escassefort, pour Bordeaux, le comte de Randan, pour l'Auvergne[28], etc.). Nous pensons qu'ils en espéraient une déchéance royale, qui aurait préparé l'avènement du duc

25 Vielha, en Val d'Aran, partie espagnole du diocèse de Comminges.

26 Modestino Cortese à Valerio, Anvers, 6 février 1588 (AGS, *Estado*, 595, n° 3).

27 « Avertissement et requête de très grande importance. *Para el comercio maritimo* », en italien, s.l.n.d. (AGS, *Estado*, 594, n° 189).

28 C'est Randan, fidèle des Guises, qui « pratique ceux qu'on devait envoyer aux États [de Blois] et fit pour la noblesse, clergé et tiers-état, élire les plus affidés (*Mémoires de Jehan de Vernyes, 1589-1593*, Clermont-Ferrand, Thibaud-Landriot, 1838, p. 72).

de Guise, issu de la lignée des carolingiens[29]. Mais, si Philippe II est prêt à favoriser la Ligue, et le soulèvement parisien du Conseil des Seize, sa priorité est autre. C'est l'Invincible Armada, pour laquelle il faut éviter, à tout prix, toute réaction de Henri III en faveur d'Élisabeth Ire.

Avant de se rendre en Flandres, Saint-Gelais est allé rencontrer Marguerite de Valois à Usson, vraisemblablement entre la fin du mois d'octobre et la fin du mois de novembre 1587. L'évêque de Comminges, auquel elle a remis une lettre et deux mémoires, est son émissaire auprès de Philippe II. D'Anvers, l'évêque profite donc du départ d'un courrier vers la cour d'Espagne pour lui communiquer ces écrits et rédiger rapidement sa lettre.

La carte sur les voies de l'information espagnole montre l'importance du flux, à travers les Pyrénées centrales, via le diocèse de Comminges et ses archiprêtrés du Val d'Aran espagnol. Il se poursuit vers Lyon, en voisinant Usson.

---

29 Brunet Serge, « Philippe II et la Ligue parisienne (1588) », *Revue Historique*, t. CCCXII, 2010/4, n° 656, p. 795-844.

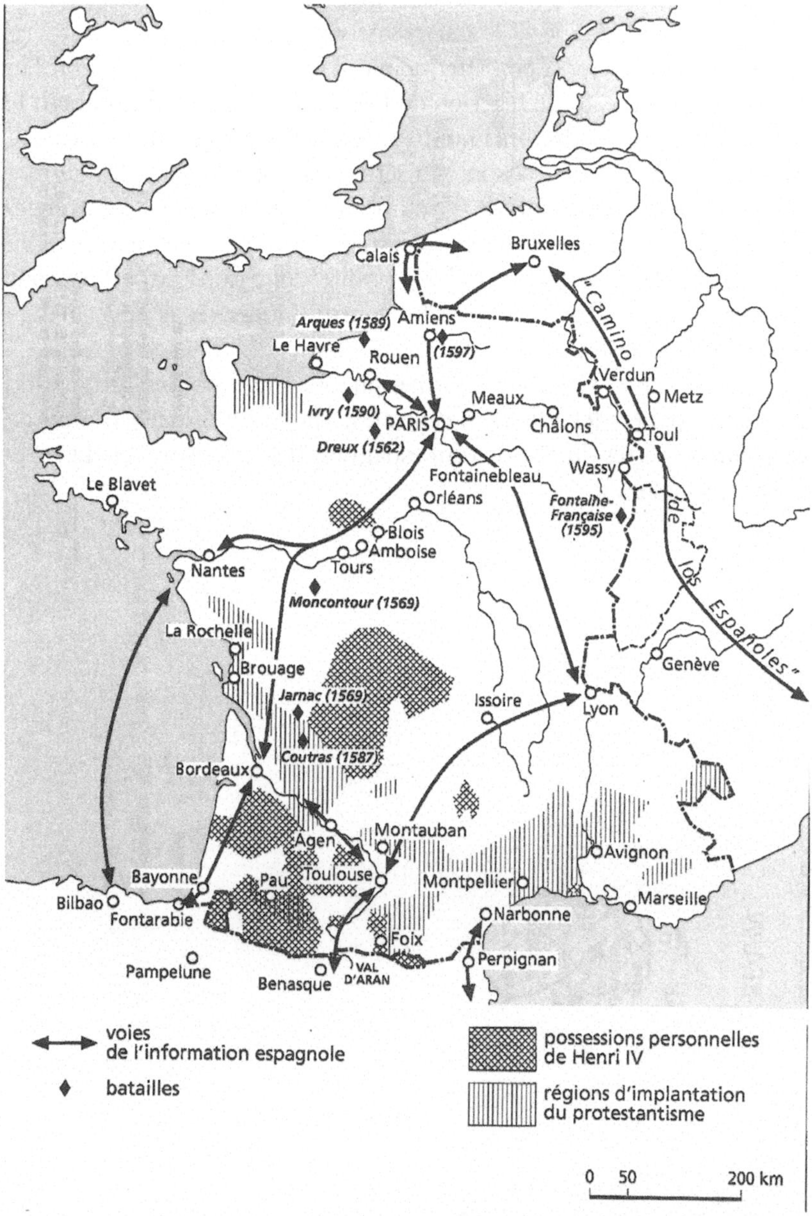

FIG. 10 – Les voies de l'information espagnole.

Saint-Gelais fournit, dans sa propre lettre, des informations très précises sur Dom Antonio, prieur de Crato, dont la cour de France avait soutenu les prétentions sur le trône du Portugal, avant que Philippe II ne l'envahisse (juin 1580). Le duc de Guise s'était engagé à livrer Dom Antonio au Roi Catholique, au moment de la signature du traité de Joinville. Il donne également des conseils sur la protection de Lisbonne, d'où doit partir l'Armada[30]. L'évêque, qui s'y était rendu en 1579, pour défendre les droits de Catherine de Médicis à la couronne du Portugal, témoigne d'une étonnante connaissance de la topographie de la ville et de sa défense[31]. Il paraît donc évident que Saint-Gelais se trouve à Anvers afin de contribuer à la préparation de l'expédition de l'Armada, comme d'ailleurs un autre Commingeois, Géraud de Mauléon, seigneur de Gourdan, depuis son gouvernement de Calais. Marguerite de Valois participe aussi à cette élaboration. Combien de guisards pouvaient être ainsi associés à cette formidable expédition ? Cette étrange collusion apporte du crédit à la conjuration dénoncée par Salcèdo (ou Salcède).

Valerio, depuis l'Escorial, répond à Saint-Gelais le 27 juin, au même moment où Philippe II fait de même pour Marguerite de Valois[32]. Le courrier semble avoir mis vraiment beaucoup de temps pour arriver à l'Escorial[33]. Marguerite termine ainsi son mémoire :

> Pour cette effet, j'ai choisi monsieur l'évêque de Comminges et l'ai prié [d'] entreprendre cette affaire, tant pour ses rares qualités que pour le saint zèle qu'il a toujours porté à la cause de Dieu, comme aussi pour la voisinance qu'il a avec votre frontière [par le Val d'Aran, espagnol, partie de son diocèse], pour être les choses conduites plus discrètement que M. de Duras ne les mania, qui ne suivit pas en cela ce que je lui avais le plus recommandé. J'eusse encore retardé cette dépêche si la guerre eût continué ; mais, voyant

30 Le 29 août 1587, Francis Drake avait soudainement opéré une razzia dans la rade de Cadix, où se préparait aussi l'Armada.

31 Même si Beauvais-Nangis accomplit une ambassade au Portugal (*Mémoires du marquis de Beauvais-Nangis et journal du procès du marquis de La Boulaye*, De Monmerqué Louis Jean Nicolas et Taillandier Alphonse-Honoré (éd.), Paris, Renouard, 1862, p. 27), c'est Saint-Gelais que la reine mère avait mandaté. Philippe II envahit donc le Portugal en juin 1580 et nous constatons que, l'année suivante Guy de Lansac et François d'Épinay, seigneur de Saint-Luc, ont encore une entrevue avec le connétable du Portugal, à Libourne (De Lucinge René, *Lettres de 1588. Un monde renversé*, Supple James J. (éd.), Genève, Droz, 2006, p. 643).

32 Valerio à Modestino Cortese, L'Escorial, 27 juin 1588 (AGS, *Estado*, 595, n° 14). La lettre de Philippe II porte la date du 27 juin, mais elle est classée par la chancellerie au 28 (*Idem.*, n° 13).

33 Valério à Modestino Cortese, l'Escorial, 27 juin 1588 (*Idem*, n° 12).

> que la victoire qu'ont eue les hérétiques sur M. de Joyeuse [mort d'Anne de Joyeuse à Coutras, le 20 octobre 1587], donne prétexte au roi mon frère de faire la paix et qu'il est parvenu à une partie de son dessin qui était de rendre les huguenots si forts qu'il put faire accroire au pape et à tous les catholiques qu'il faut que leur accorde la paix à telles conditions que voudront, voyant que les propos de la dite paix sont déjà fort avant et que MM. de Guise, n'étant assez forts, seront contraints [d']y consentir, j'ai pensé ne devoir davantage attendre à vous en avertir et vous supplier croire que, si c'est votre volonté [d']y apporter le remède, que j'ai encore plus d'intelligences [complicités] de places et d'hommes que je n'eus jamais, ayant à nouveau acquis [mis de mon côté] M. le marquis de Canillac qui est celui qui m'a pris, lequel est personne d'honneur et de commandement [autorité], qui a tout ce pays à sa dévotion où il a infinies places fortes[34] ; et, étant ces choses discourues plus particulièrement au mémoire que je vous envoie, y remettant le tout et à la suffisance de M. de Comminges, je vous supplierai, Monsieur mon frère [son beau-frère, Philippe II], croire que n'y a rien au monde sur qui vous ayez plus de puissance que sur moi, qui m'estimerai heureuse quand je vous en pourrai rendre quelque autre digne preuve que j'y ai d'obligation et de volonté[35].

Une copie de cette lettre de Marguerite de Valois se trouve aussi dans les fonds bruxellois, accompagnée de l'un des mémoires (annexe), entièrement composé en italien par les soins de Saint-Gelais[36]. Il n'est pas daté, mais il n'a pu être rédigé qu'au même moment que la lettre jointe, soit probablement entre la fin octobre et la fin novembre 1587, et, de toute façon, avant le 6 février 1588[37].

Dans ce long mémoire, que nous résumons, ici, à partir de la traduction faite par Kervyn de Lettenhove, à la troisième personne, depuis son

34 Marguerite offre également de faire parvenir à Philippe II les documents que Canillac avait ramenés de son ambassade à Constantinople. Mendoza, qui est averti que Henri III désire établir des relations avec le Turc, est très curieux d'en connaître le contenu (Guise à Mendoza, 6 avril 1588, et Mendoza à Philippe II, 14 avril 1588, AGS, *Estado*, K 1567, n° 114 et 110 ; Guise à Mendoza, 19 avril 1588, Mendoza à Philippe II, Paris, 7 mai 1588, *idem*, n° 245 et 244). Avant son départ pour Constantinople, en 1584, Canillac avait remis son gouvernement du haut pays d'Auvergne au comte de Randan (*Mémoires de Jehan de Vernyes, 1589-1593*, Clermont-Ferrand, Thibaud-Landriot, 1838).

35 AGS, *Estado*, 595, n° 14.

36 Kervyn de Lettenhove Joseph-Bruno-Marie-Constantin, « Un mémoire inédit de Marguerite de Valois », *Revue d'histoire diplomatique*, 5, 1892, p. 161-175.

37 Jacqueline Boucher a pensé, à juste titre, qu'il avait dû être adressé au Roi Catholique entre les journées des Barricades (mai 1588), et la réunion des États généraux de Blois (9 octobre 1588) (Boucher Jacqueline, *Deux épouses et reines à la fin du XVIe siècle : Louise de Lorraine et Marguerite de France*, Saint-Étienne, Publications de l'Université de Saint-Étienne, 1995, p. 302-303).

exil d'Auvergne, la reine de Navarre dénonce longuement l'influence pernicieuse de l'archi-mignon, le duc d'Épernon, sur Henri III, qui lui avait valu d'être chassée de la cour de France. Il ne chercherait qu'à élever sur le trône de France Henri de Navarre et, ainsi, maintenir et accroître sa propre fortune. Il aurait voulu faire disparaître le duc d'Alençon, en lui conseillant d'intervenir dans les Pays-Bas pour mieux le trahir ensuite. D'Épernon aurait poussé Anjou à s'emparer par la force des villes de Flandre, ce qui le rendit fort impopulaire, tout en en informant, secrètement le prince d'Orange. Anjou forcé de rentrer en France, puis mort, il usait de la faveur de la reine d'Angleterre et des princes allemands, avec lesquels il aurait conclu une ligue offensive et défensive contre l'Espagne. Mais Henri de Navarre aurait, de son côté, souhaité un autre soutien auprès du Turc. Ils dissimuleraient alors leurs funestes projets derrière une apparence de paix.

D'Épernon feint de se montrer favorable aux catholiques, en soutenant des démarches auprès du pape, auquel il fait miroiter l'illusoire conversion d'Henri de Navarre, alors qu'il ne chercherait qu'à s'emparer des richesses de l'Église de France. D'Épernon, qui a épousé une nièce de Montmorency, est allié aux Condés, aux Châtillons et à tous les chefs huguenots. Il prépare le remariage d'Henri de Navarre, qui lui assurerait une grande alliance en Allemagne[38]. Enfin, on s'efforce de la faire disparaître elle-même, d'abord en tentant de l'empoisonner, puis en la séquestrant mais Canillac, en découvrant le but secret de cette persécution, a refusé de livrer Marguerite.

Quels que soient les fondements de ces développements, nous voyons, de façon très nette, que Marguerite participe de la stratégie de Philippe II du maintien de la guerre civile en France au moment de la préparation de l'invasion de l'Angleterre par l'Armada[39]. La reine de Navarre accuse les conséquences pernicieuses de cette paix et justifie là son action guerrière à Agen. « Philippe II ignorait-il que, dès le rétablissement de la paix en France, tous les ennemis tourneraient leurs forces contre lui ? […] Leur

---

38 Marguerite pourrait faire ici une allusion à Christine de Lorraine, belle-sœur de Henri III, que ce dernier aurait cherché à lui faire épouser, mais Jacqueline Boucher considère que ce projet de mariage est une fable (*Idem*, p. 298 et 300).

39 L'hypothèse d'un rapprochement entre Marguerite et Henri III, peu avant la mort de ce dernier, appuyée sur une missive non datée, nous semble peu crédible (*Marguerite de Valois. Correspondance, 1569-1614*, Viennot Éliane (éd.), Paris, Honoré Champion, 1998, p. 333, lettre n° 243).

but le plus ardent n'est-il pas l'abaissement de la grande et impériale maison d'Autriche ? Peut-on oublier que déjà les hérétiques sont maîtres de la moitié de l'Europe. Que sera-ce si on leur abandonne la France ? »

Marguerite demande au Roi Catholique d'intercéder à Rome pour que son divorce, qu'elle redoute, ne soit pas le prix d'une promesse de conversion du roi de Navarre. Elle lui propose 2 000 cavaliers et 12 000 arquebusiers pour faire la guerre en Guyenne et en Languedoc, et lui demande son soutien militaire. Elle renouvelle l'idée d'une condamnation par le pape du « petit prince » de Navarre, calviniste entre deux grands royaumes catholiques, qui permettrait au Saint-Père d'attribuer ses terres de souveraineté (Béarn et Basse-Navarre) qui ne relèvent pas de la couronne de France. Si Philippe II consent à lui venir en aide, elle pourra, grâce aux intelligences dont elle dispose, permettre de se saisir de Bordeaux, de Bayonne et d'autres villes importantes. Elle bénéficie d'amis sûrs ailleurs, notamment en Bretagne, Dauphiné, Provence, dans le marquisat de Saluces, le Pays Messin, où se trouvent les biens de sa mère et où l'on ne peut pas lui opposer la loi salique. Marguerite envisage, ou bien une participation ouverte de Philippe II à ce combat, ou bien son aide secrète, sous le commandement d'un seigneur français qui serait à sa dévotion. Elle assure, enfin, que l'infante d'Espagne est sa plus proche héritière, et que « non seulement elle lui laissera tous ses domaines, mais de plus elle l'aidera à recueillir la succession du royaume de France. »

Dès ce moment, nous voyons poindre le ferment de ce qui provoquera une fracture au sein de la Ligue toulousaine, puis entre la Ligue parisienne et Mayenne. Les signataires du traité de Joinville étaient tous conscients que l'accession au trône du vieux cardinal de Bourbon n'était qu'une solution d'attente. Margot, Saint-Gelais et d'autres ligueurs envisagent déjà une solution espagnole à la crise de succession du dernier Valois[40]. Cependant, si Henri de Guise, les mains liées par les chaînes d'or de l'Espagne, convenait d'une domination de cette dernière puissance catholique, il la concevait assez distante. Mayenne n'aura pas du tout la même attitude ; il la refusera, en se limitant à son seul soutien financier et militaire.

40 En 1590, Saint-Gelais conseille à Philippe II : « pour confirmer les droits de Mme l'Infante, il conviendrait de faire en sorte que Mme Marguerite renonce à ses prétentions, et il [Saint-Gelais] croit qu'elle acceptera » (Rapport du capitaine Pedro Saravia, envoyé de Philippe II auprès d'Urbain de Saint-Gelais, 1590, AGS, *Estado*, K 1584).

L'évêque de Comminges et Marguerite de Valois partagent l'espoir de l'arrivée de troupes espagnoles par les Pyrénées, afin d'ouvrir un front secondaire. En avril suivant, Gourdan, le gouverneur de Calais, qui jure de se vouer entièrement au service du Roi Catholique, fournit à cette occasion tout un ensemble de propositions dans l'éventualité d'une traversée des Pyrénées par les *tercios*[41]. L'idée du Roi Catholique est que, dès qu'Henri III sera repoussé sur ses derniers retranchements, la pression militaire espagnole obligera les gouverneurs de Languedoc et de Guyenne, Damville et Navarre, en se portant sur la frontière pyrénéenne, à ne pas aller au secours d'Henri III. À la suite de l'assassinat des Guises, Gourdan sera nommé « général de l'infanterie de l'autre côté de la rivière Loire » par la Sainte Union, il entraînera le gouverneur de Gravelines, Valentin de Pardieu, seigneur de La Motte, capitaine français, dans le service de Philippe II, et il aidera à la préparation de l'arrivée des Espagnols depuis les Flandres. D'autres contingents débarqueront en Languedoc et en Bretagne.

41 « Copie des offres faites par écrit au roi d'Espagne par M. de Mauléon pour lui faciliter l'entrée en France », avril 1589 (AGS, *Estado*, K 1569). « J'évite de négocier avec ceux qui prétendent offrir leurs services à Votre Majesté, mais j'ai accueilli Mauléon à bras ouvert » déclare l'ambassadeur d'Espagne (Mendoza à Philippe II, Paris, 1er avril 1589, AGS, *Estado*, K 1569), encouragé par le Roi Catholique (Philippe II à Mendoza, L'Escorial, 11 mai 1589, AGS, *Estado*, K 1449). Des observateurs espagnols sont envoyés sur la frontière pyrénéenne pour vérifier les informations fournies par Gourdan. Il est envisagé de coordonner une action avec Charles de Luxe, beau-frère de Guy de Lansac, en Navarre, et le baron d'Audou, lieutenant général d'Henri de Navarre en pays de Foix qui, déçu par ce dernier, propose ses services et d'offrir le comté à Philippe II. « On juge nécessaire d'attaquer le prince de Béarn en Guyenne pour le retourner du secours qui donne au roi. La Province y est disposée dresse des forces à cet effet » (Avis anonyme, avril 1589, AGS, *Estado*, K 1569). Du côté du Languedoc, c'est René de Lucinge qui propose à Mayenne et à l'Union d'y retenir Damville (Philippe II, à partir d'avis de France, avril 1589, *idem.*). Gourdan envoie son neveu, Vidaussan, à la tête de 300 « soldats de secours », à Dieppe, où le gouverneur passe, malgré tout, aux royaux. C'est de ce port qu'Henri de Navarre reçoit des financements d'Angleterre (Mendoza à Philippe II, 8 juillet et 4 septembre 1589, *ibid.*). Gourdan fournit diverses cartes géographiques pour faciliter l'arrivée des Espagnols (Mendoza à Philippe II, Paris, 22 mars et 18 mai 1589, AGS, *Estado*, K 1570) et, en septembre, on estime que La Motte pourrait envoyer 2000 cavaliers et 6000 fantassins à Mayenne (Mendoza à Philippe II, 18 septembre 1589, AGS, *Estado*, K 1569).

LA VOIE ESPAGNOLE

SOUTENIR L'INVINCIBLE ARMADA, ET LE SOULÈVEMENT DE PARIS

Dans l'immédiat, quels espoirs Philippe II pouvait-il laisser aux conjurés ? Il est certain qu'il cherchait, d'abord, à attiser les dissensions françaises, afin de détourner l'attention portée à l'Armada, en s'appuyant sur des ligueurs pro-espagnols qui partageaient le même refus d'une paix civile trompeuse. Mais l'Armada va connaître un cuisant échec et les Guises seront assassinés, engageant les conjurés qui parviendront à s'échapper des États de Blois à accomplir, malgré tout, leur mission subversive. Une autre demande accompagnait le courrier de Marguerite, cependant, trop confidentielle, elle était restée orale. Nous savons seulement que Philippe II y a acquiescé[42]. Nous ne la connaîtrons pas…

Mais Henri III bénéficie désormais d'une pièce de choix sur le mortel échiquier. Au début de l'année 1588, il s'est attaché à attirer vers lui les « ami[s] et serviteur[s] » de Guise et de Mayenne, et il parvient à retourner son ancien mignon, « qu'on estimait le plus opiniâtre et désespéré [extrême, terrible] pour leur cause [la Ligue][43] ». En effet, désormais « Lansac se conduit de manière à mettre les pieds dans toutes les chaussures afin d'obtenir de l'argent, et j'ai averti Mucio [Guise] qu'en aucune manière il ne lui communique les affaires actuelles » écrit Mendoza à Philippe II[44]. C'est lors de son voyage en Bretagne que Moreo prend la mesure de la nouvelle attitude de Guy de Lansac. Henri III lui aurait demandé de s'emparer de l'agent espagnol Juan Iñiguez. L'ambassadeur écrit immédiatement à Alexandre Farnèse de ne plus lui faire confiance, et il avertit également Tassis[45]. Il craint

42 Philippe II à « *Madama Margarita su hermana* », L'Escorial, 27 juin 1588 (AGS, *Estado*, 595, n° 13).

43 Lucinge au duc de Savoie, Ambérieu, 10 février 1588 (De Lucinge René, *Lettres de 1588 op. cit.* (n. 26), p. 77-78). Voir également : Mondragon (?) à Lucinge, Paris, 16 février 1588 et Lucinge au duc de Savoie, Paris, le 18 février 1588 (*Idem*, p. 87 et p. 90).

44 L'ambassadeur écrit que Lansac est venu le voir souvent, pour lui faire « une infinité de discours ».

45 Jean Bautista de Tassis avait succédé à Vargas à l'ambassade d'Espagne à Paris (1580-1584). C'est un spécialiste de la poste et du renseignement. Il est le fils de Juan Bautista

qu'il n'agisse contre l'arrivée de l'Armada. En avril, Philippe II reçoit certains avis disant que Lansac s'est associé à Dom Antonio afin d'armer des navires pour s'emparer de certains ports espagnols, et en particulier Fontarabie, qu'il connaît très bien[46].

Henri III, qui est au courant des manigances du commandeur Moreo en Bretagne, en Bourgogne, à Paris, et sûrement sur d'autres fronts ligueurs, charge alors Lansac de le tuer[47] ! Le duc de Guise est outré. « Je vous dirai librement qu'il y a plus d'un an que je n'y ai nulle fiance » écrit-il à Mendoza[48]. Contrairement aux autres membres de son clan, Guy de Lansac sera alors absent des principales actions ligueuses qui suivent l'assassinat des Guises, jusqu'au régicide. Il reprendra alors, définitivement, les armes pour la Ligue, en aidant, notamment, le duc de Mercœur à offrir aux Espagnols Le Blavet comme tête de pont en Bretagne, et en œuvrant en étroite collaboration avec son frère l'évêque.

Le 9 janvier 1588, Mendoza avait écrit à Philippe II qu'il fallait abandonner tout espoir de raisonner Henri III, totalement sous l'emprise de

---

de Taxi, *correo mayor* de Charles Quint aux Pays-Bas, natif de Bergame, et de Christine de Vaestendonk (ou Wachtendonk), d'Anvers. Il parle le français, l'italien, l'espagnol, l'allemand, le flamand et il connaît le latin. D'abord associé à son frère, Leonardo, dans l'entreprise du service de postes des Pays-Bas, il se consacre à la carrière militaire et défend Malte (1565). *Veedor general* de l'armée des Pays-Bas et conseiller du duc d'Albe, Philippe II le nomme gentilhomme de sa Chambre et lui accorde l'ordre de Santiago (1574). Luis de Requesens, gouverneur des Pays-Bas, le sollicite auprès de lui et il servira ensuite Don Juan d'Autriche puis Alexandre Farnèse, en tant que conseiller de guerre et *veedor general* de l'armée des Flandres (Rübsam Joseph, *Johann Baptista von Taxis, ein Staatsmann und Militär unter Philipp II und Philipp III*, 1530-1610, Fribourg-en-Brisgau, Herder, 1889, p. 39-49). Lors de sa première ambassade, son neveu, Juan Bautista de Tassis contribue également à son information et rencontre le duc de Guise (Lettres de Philippe II à Tassis, Monzón, 23 juillet 1585, AGS, *Estado*, K 1563, n° 43 et 45).

46 Philippe II, qui prend ces menaces au sérieux, écrit : « *Ya sabeys quien gran movedor de platicas es Lansac* » (Philippe II à Mendoza, Madrid, 5 avril 1588, AGS, *Estado*, K 1448).

47 Cette action de Guy de Lansac contredit l'opinion du nonce Morosini et de l'envoyé toscan Cavriana, selon lesquels c'est ce même Lansac qui serait le chef d'un complot visant à tuer d'Épernon en lui tendant un guet-apens à la foire Saint-Germain, en février 1588 (Chevallier Pierre, *Henri III, roi shakespearien*, Paris, Fayard, 1985, p. 619). Longlée dénonce au roi le Bordelais Masparault, envoyé à Madrid par Lansac, afin de négocier pour son compte (Longlée à Henri III, Madrid, 5 juin 1588, *Dépêches diplomatiques de M. de Longlée résident de France en Espagne (1582-1590)*, Mousset Albert (éd.), Paris, Plon-Nourrit, 1912, p. 380).

48 Guise à Mendoza, 10 mars 1588 (AGS, *Estado*, K 1568, n° 97). Guise ment lorsqu'il déclare n'avoir qu'une relation épistolaire avec Lansac, en évitant bien d'évoquer son demi-frère, l'évêque. Il craint que Mendoza, peu au fait des affaires du Sud-Ouest, mette en doute la justesse de son jugement.

d'Épernon et des politiques, « voilà pourquoi j'ai jugé plus opportun de travailler à maintenir les villes catholiques unies entre elles et en bonne intelligence avec Mucio [Guise] que de perdre mes peines auprès du roi qui paie toujours de bonnes paroles, et après lesquelles surviennent les œuvres que nous voyons. » Le 29 février 1588, l'ambassadeur d'Espagne envoie un courrier urgent au commandeur Moreo, avant qu'il ne quitte l'Espagne[49]. « Chaque jour me sont mille ans de ne pas avoir d'avis de votre arrivée », écrit-il. Moreo doit passer la frontière avec don Rodrigo de Silva, duc de Pastrana, qui est le fils de la princesse d'Éboli. Mais l'ambassadeur le prévient que Guy de Lansac serait prêt à s'emparer de lui. Le duc de Guise a expédié deux lettres successives à Mendoza (les 19 et 26 février), dans lesquelles « il souhaite rencontrer rapidement Votre Grâce [Moreo] pour lui communiquer des affaires de grande importance par oral [*a boca*] pour lesquelles il ne se fiera à personne si ce n'est à Votre Grâce et à moi ». Alexandre Farnèse attend, lui aussi, la venue de Moreo. À la suite de leur entrevue, le commandeur rapporte à la Ligue l'assurance que le duc de Parme, au nom de Philippe II, « venant occasion de guerre ouverte pour la religion, il offrait tout secours et aide de se déclarer ouvertement si mal en requerrait [si le malheur l'exigeait], retirant son ambassadeur d'auprès du roi [Henri III], et en envoyer un pour assister les dits catholiques [ligueurs][50]. »

De la fin du mois de janvier jusqu'à la mi-février 1588, les princes de la maison de Guise, mais aussi ceux de la maison de Bourbon (le cardinal de Bourbon, oncle du roi de Navarre, et le duc de Vendôme, son cousin) s'étaient réunis à Nancy, chez le duc de Lorraine, avec d'autres chefs de la Sainte Union. Ils s'étaient mis d'accord sur les mesures à exiger du roi de France : l'octroi de places de sûreté, le renvoi de d'Épernon et de son frère La Valette, la publication des décrets du concile de Trente, l'établissement de l'Inquisition dans certaines villes, la vente de tous les biens des hérétiques. Guise demande le commandement en chef de l'armée qui doit aller faire la guerre au roi de Navarre, en Poitou. Comme on lui

49 Mendoza à Moreo, 29 février 1588 (AGS, *Estado*, 595, n° 4).

50 « Selon les offres de sa Majesté Catholique promesses derechef et traités de nouveau par le commandeur Moreo », Guise réclame rapidement 5 ou 6000 lansquenets et jusqu'à deux régiments et 1 200 lances, qui devront être licenciés par Farnèse et aussitôt repris par la Ligue, afin d'entrer en France par Cambrai (Guise à Alexandre Farnèse, duc de Parme, 29 ou 30 mai 1588, AGS, *Estado*, K 1568, n° 184). Pierre Jeannin, qui assistait à l'entrevue de Nancy, annonce à Paris les promesses faites à Guise (De Neufville Nicolas, sieur de Villeroy, *Mémoires d'État*, t. 1, *1574-1591*, Clermont-Ferrand, Éditions Paleo, 2004, p. 113).

représentait que cet honneur ne pouvait appartenir qu'à un connétable alors qu'il était grand maître de la Maison du roi, il aurait répondu : « La loi que j'invoque est celle que j'ai faite à la pointe de mon épée[51] ! ». Le texte présenté à Henri III est un véritable ultimatum. Alors que la mort de Condé (5 mars) fait de Navarre l'unique chef des protestants, le roi diffère sa réponse en engageant des négociations à Soissons, qui échouent (24 avril). Pendant ce temps, Henri de Guise, qui se prépare à l'action, fait « rôder ses armées », détournant ainsi ses ennemis de ses véritables intentions. Lucinge perçoit alors l'existence d'un plan de la Ligue pour un soulèvement au printemps[52].

En accord avec Alexandre Farnèse, Guise envahit le territoire du duc de Bouillon, Guillaume-Robert de La Marck, qui vient de mourir (11 janvier 1588), il attaque Jametz et bloque Sedan. Le duc d'Aumale, quant à lui, se rend maître de presque toutes les places de la Picardie, afin d'assurer à l'Armada les ports et les ressources de cette région[53]. Mais il échoue devant Boulogne-sur-Mer, dont d'Épernon est le gouverneur (outre la Normandie, depuis le 26 avril), grâce à la dénonciation du complot par l'espion de Henri III, Poulain[54].

Guise provoque une réunion des chefs ligueurs de Paris et ceux-ci décident de diviser la ville en cinq quartiers, à la tête de chacun desquels un « colonel » est placé. Il est assisté de deux « capitaines ». Ainsi, plus de 10 000 hommes peuvent être mobilisés en très peu temps. Nicolas Poulain, qui a donc pu s'introduire parmi les ligueurs parisiens, parle même de 30 000 hommes[55]. C'est à ce moment-là que Moreo arrive

51 Cité par Zeller Berthold, « Le mouvement guisard en 1588 », *Revue Historique*, 41, 1889, p. 253-276.

52 « Ils ont la volonté de mener les mains à ce printemps » (Lucinge au duc de Savoie, Ambérieu, 8 février 1588, De Lucinge René, *Lettres de 1588*, *op. cit.*, p. 74-75).

53 Dickerman Edmund H., "A neglected phase of the Spanish Armada : the Catholic League's Picard offensive of 1587", *Canadian Journal of History*, 11, 1976, p. 19-23. « On tient pour certain que ledit d'Aumale se fait fort du roi d'Espagne » et le roi « est en alarme continuelle de l'armée espagnole » (Lettres adressées à Lucinge, Paris, 14 et 16 mars 1588, De Lucinge René, *Lettres de 1588*, *op. cit.*, p. 104 et 107).

54 Chevallier Pierre, *Henri III*, *op. cit.*, p. 617. Palma-Cayet Pierre Victor, *Chronologie novénaire*, Paris, Jean Richer, 1608, f° 49-50.

55 Barnavi Élie et Descimon Robert, *La Sainte Ligue, le juge et la potence. L'assassinat du président Brisson (15 novembre 1591)*, Paris, Hachette, 1985, p. 51-52. « On voit cependant bouillonner mille signes d'émotions civiles dans Paris. Les échevins de cette année, que le roi a faits à sa dévotion, sont odieux à tout le peuple. » (Paris, le 17 mars 1587, De Lucinge René, *Lettres de 1587. L'année des reîtres*, *op. cit.*, p. 94).

dans la capitale pour rencontrer Guise et les princes ligueurs, mais aussi les ligueurs parisiens. Il annonce l'arrivée imminente de secours militaires et financiers nécessaires pour s'emparer de quelques villes du royaume de France qui doivent assurer l'Armada[56]. Le 19 avril, Guise écrit à Mendoza :

> J'ai été infiniment aise de voir [Moreo] après une si longue attente, ayant devisé avec lui de beaucoup de choses qu'il vous pourra mander. S'il vous plait lui écrire, je lui ferai tenir secrètement vos lettres. [...] Bien serons-nous contents de trouver un expédient de laisser entrer pour quelques jours seulement certain petit nombre d'hommes dans deux ou trois grandes villes où la force ne laissera de demeurer aux habitants et le pouvoir de les mettre hors, quand bon leur semblera. J'attends ici des principaux gentilshommes du pays de la part de monsieur d'Aumale lequel nous n'avons trouvé à propos de faire abandonner nos amis pour venir, afin que son absence n'y apportât quelque désordre[57].

Selon Mendoza, qui n'est pas très au courant des tractations de Moreo, c'est Henri de Montmorency-Damville qui, à Paris, répandrait le bruit que les ligueurs avaient formé le projet de s'emparer du roi, « à la faveur d'un massacre général des huguenots et des politiques. Ce bruit avait donné quelques inquiétudes au Roi, et indigné la population parisienne[58]. » Le 26 avril, d'Épernon quitte la capitale, accompagné de quatre compagnies d'hommes d'armes et de vingt-deux enseignes de gens de pied, pour aller prendre possession de son gouvernement de Normandie.

Ayant quitté Guise, Moreo se rend auprès du duc de Lorraine, à Nancy, au nom de Philippe II, au tout début du mois de mai. Charles III, qui signe de sa main « se déclarer avec les princes unis de la France, pour la défense de cette cause », recevra 15 000 écus par mois pour l'entretien des forces qu'il lève[59].

---

56 Solnon Jean-François, *Henri III*, Paris, Perrin, 2001, p. 333.

57 Guise à Mendoza, 19 avril 1588 (AGS, *Estado*, K 1567, n° 245).

58 Mendoza à Philippe II, Paris, 14 avril 1588 (*Idem*, n° 99).

59 De Lucinge René, *Lettres de 1588*, *op. cit.*, p. 289-307. En fait, la somme mensuelle allouée initialement était de 25 000 écus, mais Moreo l'avait ramenée à 15 000 écus « à l'occasion, comme il pense, que, pour lors, Votre Majesté [Philippe II] avait à lever de son armée navale [l'Armada]. » Moreo, à une date qui nous est inconnue, avait déjà représenté Philippe II auprès de Charles III, en lui proposant, sans effet, l'ordre de la Toison d'Or et une compagnie d'hommes d'armes de ordonnances des Pays-Bas, contre des gratifications (Instructions de Charles III au marquis d'Haurech, auprès du duc de Parme, Nancy, 24 janvier 1589, *idem*, p. 84).

Soucieux des préparatifs parisiens révélés par Poulain, Henri III interdit à Henri de Guise de revenir dans la capitale où les conjurés craignent désormais la colère royale. Mais Catherine de Médicis lui adresse, par oral, la demande contraire[60]. Le roi veut empêcher Moreo de rencontrer à nouveau Guise et les ligueurs parisiens. Il confie, une fois de plus, à Lansac le soin de s'emparer du commandeur, voire de l'éliminer.

Le duc de Guise brave l'interdit. Le 9 mai il entre à Paris, acclamé par les habitants et il obtient même du roi l'arrivée de Pierre d'Épinac, archevêque de Lyon, alors que de nombreux autres amis et serviteurs des Lorrains viennent clandestinement. Parce que Guise « n'avait aucunes forces par-devers lui », écrit le duc de Lorraine, il lui envoie, en vertu des engagements pris avec Moreo, et tout aussi secrètement, 400 lances[61]. Le 12 mai, le roi, se sentant menacé, cherche à contrôler militairement la capitale en donnant l'ordre aux Suisses cantonnés dans les faubourgs et à des régiments de gardes-françaises de pénétrer dans Paris et d'occuper, avec les compagnies de la milice qui lui sont restées fidèles, les endroits stratégiques. C'est au maréchal de Biron qu'il donne le rôle principal, confirmant là la confiance qu'il lui accordait depuis qu'il l'avait arraché à sa sœur[62]. L'insurrection est immédiatement déclenchée, et les barricades se dressent. Le lendemain, le roi est contraint de s'enfuir à Chartres[63].

Le 13 mai 1588, le lendemain de l'insurrection parisienne, Moreo est à Bruges, auprès d'Alexandre Farnèse, à qui il rapporte les nouvelles de sa négociation avec les ducs de Lorraine et de Guise[64]. Le duc de Parme,

---

60 Solnon Jean-François, *Henri III*, *op. cit.*, p. 333-341.

61 Instruction du duc de Lorraine au sieur Voué de Condé, son conseiller d'État et maître des requêtes ordinaires de son hôtel, et à son ambassadeur auprès de Philippe II, Nancy, 16 janvier 1591 (*Lettres et instructions de Charles III, duc de Lorraine, relatives aux affaires de la Ligue*, Lepage Henri (éd.), Nancy, Lepage, 1864, p. 289-307).

62 Si Biron, retiré quelques semaines après les Barricades, est absent au moment de l'assassinat de Henri III, son influence reste forte. Son opinion est majeure lors des réunions qui traitent de la succession au trône. Il ne souhaite accorder à Henri de Navarre qu'une capitainerie générale, en raison de sa religion. Mais il cède devant Sancy, contre la promesse du comté de Périgord, entraînant derrière lui un grand nombre de catholiques. Il servira ensuite fidèlement Henri IV, bien qu'il n'obtiendra jamais le prix de son ralliement.

63 Descimon Robert, « Solidarité communautaire et sociabilité armée : les compagnies de la milice bourgeoise à Paris (XVIe-XVIIe siècles) », *Sociabilité, pouvoirs et société (Actes du colloque de Rouen, novembre, 1983)*, Rouen, 1987, p. 599-610. Descimon Robert, « Milice bourgeoise et identité citadine à Paris au temps de la Ligue », *Annales. Économies, Sociétés, Civilisations*, 48, 1993, p. 885-906.

64 Farnèse à Philippe II, Bruges, 13 mai 1588 (AGS, *Estado*, 594, n° 59). Pour sceller les alliances, il est alors question du mariage de la fille du duc de Guise avec le fils

très satisfait de l'avancement de ces pourparlers, désigne le comte de Mansfeld pour continuer à traiter avec Moreo pendant son absence. Le lendemain, Moreo est à Bruxelles.

Les précieux renseignements apportés par Nicolas Poulain s'interrompent avec sa dénonciation du complot et la journée des Barricades. Découvert, il n'est plus en mesure d'infiltrer les milieux ligueurs parisiens désormais extrêmement méfiants. Charles-Emmanuel de Savoie s'est accordé avec Mayenne et l'archevêque de Lyon sur les contreparties territoriales qui iraient à la Savoie, selon un traité secret, après la mort du dernier Valois. Mais, eu égard aux prétentions dynastiques concurrentes du duc et des Lorrains, il ne peut pas être question d'évoquer la succession au trône de France dans leurs échanges[65]. Ainsi, Lucinge, son ambassadeur, s'il reste un fin observateur et un allié potentiel de la Ligue, n'en partage pas les secrets[66].

Les rapports de Moreo sont alors essentiels à la compréhension du déroulement des événements. Il écrit au secrétaire de Philippe II, Juan de Idiáquez, que, averti du danger qu'il courait, grâce à Mendoza puis à un courrier du duc de Mayenne, il a préféré éviter de revenir à Paris[67]. Sachant qu'il devait passer à Paris et « entrer dans la chambre du roi », deux capitaines aux ordres de Lansac, dont on lui a donné la description précise, devaient l'exécuter. Le commandeur se lamente : « Je ne comprends pas pourquoi le roi de France veut montrer sa grandeur en me faisant tuer, car il peut considérer qu'il y aura d'autres personnes qui vous serviront quoiqu'avec moins de volonté. » Moreo reste craintif. Il déclare que, s'il tombe entre les mains de Henri III, il mettra fin à ses jours afin de ne rien divulguer.

Le commandeur avait le projet d'aller en Angleterre, mais Alexandre Farnèse et le comte de Mansfeld lui demandent de rester, afin de pouvoir poursuivre les négociations avec le duc de Lorraine et le duc de

---

de Charles-Philippe de Croy, marquis d'Havré. Général de cavalerie, ce dernier avait d'abord servi le duc d'Arschot dans l'armée des États et il avait résisté aux Espagnols dans l'Union de Bruxelles, catholique (1577). Il s'était ensuite réconcilié avec Philippe II (1580) (Pirenne, Henri, *Histoire de la Belgique*, Bruxelles, Lamertin, 1927, t. 4, p. 77, 90, 113 et 160). Cependant, la duchesse de Guise est opposée à cette union (Farnèse à Philippe II, Bruges, 13 mai 1588, AGS, *Estado*, 594, n° 58).

65 Lucinge au duc de Savoie, Lyon, 5 novembre 1588, sur une conversation avec Mayenne (De Lucinge, René, *Lettres de 1588 op. cit.* p. 307).

66 Lucinge au même, Paris, 3 juin 1588, sur une conversation avec Épinac (*Idem*, p. 153-154).

67 Moreo à Juan de Idiáquez, Bruxelles, 14 mai 1588 (AGS, *Estado*, 595, n° 7).

Guise. À la requête pressante de Mayenne, Moreo vient également le rencontrer à Dijon au mois de mai[68]. Il faut agir vite, « les affaires de France sont arrivées à un tel point qu'il ne faut plus dormir ni s'arrêter aux problèmes d'argent ou au danger. Que Votre Seigneurie [Idiáquez] fasse ce qu'elle peut pour que ces princes soient secourus avec beaucoup de force et de diligence parce que sinon tout se perdra », écrit Moreo.

La conférence de Soissons, que Guise propose au chancelier Pomponne de Bellièvre et au grand maître de l'artillerie Philibert de La Guiche n'est alors qu'un leurre[69]. Mendoza et Moreo viennent dans cette ville rencontrer Guise, quelques temps avant l'arrivée des émissaires de Henri III. Ils déclarent que Philippe II veut empêcher tout soutien éventuel de la France à l'Angleterre. Guise et les chefs ligueurs doivent se soulever contre Henri III, avant que l'Armada ne prenne le large. Si Guise accepte cela, il recevra 300 000 écus, 6 000 lansquenets et 1 200 lances. Le Roi Catholique accréditera un ambassadeur auprès du parti catholique et il mettra un terme à la représentation de Mendoza auprès de Henri III. Le conciliabule terminé, Moreo écrit au Roi Catholique qu'il « peut être tranquille, les arrières sont sûrs[70] ».

À l'issue de cette négociation, Henri de Guise a souhaité s'entretenir seul à seul avec Moreo « d'une affaire de la plus haute importance ». Guise demande instamment à ce dernier de n'en parler ni à Farnèse, ni à personne d'autre qu'aux seuls Philippe II et à son secrétaire Juan de Idiáquez. Cette information ne doit être transmise que par oral et non pas par le chiffre. Par chance pour nous, Moreo n'est absolument pas en mesure de se rendre tout de suite en Espagne, et il se juge contraint de ne pas respecter sa promesse en écrivant.

---

68 Cet émissaire de Mayenne s'était d'abord rendu auprès d'Alexandre Farnèse, pour solliciter un financement et la possibilité de rencontrer Moreo. Jugeant l'affaire que le duc voulait présenter à Moreo « d'une telle importance », Parme, malgré les risques encourus par Moreo, l'avait envoyé immédiatement auprès de ce dernier, à Bruxelles. Moreo écrit que l'entrevue aura lieu dans huit jours (Farnèse à Philippe II, Bruges, 13 mai 1588, AGS, *Estado*, 594, n° 58).

69 Bellièvre en est conscient (Poncet Olivier, *Pomponne de Bellièvre (1529-1607). Un homme d'État au temps des guerres de Religion*, Paris, École des Chartes, 1998, p. 160).

70 Moreo à Philippe II, 14 mai 1588 (AGS, *Estado*, 595, n° 8).

LE DUC DE GUISE ROI DE FRANCE ET PHILIPPE II EMPEREUR ?

Rapportant les propos du duc de Guise, le commandeur marque « l'immense reconnaissance du cardinal de Bourbon et des autres alliés [*aliados*] comme ses deux frères et l'archevêque de Lyon, pour le secours que Votre Majesté a apporté l'année passée au duc de Lorraine », ainsi que pour les « grandes récompenses » qu'ils ont reçues de la main de Philippe II, mais tout cela risque d'être perdu s'ils n'agissent pas[71]. Les médecins seraient d'accord pour conjecturer la mort prochaine de Henri III. Si elle n'advient pas, les ligueurs sont décidés de rompre totalement avec le roi. Dans les deux cas, « le duc de Guise en son nom et en celui de ses alliés [a décidé] de faire jurer à Votre Majesté tous les catholiques de France pour leur empereur et le reconnaissant comme protecteur de la chrétienté, jurant de donner à Votre Majesté pour toujours un certain hommage en signe de vasselage. » Dès que la rupture avec Henri III sera déclarée, le cardinal de Bourbon se fera acclamer roi de France, à Paris[72]. Ce dernier déclarait bien à Moreo

> qu'il accomplirait tout ce que le duc de Guise lui avait dit et il pensait faire reconnaître Votre Majesté pour empereur de France comme l'était Charlemagne

71 Pierre d'Épinac, issu de la noblesse seconde du Forez, avait des ambitions politiques et il s'était constitué une clientèle à Lyon. Aux États généraux de 1576, présidant la chambre du clergé, puis lors de l'Assemblée du clergé (1579), il avait soutenu la politique royale. Henri III l'avait récompensé en le nommant au conseil d'État (1580). Il convoitait la succession de Birague à la chancellerie de France, mais c'est Cheverny qui eut la place (1583). Au cours des conférences d'Épernay (1585), entre Catherine de Médicis et le duc de Guise, un différend l'oppose à d'Épernon et aboutit à des paroles diffamatoires. Le primat de Gaules exige que le roi désavoue son archi-mignon, ce qu'il ne fait pas. Il s'attache alors à Guise et le suit dans la Ligue. Refusant les propositions de Henri III qui cherchait à le ramener à lui, au tout début de 1587, il traite avec François de Mandelot, gouverneur du Lyonnais, du Beaujolais et du Forez, Louis de La Rochefoucauld, comte de Randan et gouverneur d'Auvergne, Antoine de Saint-Nectaire, évêque du Puy, le marquis de Canillac et Marguerite de Valois (Lucinge témoigne de son inquiétude de voir cette ligue se former aux frontières de la Savoie. De Lucinge René, *Lettres de 1587*, *op. cit.* p. 28-37). Se rapprochant du secrétaire d'État Villeroy, il est à Paris lors de la journée des Barricades (Constant Jean-Marie, *La Ligue*, *op. cit.* p. 143-144).

72 « Il me dit [Henri de Guise] qu'il avait un traité avec le cardinal de Bourbon, que dès qu'ils trouvaient une bonne occasion de rompre avec le roi, comptant sur le secours qu'ils attendent de Votre Majesté, joint avec le duc de Lorraine, ils feraient ensuite prêter serment aux catholiques à Paris d'allégeance au cardinal de Bourbon qu'ils reconnaîtraient pour roi, il voit clairement que, sans l'aide de Votre Majesté, il ne pourra pas le faire, face à toutes les difficultés qu'il rencontrera ». (Moreo à Philippe II, 14 mai 1588, AGS, *Estado*, 595, n° 8).

car il vous tient dans son cœur comme protecteur de la chrétienté, c'est pour lui la même chose. Je préviens Votre Majesté [écrit toujours Moreo] pour qu'elle ordonne ce qu'il faut faire dans cette affaire et s'il faut aller plus en avant. Ce que j'ai pu comprendre c'est que le temps passant Votre Majesté en aura plus de profit que celui qu'ils envisagent aujourd'hui.

Moreo a un autre document à transmettre à Philippe II, mais qu'il ne peut pas lui envoyer parce qu'il n'est pas chiffré.

Les Lorrains ont donc ce modèle de l'empire de Charlemagne à l'esprit et, après la mort du vieux cardinal de Bourbon, dans cette structure des pouvoirs qu'ils envisagent, leur lignage pourrait exercer l'équivalent d'une royauté. C'est ce que suggère un mémoire que l'on attribue au primat des Gaules, Pierre d'Épinac. Il présentait Guise comme celui qui devait s'imposer comme l'homme fort de la monarchie, en devenant connétable, le vieux cardinal de Bourbon n'étant qu'une situation d'attente[73]. Henri de Guise avait l'espoir de voir ses enfants devenir ensuite rois et fonder ainsi, sur le modèle du maire du palais Charles Martel, une dynastie royale. L'authenticité de ce mémoire, qui a été contestée, est corroboré ici[74].

Le pape reçoit également des mémoires des Guises et de Marguerite de Valois. Il est vraisemblable que Henri III a eu connaissance, non seulement de la préparation du soulèvement parisien, mais aussi de cette volonté de putsch de la part des Lorrains. Déjà, en 1578, « l'affaire David », du nom de l'avocat gascon qui travaillait à la reconnaissance des droits des Guises, descendants des derniers carolingiens, au royaume de France, avait alerté sur leur prétention. Mais elle s'arrêtait aux ambitions hardies, et combinées, de Don Juan d'Autriche et de Henri de Guise contre l'Angleterre, qui n'avaient pas le soutien de Philippe II, bien au contraire. Elle a pu servir dans une machination visant à valoriser le rôle des Guises dans la Ligue de 1576, et à nuire ainsi à la maison de Lorraine. Mais ces mêmes propositions exprimées, dix ans plus tard, à Soissons ne peuvent, par contre, que signer l'arrêt de mort des Guises. Épernon avait déjà réclamé auprès de Henri III, sans succès, leur assassinat. C'est

---

73 BnF, ms fr. 15574, f° 248.

74 C'est Pierre Richard, dans sa thèse, qui a mis en doute son authenticité (Richard Pierre, *La papauté et la Ligue française. Pierre d'Épinac, archevêque de Lyon (1573-1599)*, Paris, Picard, 1901). Constant Jean-Marie, *Les Guise*, Paris, Hachette, 1984, p. 205-209 ; Constant Jean-Marie, *La Ligue*, *op. cit.*, p. 178-183) et Jouanna Arlette (*et alii*), *Histoire et dictionnaire des guerres de Religion*, Paris, Robert Laffont, 1998, p. 336) optent pour l'authenticité.

peut-être pour cacher la préméditation royale du crime d'État, que le roi de France a jalousement dissimulé le document que l'ambassadeur de France, Saint-Gouard, lui aurait transmis après la mort de David, et qui ne pouvait qu'incriminer les Guises. La fameuse « conspiration de Salcèdo » ajoutait désormais au crime d'État[75]. Celle-ci tendait à démontrer que, dès 1582, les Guises et les Espagnols préparaient une attaque contre l'Angleterre et cherchaient à se servir d'un port français pour abriter la flotte ibérique[76]. Elle permettait, elle aussi, de faire remonter le complot guisard à la première Ligue, en attribuant une unicité à leurs conspirations.

Mais comment Philippe II a-t-il reçu cette proposition de protection impériale exprimée à Soissons ? Pas plus qu'en 1578, le Roi Catholique ne semble adhérer à cet ambitieux projet. S'il trouve bon que les Guises s'attachent à contrôler la Bretagne et la Provence, leurs offres impériales sont jugées prématurées[77]. Si Philippe II avait également laissé Charles III duc de Lorraine nourrir les mêmes ambitions dynastiques, en 1582, ce n'est plus le cas avec la seconde Ligue durant laquelle seuls des

---

75 Ce faux monnayeur d'origine espagnole, gracié par l'intervention du duc de Lorraine, avait offert ses services au duc d'Anjou, devenu duc de Brabant. Suspecté d'être un agent double, il est arrêté à Bruges (21 juillet 1582). Menacé de la question, il révèle qu'il a épié les préparatifs militaires de Strozzi (1581) pour Guise et que ce dernier transmettait les informations à l'Espagne. Surtout, il a avoué une énorme conspiration, impliquant Don Juan d'Autriche, le duc de Savoie, le pape, et nombre de grands (les ducs de Guise, de Mayenne, d'Aumale, de Nevers, d'Elbeuf, de Nemours, de Brunswick, de Joyeuse, le secrétaire d'État Villeroy, etc.), consistant à bloquer le duc d'Anjou, à s'emparer de Calais, de Cambrai et de Dunkerque, et à se saisir d'Henri III afin de mettre son royaume entre les mains du roi d'Espagne. Il est certain que Salcèdo a considérablement exagéré l'affaire ; livré à Henri III, il est condamné par le parlement et exécuté. Le roi de France efface les traces de ses accusations. Cette exubérance a malheureusement recouvert, et par là discrédité, la réalité de la conspiration de Guise avec Don Juan. (De L'Estoile Pierre, *Mémoires-Journaux*, *op. cit.*, t. 3, *Preuves* ; De Thou Jacques-Auguste, *Histoire universelle* [...] *depuis 1543 jusqu'en 1607*, La Haye, Scheurleer, 1740, liv. LXXV.

76 Constant Jean-Marie, *La Ligue*, *op. cit.*, p. 196-200, exprime les mêmes réserves.

77 Moreo, dans le paragraphe suivant de sa lettre, présente une autre proposition de Guise qui consiste à tenir en son pouvoir la Bretagne et la Provence (« la Bretagne et la Bourgogne », écrit-il, mais, dans une autre lettre qu'il écrit le même jour à Idiáquez, Moreo inscrit : « la Bretagne et la Provence »). Dans la marge, Philippe II note : « cela aurait plus d'importance que la proposition antérieure ». Et « la proposition antérieure » c'est cette construction impériale que les ligueurs lui promettent. Enfin, il note « c'est bien » en face de la décision de Moreo de rester sur place pour « les affaires de Lorraine et de Guise », comme le lui a commandé Alexandre Farnèse.

avantages territoriaux sont envisagés[78]. Ce sont donc bien l'Angleterre et les Pays-Bas qui occupent alors au premier chef le Roi Catholique ; le soulèvement des ligueurs reste plutôt un moyen qu'une fin. Dans tous les cas, la conférence qui s'ouvre ensuite à Soissons ne peut plus rien changer aux décisions secrètes qui sont prises[79].

L'observation de la commission extraordinaire de Moreo va donc contre l'idée communément admise que le duc de Guise raisonnait dans le cadre des mouvements nobiliaires traditionnels et qu'il ne cherchait qu'à prendre la place de d'Épernon[80]. Son opposition se voulait radicale ; sa tradition, c'était celle de l'avènement de la race des carolingiens, de laquelle il était issu. Si certains Parisiens extrémistes le suivent, sa sœur, la duchesse de Montpensier, ou encore d'Épinac, Philippe II n'est pas prêt à le conforter dans cette ambitieuse voie, que Mayenne retrouvera plus tard, et qui fera encore ombrage aux prétentions du Roi Catholique pour sa fille. Saint-Gelais, comme d'autres ligueurs pro-espagnols, mais aussi Marguerite de Valois, n'appellent pas, non plus, l'avènement de la maison de Lorraine sur le trône de France.

ÉVITER LA PAIX

Moreo écrit à Philippe II : « Ensuite, j'ai rencontré presque tous les jours Mucio [Guise] avec certains de ses partisans et tout n'a été que des questions et des réponses d'un côté et de l'autre ». Certains ligueurs sont pour la guerre, d'autres, et ils semblent plus nombreux, sont pour la paix. Les villes liguées espèrent ainsi inciter le roi à leur enlever la gabelle et les impôts. Le duc de Guise se met de leur côté. C'est vraisemblablement à ce moment-là qu'est rédigée « la nouvelle Union des Princes et seigneurs de la ligue ». Le texte, sans lieu ni date,

78 Philippe II aurait ainsi laissé espérer l'ambassadeur du Pange, en 1582 (Davillé Louis, *Les prétentions de Charles III duc de Lorraine à la couronne de France*, Paris, Félix Alcan, 1908, p. 42). Charles III, s'il rappelle sa filiation, le soutien du peuple de France, du « corps de la Sorbonne de Paris et d'autres ecclésiastiques » à cette idée, il n'y prétend plus ensuite (De Lucinge René, *Lettres de 1588*, *op. cit.*, p. 289-307).

79 Chevallier Pierre, *Henri III*, *op. cit.*, p. 625.

80 Nous différons, là, de l'analyse de Constant Jean-Marie, *La Ligue*, *op. cit.*, p. 203.

commence par : « Nous soussignés Princes, Prélats, seigneurs, gouverneurs, gentilshommes, officiers et communautés ». Philippe II, qui reçoit le document, note dans la marge, comme agacé : « Ils auraient pu dire quels sont ceux qui l'ont signée[81]. »

MAIS HENRI III NÉGOCIE AVEC LES LIGUEURS

Après sa fuite, Henri III se résigne donc à engager des négociations avec les ligueurs. Mais il ronge son frein. S'il se retient d'exercer sa vengeance, c'est qu'il craint le danger représenté par l'Armada et par les armées du duc de Parme, qui menacent la frontière nord-est de son royaume. René de Lucinge écrit :

> S'il y a rien qui retienne Sa Majesté et qui le fasse remâcher ces dédains qu'il couve contre la Ligue sans les exhaler, c'est l'appareil de guerre d'Espagne qui est en ces mers de deçà, ceste grosse armée [qui] le fait penser bien avant en sa conscience et arrête le cours de ses vengeances contre la rébellion de ses sujets[82].

De son côté, dès les Barricades, Guise et les ligueurs parisiens gagnent à leur parti les villes qui environnent la capitale, mais aussi celles de Picardie (Amiens, Abbeville), de Normandie (Rouen), de Champagne (Troyes), avec Orléans, Bourges, Langres, avant Poitiers et Angers[83]. Le 4 juillet, le Parlement de Paris rejoint la Sainte Union[84]. C'est d'ailleurs à ce moment-là que Montaigne, de retour à Paris, est emprisonné par les ligueurs. Il est libéré grâce à l'intervention de la reine mère auprès de Guise.

Le 15 juillet, Henri III signe à son tour, à Rouen, l'édit d'Union qui confirme le traité de Nemours de juillet 1585[85]. Il est publié le

---

81 AGS, *Estado*, 595, nº 20. Les premiers signataires sont : le cardinal de Bourbon, Guise, le marquis d'Elbeuf, Épinac, le chevalier d'Aumale, La Châtre, et tous les députés présents « lesquels promettent de se faire avouer aux corps de villes et communes qu'ils feront convoquer à son de trompe à cet effet. Les princes feront souscrire les absents de leur côté. » (Lucinge au duc de Savoie, Paris, 4 juillet 1588, De Lucinge René, *Lettres de 1588 op. cit.*, p. 202-203).

82 Lucinge au duc de Savoie, Paris, 19 août 1588. Voir aussi la lettre du 27 mai 1588 (*Idem*, p. 248-250 et 145-149). C'est encore cette crainte qui a pu retenir le roi de faire assassiner Guise dès son entrée à Paris.

83 Lucinge au même, Paris, 25 et 27 mai 1588 (*Idem*, p. 143-145 et 145-149).

84 Lucinge au même, Paris, 5 juillet 1588 (*Idem*, p. 206-209).

85 Catherine de Médicis conclut un accord avec les ligueurs le 11 juillet (Dumont, Jean, *Corps universel diplomatique du droit des gens*, t. 5, 1re partie, Amsterdam-La Haye, Brunel

21 juillet suivant. Par ce texte, le roi renouvelle le serment, fait lors du sacre, d'extirper l'hérésie, « sans faire jamais aucune paix ou trêve avec les hérétiques ni aucun édit en leur faveur ». Il proclame son union avec la Ligue et il engage les catholiques à prêter, comme lui, un serment semblable, sous peine d'être déclarés rebelles et il leur enjoint de ne jamais accepter un prince hérétique. Enfin, il amnistie les ligueurs pour les faits survenus les 12 et 13 mai.

Face à ces succès et aux nouvelles dispositions du roi, les ligueurs parisiens et les princes décident de se réunir là où ils « tiennent habituellement leur conseil », chez d'Épinac[86]. Le duc de Guise transmet à Moreo la volonté de Michel La Chapelle Marteau, prévôt des marchands, un président du parlement et un échevin de lui parler « au nom de tout le corps de ville[87] ». Il se rend donc le lendemain à leur réunion. Celle-ci se déroule en deux temps. Il y a tout d'abord une séance plénière du conseil dans lequel Moreo est reçu. Outre les quatre précédents, sont présents d'Épinac, Claude de La Châtre, ainsi que des « échevins [de Paris] et députés de certaines villes[88] ». Les conseillers parlent de la méfiance qu'ils avaient envers leur roi, qui « ne faisait que les tromper » mais, malgré tout, ils concluent à la nécessité de la paix et croient qu'il faut accepter les propositions royales. Avec peu d'illusions, les conseillers pensent qu'il vaudra mieux « rompre tout à fait d'ici deux ou trois mois,

---

Wetstein, Smith et Waesberge-Husson et Levier, 1728, p. 476-477). Sully résume bien la situation : « En ce même temps, la reine mère travaillait de tout son pouvoir a la réconciliation des chefs de la Ligue avec le roi, et y employa tant de peines et de voyages qu'enfin il se fit une espèce de traité de paix, dont les articles se voient dans l'histoire, et ensuite une résolution d'assembler des États, le tout du commun avis de tant de gens si divers en desseins et fantaisies, d'autant que, chacun d'iceux ayant son secret dans l'esprit, il espérait bien par brigues et menées faire tourner toutes choses à son avantage et s'approprier tous les fruits de ceste assemblée. » (*Les œconomies royales de Sully*, Buisseret Daniel et Barbiche Bernard (éd.), Paris, Klincksieck, 1970, t. 1, p. 202). Voir : De L'Épinois Henri, « La réconciliation de Henri III et du duc de Guise (mai-juillet 1588) », *Revue des questions historiques*, t. 39, 1886, p. 52-94.

86 Moreo à Philippe II, Paris, 18 juillet 1588 (AGS, *Estado*, 595, n° 21).

87 Michel Marteau, seigneur de La Chapelle, est secrétaire du roi et maître des comptes. Après la mort de Hotman de La Rocheblond, il avait pris la direction de la Ligue (1587) (Constant Jean-Marie, *La Ligue*, *op. cit.*, p. 27. Descimon, Robert, *Qui étaient les Seize ? Mythes et réalités de la Ligue parisienne (1585-1594)*, Paris, Klincksieck, 1983, p. 188). L'échevin peut être l'un des drapiers Compain ou Costeblanche, ou bien De Près, marchand teinturier, ou encore Rolland, financier à l'élection.

88 Baron de Maisonfort, il avait rejoint la Ligue après avoir été un fidèle du duc d'Alençon. Le 1er mai 1589, il devient gouverneur d'Orléans à la place du chevalier d'Aumale.

plutôt que maintenant », lorsque le roi ne tiendra plus ses promesses, et cela pour trois raisons. La première et principale est qu'ils auraient ainsi le temps de justifier leur cause auprès du pape et de tout le monde. La seconde, que Mayenne aurait ainsi des hommes levés aux frais du roi (les conseillers doivent faire ici allusion au titre de lieutenant général des armées que brigue Mayenne). La troisième, que l'on aurait ainsi le temps de faire les récoltes, celles-ci étant essentielles pour subvenir aux besoins de la guerre. Quoi qu'il en soit, la paix n'est considérée que comme une situation transitoire. Les ligueurs veulent faire la guerre, en ayant élargi leurs fidélités tout en gardant « l'alliance du peuple et ce qui dépendait de lui ».

À ce moment de la discussion, les conseillers de la Ligue demandent à Moreo qu'il donne son avis. Il répond « que je voyais bien le grand profit qu'on pouvait tirer de la paix si le roi leur concédait les articles qu'ils m'avaient lus, mais le plus important c'était de veiller à la sécurité de leurs propres personnes ». L'émissaire espagnol développe alors combien Henri III a été offensé d'avoir été contraint de fuir sa capitale et qu'il n'aura de cesse de se venger, cherchant le moment le plus favorable pour cela, et « qu'il essaierait de lui enlever [à la Ligue] l'affection du peuple en lui enlevant les gabelles et en leur faisant d'autres faveurs de sorte qu'il viendrait à pouvoir mettre à exécution son mauvais dessein. » Il insiste sur le pouvoir qu'exerçait le seul « nom de leur roi » sur toutes les communautés en France, et sur le caractère vindicatif de Henri III, que Philippe II serait vraiment marri s'il arrivait malheur aux princes de la Ligue,

> et cela était le plus grand intérêt que Sa Majesté [Philippe II] avait dans cette affaire. Car Votre Majesté [il s'adresse à Philippe II] avait fait tout ce qui était en son pouvoir pour les secourir quand il en avait besoin m'envoyant à cet effet et leur donnant ce qu'ils m'avaient demandé. Votre Majesté était tenue par ce qui avait été convenu, car il était nécessaire et on voyait clairement le jeu et les Suisses qui se mettaient en marche et faisaient la guerre sans pitié et qu'ils considérassent que Votre Majesté faisait cela en un temps où il devait faire face à tant de dépense comme ils le voyaient. S'ils pouvaient se maintenir et se gouverner en attendant la fin de l'expédition d'Angleterre, ils seraient secourus avec beaucoup de moyens, Dieu donnant à Votre Majesté la victoire, comme il pouvait l'attendre la cause étant si juste.

L'argumentation de Moreo est habile ; elle démontre, une fois de plus, que Philippe II a soutenu, et tenté d'influencer, le soulèvement des Parisiens.

Il faut, définitivement, rejeter la vulgate de l'absence de l'influence de l'Espagne sur le soulèvement parisien. Mais l'Armada a pris du retard et les Parisiens se sont révoltés trop tôt pour que cela coïncide avec son arrivée au large des côtes de l'Angleterre. Le commandeur essaie de les persuader de rester en guerre, leur promettant une aide accrue ensuite. Philippe II, recevant ce courrier, note d'ailleurs dans la marge qu'il lui semblait qu'il n'avait pas encore versé la totalité des 300 000 ducats promis.

Se tournant vers Guise, Moreo ajoute « j'ai dit souvent à Mucio [Guise], en présence de l'ambassadeur que de la grandeur de Votre Majesté dépend la sienne et celle de ses alliés », mais Guise répond

> qu'ils étaient si forts et unis que le pouvoir du roi [Henri III] avec celui des hérétiques ne pouvaient pas leur porter préjudice. Si on ordonnait une quelconque trahison dont il essaierait de se protéger et même s'ils arrivaient à leur fin ils n'arriveraient à rien résoudre parce qu'il resterait d'autres têtes plus cruelles que lui et que les choses étaient si bien préparées qu'il ne fallait pas s'en préoccuper et là-dessus ils conclurent et sortirent.

Contrairement, là encore, à ce qu'on a pu écrire, l'accord obtenu par Henri III ne l'est pas du simple fait de sa force, car le roi de France est alors affaibli. Ce qui se passe, c'est que Guise se désolidarise quelque peu des Espagnols, tellement inquiets du fait de l'arrivée retardée de l'Armada au large des côtes françaises. Le Lorrain se sent, par contre, très (trop) fort et il est arrogant à l'égard du roi. « Les choses étaient si bien préparées ». Elles le sont jusque dans les provinces, dont l'explosion ligueuse s'explique aussi par l'habile contrôle des postes-clés par la clientèle des Guises et par la multiplication de leurs affidés. Les lendemains de l'assassinat des Lorrains en témoignent. Les cas des ducs de Mayenne, en Bourgogne, et de Mercœur, en Bretagne, sont connus[89]. Mais les

---

89 Drouot Henri, « Flavigny contre Dijon. Notes sur le schisme dijonnais de 1589 », *Mémoires de l'Académie des sciences, arts et belles-lettres de Dijon*, 5e série, 4, 1922, p. 47-120. Drouot Henri, *Mayenne et la Bourgogne : étude sur la Ligue, 1587-1596*, Paris, Picard, 1937, 2 vol. Mercœur n'hésite pas à s'emparer du premier président du parlement royaliste de Rennes qui, le 2 mars, revenait de la cour. Il a le soutien d'une grande partie du haut clergé breton. Le 7 avril, Nantes rejoint l'Union, laquelle gagne rapidement l'essentiel de la Bretagne (Le Roux Nicolas, « Un prince "obligé de droit divin". Les engagements du duc de Mercœur sous le règne d'Henri III », Buron Emmanuel et Méniel Bruno (éd.), *Le duc de Mercœur. Les armes et les lettres (1558-1602)*, Rennes, PUR, 2009, p. 27-74). Tingle Elisabeth C., *Authority and society in Nantes during the French wars of religion, 1559-98*, Manchester and New York, Manchester University Press, 2006, p. 178-195.

études de sociologie ligueuse ont négligé le rôle de prélats qui, forts de la décision de la faculté de théologie de Paris qui délie les Français de leur serment d'obéissance au roi (7 janvier), exploitent avec profit le sentiment d'horreur et de déréliction du peuple catholique.

Dès l'assassinat des Guises par Henri III, Saint-Gelais s'enfuira ainsi à Toulouse pour appliquer le plan prévu : d'abord obtenir la proclamation de la déchéance de Henri III par le second parlement de France. Il en est de même des évêques de Rodez, François de Corneillan, de Limoges[90], Henri de La Marthonie, de Clermont, frère du comte de Randan, et de Boulogne, Claude-André Dormy[91]. Corneillan agira de concert avec Saint-Gelais et Dormy avec Geoffroy de La Marthonie, évêque d'Amiens, frère cadet de Henri. Mgr Dormy échoue dans ses tentatives de gagner Boulogne à la Ligue et il se retire à Montreuil. L'évêque d'Amiens est, quant à lui, le chef de la Ligue amiénoise, avec le lieutenant général au bailliage, Vincent Leroy[92]. L'évêque d'Évreux,

---

90 Issu d'une famille périgourdine, abbé de Saint-Just en Beauvaisis, Henri de La Marthonie a été nommé à Limoges sur la recommandation de la duchesse de Montpensier, sœur des Guises (Limouzin-Lamothe Roger, *Le diocèse de Limoges du XVIe siècle à nos jours (1510-1950)*, Strasbourg-Paris, Le Roux, 1953, p. 29). Son frère, évêque d'Amiens depuis 1577, était également conseiller au parlement de Bordeaux, ainsi que chanoine et archidiacre de Bordeaux. Limoges, comme Rodez, présentait le cas d'une ville bipolaire : la Cité de l'évêque (dont ce dernier est seigneur) et le Château de Saint-Martial (dont le roi est seigneur), avec deux consulats différents. Comme Mgr de Corneillan tente, en juin 1589 et avec l'aide de Saint-Gelais, de soumettre à la Ligue « le Bourg », dont Navarre est seigneur, Mgr de La Marthonie, en octobre suivant, s'efforce de contrôler « le Château » (Brunet Serge, *« De l'Espagnol dedans le ventre ! » op. cit.*, p. 831-836. Cassan Michel, *Le temps des guerres de Religion. Le cas du Limousin (vers 1530-vers 1630)*, Paris, Publisud, 1996, p. 258-259). Cassan Michel, « La fragilité des ligues provinciales. Poitou, Périgord, Limousin, Velay », Brunet Serge, *La Sainte Union des catholiques de France et la fin des guerres de Religion (1585-1629)*, avec la collaboration de José Javier Ruiz Ibáñez, Paris, Classiques Garnier, 2016, p. 23-49. Sur l'importance de la structure consulaire dans les prises de contrôle des villes méridionales : Brunet Serge, « Mars 1560-mars 1562 : les guerres de Religion commencent dans le Midi de la France », Bolliger Daniel, Boss Marc, Hébert Mireille et Zorn Jean-François (éd.), *Jean Calvin. Les visages multiples d'une réforme et de sa réception*, Lyon, Éditions Olivétan, 2009, p. 179-212.

91 Claude-André Dormy est évêque de Boulogne de 1567 au 15 février 1599.

92 Les contacts entre les deux évêques sont assurés par le cousin de Mgr Dormy, Jean Dormy, receveur général des finances à Amiens, ainsi que par son secrétaire, le chanoine François Gigault. Grâce à eux, la Ligue amiénoise agit dès le 16 mai, puis le 26 décembre 1588. Mgr de La Marthonnie devait son évêché à Louis de Guise, cardinal archevêque de Reims (Carpi Olivia, *Une république imaginaire. Amiens pendant les troubles de religion (1559-1597)*, Paris, Belin, 2005, p. 127-139). Leroy est arrêté à Blois, avec des députés d'Amiens, par le grand prévôt de l'hôtel, Richelieu (*Mémoires de la Ligue*, BnF, ms fr., 23295, fol. 437-438).

Claude de Sainctes, s'échappera également de la nasse de Blois, et ira signer la Ligue à Paris. Soutien du parlement ligueur de Rouen, il sera emprisonné sur ordre de celui, royal, de Caen et il mourra en prison[93]. Il y a d'autres agents insurrectionnels, comme Thomas de Pontac, sieur d'Escassefort (soutenu par l'archevêque de Bordeaux, et par son frère Arnaud, évêque de Bazas, qui reviendra des États), lequel accourra à Bordeaux, où il échouera devant Matignon, avant de se replier sur Agen, où il fera jurer la Ligue. Les conjurés seront donc pris de court par l'assassinat politique, mais quelques fugitifs des États parviendront à accomplir des prises de contrôle auxquelles ils avaient été préparés.

Quand Navarre apprend à Corisande le meurtre des Guises et le soulèvement ligueur, la violence de ses propos à l'égard de Marguerite montre, en creux, qu'il n'avait pas d'illusion sur ses engagements : « Je n'attends que l'heure de ouïr dire que l'on aura envoyé étrangler la feue reine de Navarre. Cela, avec la mort de sa mère, me ferait ben chanter le cantique de Siméon[94] ! »

Guise, qui croyait tenir le roi, avait préféré attendre que le fruit soit mûr. Peut-être a-t-il été déçu par le refus de Philippe II de le suivre dans ses plus folles pensées royales pour sa lignée ? Qu'aurait-il alors à gagner à continuer le combat alors que Henri III, à qui on ne donne plus longtemps à vivre, lui offre la place de l'archi-mignon ? Avec d'Épinac, espérant la mort prochaine du dernier Valois, il prépare la succession au trône. C'est des états généraux qu'il espère la réalisation de ses ambitions. En s'attachant à faire désigner, partout, des députés ligueurs, il compte sur la publication de la déchéance du Bourbon – voire son accusation de lèse-majesté et la confiscation de ses terres – et sur sa nomination comme connétable, voire comme lieutenant général du royaume[95]. Cela ne pourra se faire qu'à la fin des États, soit à Noël.

93 Penzi Marco, « L'histoire tragique et mémorable de Claude de Sainctes, évêque d'Évreux », *Cahiers du Centre de Recherches Historiques*, t. 44, 2009, p. 9-26.

94 Également appelé *Nunc dimittis*, selon ses premiers mots, ce cantique est une prière d'action de grâce prononcée par le vieux Syméon, lorsqu'il reçoit, dans ses bras, l'Enfant Jésus, alors qu'il est présenté au Temple de Jérusalem. L'homme « juste et pieux » constate que la promesse de Dieu est accomplie et il accueille la mort dans la joie. Il s'agit, là, d'une expression littéraire qui exprime que l'on se sent, enfin, libre de se retirer une fois le devoir accompli, la relève étant assurée.

95 Lucinge au duc de Savoie, Blois, vers le 12 novembre 1588, sur une audience avec le roi et des conversations avec Guise et la reine mère (De Lucinge René, *Lettres de 1588*, *op. cit.* (n. 26), p. 315-337).

Les brigues se multiplient alors, car Guise était parvenu à faire élire plus de ligueurs que Henri III de royaux[96].

À l'issue de la réunion de juillet, Moreo reste seul avec La Chapelle Marteau, le président du parlement et un échevin. Le prévôt des marchands, au nom de la ville et « de la plus grande partie du conseil du parlement », remercie très humblement Philippe II de toutes les faveurs qu'il a accordées à la ville de Paris et aux princes de la Ligue, comme aussi à tous les catholiques de France. Il reconnaît que par « ces grands secours qu'il leur avait donné, ils avaient été la cause principale que les affaires des catholiques de France se trouvaient en si bon état et ils attendaient avec la protection de Votre Majesté [Philippe II] d'établir la foi catholique dans ce royaume ». La Chapelle déclare que tant qu'ils vivraient ils reconnaîtraient Philippe II et, qu'à chaque fois qu'il le faudrait, il s'obligeait à ce que 50 000 hommes « signassent avec leur sang reconnaître Votre Majesté protecteur de tous les catholiques sous la forme que Votre Majesté jugerait la meilleure et que là-dessus et au sujet de bien d'autres affaires ils souhaitaient me parler plus longuement ». La Chapelle propose à Moreo de venir dîner un soir avec lui et avec les seules autres personnes présentes dans cet entretien

> et ils me parleraient clairement me faisant confiance plus qu'à quiconque au monde, car ils avaient reconnu dès le début que j'étais si attaché à cette cause et qu'ils avaient vu que Sa Majesté me faisait tellement confiance car tous les accords et tous les secours étaient passés par mes mains et donc au nom de toute la ville ils m'offraient leur amitié éternelle et que tout ce que lui [Philippe II] me demanderait ils étaient prêts à accourir avec entrain et ils me disaient cela pour que je le dise à Votre Majesté le plus vite possible[97].

Moreo saisit l'occasion. Il les remercie au nom du Roi Catholique, « mais je les priai qu'ils communiquassent également toutes les choses qu'ils m'avaient dites et qu'ils pensaient me dire à l'avenir à l'ambassadeur de Votre Majesté [Mendoza] qui se trouvait ici [à Paris], ce que Sa Majesté considèrerait comme un grand service. » Les interlocuteurs de Moreo promettent de le faire, expliquant que « s'ils ne l'avaient pas fait

96 Lucinge au même, Paris, 6 septembre 1588 (*Idem*, p. 264-265).

97 La Chapelle Marteau, « jeune homme très riche avec un grand train » (De Montaigne Michel, *Journal de voyage en Italie par la Suisse et l'Allemagne en 1580 et 1581*, Rat Maurice (éd.), Paris, Garnier, 1942, p. 261) avait l'habitude de traiter avec ses proches des affaires de la Ligue au cours de dîners (Constant Jean-Marie, *La Ligue*, *op. cit.*, p. 194-195.

auparavant c'était parce qu'ils n'avaient pas osé traiter avec lui. » Nous voyons ici le rôle de plénipotentiaire de Moreo et la raison pour laquelle les historiens, ne trouvant pas de trace de relations entre les ligueurs parisiens et Philippe II dans les papiers conservés de l'ambassadeur Mendoza, ont considéré, par erreur, qu'il n'y en eut pas[98]. Le commandeur leur demande alors « comme plus grande preuve de reconnaissance » d'écrire à Philippe II une lettre au nom de la ville, le remerciant de toutes ses faveurs et secours qu'il avait daigné leur faire et de l'obligation qu'ils en avaient. Ils répondent qu'ils le feraient avec plaisir mais qu'ils craignaient que la lettre soit vue. Moreo garantit alors qu'elle resterait en la possession de l'ambassadeur, bien gardée et que seulement une copie en chiffre serait transmise à Philippe II. « Et là-dessus ils s'en allèrent très contents ».

Nous mesurons l'importance que les Espagnols attachent aux serments prêtés à Philippe II depuis le traité de Joinville passé entre Philippe II, représenté par Moreo, et les princes. Il en est de même de l'engagement du duc de Lorraine à Nancy qui, pourtant, ne recevra que 130 000 écus du Roi Catholique, en attendant toujours les 495 000 restants. Mais, dans cette lettre que Moreo envoie le 18 juillet à Philippe II, il n'y a pas grand-chose de positif pour la cause espagnole. Le 21 juillet, le Parlement de Paris enregistre l'édit d'Union proposé par Henri III. Peu après, le duc de Guise obtient le titre de lieutenant général des armées, qu'il convoitait depuis longtemps. Des places et des honneurs sont promis à ses partisans et le duc d'Épernon est disgracié.

LA DÉROUTE DE L'INVINCIBLE ARMADA ET L'ÉCHEC DES LIGUEURS AUX ÉTATS DE BLOIS

Deux jours après la réunion du conseil de la Ligue, Moreo écrit à Philippe II que la paix a été publiée, que le roi va rentrer à Paris et qu'il est donc contraint de partir en toute hâte pour regagner les Flandres[99]. Ce départ précipité n'est pas une rupture des relations entre Moreo et Guise, bien au contraire. Ce dernier donne diverses recommandations avant le départ de l'émissaire. Des décisions ont été prises qui,

98 Il faut donc revoir la position d'Élie Barnavi, qui considérait que Philippe II n'avait alors aucun contact direct avec les Seize (Barnavi Élie, *Le parti de Dieu : étude sociale et politique des chefs de la Ligue parisienne (1585-1594)*, Bruxelles, Nauwelaerts, 1980, p. 121).

99 Moreo à Philippe II, Paris, 20 juillet 1588 (AGS, *Estado*, 595, n° 22).

malheureusement, ne sont pas explicitées dans les courriers. Guise craint au plus haut point que le projet ne soit divulgué par des Flamands. Il ne veut donc pas que le comte de Mansfeld ou le marquis d'Havré en soient informés. « Don Bernardino [de Mendoza] pourra donner des nouvelles de ces secrets quoique Guise m'a fait jurer que je ne donnerais ces nouvelles qu'au roi d'Espagne. S'il savait que cela passe par d'autres mains, ce serait le faire vivre dans la crainte. » Il précise que Guise est « très nerveux, disant que les affaires traitées jusqu'à présent n'ont pas été de l'importance de celles qui vont suivre ; il ajoute que sa vie ainsi que celle des autres membres de la Ligue dépend du secret. » Moreo a le même jugement sur l'importance de ce qui va se passer, qui est en relation avec l'arrivée de l'Armada[100]. Guise a renvoyé les 400 lances au duc de Lorraine. Le courrier donne l'impression qu'un soutien militaire espagnol sera apporté : « je serai peu utile jusqu'à ce que Mucio [Guise] et les autres fassent ce que nous avons convenu. Entre temps, il n'y aura rien d'autre à faire que leur donner leurs *tercios* quand il faudra. », écrit Moreo. Alexandre Farnèse va avec ses troupes au-devant de l'Armada et il confie à Moreo la direction de son Conseil de guerre, alors que le comte de Mansfeld reste également sur place[101]. C'est avec ce dernier que Farnèse demande que l'on traite en son absence.

Une certaine tension est perceptible entre les princes et les ligueurs parisiens. Elle peut procéder, notamment, de la difficulté pour les premiers, hommes de guerre, d'accepter la paix. Claude de Lorraine, dit « le chevalier d'Aumale », général des galères de la Religion, part le 14 août « pour se trouver sur cette sainte armée [l'Armada et les troupes du duc de Parme] comme aventurier [soldat irrégulier]. On dit que le duc d'Elbeuf y ira. Plusieurs catholiques généreux feront de même » écrit Lucinge. Cette menace retient toujours le bras vengeur d'Henri III[102].

100 « Les affaires traitées jusqu'à présent ne sont rien si on les compare avec celles qui se préparent et qui se présentent bien. Je dis aussi que je serais plus en sûreté en un autre endroit que les Flandres ».

101 Moreo conseille à Philippe II de lui donner de l'argent et des hommes, car, depuis le départ de Farnèse avec son armée, il est démuni et il ne faut pas le froisser non plus, alors qu'il sert le Roi Catholique depuis quarante ans.

102 Lucinge au duc de Savoie, Paris, avant le 15 juillet, 19 août et 6 septembre 1588 (De Lucinge René, *Lettres de 1588 op. cit.*, p. 215-217, 248-250 et 264-266). Le chevalier d'Aumale est le frère du duc d'Aumale. Il est abbé du Bec et de Saint-Pierre de Chartres. Vaillant colonel de la Ligue, il est tué à Saint-Denis, le 3 janvier 1591 (De Brantôme De Bourdeille Pierre, seigneur et abbé, *Œuvres complètes de Pierre de Bourdeille, seigneur*

Le 9 août, alors que la fausse annonce de la victoire de l'Armada se répandait à la cour de France, Moreo était à Bruges, et il se trouvait toujours devant le même dilemme[103]. Le duc de Guise lui a confié des secrets de la plus haute importance, en lui faisant jurer de n'en parler à personne d'autre qu'à Philippe II auquel il doit les révéler de vive voix seulement. « Les affaires de si grande importance je les ai dans ma poitrine et je dors sur mes gardes et j'aurais déjà pris ma décision, mais pour le moment on ne perd pas du temps à le remettre. » De plus, Moreo réclame un meilleur chiffre que celui dont il dispose. Il se retient de confier ces secrets à Mendoza et il demande au Roi Catholique s'il doit venir les lui révéler en Espagne, alors que sa présence semble bien nécessaire en Flandres.

Suivie depuis Plymouth par les navires du Lord Amiral Howard et de Sir Francis Drake, l'Armada commandée par le duc de Medina Sidonia a jeté l'ancre, le 6 août, au large de Calais[104]. Celui-ci apprend, avec stupéfaction, que les troupes du duc de Parme, qu'il espérait disposées à embarquer à Dunkerque sur des barges, sont encore à Bruges, et que ni les hommes, ni les munitions ne sont prêts. Geoffrey Parker a montré combien la coordination de l'arrivée d'une flotte de guerre et d'un débarquement depuis les Flandres était une folle gageure de Philippe II et nous connaissons les réticences de Farnèse[105]. Malgré son entêtement, le Roi Catholique savait que pour que ces deux opérations combinées à 1500 kilomètres de distance aient une chance d'aboutir il était essentiel qu'un havre soit prêt à accueillir l'Armada. Un espion royaliste auprès de Guise avait révélé que le duc d'Aumale voulait pour cela s'emparer de Boulogne mais, à défaut de ce havre, c'est désormais sur Calais que compte Philippe II. Géraud de Mauléon, seigneur de Gourdan, « conseiller du roi

de Brantôme, Paris, Veuve J. Renouart, 1864-1882, t. 6, p. 205). Charles de Lorraine, marquis puis duc d'Elbeuf, est un neveu de François de Guise, né en 1556.

103 Lucinge au même, Paris, 7 et 9 août 1588 (De Lucinge René, *Lettres de 1588 op. cit.*, p. 238-241). Moreo à Philippe II, Bruges, 9 août 1588 (AGS, *Estado*, 595, n° 26).

104 Alonso Pérez de Guzmán el Bueno, duc de Medina Sidonia (Pierson Pieter, *Commander of the Armada : the Seventh Duke of Medina Sidonia*, New Haven, Yale University Press, 1989).

105 Martin Colin et Parker Geoffrey, *Le dossier de l'Invincible Armada*, Paris, Tallandier, 1988. Lewis Mickael, *L'Invincible Armada*, Paris, Payot, 1962, rééd 1980, p. 145-156. Parker Geoffrey, *La gran estrategia de Felipe II*, Madrid, Alianza, 1998, p. 413-441. En se focalisant sur l'expédition en Angleterre, puis sur l'intervention en France, Parme est contraint de relâcher la pression sur les Flandres et il ne peut pas empêcher une coopération entre Élisabeth II et Maurice de Nassau. Ainsi, l'accession des Provinces Unies à une république souveraine (25 juillet 1590) s'en trouve favorisée (Graham Darby, « Introduction », *The Origins and Development of the Dutch Revolt*, Graham Darby éd., London and New York, Routledge, 2001, p. 24-25).

en ses Conseils d'État, capitaine de cinquante hommes d'armes des ordonnances, chevalier de l'ordre du Saint-Esprit », son gouverneur, qui devait sa fortune à François de Guise, faisait partie du plan espagnol. Un de ses parents se trouvait d'ailleurs sur le *San Lorenzo*, vaisseau amiral de Don Hugo de Moncada, lequel commandait une flottille de quatre galéasses napolitaines puissamment armées. Aussitôt au mouillage devant Calais, Medina Sidonia sollicite de Gourdan le ravitaillement de ses vaisseaux. Vargas écrit qu'il s'agit « [d']un ami » du duc de Guise et qu'il est de sa maison (« *es su amigo, y hechura de su casa* »). Il informe régulièrement Guise, lequel retourne les informations à Juan de Vargas, et il parvient, à plusieurs reprises, à s'opposer à la volonté du roi de transmettre son gouvernement à d'Épernon[106]. Les positions de Géraud de Mauléon resteront toujours cachées. Excellent dissimulateur, il ne donne pas l'impression d'adhérer à la Ligue, comme en témoigne René de Lucinge, qui s'étonne que certains des nouveaux chevaliers du Saint-Esprit, en 1586, soient des ligueurs notoires, mais qui ne cite pourtant pas Gourdan dans le nombre[107]. L'année suivante, Gourdan, habile dissimulateur, donne même l'impression de s'opposer à ce que Boulogne passe à la Ligue[108]. Le havre de Calais s'avèrera être une nasse[109]. Nous savons la terrible destinée de cette magnifique flotte espagnole, les brulots anglais, son fracas sur les hauts fonds, alors que les navires rescapés fuient vers la mer du Nord. Le *San Lorenzo* échoue devant Calais et Gourdan n'hésite pas à canonner les Anglais qui veulent s'en emparer. Afin d'éviter que son action de soutien à l'Armada ne soit interprétée comme un acte de guerre contre l'Angleterre, il se justifie par plusieurs lettres et mémoires, arguant la défense du droit d'aubaine du roi de France, auquel il envoie à Chartres des esclaves rameurs de la galéasse. Ce n'est qu'un écran de fumée[110].

---

106 Juan de Vargas à Philippe II, Paris, 3 avril 1578 (AGS, *Estado*, K 1546). On s'était étonné de l'attribution de ce gouvernement, de plus de 30 000 livres de rente, à un simple capitaine de gens de pied, sur l'insistance de François de Guise (De Brantôme De Bourdeille Pierre, seigneur et abbé, *Œuvres complètes*, *op. cit.*, t. 4, p. 216-218).

107 De Lucinge René, *Lettres sur la cour de Henri III en 1586*, Genève, Droz, 1966, p. 16.

108 Lucinge au duc de Savoie, Paris, 20 mars 1587 (De Lucinge René, *Lettres de 1587*, *op. cit.*, p. 97). Gourdan protégeait ses neveux et seuls héritiers : Vidaussan, qui lui succédera au gouvernement de Boulogne, et son frère, qui détenait la stratégique abbaye Notre-Dame de Licques, en Boulonnais.

109 Cloulas Ivan, *Philippe II*, Paris, Fayard, 1992, p. 495-496.

110 Gourdan à Henri III, Calais, 10 août 1588, relation des événements par le même, et « Discours de ce qui s'est passé de naguères au détroit de Calais entre les deux armées d'Espagne et

Il faut s'étonner de la longue méconnaissance du sort véritable de l'Armada à la cour de France. Gourdan, qui n'a pu que mesurer le désastre, se limite à ne divulguer que le périple du *San Lorenzo*. L'ambassadeur Mendoza, après avoir clamé la victoire et s'être momentanément absenté, est désormais totalement muet[111]. Les conjurés ont conscience que l'annonce du désastre entraînera la vengeance d'Henri III contre eux et ne pourra qu'orienter défavorablement les décisions des États.

L'ÉCHEC DE L'ARMADA… ET L'ASSASSINAT DES GUISES

Le 27 août, les chambres vérifient et publient le pouvoir de Guise, sans rien y modifier, et elles déclarent que le cardinal de Bourbon est le plus capable à succéder et l'appellent Monsieur[112]. La rumeur se répand que Villeroy et la reine mère sont impliqués dans l'attentat perpétré contre d'Épernon. On pense également que 6 000 Espagnols sont entrés en Béarn[113]. Le 3 septembre, on croit toujours à la victoire de Philippe II sur les Anglais et n'est que le 8 septembre que l'on commence à avoir quelques doutes, notamment quand le chevalier d'Aumale revient[114]. Une semaine plus tard, la conviction de l'échec du l'armée du Roi Catholique l'emporte et elle se répand. Henri III peut enfin réagir avec énergie contre les ligueurs qui dominent les États et d'abord contre les ministres et conseillers, dont certains sont ligueurs, que la reine mère incitait à la conciliation.

Henri III renvoie ses secrétaires d'État et ses principaux ministres et conseillers, parmi lesquels le secrétaire d'État Villeroy. Estienne de Bray, trésorier de la Maison du roi, « en qui Mucio [Guise] a grande confiance », informe l'agent espagnol Juan Iñiguez. Ce dernier écrit que Villeroy « souhaite vivement me rencontrer[115]. Quoique se trouvant à l'écart de ma route, je tâcherai de le voir ; je peux le faire avec la certitude

---

d'Angleterre », s.l.n.d. (BnF, ms fr., 5045, f° 152-155). Palma-Cayet utilise la relation du cadeau de Gourdan pour ridiculiser l'ambassadeur d'Espagne, qui publiait la victoire de son maître (Palma-Cayet Pierre Victor, *Chronologie novénaire*, Buchon, J. A. C. (éd.), Paris, A. Desrez, 1836, t. 1, p. 62-63. Lewis Mickael, *L'invincible Armada*, *op. cit.*, p. 153-156).

111 Lucinge au duc de Savoie, Paris, 7, 9 et 15 août 1588 (De Lucinge René, *Lettres de 1588 op. cit.* p. 238-247).

112 Lucinge au même, Paris, 27 août 1588 (*Idem*, p. 256-257).

113 Lucinge au même, Paris 28 août 1588 (*Idem*, p. 258-259).

114 Lucinge au même, Paris, 3 et 8 septembre 1588 (*Idem*, p. 262-263 et 266-267).

115 Il fait partie du conseil des Quarante, et sera secrétaire d'État de Mayenne (Descimon Robert, *Qui étaient les Seize ?*, *op. cit.*, p. 112-113).

qu'il est des nôtres, d'autant plus, à présent, qu'on lui a enlevé sa charge de manière si infâmante et qu'il en est si blessé. » Cette rencontre confirme les affinités espagnoles cachées de cet étrange personnage. Déjà accusé d'intelligences avec l'Espagne lors de l'affaire Salcèdo, il a une part active aux négociations qui conduisent à l'édit d'Union, on le soupçonne, ensuite, non seulement d'avoir voulu tuer d'Épernon, mais même d'avoir pris une part dans l'assassinat de Henri III. En attendant, les mesures royales annonçaient la disgrâce de la reine mère, trop encline à céder, et une forte volonté de Henri III.

C'est à la suite de la journée des Barricades que Philippe II avait dépêché depuis les Pays-Bas l'agent Juan Iñiguez. Arrivé avec 30 000 écus de la part d'Alexandre Farnèse, il était aussi en relation avec le duc de Lorraine[116]. Son courrier est daté du 19 septembre, alors que, comptant embarquer à Dunkerque, devant une mer totalement contrôlée par les Anglais, il doit se replier sur Paris[117]. Le duc de Guise lui avait demandé de venir le voir à Blois de toute urgence avant son retour à la cour d'Espagne. Guise est toujours craintif. Il ne souhaite pas que tous les Lorrains soient aux États, et il commande à son fils, Charles de Lorraine, prince de Joinville, de venir s'entretenir avec lui, puis de regagner Paris, où restera également le duc d'Aumale, « pour parer à toute éventualité ». Le cardinal de Guise, qui va rejoindre son frère, propose à Iñiguez de le persuader de faire revenir le cardinal de Bourbon « qui est à Blois à contre cœur et ici sa présence sera d'importance ». L'agent espagnol répond : « je compte m'acquitter de cette mission avec grand soin ». Le 21 septembre, Guise se réjouit du retour de Moreo, « étant bien aise qu'il vienne si à propos et en temps pour juger les affaires où je lui ferai voir clair. Nous ne manquons d'avertissements de toutes parts qu'on veut attenter à ma vie[118]. »

---

116 Mendoza à Philippe II, Saint-Dié, 27 décembre 1588 (AGS, *Estado*, K 1567, n° 9).

117 Juan Iñiguez à Philippe II, Paris, 19 septembre 1588 (AGS, *Estado*, 595, n° 29 et 30).

118 Guise à Mendoza, 21 septembre 1588 (AGS, *Estado*, K 1568, n° 93). Guise fait repartir Moreo auprès de Philippe II, avec des informations qui restent orales, par Nantes et la voie de mer, le chemin de Bordeaux étant trop dangereux (Guise à Mendoza, 21 septembre 1588, *Idem*, n° 92). À la suite de nombreux avertissements provenant de diverses sources, Mendoza est très inquiet pour la sécurité de Guise, craignant que Henri III ne réussisse à le faire assassiner. L'ambassadeur transmet un billet de Guise concernant Cambrai, auquel il dit ne rien comprendre, n'en ayant eu aucune information, ni de Farnèse, ni de Juan Iñiguez. Nous voyons encore là l'information parcellaire dont disposait l'ambassadeur contrairement aux envoyés spéciaux (Mendoza à Philippe II, 24 septembre 1588, *Idem*, n° 90).

Henri III reconnaît la Ligue pour mieux la détruire et supprimer les Guises. La convocation des États généraux du royaume devait lui permettre de prendre la main. Mais, lorsque s'ouvre les États, en octobre 1588, ceux-ci se révèlent guisards[119].

Les catholiques de Toulouse et des pays de Garonne se sentaient menacés par un roi de Navarre qui, contrôlant le pays entre Nérac et Montauban, pouvait, à tout moment, interrompre le commerce et les approvisionnements. De plus, il tenait des négociations secrètes avec le gouverneur de Languedoc, Damville[120]. Nous voyons que, dans le choix des représentants des deux villes parlementaires du Sud-Ouest, Bordeaux et Toulouse, l'impératif d'assurer leur ravitaillement, et donc leur survie, dans le cas de l'entrée en guerre du gouverneur de Guyenne, Navarre, a fortement joué.

À Blois, Saint-Gelais excelle alors dans son rôle d'espion pour l'Espagne. S'il disposait d'un chiffre, qui lui permettait de communiquer, avec une certaine sécurité et rapidité, avec la cour de Philippe II, il avait jugé plus prudent de le laisser en Comminges. Ce choix n'était peut-être pas si judicieux. Désirant envoyer, depuis Blois, un mémoire au Roi Catholique, il ne trouve alors rien de plus assuré que de le transmettre à Marguerite de Valois, à Usson. Elle peut ainsi en prendre connaissance, puis le faire chiffrer, avant de l'envoyer à Madrid. Dans son courrier, le prélat, toujours sous le froc de Modestino Cortese, fait ainsi expédier ses avis comme s'il était à Anvers, alors que nous sommes assurés qu'il se trouve en fait à Blois. Sa redoutable cryptographie laisse malheureusement la plus grande part de ses écrits obscurs.

Le « *capitolo generale* », auquel Modestino se présente sont bien les états généraux. Il déclare être « arrivé pour savoir quels étaient les ordres à suivre entre nous pour la discipline et réforme ». Nous proposons ensuite une interprétation, seulement sur une partie du contenu de la lettre. Le « vieux prince de Moldavie » que l'on aurait « confirmé dans son premier état » est

---

119 Mendoza à Philippe II, 13 octobre 1588 (AGS, *Estado*, K 1567, nº 206).

120 En février, Damville est venu conférer avec Henri de Navarre à Nérac, en présence de gentilshommes de Matignon, et Montaigne a été envoyé à la cour, sûrement pour des négociations secrètes. Les Toulousains envoient des députés à Henri III pour lui signifier qu'ils sont « en grand danger et pratiquement sans plus aucun commerce parce que celui de Béarn [Henri de Navarre] a pris quelques petites villes qui l'empêchent et assurent le chemin de Nérac à Montauban afin de pouvoir secourir les hérétiques dans les deux places » (Mendoza à Philippe II, Paris, 25 février 1588, AGS, *Estado*, K 1567).

probablement le cardinal de Bourbon, que l'on envisage comme successeur au trône de France. « Alvaro de Mendez, marchand portugais reconverti au judaïsme », doit être Henri de Navarre. Il est décidé de saisir tous ses biens en les partageant entre le prince de Moldavie et le « Pacha Vizir ». Il s'agirait alors d'accorder à ce dernier, qui pourrait être Philippe II, le Béarn et la Basse-Navarre, qui ne dépendent pas du royaume de France, alors que tous les autres biens reviendraient au futur Charles X. Saint-Gelais parle également d'une coalition contre l'Espagne qui rassemblerait le « Prince de Béarn », Dom Antonio et la reine d'Angleterre, nommément désignés, ainsi que, vraisemblablement, le roi d'Alger et le chérif de Marrakech (que Sancy doit gagner)[121]. L'île de Ré et ses marais salants, utiles au financement de la guerre, devraient être saisis par Francis Drake et ses corsaires. Le prélat évoque enfin la publication prochaine d'un ouvrage.

Il ressort de ces interprétations, d'un courrier qui nécessite encore un effort de déchiffrement, un témoignage sur l'intensité des intrigues qui se multipliaient au sein d'une assemblée largement ligueuse et guisarde. Celles-ci, qui concernent une faction hispanophile des États, ne peuvent que contribuer à convaincre Henri III qu'il faut supprimer les Guises. Les Lorrains étaient conscients des risques encourus ; ils avaient été maintes fois mis en garde par leur entourage et par Philippe II lui-même.

Lucinge faisait partie de la charrette des disgraciés ; on lui reprochait sa proximité avec les Guises. Pourtant, si le duc de Savoie traitait avec ces derniers, leur action n'était pas coordonnée. Profitant de la faiblesse du roi de France et prétextant en exclure les huguenots, Charles-Emmanuel s'empare du marquisat de Saluces (où Marguerite disait disposer d'appuis sûrs), au grand dam des Guises et du Roi Catholique[122]. Pourtant, tous pensent que cette action guerrière ne peut être que concertée avec les Guises, et qu'elle provoquera une intervention française, laquelle risque également de mettre en branle le gendre de l'agresseur, Philippe II[123].

121 Nicolas de Harlay, seigneur de Sancy (1546-1629). Ce protestant, élevé à l'étranger, a rempli des missions diplomatiques en Allemagne et auprès des Suisses. Colonel général des Suisses, il a la confiance de Navarre. Il sera son premier maître d'hôtel en tant que roi de France.

122 Lucinge au duc de Savoie, Lyon, 5 novembre 1588, sur des plaintes de Mayenne, et sur une audience avec le roi ainsi qu'une conversation avec Guise et la reine mère, Blois, vers le 12 novembre 1588 (De Lucinge René, *Lettres de 1588*, *op. cit.*, p. 307-313 et 315-337). Voir aussi : Lucinge au même, 15 novembre, sur une conversation avec Morosini et Mme de Nemours (*Idem*, p. 351-357).

123 Lucinge au même, Blois, 4 décembre 1588, à la suite de discussions avec Guise et avec la reine mère afin d'éviter une déclaration de guerre (*Idem*, p. 389-403).

Au sein de la société ligueuse, elle incite les corne-guerres de l'assemblée de la noblesse aux États de placer au second rang la différence d'opinion religieuse pour laver l'affront fait à leur roi et à leur royaume. Cette action militaire risque alors de détourner, un temps, l'attention des députés, pour l'avantage d'Henri III. Mais La Chapelle-Marteau parvient à éviter que le tiers-état ne soutienne la guerre contre le duc de Savoie, alors que le clergé y est peu enclin[124].

Les députés, qui s'occupent des finances royales, sont cependant, selon Lucinge, « distraits », par le machiavélique roi, des affaires majeures pour la Ligue[125]. Ils se heurtent également à la volonté de ce dernier, et du légat Giovanni Francesco Morosini, qui veulent encore tenter d'amener Navarre à résipiscence et à la conversion, avant de déclarer sa déchéance[126].

Les positions ligueuses du père de l'évêque de Comminges aux États, le distingué diplomate Louis de Lansac, ont été révélées à l'occasion d'une sévère « dispute ». En juillet, Lansac pousse à l'enregistrement de l'édit d'Union par le parlement de Paris et il prête le serment, immédiatement après le premier président et les autres présidents de la Grand Chambre[127]. De Thou nous apprend qu'aux États, il « fait l'éloge du concile de Trente auquel il avait assisté en qualité d'Ambassadeur de Sa Majesté avec Arnaud du Ferrier, et Guy du Faur, sieur de Pibrac, et de l'autorité de Saints Décrets, auxquels il soutenait que tout le monde était obligé de se soumettre[128]. » Jacques Faye, sieur d'Espesses, avocat général, l'interrompt brutalement et lui demande s'il avait la même opinion pendant le concile[129]. Lansac acquiesce et Espesses brandit alors des lettres du diplomate dans lesquelles il se plaignait des résolutions du concile contre le roi et le royaume et que tout était en fait décidé à Rome. L'avocat général lit ces lettres en public. Des mouvements

---

124 Lucinge écrit au duc que le roi souhaite lui déclarer la guerre mais que Guise et le tiers état protègent ses intérêts (Lucinge au même, le 13 novembre 1588, *idem*, p. 341-345).

125 Lucinge au même, Blois, 27 novembre 1588, sur une audience avec le roi (*Idem*, p. 372-381).

126 Lucinge au même, 14 novembre 1588 (*Idem*, p. 346-351).

127 Le Person Xavier (éd), *Journal d'un ligueur parisien (1588-1590)*, Genève, Droz, 1999, p. 99-102. Cette étonnante attitude doit expliquer la confusion de l'éditeur du texte, qui identifie ce « Lansac » comme étant son fils, Guy, alors qu'il s'agit bien de Louis.

128 De Thou Jacques-Auguste, *Histoire universelle*, *op. cit.*, t. 7, p. 321-322.

129 En 1583, il avait rédigé un mémoire très sévère contre la réception des décrets du concile de Trente, évoquant notamment le spectre de l'Inquisition, qui pourrait non seulement s'en prendre aux protestants, mais aussi aux bons catholiques (Martin Victor, *Le gallicanisme et la Réforme catholique. Essai historique sur l'introduction en France des décrets du concile de Trente (1563-1615)*, Paris, Picard, 1919, p. 205).

apparaissent dans l'assemblée ; certains députés sont indignés, d'autres se moquent. De Thou écrit que Henri III était sur le point de publier le concile de Trente mais que, voyant que les magistrats qui défendaient ses droits étaient maltraités par les députés du clergé, il se décide à supprimer les Guises.

Ce témoignage va contre l'image d'un Louis de Lansac modéré et indéfectible soutien de la royauté. De Thou ne réalise pas, ou – plutôt – ne veut pas présenter son activisme ligueur. *Les Remarques sur la Satyre ménippée* confirment pourtant que, durant les États, Louis de Lansac « avait trop ouvertement favorisé le parti de la Ligue en opinant pour l'entière et absolue réception du concile de Trente en France » et que c'est la raison pour laquelle, lui aussi, après l'assassinat des Guises, de peur des représailles royales, « s'en était pareillement fui des États de Blois[130] ».

D'Épernon, toujours aussi opportuniste, serait venu rencontrer Guise pour lui offrir les gouvernements de Metz et de Boulogne, à condition qu'il devienne son ami et qu'il le maintienne dans les gouvernements de la Saintonge et d'Angoulême et que La Valette, son frère, soit confirmé dans celui de Provence. Le duc de Guise se garde de clore la discussion, et Henri III tirerait « une grande jalousie » de ce projet d'alliance[131]. En décembre, Guise, appuyé par le tiers-état, triomphe. Les États obtiennent non seulement une diminution des tailles mais l'érection d'une Chambre propre à contrôler les dépenses royales et ainsi à mettre le roi sous tutelle.

> Les clairvoyants jugent que le roi sera contraint de prendre la loi de Mr de Guise et lui laisser le maniement universel des affaires, car le tiers état, qui l'appuie, le rend maître de la campagne et de toutes les villes catholiques, [et] le fera élire ou connétable ou lieutenant général. La bride que les États veulent apposer au roi sera plus doucement régie par sa main[132].

Le 16 décembre, Lucinge est assuré de cette élection de Guise par les États :

---

130 *Les Remarques sur la Satyre ménippée*, Ratisbonne, 1726, t. 2, p. 185.

131 Mendoza à Philippe II, 6 novembre 1588 (AGS, *Estado*, K 1567, n° 202). D'Épernon va attendre que la situation se décante ; après la victoire de Henri IV à Arques (28 septembre 1589), il commence à s'engager dans le camp royal. Il lève des troupes pour chasser les ligueurs de Limoges ; en octobre 1590, il s'empare de Bourg-sur-Gironde et il rejoint Henri IV (Le Roux Nicolas, *Les faveurs du roi. Mignons et courtisans au temps des derniers Valois (vers 1547-vers 1589)*, Seyssel, Champ Vallon, 2000, p. 707-708).

132 Lucinge au duc de Savoie, Blois, 9 décembre 1588 (De Lucinge René, *Lettres de 1588*, *op. cit.*, p. 405-410). Voir, également, la lettre datée du 27 novembre (*Idem*, p. 372-382).

> qu'il [Guise] possède entièrement [et] quand il aurait enfermé le Roy là où il prétend (lequel entre eux ils disent qu'il perd le sens), si jà il a encor de gros os à ronger et de grandes difficultés à passer premier qu'il ait son désir accompli pour faire du bon varlet [serviteur]. Il ne peut à moins que de montrer qu'il n'a plus de pratique [intrigues, menées] avec le roi d'Espagne ni avec V[otre] A[ltesse], chose qu'en apparence, s'il veut entrer en crédit, il faut qu'il témoigne aux Français[133].

Le lendemain, il écrit que Guise vient de recevoir 40 000 écus du roi d'Espagne. Le 23 décembre, craignant une déclaration de guerre contre la Savoie et une entente entre Damville et Guise, il doute de la fidélité de ce dernier, de celle de Philippe II, et il note une « confusion » parmi les députés aux États. « Le roi et Guise sont en la plus grande défiance que jamais », écrit-il en terminant sa lettre[134]. Le même jour, par un dernier coup de majesté, Henri III fait assassiner Guise, puis son frère, le cardinal, et les chefs ligueurs sont arrêtés[135]. Certains députés quittent précipitamment Blois « par des chemins détournés », démontrant leur attachement à la Ligue[136]. Mais Henri III est particulièrement indigné « contre les évêques de Comminges et de Rodez qui s'enfuirent des États[137] » ; le roi avait ordonné de les arrêter, avec l'évêque de Boulogne[138]. Saint-Gelais et François de Corneillan fuient, mais également Étienne Tournier, Thomas de Pontac, Louis de Lansac et tant d'autres.

133 Lucinge au même, Blois, 16 décembre 1588 (*Idem*, p. 411-416).

134 Lucinge au même, Blois, 23 décembre 1588 (*Idem*, p. 422-424).

135 Mendoza, qui avait envoyé un de ses domestiques porter deux billets d'Alexandre Farnèse à Guise, est immédiatement averti des arrestations, puis des assassinats (Mendoza à Philippe II, 23 décembre 1588, AGS, *Estado*, K 1567, n° 28).

136 De Lafaille Germain, *Annales de la ville de Toulouse*, Toulouse, Guillaume-Louis Colomiez, 1682, p. 412.

137 Mendoza à Philippe II, Blois, 5 janvier 1589 (AGS, *Estado*, K 1570). Ils étaient tous les deux conseillers d'honneur au parlement de Toulouse (Vindry Fleury, *Les parlementaires français au XVIe siècle*, t. 2, fasc. 2, *Parlement de Toulouse*, Paris, Champion, 1912, p. 275-276).

138 « On alla en la chambre du clergé pour arrêter prisonniers les évêques de Comminges, de Rodez et de Boulogne, mais on ne les trouva point, les portes de la ville de Blois avaient été fermées dès la nuit et ne furent ouvertes qu'à onze heures du matin, de façon que ceux qui voulurent sortir plus tôt eurent besoin du crédit de leurs amis » (*Mémoire de la Ligue*, BnF, ms fr., 23295, fol. 437-438).

LE SOULÈVEMENT GÉNÉRAL – ET PRÉMATURÉ – DE LA LIGUE

Alors qu'Henri III déclare à sa mère, qui s'éteindra peu après, qu'il a sauvé son trône, Mendoza est très défaitiste, à la hauteur de ce qu'étaient ses espérances.

> Il est mort, et à moins que Dieu n'accorde à son frère, le duc de Mayenne, et à M. de La Châtre, le moyen de parvenir à s'échapper, il n'y a plus de fondement à faire sur la Ligue[139]. En effet, le duc d'Aumale qui est aujourd'hui à Paris, est un jeune homme de peu d'expérience ; ce sera déjà beaucoup s'il peut se retirer dans quelque place de Picardie, et s'il peut s'y maintenir en payant de bonnes paroles le roi qui n'osera pas l'attaquer, de peur qu'il ne soit appuyé sous-main par les Pays-Bas. [...] Je suis fondé à croire que si MM. de Mayenne et de La Châtre viennent à être tués, et si l'on n'exécute contre les huguenots et les politiques le massacre dont les menaçait Orléans, il n'y aura bientôt plus de ville qui puisse tenir tête au roi. Au reste, il y a beaucoup de la faute des villes confédérées : ainsi que je disais à Meyneville [Maineville], ces villes croyaient avoir tout fait lorsqu'elles avaient mis par écrit le pacte de leur union, de façon qu'elles n'ont pas même pensé à se créer des ressources en argent et à prendre leurs mesures contre l'éventualité de la mort de M. de Guise ou du duc de Mayenne, ou peut-être de tous les deux ensemble : elles paraissaient avoir oublié que les deux frères étaient hommes comme tout le monde, et par conséquent mortels. Et voilà comment tout ce beau feu de la Ligue s'en est allé en fumée[140].

L'ambassadeur craint pour lui-même, même s'il a « brûlé avec soin » tous ses papiers compromettants. Mais, dès le 31 décembre, il est rasséréné en constatant que Mayenne a pu s'enfuir et que les villes de la Sainte Union se soulèvent. Villeroy, qui est devenu un proche conseiller de Mayenne, évoque à quel point ce dernier se défie pourtant de Philippe II après l'assassinat de Henri III et il dénigre les offres conjointes de Moreo, de retour de Madrid, de Tassis et de Mendoza qui se limiteraient à une sorte de vice-royauté sous un protectorat espagnol, au même titre que Naples

139 Le Roux Nicolas, "The Catholic Nobility and political Choice during the League, 1585-1594 : the Case of Claude de La Châtre", *French History*, 8, 1994, n° 1, p. 34-50.

140 Mendoza à Philippe II, Saint-Dié, 27 décembre 1588 (AGS, *Estado*, K 1567, n° 9). François de Roncherolles, seigneur de Maineville, est un fidèle du cardinal de Bourbon et des Guises : il était présent au traité de Joinville.

ou la Sicile, alors qu'il a longuement développé les appétits dynastiques lorrains[141]. C'est cette tension entre « Espagnols » et « mayennistes » qui divise déjà profondément les ligueurs toulousains, avant qu'elle ne déchire la Ligue parisienne.

SAINT-GELAIS À TOULOUSE : ATTENDRE L'ESPAGNE

En apprenant la fuite de Saint-Gelais, Henri III pense « qu'il pourrait se retirer du côté d'Espagne ». S'il percevait la menace espagnole, le roi imaginait cependant que la mort des usurpateurs putatifs suffirait à éteindre le complot. Mais, après un courte période de désarroi, voire de déréliction, les affidés cherchent en fait à faire publier partout la déchéance du « roi français » (bientôt simplement appelé « *el primo* »), alors que Philippe II devient « Sa Royale Catholique et désormais unique Majesté Très Chrétienne », et Marguerite de Valois « la Sérénissime Princesse », détentrice provisoire de la couronne des Valois, malgré la loi salique[142]. Par un monitoire du 5 mai 1589, Sixte Quint menaçait, désormais, Henri III d'excommunication (après Navarre et Condé, en 1585), et de déposition, s'il ne venait à résipiscence, après les exécutions du duc de Guise et de son frère, le cardinal.

C'est alors à Toulouse, ville parlementaire, et non pas dans son diocèse, que se rend l'évêque de Comminges, y installant une sorte de théocratie ligueuse hispanophile et attentiste. Les lettres de Mendoza nous révèlent que les ligueurs ont préalablement fait imprimer à Paris une *Déclaration de messieurs les habitans de la ville de Thoulouse avec l'arrest du Parlement de ladite ville*, de six pages auxquelles on attend seulement

141 De Neufville Nicolas, sieur de Villeroy, *Mémoires d'État*, *op. cit.*, p. 115-128. Palma-Cayet Pierre Victor, *Chronologie novénaire*, *op. cit.*, t. 1, p. 205-207.

142 Ainsi, en fuyant Blois, Saint-Gelais laisse aller son équipage par une voie habituelle alors qu'il en prend une autre, détournée, et il multiplie des courriers pratiquement identiques, car il n'est pas sûr que chacun arrivera à la cour d'Espagne, ne recevant plus d'accusé de réception. On mesure là l'isolement brutal, bien que momentané, des conjurés. Henri III a bloqué le service de la poste, afin de contrôler les déplacements et de s'emparer des ligueurs. L'évêque de Comminges utilise alors les réseaux de marchands pour envoyer ses lettres à Madrid et, tout aussi étonnant que cela puisse paraître, c'est grâce aux informations détenues à la cour d'Espagne qu'il est informé de la situation française, dont de celle de Marguerite de Valois, pour la vie de laquelle on craint ! (Ensemble de lettres classées sous la mention : Modestino Cortese [Urbain de Saint-Gelais] à Philippe II, France, 1589, AGS, *Estado*, K 1573).

d'ajouter l'arrêt qui ne pourra qu'être prononcé par la cour souveraine[143]. Nous mesurons là la préparation du coup d'État. Dès avant la fin des États et, bien sûr, l'assassinat des Guises, Saint-Gelais et les ligueurs toulousains avaient fait imprimer la soustraction d'obédience au roi félon, prête à être diffusée auprès de la population !

Le premier président au parlement, Jean-Étienne Duranti qui s'oppose à cette soustraction d'obédience, manque une première fois de perdre la vie, le 25 janvier, et le bruit se répand déjà que les Toulousains l'ont tué[144]. Mendoza le dément dans une lettre qu'il écrit à Philippe II le 5 février et, cinq jours plus tard, Duranti est effectivement lynché[145] ! Ce meurtre n'est pas le simple résultat d'une émotion populaire, mais celui d'une cabale qui a instrumentalisé la populace[146]. Duranti avait

143 « Imprimé à Paris, chez Michel Jouin, rue Saint-Jacques à la Souche, 1589 » (AGS, *Estado*, K 1570, n° 44). Denis Pallier note avec justesse qu'il s'agit d'une « glose des événements très imprécise » (Pallier Denis, *Recherches sur l'imprimerie à Paris pendant la Ligue (1585-1594)*, Genève, Droz, 1976, p. 307). Le même imprimeur a notamment publié, la même année : *Les Paroles que le roy d'Espagne tint, quand receut nouvelles de la mort de messeigneurs les cardinal et duc de Guise* (*Idem*, p. 286).

144 « *Avisos de la Chausee de Sainct Victores de 26 de enero 1589* » (AGS, *Estado*, K 1570).

145 Assailli au sortir du parlement par 50 ou 60 hommes d'armes, un des siens est tué et il ne doit la vie qu'à la célérité de son cocher, « et [il] courut se rendre prisonnier en l'hôtel de ville au lieu que s'il fut allé en sa maison il y eut été massacré et sa maison pillée » (*Histoire de la Ligue*, BnF, ms fr. 23295, f° 468). Dès le lendemain, on annonce sa mort à Philippe II, démentie ensuite : « *En Tolosa se entiende que no mataron el primer Presidente como se havia dicho antes, sino que lo querian hazer y que le han despribado, haviendo publicado no ser obligado a obedescer al Rey en conformidad de la declaration de la Sorbona* » (Mendoza à Philippe II, de la Chaussée-Saint-Victor, 5 février 1589, AGS, *Estado*, K 1570). L'ambassadeur envoie également au Roi Catholique un imprimé sans mention d'éditeur ni de lieu d'édition : *Responsum Facultatis Theologicae Parisiensis*, 1589 (AGS, *Estado*, K 1560, n° 198). Duranti, qui donnait l'impression de trahir ses anciens compagnons ligueurs, avait peu d'illusion sur sa mort prochaine, comme il l'écrivait au feuillant Jean de La Barrière (Bnf, ms fr. 11565, f° 83. Pierre Benoist, *La bure et le sceptre. La congrégation des feuillants dans l'affirmation des États et des pouvoirs princiers (vers 1560-vers 1660)*, Paris, Publications de la Sorbonne, 2006, p. 100-101).

146 Saint-Gelais fait alors imprimer à Paris une relation propre à le disculper : *Advertissement particulier et véritable de tout ce qui s'est passé en la ville de Tholose depuis le massacre et assassinat commis en la personne des Princes Catholiques touchant l'emprisonnement et mort du premier President et Advocat du Roy d'icelle, que de plusieurs autres choses dignes d'estre remarquées pour le profit et utilité des affaires des bons et vrays catholiques*, Paris, Robert Le Fizelier, 1589 (Un premier récit, sous la forme d'une lettre écrite par un avocat du parlement de Toulouse à un confrère du parlement de Paris, datée du 8 février et signée I.P.D. est imprimée chez Pierre Huy, en 15 pages. Le second, plus développé, comporte 24 pages (Pallier Denis, *Recherches sur l'imprimerie*, *op. cit.*, p. 306). À la fin des troubles, un autre récit est imprimé ; anonyme, il est attribué à Antoine Du May, ami du président défunt (*Narratio fidelis de nostre D.D. Joan Steph. Duranti*, Paris, 1600, dans Dom Devic et Dom Vaissète,

trahi ses amis ligueurs ; il méritait la mort. L'historiographie toulousaine en a fait un parangon de tolérance ; les Toulousains, plutôt qu'un Christ de la Passion, l'on immolé en carnaval, à l'instar d'un piètre bouc émissaire…

Treize jours après, Henri III écrit un long mémoire au maréchal Guillaume de Joyeuse[147], lieutenant général en Languedoc, et père du défunt Anne, dans lequel il détaille les actions à intenter contre l'évêque de Comminges et où il accrédite la thèse d'un complot visant à livrer la province à l'Espagne. « La diligence est très nécessaire de peur que ledit évêque ne fasse entrer l'Espagnol, comme il nous en menace ». Mais, alors que le parlement de Toulouse, qui a déclaré sa soustraction d'obédience et attribué à Saint-Gelais le gouvernement de la ville et de la sénéchaussée de Toulouse, envoie des émissaires dans toute l'étendue de son ressort, afin de soulever les villes contre le roi, la Ligue toulousaine, menée par les Dix-huit, demeure à distance de la Ligue parisienne et du « lieutenant général de l'État royal et couronne de France », Mayenne[148].

Ce dernier reproche à Saint-Gelais de ne pas tenir compte de ses lettres et de ne pas participer aux États de la Ligue. La raison invoquée par le prélat est simple : ne connaissant pas la volonté du Roi Catholique, il ne saurait qu'elle attitude y tenir[149] ! L'évêque de Comminges ne se considère que comme une solution d'attente. Il ne veut pas exciter Matignon et

---

Histoire générale de Languedoc, Toulouse, Privat, 1872-1904, t. 12, p. 1466). Voir également : Greengrass Mark, « The Sainte Union in the Provinces : The Case of Toulouse », *The Sixteenth Century Journal*, 14, 1983, n° 4, p. 469-496 et Delprat Carole, « Les magistrats du parlement de Toulouse durant la Ligue », *Annales du Midi*, t. 108, 1996, p. 39-61). Saint-Gelais fera imprimer d'autres écrits ligueurs et pro-espagnols, que nous n'avons pas encore identifiés. Le complot ligueur réussi de Senlis, soutenu par le duc d'Aumale, est déclenché, lui aussi, durant les jours gras de carnaval (13 février), jouant sur un moment propice pour « remuer » le commun peuple (Amalou Thierry, *Le lys et la mitre. Loyalisme monarchique et pouvoir épiscopal pendant les guerres de Religion (1580-1610)*, Paris, Éd. du CTHS, 2007, p. 224-230. Brunet Serge, *« De l'Espagnol dedans le ventre ! » op. cit.* p. 780-785).

147 Le 15 avril, il se fait désigner comme chef militaire, pour le Languedoc, par les États de la Ligue de Castelnaudary, alors qu'Henri III lui avait demandé de quitter sa charge, au profit de Montmorency. Lui et son fils entraînèrent alors avec eux, « tous les catholiques du haut Languedoc » (*Mémoires du baron d'Ambres, Guerres de la Ligue en Languedoc*, dans : *Pièces fugitives pour servir à l'histoire de France, avec des notes historiques et géographiques*, Paris, P. Chaubert – Hérinaut, 1759, t. 2, et AD Haute-Garonne, C 2286, f° 30 à 53).

148 Modestino Cortes [Saint-Gelais] à Philippe II, s.l.n.d., début mai 1589 (AGS, *Estado*, K 1573).

149 « *La declaracion de los avisos que me dio en cifra el obispo de Comenges es esta* », s.l.n.d. (vraisemblablement mai 1589), AGS, *Estado*, K 1579.

provoquer des hostilités à l'égard de l'Espagne. Il attend de cette dernière de l'argent, afin de conserver Toulouse, dans l'espoir d'un illustre chef de guerre, qui ne pourra être ni Henri de Montmorency-Damville, gouverneur de Languedoc, ni l'ennemi juré de son clan familial, Antoine-Scipion, nouveau duc de Joyeuse[150]. Ce dernier se sentira profondément injurié par la demande que les Toulousains adressent à Mayenne de leur envoyer un prince pour les gouverner. Celui-ci leur laisse un temps espérer l'arrivée du duc de Nemours[151]. C'est, selon Mendoza, la raison de l'attaque de Toulouse par les Joyeuses et du rejet de Saint-Gelais. Ceux-ci, toujours selon Mendoza, se seraient entendu, en catimini, avec Monmorency-Damville, pour signer une trêve et porter l'estocade. L'évêque, avec son clan, n'a pas pour autant achevé la partie, malgré l'empoisonnement vraisemblable du plénipotentiaire Moreo (18 août 1590)[152]. Au mois de mars 1589, sept des huit parlements de province (excepté Bordeaux) se sont déjà déclarés pour la Sainte Union, sans compter les États provinciaux, comme ceux de Languedoc, réunis à Castelnaudary, et ceux de Guyenne, réunis à Toulouse, ou ceux de Comminges ou encore de Rivière-Verdun.

---

150 En 1585, Henri III avait suspendu Damville de ses fonctions de gouverneur de Languedoc. Jusqu'en 1588, Guillaume de Joyeuse, son lieutenant, s'était progressivement arrogé tous les droits de gouverneur de la province, alors que son fils, Antoine-Scipion, jouait à ses côtés le rôle de lieutenant général, avec l'assentiment des états de Languedoc (réunis à Toulouse, du 12 au 25 février, puis à Limoux, le 7 novembre 1588). Mais, à la fin de l'année 1588, et surtout après la mort du duc de Guise, Henri III se réconcilie avec Damville et il lui rend son gouvernement en janvier 1589 (Mendoza à Martín de Idiáquez, Blois, 5 janvier 1589 et Mendoza à Philippe II, La Chaussée-Saint-Victor, 20 janvier 1589, AGS, Estado, K 1570. De Vayssière Pierre, *Messieurs de Joyeuse (1560-1615)*, Paris, Albin Michel, 1926, p. 291-292).

151 Mendoza à Philippe II, Paris, 20 mars 1589 (AGS, *Estado*, K 1570). Charles-Emmanuel de Savoie, duc de Nemours (1567-1595), est d'abord emprisonné à Blois le 23 décembre 1588, ainsi que sa mère, Anne d'Este, veuve de François de Guise. Il est donc frère utérin des Guises et le filleul probable du duc de Savoie. Henri III tarde à lui accorder le gouverneur du Forez, Lyonnais et Beaujolais, après son père, et il brigue celui de Saluces (Lucinge au duc de Savoie, Blois, 3 décembre 1588, De Lucinge René, *Lettres de 1588 op. cit.*, p. 385). Il doit ensuite résister à un consulat de Lyon qui met des conditions à son obéissance (16 mars 1589). Il quitte cette ville, en y laissant son frère, pour faire passer Mâcon à la Ligue et combattre l'armée d'Henri III et du roi de Navarre autour de Paris (Mariéjol Jean-Hippolyte, *Charles-Emmanuel de Savoie, duc de Nemours, gouverneur du Lyonnais, Beaujolais et Forez (1567-1595)*, Paris, Hachette, 1938).

152 Moreo, qui venait des Flandres au secours de Paris à la tête de troupes espagnoles, meurt subitement le 18 août à Meaux. Certains diront qu'il s'agissait d'une congestion cérébrale. Son frère, le capitaine Moreo, qui l'accompagnait, affirme qu'il a été empoisonné (Pedro de Moreo à Juan de Idiáquez, 12 septembre 1590, AGS, *Estado*, K 1573, n° 90).

MARGUERITE EN AUVERGNE

Nous manquons de sources pour juger de l'influence que Marguerite a pu avoir sur l'extension de la Ligue en Auvergne. Nous en sommes réduits, en absence de travaux sur cette question, à la suspecter, seulement. Si elle ne reprend pas les armes, si son premier souci est de se protéger, elle-même, elle ne semble pas, pour autant, inactive.

Réunis à Billom, les États de la province d'Auvergne le 22 avril 1589, en présence du comte de Randan et de son frère, l'évêque de Clermont, mais aussi de l'évêque de Castres, Jean de Fossé[153], et de deux conseillers du parlement de Toulouse, Vignaulx[154] et Calmels[155], venus expressément, prennent la résolution suivante : « que serment et promesse seront faits par tous lesdits sieurs députés de vivre et mourir en la religion catholique, apostolique et romaine, en l'Union [Ligue] des princes, parlements, villes, seigneurs, gentilshommes, et tous autres qui ont fait ou ferons semblable promesse sous l'autorité dudit sieur comte de Randan, gouverneur de la province, et s'opposer à ceux qui entreprendront aucune chose au préjudice de ladite religion et Union[156]. » Notons que l'évêque de Castres, ainsi que Caumels, avec Urbain de Saint-Gelais, avaient participé à l'arrestation du président du parlement de Toulouse, Duranti[157]. Avec Vigneaux, en tant que « députés des villes et du pays de Languedoc », ils sont venus demander aux députés d'Auvergne de

153 En 1583, le cardinal Charles de Lorraine-Vaudémont avait obtenu le siège de Castres, ville occupée par les protestants qui en avaient fait leur place forte. Six mois plus tard, il l'avait cédé à Jean de Fossé, contre une pension de 6000 livres. Chanoine métropolitain de Toulouse, et docteur en théologie de la maison de Navarre à Paris, il soutient, ardemment, la Ligue.

154 François de Vignaulx, ou Vignals, avait été nommé conseiller au parlement de Toulouse en 1570. Il décède le 6 octobre 1598 (Vindry Fleury, *Les parlementaires français au XVIe siècle, t. second, fasc. II, Parlement de Toulouse*, Paris, Honoré Champion, 1912, p. 237).

155 Pierre Calmels, ou Caumels, nommé conseiller au parlement de Toulouse en 1568, retrouvait les ultra-catholiques aux Pénitents bleus, de Toulouse. Il est très actif durant la soustraction d'obédience à Henri III. Il décède le 6 février 1588 (*Idem*, p. 234). Il s'agirait de ce dernier, plutôt que de Thomas de Caumels, chanoine de Saint-Étienne, et conseiller-clerc, comme l'était aussi Saint-Gelais. Le fils de Pierre, autre Pierre, avocat général au parlement de Toulouse, participe à la cabale des Joyeuses pour rejeter Saint-Gelais de Toulouse (*Idem*, p. 269 et Brunet Serge, *« De l'Espagnol dedans le ventre ! »*, *op. cit.*, p. 801).

156 *La résolution des Trois États au bas pays d'Auvergne*, ms, cité par : Imberdis, André, *Histoire des guerres religieuses en Auvergne*, *op. cit.*, t. 2, p. 135. Cet auteur, aux références précieuses, par ailleurs, limite souvent celles qui ont trait à Marguerite à la lecture du *Divorce satyrique*.

157 Brunet Serge, *« De l'Espagnol dedans le ventre ! »*, *op. cit.*, p. 778-779.

jurer la Ligue. D'autres Toulousains rayonnent ainsi, jusqu'au-delà du ressort du parlement[158].

Derrière Randan se trouvent alors, notamment, outre son frère, Lastic, Lignerac, Canillac, Oradou, Saint-Hérem, Chalus, d'Estaing et Monfan. Mais, à Blois, en l'accusant de félonie, Henri III l'avait destitué, pour nommer un autre gouverneur à sa place : Gilbert d'Effiat, lequel entraînait d'autres grandes familles fidèles au roi, comme les Curton, La Fin, Le Nocle, Rastignac, Lavedan, Chabannes, Florac, Allègre, Chavagnac, La Mothe Saint-Arnauld. Deux légitimités s'affrontent, alors que Clermont reste pour le roi ; Riom la concurrence en devenant la capitale de la Ligue d'Auvergne.

La même concurrence se retrouve pour la sénéchaussée de Clermont. Jacques d'Oradou, seigneur de Saint-Gervasy, qui n'est autre que le premier maître d'hôtel de Marguerite, tient pour la Ligue, alors que Florac, seigneur de Laqueille entend remplir la charge pour le roi. Jacques de L'Hospital, chevalier d'honneur de Marguerite fut aussi, un temps, sénéchal d'Auvergne. Comment ne pas voir, là, la main de la reine ?

« De son château d'Usson, elle promenait au loin son œil d'aigle sur tous ces seigneurs qui étaient trop lents, selon ses désirs, à se déclarer pour l'Union. Elle les stimulait avec finesse ou les gourmandait fièrement. Son influence franchit même les milites de la province pour se faire sentir au Puy dans l'intérêt de ses amis. », écrit Imberdis[159].

En effet, comme il l'a fait pour Randan, Saint-Vidal[160] s'étant déclaré pour Mayenne, Henri III lui avait retiré sa commission de gouverneur du Puy, au profit de Clermont de Chaste[161], sénéchal du Velay. Alors que

158 Le conseiller Caumels va, ainsi, à Albi, De Richard à Lavaur, De Lecomte à Cahors, Jean de Cyron à Carcassonne. Les « Dix-huit », organe ligueur de Toulouse, rédigent les articles de la Sainte Union qu'ils envoient aux ville s du ressort ainsi qu'à plusieurs seigneurs. « Les villes de Caumont, Muret, Saint-Julien, Lombez, furent les premières à jurer l'Union » (*Condensé des Annales manuscrites de la ville de Toulouse*, BM. Toulouse, ms. 696). Ils rayonnent donc même au-delà du ressort du parlement, comme, par exemple, lorsque, le 27 mai, le bourgeois Vidal est délégué à Agen (Brunet Serge, *« De l'Espagnol dedans le ventre ! »*, *op. cit.*, p. 793-794).

159 Imberdis André, *Histoire des guerres religieuses en Auvergne*, *op. cit.*, p. 157-158.

160 Antoine de La Tour-Saint-Vidal, seigneur de Saint-Vidal, de Vaudragon, baron de Beaufort, etc., chevalier de l'Ordre du roi, capitaine de cinquante hommes de ses ordonnances, gouverneur en Gévaudan (1583), et premier sénéchal (1585). Il meurt, le 2 mai 1588, au siège de Calais.

161 François de Clermont-Chaste (v. 1547-1594), seigneur de Vernoux, baron de La Faye, La Brosse et Saint-Just, baron de Chaste, chevalier de l'ordre du roi, sénéchal du Puy et

ce dernier se rendait maître des garnisons alentour, Saint-Vidal accourt de Lyon, qui s'est déclarée pour la Ligue, et il s'apprête à affronter son compétiteur. Il assemble le conseil des Vingt-Quatre, autorité dictatoriale de la cité, qui fait mettre hors la loi Chaste et les siens, au bénéfice de la Ligue. C'est alors Marguerite qui, en mai 1589, envoie ses gentilshommes comme médiateurs, et assure le maintien de Saint-Vidal[162]. Là encore, le conseiller Vignaulx était, lui aussi, venu, depuis Toulouse, qui vivait la théocratie de Saint-Gelais. On ressent bien l'influence de Marguerite, dans ce temps de soustraction d'obédience à l'égard de son royal frère. L'enquête, difficile, reste à poursuivre.

Les échanges entre Urbain de Saint-Gelais et Philippe II, emplis de sollicitude pour la recluse d'Usson, confirment qu'elle est, non seulement, toujours « dans la boucle » des ligueurs, mais que les pro-espagnols attendent beaucoup d'elle.

Un courrier envoyé de Madrid le 8 mai signale que l'on n'a toujours pas de nouvelle de Marguerite de Valois. On se soucie de sa situation, car c'est bien elle qui est considérée par les ligueurs pro-espagnols comme la détentrice provisoire de la couronne des Valois[163]. On espère qu'elle acceptera de la transmettre à l'infante. Catherine de Médicis était morte le 5 janvier 1589, et, à l'ouverture de son testament, on avait pu constater que la reine mère déshéritait totalement sa fille. En juin suivant, par lettres patentes, Henri III ratifie les dispositions testamentaires de leur mère[164]. L'évêque de Comminges réclame alors à

bailli du Velay, gouverneur et lieutenant général du Velay, il sera le chef des royalistes, en 1594. Sa mère, Paule de Joyeuse, était la sœur de Guillaume de Joyeuse.

162 *Idem*, p. 158. De Montfleury Jean-Baptiste-Louis de Vinols, baron, *Histoire des guerres de Religion dans le Velay pendant les règnes de Charles IX, Henri III et Henri IV*, Le Puy, Marchessou, 1862, rééd., Saint-Vidal, Centre d'Étude de la vallée de la Borne, 1983, p. 146-151.

163 Brantôme, dans le *Recueil des dames*, s'est lamenté sur l'existence de la loi salique, qui empêchait les femmes de qualité d'accéder au pouvoir. Pour lui, Marguerite disposait de toutes les compétences requises d'une grande reine de France, et il citait des propos tenus par Catherine de Médicis qui allaient dans ce sens (Brantome, *Recueil des dames*, I, V, « Sur la reine de France et de Navarre, Marguerite », Paris, Gallimard, 1991, p. 134).

164 Les biens propres de Catherine de Médicis (châteaux, seigneuries, terres et domaines, bijoux, meubles, rentes), sont légués à sa petite-fille, Christine de Lorraine, future duchesse de Toscane, et à son petit-fils Charles de Valois, bâtard légitimé de Charles IX et de Marie Touchet. Celui-ci recueille donc les comtés de Clermont et d'Auvergne, les baronnies de La Tour et de La Chaize (seigneuries d'Auvergne que Catherine tenait de sa mère), ainsi que le comté de Lauragais et un ensemble de droits seigneuriaux dans le Midi. Le château de Chenonceaux, avec son mobilier, revient à Louise de Vaudémont, femme de

Philippe II « la faveur de m'écrire clairement et comme en confession si la sérénissime princesse Marguerite prétend conserver le droit que Dieu et la nature lui ont octroyés », il souhaite qu'elle accepte « de ne pas laisser perdre sa succession à cette couronne ». Dans un courrier suivant, qui est antérieur à la publication du monitoire d'excommunication contre Henri III par Sixte Quint (26 mai), Henri de Valois, déchu de sa royauté, est simplement appelé « *el primo* ». Le prélat rappelle sa fuite de Blois, sa nomination comme gouverneur de Toulouse par le parlement et la position des siens :

> je ne peux que recourir à la vraie ligne royale de France qui est la sérénissime princesse Marguerite. Je me dois selon le devoir de vassal naturel à son altesse laquelle ne désire posséder aucune chose qui ne soit au pouvoir du roi d'Espagne. J'ai bien des choses à rapporter à Votre Seigneurie [Juan de Idiáquez, secrétaire du conseil d'État de Philippe II], principalement de Bretagne, fief féminin et pas royal[165], et dont je sais que Votre Seigneurie a étudié le droit qu'elle a. Je vous enverrai un petit livre nouvellement imprimé. La Bretagne peut vous être d'un grand profit, elle peut également vous être d'une grande aide pour la conquête de l'Angleterre par le port de Brest. Les hérétiques s'apprêtent à me donner bien du tracas et de mon côté je commence à rassembler des gens pour m'opposer à leurs entreprises. Il vous plaira de pourvoir votre frontière [celle des Pyrénées, par le Comminges et le Val d'Aran].

L'évêque s'inquiétait des préparatifs de Matignon et de « ses faux catholiques qui ont rejoint les hérétiques [les politiques] ». Il affirmait disposer de 1 000 arquebusiers et de 100 lances et que, si le roi d'Espagne le finançait pour en lever et en payer 1 000 autres pour deux mois, cela serait suffisant pour assurer leur sécurité. Il déconseillait, par contre, au roi d'amasser des soldats sur la frontière et de la fortifier, afin de ne pas donner aux ennemis un prétexte d'action contre lui. Dans sa lettre du début du mois de mai, Saint-Gelais demandait au roi qu'il lui envoie un émissaire spécial, ainsi que le « procureur fiscal [ou official ecclésiastique

---

Henri III. Tout le reste de ses biens va à ce dernier (Garrisson Janine, *Marguerite de Valois*, Paris, Fayard, 1994, p. 260).

165 La Bretagne était un bien propre de la famille régnante, tenu de la reine Claude, femme de François 1er, qui avait été par héritage maîtresse de la Bretagne. On pouvait alors prétendre que ce duché ne faisait pas partie du royaume de France et que l'infante pouvait en hériter. Mais il y avait deux autres compétiteurs possibles : le marquis de Pont-à-Mousson, et surtout Philippe-Emmanuel de Lorraine, duc de Mercœur et de Penthièvre, gouverneur de Bretagne pour la Ligue, du fait de son épouse, Marie de Luxembourg.

particulier] du Val d'Aran[166] ». Quant à l'émissaire, ce sera le capitaine Sarabia. Le prélat pense qu'il pourra ainsi « lui faire un rapport sur bien des affaires que l'on ne peut confier au papier ». Dans ce courrier Saint-Gelais dit encore à Philippe II : « je persuade Marguerite de maintenir la bonne amitié et considération du roi d'Espagne car elle n'ayant pas d'enfant, elle peut rendre de grands services et aider. » Fin diplomate, pour flatter la reine de Navarre, le prélat termine en demandant « de me faire une mention très chaleureuse de Marguerite dans une lettre à part, de sorte qu'elle puisse la voir. »

Conscient qu'il est un homme d'Église, un lettré, et non un soldat (malgré le siège qu'il a parfaitement mené pour reconquérir son évêché, en 1585), dès la mort des Guises, et malgré les périls, le prélat travaille à la défense des droits de Philippe II sur le duché de Bretagne. Il approfondit un premier travail qui ne l'avait amené à ne présenter au Roi Catholique « que des généralités ». Il envoie des ouvrages à la cour d'Espagne et en reçoit sur cette question. C'est surtout des droits de l'infante, Isabelle-Claire-Eugénie, sur le trône de France, qu'il se soucie, en y amenant Marguerite. Depuis Toulouse, le prélat se considère donc, toujours, comme une solution d'attente.

Une autre épreuve vient affecter la Ligue en Auvergne, c'est la terrible défaite, et la mort de Randan, à la bataille de Cros-Rolland, le 14 mars 1590. Cent-vingt gentilshommes ligueurs périssent à ses côtés, près d'Usson. Randan est remplacé par le fils de Canillac[167] mais, le même jour, la victoire d'Henri de Navarre à Ivry ajoute au mauvais présage[168].

166 Il s'agit de Père de Binos. Par privilège de la vallée, cet official est, obligatoirement, un clerc natif, dont le choix échappe à l'évêque, et dont les décisions ne peuvent être jugées, en appel, que directement à Rome, sans passer par l'officialité diocésaine. Cette collaboration, très étonnante, démontre combien la coopération entre Saint-Gelais et ses diocésains espagnols du Val d'Aran est étroite, assurant une voie majeure d'information et d'espionnage à travers la frontière des Pyrénées (Brunet Serge, *Les prêtres des montagnes. La vie, la mort, la foi dans les Pyrénées centrales sous l'Ancien Régime*, Aspet, PyréGraph, 2001, p. 776. Brunet Serge, « Los Pirineos en el siglo XVI : una frontera religiosa », dans Fernando Ciaramitaro y José de La Puente Brunke (ed.), *Extranjeros, naturales y fronteras en la América Ibérica y Europa (1492-1830)*, UACM (Universidad Autònoma de la Ciutad de México) – Edit-um (Ediciones de la Universidad de Murcia), Mexico, 2017, p. 115-180.

167 Jean Timoléon de Montboissier-Baufort-Canillac, marquis de Canillac, capitaine de cinquante hommes d'armes des ordonnances du roi, lieutenant général du roi pour l'Auvergne. En 1596, il épouse Gasparde Mitte de Miolans.

168 De son côté, Randan décédé, et félon, Henri IV confirme, au bénéfice de son neveu, Charles d'Orléans, grand prieur de France, comte d'Auvergne, de Clermont et de Lauragais, le

Peu de temps après, Marguerite échappe à un attentat, manquant de perdre la vie « d'un coup de pistole qu'on lui tira dans sa chambre au château d'Usson, lequel donna dans les robes de Sa Majesté et par même moyen faillirent de prendre ledit château d'Usson, la tragédie étant conduite par le capitaine de sa garde[169] ».

Imberdis, à partir d'une documentation dont il ne nous fournit pas, malheureusement, les références, confirme la continuité de l'action de Marguerite en faveur de la Ligue, malgré les épreuves subies, à l'occasion du soutien qu'elle accorde, avec ses soldats, au fils du défunt Canillac.

> Cette dure position ne l'empêchait pas de se mêler aux événements politiques qui agitaient la province. Elle exerçait dans les conseils ligueurs autant d'empire qu'un capitaine victorieux ; elle avait de nombreux agents pour la représenter. Ses correspondances étaient suivies avec l'Union parisienne : le duc de Mayenne lui adressait des communications officielles. Elle prenait part aux opérations de la guerre, et, plus d'une fois, les arquebusiers qu'elle avait fait venir d'Orléans joignirent leurs efforts à ceux des capitaines routiers qui se battaient en partisans. Le château d'Usson s'était accru de travaux qui le rendaient plus formidable encore qu'avant l'arrivée de Marguerite[170].

MAYENNE : MAINTENIR L'ESPAGNE À DISTANCE

Mayenne, contrairement à son frère défunt, refuse la tutelle espagnole. Des divergences, peu visibles jusqu'alors, ternissent désormais les relations avec l'Espagne. C'est notamment le cas de la Bourgogne, dont Mayenne est le gouverneur. Le Roi Catholique, qui s'intitulait « duc de Bourgogne », avait soutenu de sombres intrigues sur cette province et il avait fallu faire figurer la promesse de la Bourgogne dans la monnaie d'échange utilisée par Henri de Guise pour entretenir le secours de l'Espagne[171]. Nous savons combien il en avait coûté à Charles Quint pour renoncer à cette Bourgogne. En mai 1588, devant Moreo, le duc avait

---

gouvernement du haut et bas pays d'Auvergne, que lui avait concédé Henri III, le 26 juin 1589 (Lettres patentes données à Corbeil, le 1er avril 1590. Imberdis André, *Histoire des guerres religieuses en Auvergne*, *op. cit.*, t. 2, p. 324-325).

169 Le château de Saint-Babel, proche, est enlevé par la même occasion (15 janvier 1591, AM Lyon, AA 74, cité par Mariéjol Jean-Hyppolyte, *La vie de Marguerite de Valois, reine de Navarre et de France (1553-1615)*, Paris, Hachette, 1928, p. 274).

170 Imberdis André, *Histoire des guerres religieuses en Auvergne*, *op. cit.*, t. 2, p. 330-333.

171 L'ambassadeur Vargas, par exemple, avait animé un sombre et inutile complot, avec notamment le fils du maréchal Gaspard de Saulx-Tavannes (Guillaume ?) et M. de Meri (Vargas à Philippe II, Paris, 1er octobre 1578, AGS, *Estado*, K 1546, n° 8).

renouvelé la promesse de la Provence et de la Bourgogne[172]. Suivant une plaquette navarriste, Mayenne, qui accorderait à Philippe II, s'il l'aidait à obtenir le trône, un morceau du royaume, entendait cependant ne pas lui sacrifier la Bourgogne, et il lui offrait, en échange, la Picardie[173]. Pierre Jeannin, premier président au parlement de Dijon et bras droit de Mayenne, avait pu contribuer à entretenir ce climat de défiance à l'égard de l'Espagne[174]. Il avait rencontré Moreo à Nancy, puis à Gray. Après la mort de Henri III (2 août 1589), Philippe II réclamera pour sa fille, non seulement une partie de la Bretagne, terre de l'aïeule de l'infante, mais aussi la Bourgogne. Assez rapidement, on comprend que ces provinces ne sont qu'un acompte sur un tout réclamé par le Roi Catholique : le royaume de France, comme l'affirmait déjà Mendoza en avril.

À l'occasion d'une entrevue située entre la fin du mois de septembre et le début du mois de novembre 1589, à Rouen, Moreo expose à Mayenne et à son conseil l'aide que Philippe II avait apportée à la Ligue au temps du duc de Guise et les bonnes dispositions de son maître à poursuivre ce soutien militaire et financier[175]. En évitant bien de s'engager dans une quelconque soumission, Mayenne accepte l'or espagnol qui doit sauver Paris. Moreo, accompagné de Tassis, rapporte de Bruxelles, dès le 4 décembre, 300 000 écus amassés par Farnèse, et qui font bien défaut au duc de Lorraine[176]. Ce dernier, qui a envoyé son fils aîné, le marquis de Pont, interviendra pourtant à deux reprises pour alimenter Paris. En se faisant proclamer « protecteur » du royaume de France, à la suite de la captivité de Charles X, à la fin de l'année 1589, Philippe II exprimera tous ses desseins. Mais Mayenne s'était contenté de promesses verbales : ne jamais s'accorder avec les hérétiques, réunir les États généraux le

---

172 Moreo à Philippe II, 14 mai 1588 (Arch. dipl. du Quai d'Orsay, Espagne 322, fol. 87).

173 *Deschiffrement d'une lettre escrite par le commandeur Moreo au roy d'Espagne*, s.l.n.d., in-8e (Hauser Henri, *Les sources de l'histoire de France, XVIe siècle*, Paris, Picard, 1915, t. 4, n° 2929). Drouot Henri, *Mayenne et la Bourgogne. op. cit.*, t. 1, p. 254 et t. 2, p. 24-25 et 174-176).

174 Sur l'anti-hispanisme de Jeannin, qui rejoint là Épinac et Villeroy : *idem*, t. 2, p. 192-196.

175 Moreo à Philippe II, Rouen, 27 septembre 1589 (AGS, *Estado*, 597, n° 126). Mendoza à Philippe II, Paris (7 novembre 1589, AGS, *Estado*, K 1570, n° 153). « *Puntos del razonamiento hecho y mantenido del Comendador Moreo al Consejo de la Union en Roan* » (AGS, *Estado*, K 1569, n° 51). Vásquez de Prada Valentín, *Felipe II y Francia (1559-1598). Política, religión y razón de Estado*, Pamplona, EUNSA, 2004, p. 348-349.

176 Charles III, qui se targue de sa fidélité à l'accord signé, signale qu'il a même résisté à des « propositions avantageuses » de Henri IV s'il abandonnait la Sainte Union (De Lucinge René, *Lettres de 1588*, *op. cit.* (n. 26), p. 289-307).

1er février 1590 et solliciter la fameuse « protection » du Roi Catholique[177]. Cette dernière allait fâcher Sixte-Quint, qui se considérait comme le seul « protecteur » de la fille aînée de l'Église. Le pape désavouera alors son légat Caetani à son arrivée à Paris, le jugeant trop espagnol et il lui interdira tout commerce avec Mendoza. Cette attitude permettra à Mayenne de se dédire. La mort du roi de la Ligue, Charles X, le 8 mai 1590, la connivence des Seize[178], les défaites de Mayenne, le blocus de Paris, l'arrivée des *tercios* d'Alexandre Farnèse, permettront, enfin, au Roi Catholique, d'affirmer solennellement les revendications dynastiques d'Isabelle-Claire-Eugénie.

Le 26 janvier 1593, les États généraux ouvriront solennellement et, le 2 avril suivant, le duc de Feria, ambassadeur du Roi Catholique, y sera reçu, afin d'y présenter la candidature de l'infante. Mais, devant son intransigeance, le 20 juin, les députés voteront une mise en demeure aux Espagnols de lui choisir un prince français comme époux. L'Espagne se fera aussi menaçante, aux côtés des ligueurs de Guyenne, en écrasant Matignon au très long siège de Blaye[179]. Mais Henri IV les prendra de court en abjurant, le 25 juillet, à Saint-Denis. Isabelle-Claire-Eugénie ne sera pas reine de France.

---

177 Moreo et Tassis continuent les négociations avec l'archevêque de Lyon, Villeroy, Jeannin, le président du parlement de Paris, Vétus, François Oudineau et Bassompierre, agent du duc de Lorraine (Tassis et Moreo à Philippe II, Paris, 30 décembre 1589, AGS, *Estado*, K 1570, nº 191).

178 Déjà, à la fin du mois de septembre 1590, lors du difficile siège de Corbeil, les Seize avaient envoyé une députation auprès de Mayenne, composée presque exclusivement d'ecclésiastiques et de praticiens. Celle-ci réclamait une guerre à outrance contre les huguenots, une épuration et le rétablissement du Conseil général de l'Union. Mais elle exigeait, aussi, du lieutenant général qu'il prenne sans réticence appui sur le pape et sur Philippe II (Barnavi Élie, *Le parti de Dieu op. cit.*, p. 199-200). Le 2 septembre de l'année suivante, les Seize écriront directement une lettre au roi catholique, par laquelle ils lui offrent le royaume (Palma-Cayet Pierre Victor, *Chronologie novénaire*, *op. cit.*, t. 1, liv. III, p. 353-354).

179 Brunet Serge, « Le grand siège de Blaye (1593), chant du cygne – et révélateur – de la Ligue hispanophile de Guyenne », *op. cit.*

CONCLUSION

S'interroger sur le déclenchement de la Ligue dans le Sud-Ouest, notamment à Agen, depuis la frontière, en province, c'est une façon de « décentrer » l'analyse. Il est alors possible d'ouvrir le champ d'une histoire de la Ligue, terrible guerre civile autant que religieuse, en se départissant d'une approche trop parisienne, comme Henri Drouot en avait montré la voie, depuis la Bourgogne[1]. La Guyenne, à la fois cœur de la puissance du prétendant au trône, d'autant plus que pouvait s'y joindre l'apanage de Marguerite, et talon d'Achille du royaume, outre son incidence nationale, témoigne d'autres liens, dans le ressort de chaque parlement, mais aussi entre villes parlementaires et, bien sûr, dans chaque zone d'attraction urbaine, conçue selon des critères variés et complexes. Il faut cependant se garder de tomber dans l'excès inverse et vouloir tout soumettre à une analyse en forme de réseaux. Différentes liaisons existaient, mais il faut les hiérarchiser et considérer également leur fractionnement au sein des mêmes obédiences, ainsi que leur mutabilité.

D'autre part, l'action de Marguerite de Valois, et l'étonnante réactivité des ligueurs du Sud-Ouest, qui sont pourtant pris de court par le parricide de Blois, confortent l'hypothèse d'un vaste complot guisard, soutenu par l'Espagne. Il se nourrit des prétentions dynastiques des Lorrains, mais le Roi Catholique se soucie d'abord de l'Armada. Contrairement à ce qu'on a pu penser, Marguerite de Valois y participe et les ligueurs parisiens sont en relation directe avec la cour d'Espagne.

Nous devons nous défier, également, d'une analyse trop franco-française des événements. Les troubles de France constituent des pions, aux valeurs changeantes, sur l'échiquier de la « Grande stratégie » de Philippe II, comme sur celui de puissances secondaires comme le duché

1 Brunet Serge (éd.), *La Sainte Union des catholiques de France*, *op. cit.* Nous partageons la position de : Kaiser Wolfgang (dir.), « La centralité des marges », Kaiser Wolfgang (dir.), *L'Europe en conflit. Les affrontements religieux et la genèse de l'Europe moderne, vers 1500-vers 1650*, Rennes, PUR, 2009, p. 215-219.

de Savoie ou celui de Lorraine. Enfin, en recomposant la trame événementielle, nous ne devons pas nous laisser berner par une histoire « récit d'événements mémorables », par « l'illusion héroïque » ou bien encore par les fumées de prétendues « rodomontades espagnoles » (Brantôme, Villeroy) et, au premier chef, par la légende henricienne élevée en récit national[2]. Il est précieux de reconstruire les diverses espérances dont les contemporains se nourrissaient, d'ouvrir de multiples possibilités, en se défiant d'une logique unidimensionnelle des enchaînements factuels, d'une « intelligibilité régressive » des événements qui ne peuvent que nous amener vers les résultats que nous connaissons par avance[3].

C'est tout le sens que recouvre l'action de Marguerite de Valois à Agen. Les sources espagnoles et monégasques ne nous disent pas si Aubiac, Duras, Lignerac, le fils de l'apothicaire d'Agen ou Canillac furent ses amants… Ou bien si elle rejoint Guise en vertu d'une inclination de jeunesse… Ni le sévère Philippe II, implacable censeur des mœurs, ni ses agents, ne font allusion à de prétendues frasques de Marguerite et le Roi Catholique lui reste très affectionné. Seul Mendoza rapporte l'assassinat du fils de l'apothicaire par ce « fou » de Lignerac, mais c'est à la cour de France qu'il a relevé ce fait, et non pas dans les rapports de ses agents. Par contre, les Espagnols craignent réellement pour la vie de Marguerite, et ils se réjouissent du retournement de Canillac qui, une fois de plus, lui assure un refuge sûr. Dans un mémoire qui accompagne cette lettre, Marguerite accuse bien son mari d'avoir, d'abord, cherché à l'empoisonner[4].

Quel était le but de Marguerite en soulevant Agen ? Le duc de Guise l'a clairement exprimé, en situant l'action de la reine de Navarre dans le soulèvement général de la Ligue :

2 Outre les travaux de Pierre Nora, de Michel de Certeau, de Jacques Revel et de François Hartog, voir : Petit Jean-Luc (éd.), *L'événement en perspective*, Paris, Éd. de l'EHESS, 1991 ; *Qu'est-ce qu'un événement ? Terrain*, n° 28, mars 2002. Dobry Michel, « Ce dont sont faites les logiques de situation », Favre Pierre, Fillieule Olivier et Jobard Fabien (éd.), *L'atelier du politiste. Théories, actions, représentations*, Paris, Éd. La Découverte, 2007, p. 119-148.

3 Hartog François, *Régime d'historicité. Présentisme et expériences du temps*, Paris, Seuil, 2003.

4 Au printemps 1586, Marguerite avait manqué de mourir d'une longue maladie, peut-être une fièvre puerpérale (Boucher Jacqueline, *Deux épouses et reines à la fin du* XVI*e siècle*, *op. cit.*, p. 295). Henri de Guise accrédite, ensuite, « les assurances que l'on avait données au roi de Navarre de la mort certaine de sa femme, pour l'établissement d'une nouvelle alliance », si le retournement de Canillac ne l'avait pas sauvée (Guise à Mendoza, 1er mars 1587, AGS, *Estado*, K 1566, n° 235). Henri III, enhardi par les archi-mignons d'Épernon et Joyeuse, a pu, autant que son époux, vouloir attenter à sa vie.

> Écrivent présentement au Roy [Philippe II] votre maître pour le supplier de secourir tout en diligence la Reine de Navarre de quelque bonne somme de deniers afin quelle [que, elle,] que nous avons établie comme obstacle aux desseins de son mari et instrument fort propre pour contraindre le Roi Très Chrétien [Henri III] d'entrer en la guerre promisse [premis, exposé avant] par la dernière, ne soit abandonnée de ses gens maintenant que nous avons le plus de besoin de son intencion [action][5].

Marguerite avait accepté cette tâche, si périlleuse, et elle a bien contribué à l'obtention de l'édit de Nemours (7 juillet 1585), qui révoquait tous les édits de tolérance pris en faveur des protestants. Là, elle n'a pas échoué. Son engagement ligueur est évident ; elle le poursuit en exil et les contacts qu'elle conserve avec Philippe II, particulièrement par l'intermédiaire d'Urbain de Saint-Gelais, démontrent la maturité de son choix politique. Mais, hispanophile, il s'oppose à celui de Mayenne, et il ne peut que se réduire. Je ne sais pas si « elle termina sa vie en féministe convaincue et identifiée comme telle[6] », mais il est assuré que, loin d'une simple « amazone romantique » (Ph. Lauzun), elle sut mobiliser la noblesse catholique gasconne – comme seul Blaise de Monluc en avait été capable avant elle – et qu'elle suscita la crainte. En menant la guerre en Guyenne, pour pallier la défection de Biron, elle a été trahie par ce dernier, trompée dans l'attente de l'armée de Mayenne, déçue par Philippe II, illusionnée par sa mère, manipulée par Matignon dans ce jeu complexe entre son frère et son époux. Il est fort vraisemblable que ce dernier a participé à son rejet d'Agen par son frère, et bien probable que l'un comme l'autre ont tenté de la faire disparaître, physiquement.

La relation de l'épopée de Marguerite ressemble donc à une suite de trahisons, dont le machiavélique Henri III tire toujours les ficelles, la dernière étant celle des Agenais. Le roi de Navarre, quant à lui, peut ainsi réaliser son plan qui consiste à sortir de Guyenne pour porter la guerre en Poitou, où il doit aussi faire pièce à Henri de Condé auquel il ne veut pas abandonner ce poste de première ligne[7]. L'étrange mort de ce

5 Pour aller le plus rapidement possible, Guise écrit à Mendoza que le porteur de la lettre, un serviteur de Marguerite, est prêt à repartir aussi vite pour Madrid, une fois qu'il aura reçu les recommandations de l'ambassadeur, qu'il devra ajouter à cette lettre (Guise à Mendoza, Troyes, 14 septembre 1585, AGS, *Estado*, K 1563, n° 142).

6 Viennot Éliane (éd.), *Marguerite de Valois, Mémoires et autres écrits*, *op. cit.*, p. 258.

7 Sully (*Oeconomies royales*) se targue d'avoir inspiré ce plan au roi de Navarre. Il lui aurait conseillé de s'assurer de la Guyenne, en nommant de bons et fidèles gouverneurs de

dernier (mars 1588), puis l'assassinat des Guises, joints au double jeu de Henri III, lui dégagent un boulevard vers la couronne de France. Henri III, s'il a pleuré le sacrifice d'Anne de Joyeuse, avec la noblesse catholique gasconne, à Coutras, s'en est satisfait. À tel point qu'il en viendra même à surestimer la maîtrise qu'il pense que Henri de Navarre exerce sur la Guyenne. Après les Barricades (12 mai 1588), il écrit à Matignon en se réjouissant « que ma ville d'Agen demeure ferme à mon obéissance ». Il se trompe[8].

En effet, l'échec de Marguerite à Agen n'y a pas signifié la fin de la Ligue. C'est Charles de Monluc qui en devient gouverneur ; il sera aussi sénéchal d'Agenais[9]. Il était intervenu contre les protestants de Puymirol, en septembre 1586, et il avait offert ses services à la jurade[10]. Celle-ci décide d'affecter les fruits des propriétés appartenant aux protestants pour l'entretien de sa garnison[11]. Ce brillant capitaine protège Agen dans « cette guerre [qui] n'était qu'un brigandage, la plupart des capitaines n'ayant autre but que le sac de quelque ville ou château ou la rançon de quelque riche prisonnier trahi d'un parti ou de l'autre[12] ».

---

place, ainsi Montmorency tiendrait le Languedoc, Lesdiguières le Dauphiné, Turenne la Guyenne, alors que lui-même et Condé pourraient camper sur la position de La Rochelle.

8 « Le quatrième septembre audit an 1588 fut publié l'Édit d'Union, entre le Roy, et messieurs de Guise, et les princes catholiques en la place d'Agen, y étant messieurs des Présidiaux et messieurs les Consuls, il fut fait un feu de joie, où monseigneur le maréchal de Matignon mit le feu et donna le flambeau à Mr de Cambefort, consul » (*Chronique dite du Frère Hélie*, *op. cit.*, p. 25). Une fois encore, Matignon dissimule.

9 En 1585, il assiège Vic-Fezensac pour la Ligue (D'Aubigné Agrippa, *Histoire universelle*, *op. cit.*, t. 6, liv. X, chap. x, p. 194). Le gouverneur d'Agen, Malbès, étant mort en 1588, il le remplace (AM Agen, CC 323 et EE 10). Il sera sénéchal d'Agen à la mort de Saint-Chamarand (1591). Il mourra au siège d'Ardres, en 1596.

10 Au moment de la révolte de Marguerite, Henri III (et donc Matignon) rechigne de lui accorder une montre pour sa compagnie, malgré son insistance, alors que les autres compagnies alentour y accèdent ; nous pouvons penser qu'on se méfie de lui (Charles de Monluc à Henri III, Bordeaux, 15 avril, Estillac, 14 mai et Estillac, 11 juillet 1585. Tamizey de Larroque Philippe, *Lettres inédites de quelques membres de la famille de Monluc*, Auch, Foix, 1890, p. 30-33).

11 AM Agen, événements de juillet à septembre 1586, FF 39 et CC 320. Le Frère Hélie est assez confus au sujet de cette passation de pouvoir. Il écrit d'abord que Matignon change le calviniste Lusignan par Monluc seulement le 6 mars 1588, puis il la relate une nouvelle fois le 5 mai suivant (*Chronique dite du Frère Hélie*, *op. cit.*, p. 35).

12 Dupleix Scipion, *Histoire de Henri III, roy de France et de Pologne*, Paris, Claude Sonnius, 1633, p. 121-122. À la suite de l'abjuration de Henri IV (25 juillet 1593), il choisit de se rallier, contrairement au marquis de Villars, et il incite la jurade d'Agen à le suivre, ce qu'elle fait, le 20 avril 1594 (Brengarth Marie-Jeanne, *Sociologie et mentalités de la Ligue d'Agen (1585-1595)*, DES d'Histoire, Université de Toulouse, 1973, p. 85-88).

Janus Frégose décède le 15 octobre 1586 et, Pierre Donnaud n'y demeurant pas, c'est Nicolas de Villars, du conseil de Mayenne, membre du Conseil des Quarante, qui devient évêque d'Agen[13]. C'est enfin le beau-fils du même Mayenne, Emmanuel-Philibert de Savoie, marquis de Villars, lieutenant général en Guyenne pour la Ligue, puissamment soutenu par son frère, Henri des Prez, marquis de Montpezat (en Agenais), qui fera d'Agen sa résidence habituelle, comme jadis Blaise de Monluc[14]. Le premier maître d'hôtel de Marguerite, Michel du Bouzet, est auprès d'eux[15]. Ils entraîneront encore plus loin dans l'engagement ligueur Agen la catholique. Cette cité sera la première de Guyenne à se déclarer pour la Ligue[16].

Afin de mieux comprendre ce que Henri III, Catherine de Médicis et, après eux, les historiens, se sont attachés à limiter à une simple « révolte » de Marguerite, alors qu'il s'agissait d'une véritable action guerrière,

---

13 Janus Frégose dicte son testament à Me Pierre Dupérier, notaire, le même jour (AM Agen, Archives de l'hôpital d'Agen, non classées). Son vicaire général était Bernard de Cunolio, dont le père était venu d'Italie avec le cardinal della Rovere (De Bourrousse de Laffore Pierre-Jules, *Nobiliaire de Guyenne et de Gascogne*, Paris-Bordeaux-Agen, Champion-Féret-Chez l'auteur, 1883, t. 1, p. 81). C'est la fin de la prélature italienne en Agenais.

14 Ils sont les petit-fils d'Honorat de Savoie, dont le comté de Villars (en Bresse) a été érigé en marquisat (1563) par Emmanuel-Philibert de Savoie (1528-1580). Beau-frère d'Anne de Montmorency, il a succède à Monluc comme lieutenant général en Guyenne (juin 1570), maréchal de France (1571), amiral de France (à la suite de Coligny), il s'est démis de la lieutenance en faveur de son gendre, Mayenne (1578). Il meurt en 1580, laissant comme seule héritière Henriette, qui a épousé (1560) Melchior des Prez, seigneur de Montpezat (Quercy), maréchal de France et lieutenant général en Guyenne, mort le 17 décembre 1572 à Agen, puis Mayenne (1576). En 1579, Mayenne s'est rendu à Turin, pour son épouse, afin d'échanger avec Emmanuel-Philibert de Savoie, et à sa demande, la souveraineté de Tende et les terres de Mauro, Presla, Oneille et Vintimille contre Miribel, qui est, à cette occasion, érigé en marquisat, mouvant de ses terres. Villars-Savoie et, partant, Mayenne, sont alors bien possessionnés en Agenais, et vassaux tant du roi de France que du duc de Savoie. Bresse et Bugey retourneront à la France par le traité de Lyon (17 janvier 1601) (Alis Raymond-Louis, *Histoire de la ville d'Aiguillon*, Agen, Ferran, 1895, p. 220-233. Guichenon Samuel, *Histoire de Bresse et Bugey*, Lyon, Huguetan et Ravaud, 1650, t. 4, p. 117).

15 AD 34, 1 B 22 519.

16 Brunet Serge, « *De l'Espagnol dedans le ventre !* », *op. cit.*, p. 823-827. Alain de Vaurs, qui reste au consulat, semble s'en accommoder. En 1588, on trouve au nombre des ligueurs un Jules de Vaurs, écuyer, sieur de Paradou AM Agen, AA 23). Alain de Vaurs sera, une fois de plus, envoyé à Bordeaux, pour négocier la soumission d'Agen, au début 1594 (*Idem*, CC 328) et, le 20 avril, il signera, avec Jean de Vaurs, marchand, et Alain de Loubeilhac, tous bourgeois et jurats d'Agen, et la représentant, la reconnaissance de Henri IV comme roi de France.

dans le cadre du soulèvement général de la Ligue, il était nécessaire de remonter le temps. Qui était la femme politique Marguerite ?

Elle a, successivement, et plus habilement qu'on l'a écrit, servi son bien aimé frère cadet, son *Amadis de Gaule* (la jeune Thérèse d'Avila s'en était repue, Diane d'Andoins en avait tiré son pseudonyme de Corisande, et la reine mère, elle-même, avait donné à son chien préféré le nom de ce preux chevalier !), François d'Alençon, puis d'Anjou, dans ses ambitions flamandes. Elle a favorisé son rapprochement avec son époux, mais elle fut ballotée par ses errements, et la méfiance du dernier. Son indéfectible catholicisme romain ne l'a pas empêchée de servir, d'abord, fidèlement, Navarre, dans sa politique de conquête de places, dans une fausse pacification pour se préparer à la guerre, alors qu'elle était en Guyenne. Son apanage était un atout majeur pour Navarre. Elle déchantera ; l'accouchement de Fosseuse, avant « l'ensorceleuse » (diront les huguenots) Corisande d'Andoins, qui ne sera pas une simple énième tromperie, éloigneront les époux. La rupture est consommée au retour à la cour de France.

Nous avons souhaité, aussi, éclairer les premières années de cet étrange mariage. De 1572 à 1580, Henri de Navarre est bien peu de chose. Son jeu de gouverneur de Guyenne, bien piteux, n'a pas retenu ses thuriféraires et, partant, les historiens. Il fallait rétablir ces années de vaches maigres, de dérisoires combats, si ce n'est d'esbroufe, pour le prince de Béarn. Le désintérêt espagnol pour sa personne est significatif de la faiblesse de son poids politique. Qu'est-ce que Marguerite serait allée « faire dans cette galère », si on lui avait autorisé le départ de la cour de France ?

Il fallait saisir le jeu, machiavélique, de Henri III, qui cherchait à contenir le prince de sang, mais sans jamais le détruire. Son lieutenant général, Matignon, a joué parfaitement ce jeu complexe, fait de faux-semblants… jusqu'au désastre de Coutras ! Alors, les jeux semblaient faits, Henri s'apprêtait, vraiment, à gravir les marches du trône, et Marguerite, depuis Usson, jouait, quant à elle, la carte espagnole, s'attachant toujours à refuser une paix indigne et fallacieuse. L'Armada a échoué, les Guises sont assassinés, Marguerite a perdu. Mais elle reste une ligueuse d'influence, cachée.

Tant que son mari entendait épouser Gabrielle d'Estrée, qu'elle détestait, Marguerite ne consentait pas à ce que son mariage fût cassé.

La mort de celle-ci (10 avril 1599), et la perspective d'épousailles avec Marie de Médicis, dénouent l'affaire. C'est elle-même qui demande la permission au pape, en se fondant sur trois causes de nullité : le défaut de consentement (que, pourtant, elle récuse dans ses *Mémoires*), la parenté au troisième degré, et les dispenses supposées que Catherine de Médicis fit fabriquer à Paris. Désormais, les anciens conjoins se réconciliaient, et Marguerite ne se souciait plus que d'assurer ses revenus et, partant, son train.

ÉPILOGUE

Marguerite résida près de vingt ans au château d'Usson, « parmi les désert, rochers et montagnes d'Auvergne » (Brantôme). Elle y apprend l'assassinat de son frère, Henri III, ultime de sa fratrie, l'avènement de son mari, autant parachevé par ses victoires miliaires que par sa conversion. Son excommunication levée, il y a jusqu'aux anciens ligueur pour rentrer dans l'obéissance, particulièrement ceux du Sud-Ouest de la France, qui, hormis un Guy de Lansac, préférèrent l'oubli et l'autocensure à l'exil, la guerre déclarée à l'Espagne stigmatisant les Français « espagnolisés » et retissant l'union des armes sous une même bannière (1595-1598)[1]. Urbain de Saint-Gelais, même, fera amende honorable mais son diocèse ouvert sur l'Espagne restera encore, longtemps, une plate-forme de l'espionnage espagnol[2]. L'absolution du souverain, puis l'Édit de Nantes, devaient tarir toute velléité frondeuse. La paix de Vervins, avec l'Espagne, signée (2 mai 1598), Philippe II meurt, au palais de l'Escurial, dans de terribles souffrances, quatre mois plus tard.

À sa mort (5 janvier 1589), Catherine de Médicis avait fait un dernier affront à Marguerite, en refusant de lui transmettre ses biens patrimoniaux, dont le comté d'Auvergne qui, pourtant, lui revenait légitimement comme dernière héritière des Valois. Conseillée par Henri III, craignait-elle encore, sur son lit de mort, l'engagement ligueur de sa fille ? Probablement. Le comté restait donc entre les mains de ce bâtard de Charles IX, Charles de Valois.

1 Brunet Serge, *Les dévots de France, de la Sainte Ligue aux Lumières. Militance et réseaux*, avec Éric Suire, Bordeaux, Presses Universitaires de Bordeaux, 2019.

2 Brunet Serge, « La Ligue campanère (Pyrénées centrales) et la fin des Ligues hispanophiles de Guyenne et de Languedoc (1585-1596) », Brunet Serge (éd.), avec la collaboration de Ruiz Ibáñez José Javier, *La Sainte Union des catholiques de France et la fin des guerres de Religion (1585-1629)*, Paris, Classiques Garnier, 2016, p. 128-194. Hugon Alain, *Au service du Roi Catholique, « honorables ambassadeurs » et « divins espions » : représentation diplomatique et service secret dans les relations hispano-françaises de 1598 à 1635*, Madrid, Casa de Velázquez, 2004.

Comment Marguerite a-t-elle pu recevoir la « trahison » du fils de son ancien ennemi, Charles de Gontaut-Biron ? Celui-ci, revenu à la Ligue en 1595, conspirait contre Henri IV, avec le duc de Savoie, Charles-Emmanuel. Charles de Valois, opportuniste, parmi tant d'autres hauts personnages, était dans le complot[3]. Imberdis considère que c'est « en dévoilant les menées du comte d'Auvergne » à Henri IV qu'elle obtint la permission d'aller à Paris, au lieu de demeurer en Languedoc ou en Guyenne[4]. Découvert, Biron est condamné, et décapité le 31 juillet 1602 ; Charles de Valois est embastillé. Le marquisat de Saluces, bien connu de Margot, était au cœur des enjeux. Sachant son engagement passé, Marguerite est-elle absente ou, au moins, ignorante de tout cela ? Elle profite, immédiatement, de la disgrâce de son « mauvais cousin », Charles de Valois, pour lui contester son héritage usurpé. L'issue du procès lui facilitera son retour à Paris, en 1605, avec le titre de duchesse de Valois, et de comtesse d'Auvergne.

Moins de vingt ans après sa mort, le cardinal de Richelieu, fait raser le château d'Usson, à l'instar de nombre d'autres, avec ses vingt tours hérissées sur son pilon de basalte. Disparait, ainsi, « ce qu'à bon droit j'ai estimé cet héritage avoir été miraculeusement bâti pour m'être une arche de salut ; et bien qu'il soit très solitaire[5] ». Effacement mémoriel de la recluse d'Usson, par Louis XIII.

Marguerite ne rentre donc, à nouveau, en relation avec son époux que lorsque le désir imminent d'avoir un héritier de son sang l'engage à vouloir obtenir la dissolution de son premier mariage par d'autres voies que le crime. La « reine » de France et de Navarre sacrifie au bien public, non sans de laborieuses négociations, de près de six années. Le 19 novembre 1599, la dissolution du mariage est prononcée. Désormais, Marguerite ne doit plus s'adresser à Henri que comme « roi, mon seigneur et frère ». Quelques mois après, Henri IV est en mesure d'épouser Marie de Médicis, nouvelle reine de France et de Navarre.

Marguerite attend, donc, jusqu'en juillet 1605 pour quitter son repaire d'Usson. Elle vient habiter le château de Madrid, à Boulogne-sur-Seine,

3 Personnage valeureux, mais peu fiable, il avait, un temps, penché pour la Ligue et, tout en demeurant dans le camp royal, il avait été un utile informateur de Philippe II (Imberdis André, *Histoire des guerres religieuses en Auvergne*, *op. cit.*, t. 2, p. 350-352).

4 *Idem*, p. 519.

5 Marguerite à Henri IV, Usson, 14 octobre 1594 (BnF, coll. Dupuy, t. 217, f° 34. Guessard François, *Mémoires et lettres de Marguerite de Valois*, *op. cit.*, p. 306-308).

puis la campagne d'Issy, pendant qu'elle fait construire, en face du Louvre, l'hôtel des Augustins. Ses rapports avec son ancien mari semblent des plus amicaux, et elle témoigne du plus vif attachement pour le petit dauphin et pour celle qui l'a remplacée. Elle partage son temps entre la vie mondaine et les bonnes œuvres, avec un entourage d'écrivains et de beaux-esprits, au milieu des fêtes et des pratiques de charité. Elle s'éteint près de cinq ans après l'assassinat du roi Henri, le 27 mars 1615.

ANNEXE I

Lettre de Marguerite à Dufaur de Pibrac, qu'elle congédie, fort mécontente de ses services, s.l.n.d. (1581). BnF, ms fr., coll. Brienne, t. 295, f° 161.

GUESSARD, François, *Mémoires et lettres de Marguerite de Valois*, Paris, Société de l'histoire de France, 1842, p. 216-221. Extrait.

Monsieur, je m'étonne infiniment que, sous une si douce apparence, il y puisse avoir tant d'ingratitude et de mauvais naturel ; je sais le bruit que vous avez fait courre que je voulais retourner à la cour ; ce que pensant que je pourrais découvrir et savoir à quelle intention c'était, vous l'avez voulu prévenir par une lettre, m'écrivant que le roi s'en était enquis de vous, et que vous lui aviez répondu que, s'il lui plaisait me donner le frais de mon voyage, que cela serait : qui était pour me rendre moins désirée et plus odieuse. Mais pour ce coup vous serez trompé, pensant me rompre mon dessein ; car vous en avez été fort mal averti. Il paraît trop combien vous voulez vous opposer à tout ce que vous pensez que je désire, ou en quoi vous cuidez [croyez, imaginez] que je puisse avoir de l'utilité ; car, lorsque Monsieur de Gratens [frère de Pibrac, chancelier de Navarre] était là, vous lui fîtes écrire au roi mon mari qu'il se gardât bien de me laisser aller ; qu'il ne saurait rien faire qui lui fut plus préjudiciable ; et à moi, vous ne m'avez rien écrit ni mandé qui ne fût pour me désespérer de la bonne grâce du roi, et pour m'ôter toutes l'attente que je pouvais avoir de recevoir aucun bien de lui : m'écrivant souvent qu'il n'y avait de l'argent que pour trois ou quatre mignons ; que tout ce qu'on demandait de ma part était refusé, que je ne devais faire nul état de lui que pour en avoir tout le pis qui se pourrait. Ces paroles m'a dites Frédeville de votre part. Par Cambronne vous me mandâtes que le roi ne voulait ouïr seulement nommer mon nom, et qu'il vous avait défendu de me servir. Non seulement à cette heure, mais, la reine étant en ce pays [de Gascogne], vous me disiez de même, interprétant tout ce que vous pouviez apprendre d'elle à ce sens-là, disant qu'ils ne m'aimaient point tant. Mais ce n'est que désiriez aussi que je sois avec le roi mon mari ; car vous n'avez moins pris de peine de me désespérer de son amitié, et de me mettre mal avec lui, m'ayant, à Pau, pour la dispute que nous eûmes pour la religion catholique, rapporté qu'il vous avait dit des paroles, qu'il m'a juré n'y avoir jamais pensé ; lesquelles, si elles eussent été véritables, je n'eusse reçu le traitement que j'ai toujours depuis reçu de lui. Il vous peut aussi vous souvenir de l'avertissement que vous me donnâtes en mars, il y a un an, par où vous me mandiez [faisiez savoir] (avec paroles si expresses que vous disiez les écrivant en avoir la larme à l'œil) que, faisant regarder à nos nativités [cartes du ciel à leurs naissances], vous aviez reconnu que, ce mois-là, il me devait tuer de sa main, et que vous me conseilliez et suppliez de me retirer promptement à Agen ou autre ville qui fût à ma dévotion ; ce que, si je l'eusse fait lors [alors] que je recevais meilleur traitement de lui, je ne pouvais espérer que d'être irréconciliable pour toute ma vie. Et connaissant par la réponse que je vous fis que je m'en moquais et découvrais votre artifice, vous m'écrivîtes deux lettres pour vous excuser, que je garde.

ANNEXE II

Lettre de Marguerite à Henri de Navarre, s.l.n.d. (1582). BnF, ms fr., coll. Dupuy, t. 217, f° 21.

GUESSARD, François, *Mémoires et lettres de Marguerite de Valois*, Paris, Société de l'histoire de France, 1842, p. 289-290. Extrait.

et quant à votre fille [Fosseuse], je vous en ai mandé ce qu'à mon grand regret j'en ai ouï et en ouï tous les jours. Vous dites, Monsieur, que ce ne sera jamais honte que de vous complaire. Je le crois ainsi, Monsieur, vous estimant si raisonnable que ne me commanderez rien qui soit indigne de personne de ma qualité ni qui importe à mon honneur où vous avez trop d'intérêt ; et si vous me commandiez de tenir une fille avec moi à qui vous eussiez fait un enfant, au jugement de tout le monde, vous trouveriez que ce me serait une honte double, pour l'indignité que vous me feriez et pour la réputation que j'en acquerrais. Vous m'écrivez, Monsieur, que pour fermer la bouche au roi, aux reines ou à ceux qui m'en parleront, que je leur dise que vous l'aimez et que je l'aime pour cela : cette réponse serait bonne parlant d'un de vos serviteurs ou servantes, mais de votre maîtresse ! Si j'étais née de condition indigne de l'honneur d'être votre femme, cette réponse ne me serait mauvaise ; mais étant telle que je suis elle me serait très mal séante ; aussi m'empêcherai-je bien de la faire. Vous dite, Monsieur, que vous vous doutiez bien de ce que vous voyez, mais que je vous dois plus contenter que ses ennemis. Vous aviez bien raison, Monsieur, de juger que, son malheur étant divulgué partout comme il l'est, je ne la pourrais pas tenir [l'entretenir], étant chose qui ne s'est jamais vue ; car les reines en ont eu à qui cet accident est arrivé ; mais elles les ont soudain ôtées. Ce n'était aussi sans sujet que vous croyiez que je vous devais contenter, en ayant les preuves que vous avez : ayant souffert ce [que], je ne dirai pas princesse, mais jamais simple demoiselle ne souffrit, l'ayant secourue, caché sa faute, et depuis toujours tenue avec moi. Si vous n'appelez cela vous vouloir contenter, certes, je ne sais pas comme vous le pouvez entendre. De ses parents, je ne vous en ai rien écrit que ce que elle, Monsieur de Châtellerault et un de ses oncles m'en ont dit. S'ils sont offensés de vous et s'ils en ont occasion, je m'en rapporte à ce qui en est. Si vous ne lui faite du bien, je lui en ferai pour la marier, et aurai soin qu'elle soit à son aise, et qu'elle ne reçoive aucun déplaisir, pour le désir que j'ai de servir à vos volontés, non pour crainte que j'ai des menaces de votre lettre, où vous dites que qui fera déplaisir à votre fille vous en fera ; car, faisant ce que je dois, j'aurai toujours assurance en la vérité et en la raison qui seront pour moi, et qui, pour le temps et ma patience, vous feront quelque jours connaître combien une affection et un fidélité, telle que je l'ai à votre service, se doit priser [estimer].

ANNEXE III

Lettre de Marguerite à Monsieur de Sarlan[1], maître d'hôtel de Catherine de Médicis, s.l.n.d. (18, 19 ou 20 octobre 1586). BnF, ms fr., coll. Dupuy, t. 217, f° 189 r° ; coll. Brienne, t. 295, f° 155, coll. De Mesme, 7140 et Archivo General de Simancas (AGS), *Estado*, K 1564.

GUESSARD, François, *Mémoires et lettres de Marguerite de Valois*, Paris, Société de l'histoire de France, 1842, p. 298-299.

Forcée d'abandonner le Carlat, par Lignerac, Marguerite veut se retirer à Ybois, qui appartient à sa mère, laquelle lui avait déjà proposé, avant qu'elle s'installe au Carlat, chez elle, mais elle est faite prisonnière par le marquis de Canillac, alors qu'Aubiac est arrêté. Marguerite accuse sa mère de vouloir sa mort.

Monsieur de Sarlan, puisque la cruauté de mes malheurs et de ceux à qui je ne rendis jamais que services et si grande que, non contents des indignités que depuis tant d'années ils me font pâtir, [ils] veulent poursuivre ma vie jusqu'à la fin, je désire au moins, avant ma mort, avoir ce contentement que la reine ma mère sache que j'ai eu assez de courage pour ne tomber vive entre les mains de mes ennemis, vous protestant que je n'en manquerai jamais. Assurez l'en, et les premières nouvelles qu'elle aura de moi sera ma mort. Sous son asseurement [de façon sûre] et commandement je m'étais sauvée chez elle, et au lieu de bon traitement que je m'y promettais, je n'y ai trouvé que honteuse ruine. Patience ! Elle m'a mise au monde, elle m'en veut ôter. Si sais-je

1 Antoine, baron de Sarlan (1510-1586) avait été nommé gouverneur du comté et de la ville de Clermont, en 1550. Il obtient, aussi, les seigneuries de Buron, Authezat, Saint-Sandoux et Saint-Yvoine, proches d'Issoire.

bien que je suis entre les mains de Dieu ; rien ne m'adviendra contre sa volonté ; j'ai ma fiance en Lui et recevrai tout de Sa main. Votre plus fidèle et meilleure amie. Marguerite.

ANNEXE IV

Lettre et mémoire de Marguerite à Philippe II, s.l.n.d. (entre fin octobre et fin novembre 1587).

KERVYN DE LETTENHOVE, Joseph Bruno Marie Constantin, « Un mémoire inédit de Marguerite de Valois », *Revue d'histoire diplomatique*, 5, 1892, p. 161-175.

Monsieur mon frère, si les malheurs où mes ennemis m'ont fait tomber par les trahisons que m'ont suscitées, ne m'eussent ôté tout moyen de faire mon devoir, je n'eusse tant demeuré à vous remercier très humblement du bien que j'avais reçu de vous et vous témoigner par mes lettres combien celle qu'il vous avait plu m'écrire, m'apportât d'heur et contentement, et par mes effaits [actions] combien telle et signalée obligation m'avait pour jamais acquise et entièrement dédiée à vous servir et honorer, et employer tout ce que j'avais d'esprit, de serviteurs et de moyens à l'avancement de ce que je connaîtrais être du bien de votre service : volonté en quoi je vous supplie croire que je me conserverai perpétuellement ; mais, comme je désirais m'en acquitter, l'imprudence de M. de Duras et l'artifice de mes ennemis qui le pratiquèrent, m'en empêcha, ayant lui retenu tous les moyens qu'il vous avait plu lui faire bailler ; et, comme une faute fait tomber en une plus grande, suscité par mes ennemis par le moyen du maréchal de Biron, homme double et entièrement affectionné aux hérétiques, il pensa avoir une plus belle commodité de s'enrichir davantage. L'avarice et le désespoir de cette première faute lui mit cette trahison dans le cœur de se servir de Carlat où j'étais lors et de moi : de quoi ayant été avertie par des siens, lui sachant qu'il était découvert, il se retira m'emportant les chiffres [codes secrets] et les adresses qu'il avait rapportées de son voyage pour vous pouvoir écrire, ce qui me mit en extrême peine, tant pour la crainte que j'avais que, donnant, comme il fit, d'autant plus de prétexte à l'envie du roi, mon frère [Henri III], de me persécuter, qu'encore plus pour celle que n'entrissiez en quelque sinistre opinion de moi, m'estimant ingrate et moins affectionnée à vous servir ; et, bien que j'eusse encore un très grand regret que par son retardement j'eusse perdu Agen, et avec Agen le moyen de m'opposer à la paix faite avec tant de préjudice pour vous, comme, si j'eusse eu des moyens, tenant les places et ayant les hommes à ma dévotion que j'avais, je le pouvais aisément faire, si ai-ce qu'il me restât quelque espérance que les mauvais et pernicieux desseins de nos ennemis ne se pouvaient encore exécuter pour ne se parler lors de paix avec les hérétiques et être M. du Maine [Mayenne] et M. de Joyeuse [Anne de Joyeuse] avec armées contre eux : ce qui me donnait moins de hâte et de regret de ne vous pouvoir écrire et représenter l'état des affaires deçà ; mais, étant advenu, comme je l'avais prévu, que les avis du voyage de M. de Duras accroitreraient la haine et la crainte du roi mon frère et lui donnerait prétexte, or qu'il eût paix avec la Ligue, de me poursuivre, disant que c'était un fait particulier [Henri III refuse de faire entrer Marguerite dans les discussions de paix, considérant que sa révolte était une affaire « particulière » et non un acte de guerre], comme je me délibérais vous dépêcher pour vous donner plusieurs avis d'importance, Lignière [Lignerac], homme ambitieux et fou, auquel j'étais contrainte de me fier de sa place pour ce que m'y avait mise et que M. de Guise le tenait pour très fidèle et qu'ores que je connusse bien ses défauts, je n'osais, de peur d'en être blâmée, y remédier, exécuta sa trahison pour dix mille écus que le roi lui fit promettre, et toucha partie, et se saisit de la place et de moi. En cet extrême danger, Dieu qui ne m'a jamais abandonnée, me donna l'esprit et la parole pour le savoir si bien persuader, lui remontrant le préjudice que la perte de ma vie apportait à M. de Guise, le roi mon frère ne voulant me faire mourir que pour remarier le prince de Béarn [Henri de Bourbon, qu'il serait inconvenant d'appeler roi de Navarre devant Philippe II, qui en détient la couronne] pour le fortifier d'alliances an Allemagne, et, le rendant fort, lui être par ce moyen la couronne de France assurée, sans que MM. de Guise, ni les catholiques le puissent contredire, n'empêcher, et que M. de Guise ressentirait le déservice que recevrait de lui en cela, qu'avec ses raisons et quelques présents il me laissa aller ; car de demeurer après cela dans cette place avec ce fou, il n'avait aucune sûreté ; et, ne pouvant me retirer en Gascogne pour [à cause de la présence de] l'armée de M. de Joyeuse qui était à Rodez, n'y ayant passage ouvert que du côté d'Auvergne, je fus contrainte me retirer en un château fort d'assiette, nommé Ivoy [Yvois], qui est à la reine ma mère, où le capitaine était à ma dévotion, là où étant je fus suivie en si grand diligence des troupes de l'armée de M. de Joyeuse que la nuit de quoi j'y étais arrivée le jour, sans avoir eu loisir d'y mettre vivres, ni poudres, ni de l'accommoder, je fus assiégée, et, après l'avoir tenu deux jours sans manger et sans espoir de secours pour être MM. de Guise, l'un en Champagne, l'autre en Gascogne, n'ayant moyen, pour la faute de poudre, de nous défendre, les soldats me contraignirent de me rendre, n'espérant qu'une honteuse et cruelle mort. Dieu, qui aux choses plus désespérées montre l'effet de sa puissance, permit que je tombasse entre les mains d'un si homme de bien qui avait toujours été si bon catholique et tant ennemi des hérétiques, que, lui ayant fait connaître le but où. tendait l'intention du roi mon frère par ma mort, comme par celle de la reine d'Écosse [Marie Stuart, exécutée le 8 février 1587, sur ordre d'Élisabeth Ire] sollicitée et avancée par M. de Belièvre (il en avait très claire connaissance), il se résolut à me sauver et ne rendre ni cette place très forte, ni moi, et s'est tellement dédié au parti catholique que sachant, Monsieur mon frère, comme vous en êtes le vrai protecteur, ayant été employé du roi mon frère en négociations très importantes et qui vous eussent été très préjudiciables, il m'en a baillé les mémoires pour les vous envoyer et ce que j'estime être chose nécessaire pour n'être cette pratique et dessein rompu, mais seulement remis à cause de la guerre, pour le continuer et exécuter, la paix étant avec les hérétiques : ce qui m'a fait, tant pour la fidélité que je vous ai vouée que pour les trop grandes indignités et injures que j'ai reçues du roi mon frère, comme pour la crainte de l'accroissement des hérétiques que je redoute tant pour le bien général de la religion catholique que pour mon particulier, désirer vous en donner avis et remettre à votre prudence et sage conseil cet affaire. Pour cet effet j'ai choisi monsieur l'évêque de Comminges [Urbain de Saint-Gelais] et l'ai prié entreprendre cette affaire, tant pour ses rares qualités que pour le saint zèle qu'il a toujours porté à la cause de Dieu, comme aussi pour la voisinance qu'il a avec votre frontière [deux archiprêtrés de son diocèse sont espagnols : le Val d'Aran, axe majeur d'information et d'espionnage], pour être les choses conduites plus discrètement que M. de Duras ne les mania, qui ne suivit pas en cela ce que je lui avais le plus recommandé. J'eusse encore retardé ceste dépêche si la guerre eût continué ; mais, voyant que la victoire qu'ont eue les hérétiques sur M. de Joyeuse [bataille de Coutras, 20 octobre 1587], donne prétexte au roi mon frère de faire la paix et qu'il est parvenu à une partie de son dessein qui était de rendre les huguenots si forts qu'il put faire accroire au pape et à tous les catholiques qu'il faut que leur accorde la paix à telles conditions que voudront, voyant que les propos de la dite paix sont déjà fort avant et que MM. de Guise, n'étant assez forts, seront contraints y consentir, j'ai pensé ne devoir davantage attendre à vous en avertir et vous supplier croire que, si c'est votre volonté y apporter le remède, que j'ai encore plus d'intelligences de places et d'hommes que je n'eus jamais, ayant à nouveau acquis M. le marquis de Canillac qui est celui qui m'a pris, lequel est personne d'honneur et de commandement, qui a tout ce pays à sa dévotion où il a infinies places fortes ; et, étant ces choses discourues plus particulièrement au mémoire que je vous envoie, y remettant le tout et à la suffisance de M. de Comminges, je vous supplierai, Monsieur mon frère, croire que n'y a rien au monde sur qui vous ayez plus de puissance que sur moi qui m'estimerai heureuse quand je vous en pourrai rendre de quelque autre digne preuve que j'y ai d'obligation et de volonté.

Cette lettre de Marguerite de Valois, dans les fonds bruxellois, est accompagnée de l'un de ses mémoires, entièrement composé en italien par les soins de Saint-Gelais. Celui-ci se cache sous le pseudonyme de Modestino Cortese, florentin, prieur de Vielha, en Val d'Aran (prieuré, par ailleurs, inexistant, mais cela lui permet de s'exprimer en italien, par la voie du Comminges, via l'Espagne, sans attirer la méfiance).

Nous le donnons, ici, dans la traduction, simplifiée, faite par Kervyn de Lettenhove :

Où a-t-on vu jamais un roi se déshonorer par une passion aussi infâme que celle du roi de France pour ses mignons ? Henri III n'est plus roi que de nom : le véritable roi de France est le duc d'Épernon. Marguerite a honte de s'appesantir sur ce point ; mais ce qu'elle doit faire connaître, c'est que le favori, si puissant et si riche, en même temps si ambitieux et si rusé, a jugé que pour maintenir et accroître de plus en plus sa fortune, il lui est nécessaire d'élever de sa main le futur héritier du royaume. Son premier soin a été de faire disparaître le duc d'Alençon, frère de Henri III : il prépare tout pour faire monter le roi de Navarre sur le trône de France. Son instrument est le maréchal de Biron qui, s'étant insinué dans la faveur du duc d'Alençon, l'a conduit au terme suprême de sa carrière. Ce fut Biron qui inspira au duc d'Alençon la pensée de se rendre maître des Pays-Bas et qui le fit recevoir à Anvers avec beaucoup de solennité. Cependant par son artifice il rendait sans cesse le nouveau souverain plus impopulaire, jusqu'au jour où il lui donna le perfide conseil de s'emparer par la force des principales villes des Pays-Bas ; mais en même temps il transmettait (sans que l'on sut que cela venait de lui) l'avis de ce qui se préparait au prince d'Orange. Ce fut ainsi que le duc d'Alençon, désormais ruiné dans sa réputation et flétri comme un homme sans foi et sans honneur, se vit réduit à rentrer en France, où la mort ne tarda point à le frapper. Dès ce moment, il ne restait plus à Épernon qu'à préparer l'élévation du roi de Navarre. Le premier degré devait être l'occupation des Pays-Bas, grâce à la faveur de la reine d'Angleterre et des princes allemands avec lesquels il aurait conclu une ligue offensive et défensive contre la puissance du roi d'Espagne ; mais le roi de Navarre devait chercher ailleurs une autre alliance : celle du Turc auquel, pour prix de son actif appui, il voulait assurer le commerce des Indes Orientales, qui, désormais, eût trouvé une nouvelle voie, du Golfe Persique vers les côtes de Syrie ; et ces propositions avaient reçu le plus favorable accueil, car le vizir se vantait de pouvoir, avec vingt canons et mille janissaires, chasser les Espagnols des colonies portugaises qu'ils avaient usurpées dans les Indes, tandis qu'une autre armée de vingt mille janissaires débarquerait sur la plage d'Otrante. On était assuré de la non-intervention des Florentins ; on savait que Venise était jalouse de la grandeur de l'Espagne.

Les ennemis communs de Marguerite et de Philippe II, qu'unissent l'artifice et l'impiété, présentent aux populations de la France l'exécution de leurs desseins comme l'apaisement des discordes civiles. Tel est le mouvement qui, après tant de malheurs, entraîne tous les esprits vers la paix, que les Guise, siles intérêts de la religion sont sauvegardés, se montrent résolus à déposer les armes ; et, s'ils ne le font point, personne, même parmi leurs plus zélés partisans, ne les suivra.

Aussi Epernon, à certaines heures, affecte-t-il de se montrer favorable aux catholiques. Il se déclare prêt à soutenir leur cause, et d'habiles démarches sont tentées simultanément près du pape et près du roi d'Espagne. Au pape, on a soin de faire entrevoir le retour du roi de Navarre dans le sein de l'Eglise catholique, entraînant la conversion de tous les huguenots ; mais sous cette feinte douceur se cache le poison de l'aspic. Le premier résultat serait pour le roi de Navarre de disposer du revenu des biens ecclésiastiques, comme l'a fait Henri III. Ce revenu est évalué aujourd'hui à dix millions d'or. Des recherches plus sévères pourraient le porter à trente millions. Il n'y aurait point de prince aussi riche dans le monde catholique ; et jamais, ni Alexandre le Grand, ni les empereurs romains n'atteignirent, un tel degré de puissance et de splendeur. Qui douterait que le roi de Navarre, pour obtenir un semblable résultat, ne consentit fallacieusement4 à se couvrir le visage d'un masque plus ou moins beau, sous lequel il se rirait des dupes qui l'auraient écouté ? Ce serait le cheval de Troie, qui recèle dans ses flancs les menaces et les périls ; et il importe au pape de ne pas se laisser tromper par de si perfides stratagèmes.

Au roi d'Espagne, on signale les bienfaits d'une paix assurée et d'une étroite amitié. Mais pouvait-il perdre de vue le danger qui résulterait du triomphe de l'hérésie à ses frontières ? La France n'avait-elle pas éprouvé, par une douloureuse expérience, tout le mal que lui avait fait une petite ville comme Genève ? Il est des plaies qui s'étendent lorsqu'on n'y porte point un prompt remède.

Philippe II ignorait-il que, dès le rétablissement de la paix en France, tous ses ennemis tourneraient leurs forces contre lui ? Et qui douterait de leur malice ? Montmorency, dont Épernon a épousé la nièce, Montmorency allié aux Condé, aux Châtillon, à tous les chefs huguenots, n'a-t-il pas annoncé que, si Philippe II mourait, il y aurait une belle succession à recueillir pour ceux qui ne sont pas de son sang ? Leur but le plus ardent n'est-il pas l'abaissement de la grande et impériale maison d'Autriche ? Peut-on oublier que déjà les hérétiques sont les maîtres de la moitié de l'Europe. Que sera-ce si on leur abandonne la France ?

Mais, en ce même moment où Épernon s'efforce de se concilier l'appui du pape et du roi d'Espagne, on cherche par une politique bien différente à assurer au roi de Navarre quelque grande alliance en Allemagne par un mariage dont les bases sont déjà préparées ; et telle est l'influence d'Épernon sur l'esprit de Henri III que, pour rompre le lien qui s'oppose à cette nouvelle union, il a fait accepter au roi de France toutes les mesures les plus odieuses contre sa sœur. D'abord on a voulu l'empoisonner ; puis on a résolu de la faire disparaître dans une prison : mais le marquis de Canillac, comme bon catholique, a découvert le but secret de cette persécution et a refusé de livrer Marguerite entre les mains de ses ennemis. La rupture du mariage de Marguerite, qu'on l'obtienne par sa mort ou autrement, serait une calamité pour toute la chrétienté ; et elle supplie Philippe II d'intervenir à Rome pour qu'un divorce ne soit pas le prix d'une promesse de conversion du roi de Navarre ; car là est le frein qui arrête l'exécution de tant de projets maudits.

Marguerite, menacée dans sa vie, outragée dans son honneur, en butte à la haine de ceux dont le premier devoir serait de la défendre, se voit réduite à ne plus compter d'autre soutien que le roi d'Espagne. Elle lui offre deux mille chevaux et douze mille arquebusiers pour faire la guerre en Guyenne et en Languedoc : ce sont les provinces les plus voisines de l'Espagne et celles sur lesquelles le roi de Navarre fonde surtout ses espérances. Si Philippe II consent à lui venir en aide, elle pourra, grâce aux intelligences dont elle dispose, se saisir de Bordeaux, de Bayonne et d'autres villes importantes. Ailleurs elle a aussi des amis, notamment en Bretagne, dans le Dauphiné, en Provence, dans le marquisat de Saluces, dans le Pays Messin, où se trouvent les biens de sa mère et où l'on ne peut lui opposer la loi salique.

Lors même que Philippe II ne voudrait point prendre une part ouverte à la guerre, il lui serait facile de la faire sous le nom de quelque seigneur français, il se bornerait à fournir secrètement le secours nécessaire ; et celui qu'il aurait ainsi favorisé, se trouverait complètement à sa dévotion. Le pape pourrait-il entendre avec indifférence le vœu de nombreuses populations, aujourd'hui opprimées par les huguenots, de voir rétablir l'exercice de la religion catholique ? N'était-ce point une honte qu'un si petit prince [Henri de Navarre], placé entre deux grands royaumes, eût pu introduire dans ses États un culte nouveau : et ne serait-ce point une œuvre digne du pape que de promettre ses dépouilles par droit de conquête au premier qui triompherait de lui ? Le Béarn n'est pas un fief de la couronne de France, et Henri III ne peut s'opposer à ce qu'on en fasse l'objet d'une donation pontificale.

Tout se résume dans ces quelques lignes : « Il n'est pas au monde une haine éternelle comme celle que Madame Marguerite porte au roi de Navarre, son mari, qui déjà l'a empoisonnée une fois ; et jamais personne plus qu'elle n'eut de motif de prendre les armes, puisqu'elle est réduite à la nécessité de défendre et sa vie et son honneur. Si le roi d'Espagne la soutient et lui donne le moyen d'occuper quelques places fortes, elle maintiendra la guerre cinquante ans, fût-ce toute sa vie. »

Philippe II n'oubliera point que Marguerite est pour lui une parente malheureuse et injustement persécutée dans ce seul but qu'un hérétique puisse se remarier et avoir des fils ; et assurément elle ne se montrera point ingrate après tout ce qu'on aura fait pour elle. Sa plus proche héritière est l'infante d'Espagne : non seulement elle lui laissera tous ses domaines, mais de plus elle l'aidera à recueillir la succession du royaume de France. Cependant, quels que soient les dangers qui menacent Marguerite, ce qui l'émeut surtout, c'est l'intérêt de la religion catholique. Elle supplie Philippe II de faire placer sous les yeux du pape certains mémoires qu'elle a écrits pour se justifier et pour répondre à des calomnies que Henri III a fait répandre jusqu'à Rome ; car son honneur lui sera toujours plus cher que sa vie.

ANNEXE V

Lettre de Marguerite à Monsieur Séguier (Antoine Séguier, dit Villiers-Séguier)[1], Usson, 5 novembre 1602. BnF, coll. Dupuy, t. 217, f° 71.

GUESSARD, François, *Mémoires et lettres de Marguerite de Valois*, Paris, Société de l'histoire de France, 1842, p. 363-368.

Marguerite, niant toute implication personnelle dans la « révolte » d'Agen, se présente, ici, comme ayant été contrainte d'entrer en relation avec Guise, par l'intermédiaire de Choisnin, afin de se protéger de l'engagement ligueur de sa cité d'Agen. Pour trouver un mobile à la trahison de Choisnin, il lui suffit de noircir le personnage, à la mine patibulaire, en en faisant un crypto-huguenot, cupide et humilié. Le duc de Guise, comme Henri III ne sont plus de ce monde pour éclairer les échanges avec Choisnin ; Henri IV qui, lui, cultive le devoir d'oubli de la paix de religion, en pardonnant aux Agenais, avait bien exigé que tous écrits, et mémoires, des journées ligueuses soient éteints à jamais. Capable d'un tel déni, bien compréhensible, comment Marguerite aurait-elle pu songer confier ces années ligueuses à ses *Mémoires* ? C'est donc, ici, la seule évocation, indirecte, de la Ligue d'Agen par Marguerite, conservée en-deçà des Pyrénées.

Monsieur Séguier, j'ai été infiniment aise de savoir que le procès que j'ai contre Choisnin est entre vos mains pour le rapporter, n'ayant besoin, en cette affaire-là, que d'un rapporteur homme de bien et de mes amis, comme je me le promettrai toujours de tous ceux qui portent votre nom. Je crois que Monsieur de Rieux[2] vous aura fait entendre tout ce que je lui ai écrit sur ce fait ; toutefois, étant chose que j'affectionne infiniment

1 Avocat à la cour, conseiller au Parlement de Paris, maître des requêtes de l'Hôtel du roi, lieutenant civil de la Prévôté de Pari, conseiller d'État, avocat du roi, avocat général, président au Parlement, ambassadeur à Venise pour Henri IV (1552-1624).

2 Il ne s'agit pas, ici, d'un nom de famille, comme on l'a cru, mais du nouvel évêque de Rieux, Jean de Bertier, frère du conseil de Marguerite à Toulouse, Philippe de Bertier, écuyer, seigneur de Montrabé, président à mortier au parlement de Toulouse. Jean, d'abord archidiacre de Toulouse, est chancelier de Marguerite. En 1599, il a été chargé d'aller à

pour les ingratitudes et perfidie de ce méchant homme, je ne me saurais empêcher de vous discourir ce fait. Je pris ce méchant homme pour me servir de précepteur, lorsque je partis de Paris la première fois, pour la réputation qu'il avait d'être docte. Cette qualité trouvai-je bien en lui, mais en une âme très méchante, qu'il déguisa néanmoins de telle façon, que je ne peux qu'à la fin découvrir ni son hérésie héréditaire, étant né de Châtellerault où ils sont tous huguenots, ni sa perfidie, que par une si prodigieuse malice il s'est essayé de me faire tant ressentir. S'étant ainsi couvert et déguisé un fort long temps en bon catholique et fidèle serviteur, me trouvant en Gascogne du temps des premiers troubles de la Ligue et des huguenots, où tout était en armes, ayant été contrainte de me retirer en une ville mienne nommée Agen, laquelle, bien qu'elle fût mienne, tenait néanmoins le parti de la Ligue, de telle sorte qu'il m'eût été malaisé de m'y conserver sans l'appui de feu Monsieur de Guise, j'eus besoin d'envoyer vers lui, regardant de choisir entre mes serviteur quelqu'un de capable et fidèle. Le malheur voulut que je fis élection de ce méchant homme, et lui ayant baillé des instructions et des lettres, selon le temps et le besoin que j'en avais, lors il fait le voyage et m'en apporte réponse. Néanmoins, couvant toujours une mauvaise intention contre moi, à qui il ne pouvait avoir d'affection, pour me connaître tant catholique et si ennemie de ceux de sa religion, il ne se dessaisit point des susdites instructions que je lui avais baillées, et les garda à intention de m'en rendre un jour du déplaisir, ce que l'ignorais, et le tenais pour fort zélé à mon service comme son apparence feinte le montrait. La prise d'Agen avenant, et ayant été contrainte de me retirer en Auvergne, mon trésorier et mon contrôleur ne m'ayant pu suivre si tôt, pour avoir été nécessaire qu'ils demeurassent pour m'amener le reste de mon train, n'ayant personne auprès de moi qui, en leur absence, me put servir de l'un et de l'autre plus propre que ce méchant homme de Choisnin, je lui commandai en leur absence de faire leurs charges jusqu'à temps qu'ils fussent venus, ce qu'il trouva si doux, maniant les deniers et tout lui passant par les mains, qu'au bout de cinq ou six semaines que mon trésorier et mon contrôleur arrivèrent et qu'ils se remissent chacun à faire leur charge, il en prît un si grand désespoir, qu'ayant le naturel comme le visage de More, il ne machinait que trahisons et vengeances,

Usson afin de lui demander son consentement au divorce. Il vient d'être élevé au siège épiscopal de Rieux(-Volvestre).

encore que au compte qu'il me rendît lors des deniers qu'il avait maniés, montant environ à quatorze ou quinze mil écus, il y demeurât redevable de grandes parties, et qu'il s'en fut fort mal acquitté, et que je ai passé par-dessus ne l'en ayant voulu rechercher. Il commença à découvrir son mécontentement par de grandes plaintes qu'il me dit d'avoir employé plusieurs années à mon service, et qu'il voyait bien qu'il n'en pouvait plus espérer aucun avancement, puisque je lui avais ôté le maniement de mes deniers, et la charge qu'il avait faite depuis six semaines. Je lui représentais que mon trésorier et mon contrôleur étant arrivés, je ne pouvais pas empêcher qu'ils fissent leur charge, et qu'il savait que ce n'était qu'en leur absence que je la lui avais fait faire, et que s'il désirait quelque autre chose de moi qui fût en ma puissance, je le ferais de bon cœur. Lors il me demande six mil écus de récompense qu'il voulait avoir contents, sachant bien qu'alors j'en étais incommodée. Je lui dis qu'il savait bien que je ne pouvais faire cela, et que je lui en ferais expédier un bon pour le payer à ma commodité. Cela ne pouvant contenter son avarice et son ambition, sa rage allant toujours croissant, il ne passait jour qu'il ne tachât de m'offenser ou me déplaire en quelque chose ; enfin, il fut si outrecuidé, qu'il bailla un soufflet à mon huissier, à la porte de ma chambre. Voyant son insolence, pour le châtier et réprimer un peu cette audace, je lui fis défendre de n'entrer en ma chambre de huit jours, lesquels il employa à vomir sa rage contre moi par un pasquin [écrit satirique][3] qu'il fît, le plus sale et le plus vilain qui se soit jamais vu, lequel il fut si effronté de m'envoyer, faisant accroire à celui qui me l'apporta que c'étaient des fruits de ses études pour se remettre en grâce avec moi, sachant que je me plaisais aux œuvres doctes et belles. Il me fût présenté devant quelques-uns des gentilshommes qui m'accompagnaient lors, et l'ayant fait lire, voyant les injures et calomnies de quoi en paroles couvertes il m'offensait, ils en furent tous si émus, qu'à peine les peux-je retenir qu'à l'heure même ils ne l'allassent traiter comme une telle insolence et méchanceté le méritait ; mais ne m'étant jamais plue à telle violence, et estimant me venger assez de ceux qui m'offensent quand je les éloigne de mon service, je leur priais et commandais de ne lui rien faire, et que je le punirai assez en le chassant,

3 Il pourrait s'agir de *La Ruelle mal assortie* (Viénnot Éliane, « Marguerite de Valois et La Ruelle mal assortie, une attribution erronée », *Nouvelle revue du* XVIe *siècle*, t. X, 1992, p. 81-98).

et lui dis commander de s'en aller. Il demanda jusqu'au lendemain pour partir, et le matin, comme il sortait usant de son arrogance accoutumée, il passa par-devant quelques-uns de mes gentilshommes, de ceux qui avaient été lorsqu'on me lisait ledit pasquin, et se plaignant de moi avec paroles indignes, ces gentilshommes ne le pouvant souffrir, emportés de colère, lui donnèrent quelques coups de bâton, lesquels mirent sa malice à son période, et se résolut d'effectuer son premier dessein, pour lequel il avait gardé le susdites instructions que je lui avais baillées pour feu Monsieur de Guise ; et estimant qu'avec cela il me ruinerait avec le feu roi [Henri III], il les lui porta, et y ajoutant toutes sortes de calomnies, il n'omit rien en quoi il me put nuire. Je vous laisse à juger si cette ingratitude et méchanceté ne le rend indigne de tous les dons qu'estimant qu'il fut mon serviteur je lui avais faits, et si ce ne serait un trop mauvais exemple qu'au lieu que la punition que mérite un telle perfidie, il en reçu récompense. Je vous prie donc m'obliger tant, en représentant cette vérité à messieurs de votre cour, de faire en sorte que cette prodigieuse perfidie serve d'exemple à tous les mauvais serviteurs, qui, ayant l'âme aussi corrompue, voudraient faire pareils traits à leurs maîtres ; et veuillez prendre assurance que cette-ci en votre particulier de l'amitié que j'ai vouée à toute votre maison, et que je veux conserver à la mémoire de feus messieurs les présidents votre père et votre frère[4] pour me témoigner en votre endroit, et de tout ce qui porte votre nom, en toutes les dignes occasions qui s'en présenteront [...]

4 Le père d'Antoine, Pierre Ier Séguier (1504-1580), président du Parlement de Paris, à partir de 1554, avait, aussi, été chancelier de la reine Éléonore de Portugal, avant que son apanage ne passe à sa fille, Marie, puis à Marguerite. Parmi les frères d'Antoine, Jean, conseiller au Parlement et maître des requêtes, Lieutenant-Civil de la Prévôté de Paris au Châtelet, était décédé entre 1596 et 1600. C'est, Pierre II, mort d'une pleurésie le 30 avril 1602, second président du Parlement de Paris, à la Grande-Chambre, et lieutenant du Bailli du Palais, qui doit être évoqué ici. François, l'aîné, président aux enquêtes, était, quant à lui, décédé en 1572. Louis, autre frère (1550-1610), conseiller clerc à la Cour du Parlement de Paris, chanoine et doyen de N.-D. de Paris, avait été ambassadeur auprès du pape pour Henri IV. Enfin, Jérôme, Audiencier de la Chancellerie, était également Grand Maître Général des Eaux et Forêts de France. L'affaire de Marguerite contre Choisnin ne pouvait que se trouver exposée selon ses désirs.

BIBLIOGRAPHIE

PUBLICATION DE DOCUMENTS

GUESSARD, François, *Mémoires et lettres de Marguerite de Valois*, Paris, Société de l'histoire de France, 1842.

Mémoires et autres écrits de Marguerite de Valois, la reine Margot, CAZAUX Yves (éd.), Paris, Mercure de France, 1971.

LAUZUN, Philippe, *Lettres inédites de Marguerite de Valois (1580), tirées des archives de la ville de Condom*, Auch, Foix, 1881.

LAUZUN, Philippe, *Lettres inédites de Marguerite de Valois tirées de la Bibliothèque impériale de Saint-Pétersbourg, 1579-1606*, Paris-Auch, Champion-Cocharaux, 1886.

TAMIZEY DE LARROQUE, Philippe, *Lettres inédites de Marguerite de Valois à Pomponne de Bellièvre*, Toulouse, Privat, 1897.

Marguerite de Valois. Correspondance, 1569-1614, VIENNOT, Éliane (éd.), Paris, Honoré Champion, 1998.

VIENNOT, Éliane, « Quelques lettres inédites ou publiées depuis l'édition de la correspondance », MAGNIEN, Catherine, et VIÉNNOT, Éliane (dir.), *De Marguerite de Valois à la reine Margot : autrice, mécène, inspiratrice*, Rennes, PUR, 2019, 127-144.

KERVYN DE LETTENHOVE, Joseph Bruno Marie Constantin, « Un mémoire inédit de Marguerite de Valois », *Revue d'histoire diplomatique*, 5, 1892, p. 161-175.

Archives historiques du département de la Gironde, t. XIV, 1873.

MAGEN, Adolphe et THOLIN, Georges, *Archives municipales d'Agen. Chartes, première série (1189-1328)*, Villeneuve-sur-Lot, Duteis, 1876.

ARCHU, Jean-Baptiste, *Privilèges de Monségur*, J. Chollet, Sauveterre, 1876.

ALBRET, Jeanne d', *L'ample déclaration*, La Rochelle, 1570, publiée sous le titre : *Mémoires et poésies* par RUBLE, Alphonse de, Paris, 1893.

CARSALADE DU PONT, Jules de et TAMIZEY DE LARROQUE, Philippe (éd.), *Mémoires de Jean d'Antras de Samazan, seigneur de Cornac*, Jean Chollet, Sauveterre-de-Guyenne, 1880.

D'Aubigné, Agrippa, *Mémoires*, Lalanne, Ludovic (éd.), Paris, Charpentier, 1854.

Mémoires du marquis de Beauvais-Nangis et journal du procès du marquis de La Boulaye, De Monmerqué, Louis-Jean-Nicolas et Taillandier, Alphonse-Honoré (éd.), Paris, Renouard, 1862.

Dufour, Alain, Nicollier, Béatrice et Genton, Hervé (éd.), *Correspondance de Théodore de Bèze*, Genève, Droz, 2004.

Hellman Ehrman, Sidney, (coll.), Westfall Thompson, James, *et ali.* (ed.), *The Letters and Documents of Armand de Gontaut, baron de Biron, marshal of France, 1524-1592*, Berkeley, University of California Press, 1936, 2 vol.

Œuvres complètes de Pierre de Bourdeille, seigneur de Brantôme, Lalanne Ludovic (éd.), Paris, Renouard, t. 8, Des Dames (seconde partie) et 9, 1875.

Goulart, Simon, *Mémoires de la Ligue*, 1602, rééd., Amsterdam, Arkstée et Merkus, 1758.

De La Ferrière, Hector (éd.), *Lettres de Catherine de Médicis*, Paris, Imprimerie nationale, t. 5, 9, 1895.

Duplessis-Mornay, Philippe, *Lettre d'un gentilhomme catholique français, contenant brève réponse aux calomnies d'un certain prétendu anglais* (*Mémoires de la Ligue*, t. 5, p. 437).

Boucher, Jacqueline, *Lettres de Henri III*, t. 7, Paris, Société de l'Histoire de France, 2012.

Recueil des lettres missives de Henri IV, Berger de Xivrey, Jules (éd.), Paris, Imprimerie royale, t. 1, 2 et 8, 1843-1876.

Pocquet du Haut-Jussé, Barthélemy Amédée, *Henri IV en Gascogne. Sa correspondance avec Denis de Mauléon de Savaillan (Pièces inédites)*, Auch, Cocharaux, 1931.

De La Hitte, Charles, *Lettres inédites de Henri IV à M. de Pailhès, gouverneur du comté de Foix, et aux consuls de la ville de Foix, 1576-1602*, Paris-Auch, Champion-Cocharaux, 1886.

« Mémoire adressé par de Vivans au roi de Navarre, portant en marge les réponses de ce dernier (16 janvier 1586) », *Revue de l'Agenais*, 1900, p. 256-258.

Déclaration et protestation du Roi de Navarre sur les justes occasions qui l'ont meu de prendre les armes, pour la défense et tuition des Églises réformées de France, s.l., 1580.

Cheverny, Philippe Hurault, comte de, *Les mémoires d'Estat de messire Philippes Hurault, comte de Cheverny, chancelier de France*, Pierre Billaine, Paris, 1636.

Tamizey de Larroque, Philippe, *Lettres inédites de Janus Frégose*, Agen, 1873.

Gaches, Jacques, *Mémoires sur les guerres de Religion à Castres et dans le Languedoc (1555-1610)*, Paris, 1879-1894, rééd., Genève, Slatkine Reprints, 1970.

COMMUNAY, Arnaud, *Les huguenots dans le Béarn et la Navarre*, Paris-Auch, Champion-Cocharaux, 1885.

Mémoires de Claude Haton, BOURQUIN, Laurent (éd.), Paris, CTHS, 2003, t. 2.

Calendar of state papers of the reign of Elizabeth, London, 1869-1950, t. 8.

DURIER, Charles, *Les huguenots en Bigorre*, Paris-Auch, Champion-Cocharaux, 1884.

LESTRADE, Jean, *Les huguenots en Comminges*, 1re série, Paris-Auch, Champion-Cocharaux, 1900.

PETITOT, Claude-Bernard (éd.), *Mémoires de Henri de La Tour d'Auvergne, vicomte de Turenne, et depuis duc de Bouillon*, Paris, Foucault, 1823.

L'ESTOILE, Pierre de, *Mémoires-Journaux*, Paris, Lemerre, 1875-1899.

DE L'ESTOILE, Pierre, *Registre-journal du règne de Henri III*, t. IV (1582-1584), LAZARD Madeleine et SCHRENCK Gilbert (éd.), Genève, Droz, 2000.

DE LUCINGE, René, *Lettres sur les débuts de la Ligue (1585)*, DUFOUR Alain (éd.), Genève, Droz, 1964.

DE LUCINGE, René, *Lettres sur la cour d'Henri III en 1586*, DUFOUR, Alain (éd.), Genève, Droz, 1966.

DE LUCINGE, René, *Lettres de 1587. L'année des reîtres*, SUPPLE, James J. (éd.), Genève, Droz, 1994.

DE LUCINGE, René, *Lettres de 1588. Un monde renversé*, SUPPLE, James J. (éd.), Genève, Droz, 2006.

MONTAIGNE, Michel de, *Lettres*, L'Horizon chimérique, 1991.

LOUTCHISKY, Jean, « Documents inédits et originaux. Quatrième guerre de Religion », *Bulletin de la Société de l'Histoire du Protestantisme Français*, t. XXII, 1873.

LOUTCHISKY, Jean, « Documents inédits pour servir à l'histoire de la Réforme et de la Ligue », *Matériaux pour l'histoire de la réaction féodale en France aux XVIe et XVIIe siècles*, Kiev, 1875, t. 2.

Documents concernant les relations entre le duc d'Anjou et les Pays-Bas (1576-1583), MULLER, Pieter Lodewijk et DIGERICK, Alphonse (éd.), Gravenhage, Martinus Nishoff, 1891, t. 3.

DE MONTAIGNE, Michel, *Journal de voyage en Italie par la Suisse et l'Allemagne en 1580 et 1581*, RAT Maurice (éd.), Paris, Garnier, 1942.

DE RUBLE, Alphonse, *Commentaires et lettres de Blaise de Monluc*, t. 5, Paris, Renouard, 1872.

MONLUC, Blaise de, *Commentaires, 1521-1576*, COURTEAULT, Paul (éd.), Paris, Gallimard, 1964.

CABIÉ, Edmond, *Guerres de Religion dans le Sud-Ouest de la France et principalement dans le Quercy d'après les papiers des seigneurs de Saint-Sulpice, de 1561 à 1590*, Paris-Toulouse-Cahors-Albi, Champion-Privat-Girma-Nouguiès, 1906.

Les œconomies royales de Sully, BUISSERET, David, et BARBICHE, Bernard (éd.), Paris, Klincksieck, 1970, vol. 1.

Mémoires du baron d'Ambres, Guerres de la Ligue en Languedoc, dans : *Pièces fugitives pour servir à l'histoire de France, avec des notes historiques et géographiques*, Paris, Hugues-Daniel Chaubert – Claude Hérissant, 1759, t. 2.

Mémoires de la vie de Jacques-Auguste de Thou, Rotterdam, Reinier Leers, 1711.

TAMISEY DE LARROQUE, Philippe, « Lettres inédites du cardinal d'Ossat », *Revue de Gascogne*, t. XIII, 1872, p. 280-284.

TAMIZEY DE LARROQUE, Philippe, *Documents inédits relatifs à l'histoire de l'Agenais*, Paris/Bordeaux, Aubry/Lefebvre, 1874.

TAMIZEY DE LARROQUE, Philippe, *Lettres inédites de quelques membres de la famille de Monluc*, Auch, Foix, 1890.

Mémoires du vicomte de Turenne, depuis duc de Bouillon, 1565-1586, BAGUENOT DE PUCHESSE, comte de (éd.), Paris, Renouard, 1891.

Correspondance du nonce Antonio Maria Salviati, HURTUBISE, Pierre et TOUPIN, Robert (éd.), Université Pontificale Grégorienne et École Française de Rome, Rome, 1975, t. 1, (*Acta nuntiaturae gallicae*, 12).

Histoire et vray discours des guerres civiles es pays de Poictou, Aulnis, aultrement dict Rochelois, Xainctonge, et Angoumois, depuis l'année 1574, jusqu'à l'édict de pacification de l'année 1576, Paris, Jacques du Puys, 1578.

La chronique dite du Frère Hélie, MATEU, André (éd.), Agen, Quesseveur, 1977.

Négociations diplomatiques de la France avec la Toscane, DESJARDINS, Abel (éd.), Paris ; Imp. Impériale, 1865, t. 3 et 4.

MOUSSET, Albert, *Dépêches diplomatiques de M. de Longlée, résident de France en Espagne (1582-1590)*, Paris, Plon-Nourrit, 1912.

RAYMOND, Paul, « Notes extraites des comptes de Jeanne d'Albret et de ses enfants (1556-1608) », *Revue d'Aquitaine et des Pyrénées*, 1867, t. XII, n° 6.

Mémoires de Jehan de Vernyes, 1589-1593, Clermont-Ferrand, Thibaud-Landriot, 1838.

DE NEUFVILLE, Nicolas, sieur de Villeroy, *Mémoires d'État*, t. 1, *1574-1591*, Clermont-Ferrand, Éditions Paleo, 2004.

Les Remarques sur la Satyre ménippée, Ratisbonne, 1726.

ÉTUDES HISTORIQUES

ALIS, Raymond-Louis, *Histoire de la ville d'Aiguillon*, Agen, Ferran, 1895.

ANDRIEU, Jules, *Histoire de l'Agenais*, Paris-Agen, Picard-Ferran, 1893, vol. 1.

ANQUEZ, Léonce, *Histoire des assemblées politiques des réformés de France (1573-1622)*, Paris, Auguste Durand, 1859.

ARBUSTI, Fabrice, *Auch durant les premières guerres de Religion (1560-1575)*, mémoire de maîtrise, Université de Toulouse-Le Mirail, 2001.

ARNAULT, Aurélien, *Guy de Lansac. Partie 1 : de serviteur de la cour de France à la trahison (1565-1580)*, mémoire de master 1, Université Paul-Valéry Montpellier III, 2015.

BABELON, Jean-Pierre, *Henri IV*, Paris, Fayard, 1982.

BARNAVI, Élie, *Le parti de Dieu : étude sociale et politique des chefs de la Ligue parisienne (1585-1594)*, Bruxelles, Nauwelaerts, 1980.

BARNAVI, Élie et DESCIMON, Robert, *La Sainte Ligue, le juge et la potence. L'assassinat du président Brisson (15 novembre 1591)*, Paris, Hachette, 1985.

BARRÈRE, Abbé, *Histoire religieuse et monumentale du diocèse d'Agen*, Agen, Chairou, 1855-1856, 2 vol.

BARRY, Stéphane, « Bordeaux face à la peste aux XVIe et XVIIe siècles », *Histoire des sciences médicales*, t. XXXIV, nº 3, 2000, p. 305-313.

BLANC, René, *Histoire du Pays Duraquois*, Eymet, Imp. Gombeaud, 2e éd., 1979.

BOUCHER, Jacqueline, *Deux épouses et reines à la fin du XVIe siècle : Louise de Lorraine et Marguerite de France*, Saint-Étienne, Publications de l'Université de Saint-Étienne, 1995.

BOUDON DE SAINT-AMANS, Jean Florimond, *Essais sur les Antiquités du département de Lot-et-Garonne*, Agen, 1859, t. 1.

BOURQUIN, Laurent, *Noblesse seconde et pouvoir en Champagne aux XVIe et XVIIe siècles*, Paris, Publications de la Sorbonne, 1995.

BOURRACHOT, Lucille, « Agen et Marguerite de Valois, reine de Navarre », *Marguerite de France, reine de Navarre, et son temps*, Agen, 1994, p. 269-281.

BOURRACHOT, Lucille, « La vie à Agen au temps de Marguerite de Valois », LAZARD, Madeleine. et CUBELIER DE BEYNAC, Jean (éd.), *Marguerite de France, reine de Navarre, et son temps*, Actes du colloque d'Agen, 12-13 octobre 1991, Agen, Centre Matteo Bandello, 1994, p. 61-79.

BOURSE, Roger, LABORIE, Georges, *L'Isle-Jourdain (Gers) d'hier et d'aujourd'hui*, Toulouse, 1995.

BRENGARTH, Marie-Jeanne, *Sociologie et mentalités de la Ligue d'Agen (1585-1595)*, DES d'Histoire, s. dir. du Pr M. Desfourneaux et de Mme Janine Garrisson-Estèbe, Université de Toulouse, 1973.

BRIVES-CAZES, Émile, « Le Parlement de Bordeaux et la Chambre de Justice de Guyenne, en 1582 », *Actes de l'Académie de Bordeaux*, t. XXVII, 1865, p. 355-395 et t. XVIII, p. 257-338.

BRUNET, Serge, *Les prêtres des montagnes. La vie, la mort, la foi dans les Pyrénées centrales sous l'Ancien Régime*, Aspet, PyréGraph, 2001.

BRUNET, Serge, *« De l'Espagnol dedans le ventre ! » Les catholiques du Sud-Ouest de la France face à la Réforme (vers 1540-1589)*, Paris, Champion, 2007.

BRUNET, Serge, « Mars 1560-mars 1562 : les guerres de Religion commencent dans le Midi de la France », BOLLIGER, Daniel, BOSS, Marc, HÉBERT, Mireille et ZORN, Jean-François (éd.), *Jean Calvin. Les visages multiples d'une réforme et de sa réception*, Lyon, Éditions Olivétan, 2009, p. 179-212.

BRUNET, Serge, « Philippe II et la Ligue parisienne (1588) », *Revue Historique*, t. CCCXII, 2010/4, n° 656, p. 795-844.

BRUNET, Serge et RUIZ IBÁÑEZ, José Javier, « Los exilios franceses en la Monarquía Hispánica », in RUIZ IBÁÑEZ, José Javier e PÉREZ TOSTADO, Igor (coords.), *Los exiliados del rey de España*, Madrid, Fondo de Cultura Económica, 2015, 131-159.

BRUNET, Serge et RUIZ, IBÁÑEZ José Javier (éd), *Les milices durant la première modernité*, Rennes, Presses Universitaires de Rennes, 2015.

BRUNET, Serge, « Les milices dans la France du Midi au début des guerres de Religion (vers 1559-1564) », BRUNET Serge et RUIZ IBÁÑEZ José Javier (éd), *Les milices durant la première modernité*, Rennes, Presses Universitaires de Rennes, 2015, p. 59-113.

BRUNET, Serge, « La Ligue campanère (Pyrénées centrales) et la fin des Ligues hispanophiles de Guyenne et de Languedoc (1585-1596) », BRUNET, Serge (éd.), avec la collaboration de RUIZ IBÁÑEZ, José Javier, *La Sainte Union des catholiques de France et la fin des guerres de Religion (1585-1629)*, Paris, Classiques Garnier, collection Bibliothèque d'histoire de la Renaissance, 2016, p. 128-194.

BRUNET, Serge (dir.), avec la collaboration de RUIZ IBÁÑEZ, *La Sainte Union des catholiques de France et la fin des guerres de Religion (1585-1629)*, Paris, Classiques Garnier, 2016.

BRUNET, Serge, « Le grand siège de Blaye (1593), chant du cygne – et révélateur – de la Ligue hispanophile de Guyenne », dans PIOT, Céline et LACHAISE, Bernard (dir.), *La guerre en Aquitaine, les Aquitains en guerre, de l'Antiquité à nos jours)*, Actes du 68e Congrès de la FH SO, Nérac, 6-7 juin 2015, Nérac, Éditions de l'Albret / Amis du Vieux Nérac, 2017, p. 139-171.

BRUNET, Serge, « Los Pirineos en el siglo XVI : una frontera religiosa », dans CIARAMITARO, Fernando y DE LA PUENTE BRUNKE, José (ed.), *Extranjeros, naturales y fronteras en la América Ibérica y Europa (1492-1830)*, UACM (Universidad Autònoma de la Ciutad de México) – Edit-um (Ediciones de la Universidad de Murcia), Mexico, 2017, p. 115-180.

Brunet, Serge, « Francès de Álava : aux origines du Grand Espion du Roi Catholique », ainsi que : « L'espionnage espagnol dans la France des guerres de Religion (1562-1598) », Braun, Guido and Lachenicht Susanne (eds.), *Spies, Espionage and Secret Diplomacy in the Early Modern Period*, Universität Bayreuth, 5-7 october 2017, Kohlhammer, Stuttgart, 2021, p. 143-170 et p. 171-196.

Buron, Emmanuel et Méniel, Bruno (éd.), *Le duc de Mercœur. Les armes et les lettres (1558-1602)*, Rennes, PUR, 2009.

Carpi, Olivia, *Une république imaginaire. Amiens pendant les troubles de religion (1559-1597)*, Paris, Belin, 2005.

Carrasco, Raphaël, « Péril ottoman et solidarité morisque (La tentative de soulèvement des morisques des années 1577-1583) », *Revue d'histoire maghrébine*, 1982, 9e année, n° 25-26.

Carsalade du Pont, Jules de, « Les deux sièges de Montfort, en 1580 et 1585 », *Revue de Gascogne*, t. XXXIX, 1898, p. 385-388.

Cassan, Michel, *Le temps des guerres de Religion. Le cas du Limousin (vers 1530-vers 1630)*, Paris, Publisud, 1996.

Cassan, Michel, « Jean de Vernyes et les guerres de Religion en Auvergne », *Revue de la Haute Auvergne*, t. LXI, 1999, p. 61-74.

Cassan, Michel, « Les Antiquitez d'Agen, par Jean Darnalt », *Monluc, d'Aubigné. Deux épées, deux plumes*, colloque d'Agen, 1996, Agen, Centre Mathéo Bandello, 1999, p. 27-46.

Cassan, Michel, « La fragilité des ligues provinciales. Poitou, Périgord, Limousin, Velay », Brunet Serge (dir.), *La Sainte Union des catholiques de France et la fin des guerres de Religion (1585-1629)*, Paris, Classiques Garnier, 2016, p. 23-49.

Cathala-Coture, Antoine de, *Histoire politique, ecclésiastique et littéraire du Quercy*, Montauban, Cazaméa, 1785, t. 2.

Cénac-Moncaut, Justin Édouard Mathieu, *Les comtés d'Astarac et de Pardiac*, 1856.

Chareyre, Philippe, « "La petite Genève de Pau", ou l'Église réformée de Béarn au temps de Marguerite de Navarre », *Albineana. Cahiers d'Aubigné*, t. XXIV, 2012, p. 91-111.

Chevallier, Pierre, *Henri III, roi shakespearien*, Paris, Fayard, 1985.

Chichkine, Vladimir, « Un prélat à l'époque des guerres de Religion : Janus Frégose, évêque d'Agen », *Revue de l'Agenais*, t. CXLIV, 2017, p. 501-514.

Cloulas, Ivan, *Philippe II*, Paris, Fayard, 1992.

Cocula, Anne-Marie, « Le rôle de la Guyenne dans la conquête du royaume (1576-1589) », *Henri IV. Le roi et la reconstruction du royaume*, Actes du colloque de Pau-Nérac, 1989, Pau, Association Henri IV 1989 – J & D Éditions.

COCULA-VAILLIÈRES, Anne-Marie, *Brantôme. Amour et gloire au temps des Valois*, Paris, Albin Michel, 1986.

COLOMA, Général Don Carlos, *Guerras de los Estados Bajos*, 1625, éd. fr. Rivadeneyra.

COMTE DE SAO MAMEDE, Felicio, et PEREIRA FERREIRA, José, *Don Sébastien et Philippe II. Exposé des négociations entamées en vue du mariage du roi de Portugal avec Marguerite de Valois*, Paris, A. Durand et Pedone-Lauriel, 1884.

CONSTANT, Jean-Marie, *Les Guise*, Paris, Hachette, 1984.

CONSTANT, Jean-Marie, *La Ligue*, Paris, Fayard, 1996.

COOPER Richard, « Montaigne dans l'entourage du maréchal de Matignon », *Montaigne Studies*, vol. XIII, 2001, n° 1-2, p. 99-140.

DARBY, Graham, « Introduction », *The Origins and Development of the Dutch Revolt*, Graham Darby éd., London and New York, Routledge, 2001.

DARNAL, Jean, *Chronique bourdeloise*, Simon Millanges, Bordeaux, 1619.

D'AUBIGNÉ, Agrippa, *Histoire universelle depuis 1550 jusqu'en 1601*, Genève, Droz, 1981-2000.

DAUSSY, Hugues, *Les huguenots et le roi. Le combat politique de Philippe Duplessis-Mornay (1572-1600)*, Genève, Droz, 2002.

DAVIES, Joan, « The Duc de Montmorency, Philip II and the House of Savoy : a neglected aspect of the sixteenth-century French Civil Wars », *English Historical Review*, oct. 1990, p. 870-892.

DAVIES, Joan, « Neither politique nor patriot ? Henri, duc de Montmorency and Philip II, 1582-1589 », *The Historical Journal*, 34, 3 (1991), p. 539-566.

DAVILLÉ, Louis, *Les prétentions de Charles III duc de Lorraine à la couronne de France*, Paris, Félix Alcan, 1908.

DE BOURROUSSE DE LAFFORE, Pierre-Jules, *Nobiliaire de Guyenne et de Gascogne*, Paris-Bordeaux-Agen, Champion-Féret-Chez l'auteur, 1883.

DE CAILLIÈRE, Jacques, *Histoire du maréchal de Matignon*, Paris, Augustin Courbe, 1661.

DE COURCELLES, Jean-Baptiste Pierre Jullien, dit *le chevalier*, *Dictionnaire historique et biographique des généraux français*, Paris, 1821.

DE CROZE, Joseph, *Les Guises, les Valois et Philippe II*, Paris, Amyot, 1866, 2 vol.

DE GOURGUES, Alexis, « Dominique de Gourgues », *Bulletin du Comité d'histoire et d'archéologie de la province ecclésiastique d'Auch*, t. II, 1861, p. 466-490.

DE LAFAILLE, Germain, *Annales de la ville de Toulouse*, Toulouse, Guillaume-Louis Colomiez, 1682.

DE L'ÉPINOIS, Henri, « La réconciliation de Henri III et du duc de Guise (mai-juillet 1588) », *Revue des questions historiques*, t. 39, 1886, p. 52-94.

DELPRAT, Carole, « Les magistrats du parlement de Toulouse durant la Ligue », *Annales du Midi*, t. 108, 1996, p. 39-61.

De Lurbe, Gabriel, *Chronique bourdeloise*, Bordeaux, Simon Millanges, 1594, rééd., 1619.

De Mézeray, François Eudes, *Histoire de France*, Paris, Mathieu Guillemot, 1651.

De Montfleury, Jean-Baptiste-Louis de Vinols, baron, *Histoire des guerres de Religion dans le Velay pendant les règnes de Charles IX, Henri III et Henri IV*, Le Puy, Marchessou, 1862, rééd., Saint-Vidal, Centre d'Étude de la vallée de la Borne, 1983.

De Rechac, Jean de Giffre, *La vie du glorieux patriarche saint Dominique*, Paris, Sébastien Huré, 1647.

De Rouen, Vincent, *L'Heureuse Rencontre du Ciel et de la Terre*, Toulouse, Colomiez, 1642.

Desan, Philippe, *Montaigne. Une biographie politique*, Paris, Odile Jacob, 2014, p. 395-460.

Descimon, Robert, *Qui étaient les Seize ? Mythes et réalités de la Ligue parisienne (1585-1594)*, Paris, Klincksieck, 1983.

Descimon, Robert, « Solidarité communautaire et sociabilité armée : les compagnies de la milice bourgeoise à Paris (xvie-xviie siècles) », *Sociabilité, pouvoirs et société (Actes du colloque de Rouen, novembre, 1983)*, Rouen, 1987, p. 599-610.

Descimon, Robert, « Milice bourgeoise et identité citadine à Paris au temps de la Ligue », *Annales. Économies, Sociétés, Civilisations*, 48, 1993, p. 885-906.

Desplat, Christian (éd.), *Le For d'Henri II d'Albret (1551)*, Pau, 1986.

De Thou, Jacques Auguste, *Histoire universelle depuis 1543 jusqu'à 1607*, La Haye, Schleurleer, 1734.

De Vayssière, Pierre, *Messieurs de Joyeuse (1560-1615)*, Paris, Albin Michel, 1926.

De Vaissière, Pierre, « Le *Divorce satyrique, ou les amours de la reine Marguerite* », *Revue des Questions historiques*, t. LXIV, mars 1936, p. 131-138.

De Vaissière, Pierre, « Marguerite de Valois et la Ligue en Auvergne ; Carlat-Usson », *Revue des questions historiques*, t. LXVI, 1938 ; n° de janvier, p. 15-35, n° de mars, p. 3-26.

Dickerman, Edmund H., "A neglected phase of the Spanish Armada : the Catholic League's Picard offensive of 1587", *Canadian Journal of History*, 11, 1976, p. 19-23.

Dobry, Michel, « Ce dont sont faites les logiques de situation », Favre, Pierre, Fillieule, Olivier et Jobard, Fabien (éd.), *L'atelier du politiste. Théories, actions, représentations*, Paris, Éd. La Découverte, 2007, p. 119-148.

Dom Devic et Dom Vaissète, *Histoire générale de Languedoc*, Toulouse, Privat, 1889, t. 11.

Dom Devienne, *Histoire de la ville de Bordeaux*, Bordeaux, La Court, 1771, t. 1.

Douais, Célestin, *Les dernières années d'Élisabeth de Valois, reine d'Espagne*, Toulouse, Privat, 1896.

DROUOT, Henri, « Flavigny contre Dijon. Notes sur le schisme dijonnais de 1589 », *Mémoires de l'Académie des sciences, arts et belles-lettres de Dijon*, 5e série, 4, 1922, p. 47-120.
DROUOT, Henri, *Mayenne et la Bourgogne. Étude sur la Ligue (1587-1596)*, Paris, Picard, 1937.
DUFFOUR, J., « Les états d'Astarac de 1582 », *Revue de Gascogne*, 47e année, 1906, p. 19-30.
DU MONT, Jean, *Corps universel diplomatique du droit des gens*, t. 5, 1re partie, Amsterdam-La Haye, Brunel, Wetstein, Smith et Waesberge-Husson et Levier, 1728.
DUPLEIX, Scipion, *Histoire d'Henri III*, Paris, Denis Béchet, 1663.
DUPLEIX, Scipion, *Histoire générale de France*, Paris, Sonnius, 1737.
DUQUENNE, Frédéric, *L'entreprise du duc d'Anjou aux Pays-Bas, de 1580 à 1584. Les responsabilités d'un échec à partager*, Lille, Presses Universitaires du Septentrion, 1998.
DURENGUES, Antoine, « Le protestantisme en Agenais », *Revue des questions historiques*, 58e année, 3e série, t. XVI, 1930.
EURICH, Amanda, *The Economics of Power. The Private Finances of the House of Foix-Navarre-Albret during the Religious Wars*, Kirksville, Sixteenth Century Journal Publishers, 1994.
FAVRE, Jean, *Précis historique sur la famille de Durfort Duras*, Marmande, Duberort, 1858.
FLORENTIN, François-Lionel, *La municipalité de Lectoure durant les premières guerres de Religion (1559-1578)*, mémoire de maîtrise, Université de Toulouse-Le Mirail, 1999.
GARRISSON, Janine, *Henri IV*, Paris, Seuil, 1984.
GARRISSON, Janine, *Marguerite de Valois*, Paris, Fayard, 1994.
GERBEAU, Jean-Baptiste, *Essai historique sur la baronnie de Pujols en Agenais*, Agen-Villeneuve-sur-Lot, J. Roche-Glady, 1891.
GREENGRASS, Mark, « The Sainte Union in the Provinces : The Case of Toulouse », *The Sixteenth Century Journal*, 14, 1983, n° 4, p. 469-496.
GREENGRASS, Mark, « L'expérience calviniste en Béarn », *Revue de Pau et de Béarn*, n° 21, 1994.
GRINTCHENKO, Marie-Hélène, *Catherine de Bourbon (1559-1604), Influence politique, religieuse et culturelle d'une princesse calviniste*, Paris, Champion, 2009.
GUICHENON, Samuel, *Histoire de Bresse et Bugey*, Lyon, Huguetan et Ravaud, 1650.
HABASQUE, Francisque, « La domination de la reine de Navarre à Agen en 1585 », *Bulletin historique et philologique du Comité des Travaux Historiques et Scientifiques*, 1890, n° 2-3, p. 226-256.

HARAI, Dénes, *Au nom de la reine : Henri de Navarre, lieutenant général de Jeanne d'Albret (1572)*, Pau, ITEM-PUPPA, 2019.

HARAI, Dénes, « Les lieutenants généraux de Jeanne d'Albret et d'Henri de Navarre (1564-1576) », CHAREYRE, Philippe, ADOT LUGA, Álvaro et HARAI, Dénes (dir.), *Les alter ego des souverains. Vice-rois et lieutenants généraux en Europe et dans les Amériques (XVe-XVIIe s.)*, Pau, PUPPA, 2021, p. 363-393.

HARTOG, François, *Régime d'historicité. Présentisme et expériences du temps*, Paris, Seuil, 2003.

HAUSER, Henri, *Les sources de l'histoire de France, XVIe siècle*, Paris, Picard, 1915, t. 4.

Histoire de Notre-Dame de Bon-Encontre, par un Prêtre Mariste, Avignon, Seguin, 1883.

Histoire de Lectoure, Auch, Bouquet, 1972.

HUGON, Alain, *Au service du Roi Catholique, « honorables ambassadeurs » et « divins espions » : représentation diplomatique et service secret dans les relations hispano-françaises de 1598 à 1635*, Madrid : Casa de Velázquez, 2004.

IMBERDIS, André, *Histoire des guerres religieuses en Auvergne, pendant les XVIe et XVIIe siècles*, Moulins, Desrosiers, 1840, 2 vol.

JAURGAIN, Jean-Baptiste Eugène de, *Arnaud d'Oihénart et sa famille*, Paris, 1885.

JENSEN DE LAMAR, *Diplomacy and Dogmatism. Bernardino de Mendoza and the French Catholic League*, Cambridge (Massachussets), Harvard University Press, 1964.

JOUANNA, Arlette (et alii), *Histoire et dictionnaire des guerres de Religion*, Paris, Robert Laffont, 1998.

JOUANNA, A., *Montaigne*, Paris, Gallimard, 2017.

KAISER, Wolfgang (dir.), « La centralité des marges », KAISER, Wolfgang (dir.), *L'Europe en conflit. Les affrontements religieux et la genèse de l'Europe moderne, vers 1500-vers 1650*, Rennes, PUR, 2009, p. 215-219.

KERVYN DE LETTENHOVE, Joseph Marie B. C., *Les huguenots et les Gueux, étude historique, 1560-1585*, Bruges, Beyaert-Storie, 1885, t. 6.

LABÉNAZIE, Bernard, *Histoire de la ville d'Agen et pays d'Agenois*, St-Nicolas-de-la-Balerme, Mlle A. Barrès, 1888, t. 1.

LAFFORGUE, Prosper, *Histoire de la ville d'Auch*, Auch, Brun, 1851.

LAÎNÉ, Louis, *Dictionnaire véridique des maisons nobles ou anoblies du royaume de France*, Paris, Arthus Bertrand, t. 2, 1819.

LARCADE, Véronique, « Condom durant les guerres de Religion : jalons et perspectives », *Condomois et Armagnac*, Actes du XXXVIIIe Congrès d'études de la Fédération des soc. acad. et sav. Languedoc-Pyrénées-Gascogne, 1983, Auch, Bouquet, 1984, p. 204-220.

LARY DE LATOUR, Éric de, « Latour et Le Baratnau. Rivalité de deux maisons de Gascogne au XVIe et au XVIIe siècle », *Bulletin de la Société Historique et Scientifique du Gers*, 1912, p. 205-236.

LAUZUN, Philippe, *Itinéraire raisonné de Marguerite de Valois en Gascogne, d'après ses livres de comptes (1578-1586)*, Paris, Picard, 1902, et *Revue de l'Agenais*, t. XXIX, 1902.

LAUZUN, Philippe, *Un voyage de Marguerite de Valois aux eaux d'Encausse en Comminges en 1584*, Auch, Cocharaux, 1913.

LEBOUCQ, Karine, *François d'O (1551-1594). Vie et carrière politique d'un « mignon » sous Henri III et Henri IV*, thèse de l'École des chartes.

LEBOUCQ, Karine, « L'administration provinciale à l'époque des guerres de Religion : Henri III, François d'O et le gouvernement de Basse-Normandie (1579-1588) », *Revue Historique*, t. CCXCVIII, n° 606, 1998, p. 345-408.

LE PERSON, Xavier (éd), *Journal d'un ligueur parisien (1588-1590)*, Genève, Droz, 1999.

LE ROUX, Nicolas, "The Catholic Nobility and political Choice during the League, 1585-1594 : the Case of Claude de La Châtre", *French History*, 8, 1994, n° 1, p. 34-50.

LE ROUX, Nicolas, *La faveur du roi. Mignons et courtisans au temps des derniers Valois (vers 1547-vers 1589)*, Seyssel, Champ Vallon, 2000.

LE ROUX, Nicolas, « Guerre civile, entreprises maritimes et identité nobiliaire : les imaginations de Guy de Lanssac (1544-1622) », in *Bibliothèque d'humanisme et de Renaissance*, t. LXV, 2003, p. 529-569.

LÉRY, Jean de, *Histoire mémorable de la ville de Sancerre* [...], s.l., 1574.

LEWIS, Michel, *L'Invincible Armada*, Paris, Payot, 1962, rééd 1980.

LEZAACK, Dr Jules, *Les eaux de Spa. Leurs vertus et leur usage. Ostende, Blanckenberg, Chaudfontaine*, Paris, J. Hetzel, 1864.

LIMOUZIN-LAMOTHE, Roger, *Le diocèse de Limoges du XVIe siècle à nos jours (1510-1950)*, Strasbourg-Paris, Le Roux, 1953.

MAGEN, Adolphe, *La ville d'Agen sous le sénéchalat de Pierre de Peyronenc, seigneur de Saint-Chamarand, novembre 1588-janvier 1591*, Paris, Imprimerie impériale, 1865.

MAGNIEN, Catherine, et VIÉNNOT, Éliane (dir.), *De Marguerite de Valois à la reine Margot : autrice, mécène, inspiratrice*, Rennes, PUR, 2019.

MARIÉJOL, Jean-Hyppolyte, *La vie de Marguerite de Valois, reine de Navarre et de France (1553-1615)*, Paris, Hachette, 1928.

MARIÉJOL, Jean-Hyppolyte, *Charles-Emmanuel de Savoie, duc de Nemours, gouverneur du Lyonnais, Beaujolais et Forez (1567-1595)*, Paris, Hachette, 1938.

MARTIN, Victor, *Le gallicanisme et la Réforme catholique. Essai historique sur l'introduction en France des décrets du concile de Trente (1563-1615)*, Paris, Picard, 1919.

MARTIN, Colin et PARKER, Geoffrey, *Le dossier de l'Invincible Armada*, Paris, Tallandier, 1988.

MATTHIEU, Pierre, *Histoire générale des derniers troubles arrivés en France sous les règnes des rois Très Chrétiens Henri III, Henri IV et Louis XIII*, Paris, Jean Petit-Pas, 1622.

MAURAN, Guillaume, *Sommaire description du païs et comté de Bigorre*, BALENCIE, Gaston (éd.), Paris-Auch, Champion-Cocharaux, 1887.

MAZÉRET, Ludovic, *Chroniques de l'Église de Condom*, Condom, Bousquet, 1927.

MÉNARD, Léon, *Histoire de la ville de Nismes*, Nîmes, 1750-58, t. 5.

MERKI, Charles, *La reine Margot et la fin des Valois*, Paris, Plon-Nourrit, 1905.

MOISAN, Michel, *L'exil auvergnat de Marguerite de Valois. Carlat-Usson, 1585-1605*, Nonette, Éd. Créer, 2009.

MONLEZUN, Jean-Justin, *Histoire de Vic-Fezensac*, ms, repris par : BACQUÉ, Zacharie, *Histoire de Vic-Fezensac*, 4e partie, *Du XVe siècle à la Révolution*, Auch, Cocharaux, 1941.

MORÉRI, Louis, *Le grand dictionnaire historique*, Paris, Les Libraires associés, 1759.

Notice sur Messire Arnaud de Pontac, évêque et seigneur de Bazas, Bazas, F. Constant, sd. Tiré-à-part du *Glaneur. Journal de l'arrondissement de Bazas.*

NOULENS, Joseph, *Maisons historiques de Gascogne, Guyenne, Béarn, Languedoc et Périgord*, Paris, Aubry/Dumoulin, 1865.

PALLIER, Denis, *Recherches sur l'imprimerie à Paris pendant la Ligue (1585-1594)*, Genève, Droz, 1976.

PALMA-CAYET, Pierre Victor, *Chronologie novénaire*, Paris, 1608, J. A. C. BUCHON (éd.), Paris, Desrez, 1836.

PARKER, Geoffrey, *La gran estrategia de Felipe II*, Madrid, Alianza, 1998.

PENZI, Marco, « L'histoire tragique et mémorable de Claude de Sainctes, évêque d'Évreux », *Cahiers du Centre de Recherches Historiques*, t. 44, 2009, p. 9-26.

PETIT, Jean-Luc (éd.), *L'événement en perspective*, Paris, Éd. de l'EHESS, 1991.

PHILIP DE BARJEAU, Jean, *Le protestantisme dans la vicomté de Fezensaguet*, Auch, Cocharaux, 1891.

PIERRE, Benoist, *La bure et le sceptre. La congrégation des feuillants dans l'affirmation des États et des pouvoirs princiers (vers 1560-vers 1660)*, Paris, Publications de la Sorbonne, 2006.

PIERSON, Peter, *Commander of the Armada : the Seventh Duke of Medina Sidonia*, New Haven, Yale University Press, 1989.

PIRENNE, Henri, *Histoire de Belgique*, Bruxelles, H. Lamertin, 1911, t. 4.

Plaidoyers et actions graves et éloquentes de plusieurs avocats du parlement de Bordeaux, Bordeaux, Gilbert Vernoy, 1616.

POEYDAVANT, Abbé, *Histoire des troubles survenus en Béarn dans les 16e et 17e siècles*, Pau, Tonnet, 1819, t. 2.

PONCET, Olivier, *Pomponne de Bellièvre (1529-1607). Un homme d'État au temps des guerres de Religion*, Paris, École des Chartes, 1998.

Qu'est-ce qu'un événement ? Terrain, n° 28, mars 2002.

RAYNAL, Jean, *Histoire de la ville de Toulouse*, Toulouse, Jean-François Forest, 1759.

RICHARD, Pierre, *La papauté et la Ligue française. Pierre d'Épinac, archevêque de Lyon (1573-1599)*, Paris, Picard, 1901.

RITTER, Raymond, *Une dame de chevalerie, Corisande d'Andoins, comtesse de Guiche*, Paris, Albin Michel, 1959.

RÜBSAM, Joseph, *Johann Baptista von Taxis, ein Staatsmann und Militär unter Philipp II und Philipp III*, 1530-1610, Fribourg-en-Brisgau, Herder, 1889.

SAINT-PONCY, Comte de, *Histoire de Marguerite de Valois, reine de France et de Navarre*, Paris, 1887, 2 t.

SAMAZEUILH, Jean-François, *Histoire de l'Agenais, du Condomois et du Bazadais*, Auch, Foix, 1847, t. 2.

SAUVAGE, Hippolyte, *Domfront, son siège de 1574 et sa capitulation, d'après les documents officiels et divers manuscrits contemporains*, Domfront, F. Liard, 1879.

SAVERNE, Joseph, *L'Isle-en-Jourdain (Gers). Son histoire*, Gimont, 1914.

SCHMITZ, Benoît, *Le pouvoir des clefs au XVIe siècle. La suprématie pontificale et son exercice face aux contestations religieuses et politiques*, thèse de doctorat, dactyl., Université Paris-Sorbonne, 2013.

SHISHKIN, Vladimir, « The Court of Marguerite de Valois in Rebellion, 1585-87 », *The Court Historian, The International Journal of Court Studies*, Routledge, Taylor & Francis Group, n° 21-2, 2016, p. 89-108.

SOLIGNAT, Anne-Valérie, « L'exil auvergnat de *Marguerite* de Valois. La cour d'Usson, 1587-1605 », *Hypothèses*, Travaux de l'École Doctorale d'Histoire de l'université Paris I, 2008, p. 39-51.

SOULIÉ, Marguerite, « Les Mémoires des faits d'armes de Geoffroy de Vivant », *Réforme, Humanisme et Renaissance*, t. X, 1979, p. 18-23.

SWART, Erik, *Krijgsvolk. Militaire professionalisering en het ontstaan van het Staatse leger, 1568-1590*, Amsterdam, Amsterdam University Press, 2006.

TACHOUZIN, Patrick, *Henry de Navarre à Nérac. Les marches du trône*, Amis du Vieux Nérac, 1989.

TAMIZEY DE LARROQUE, Philippe, *Notice sur la ville de Marmande*, Villeneuve, Duteis, 1872.

THOLIN, Georges, « Un voyage d'Agen à Paris au XVIe siècle », *Revue de l'Agenais*, t. I, 1876, p. 153-159.

THOLIN, Georges, « La ville d'Agen pendant les guerres de Religion du XVIe siècle », *Revue de l'Agenais*, t. XVII, 1890, p. 57-70.

TINGLE, Elizabeth C., *Authority and society in Nantes during the French wars of religion, 1559-98*, Manchester and New York, Manchester University Press, 2006.

TUCOO-CHALA, Pierre, « Contribution à l'étude des péages de la Moyenne Garonne aux XIVe et XVe siècles », *Revue historique de Bordeaux et du département de la Gironde*, 1960, p. 221-229.

TUCOO-CHALA, Pierre, *Catherine de Bourbon. Une calviniste exemplaire*, Biarritz, Atlantica, 1997.

VARILLAS, Antoine, *Histoire de Henri III*, t. 2, Paris, Claude Barbin, 1694.

VÁZQUEZ DE PRADA, Valentín, *Felipe II y Francia (1559-1598). Política, Religión y Razón de Estado.* Pamplona, EUNSA, 2004.

VENDEGIES, Comte Charles de, « La citadelle de Cambrai », *Mémoires de la société d'émulation de Cambrai*, t. 30, 1879.

VIENNOT, Éliane, *Marguerite de Valois, histoire d'une femme, histoire d'un mythe*, Paris, Payot, 1994.

VIGÉ, Élianne et Jimmy, *Brouage, ville d'histoire et place forte*, Saint-Jean-d'Angély, Bordessoules, 1989, t. 1.

VINDRY, Fleury, *Les parlementaires français au XVIe siècle*, t. 2, fasc. 2, *Parlement de Toulouse*, Paris, Champion, 1912.

ZELLER, Berthold, « Le mouvement guisard en 1588 », *Revue Historique*, 41, 1889, p. 253-276.

INDEX

Les notes de bas de pages ainsi que les annexes ne sont pas prises en compte.

TABLE DES ILLUSTRATIONS

TABLE DES MATIÈRES

COLLECTION « BIBLIOTHÈQUE D'HISTOIRE DE LA RENAISSANCE »

La collection « Bibliothèque d'histoire de la Renaissance » se donne la mission de publier les recherches de pointe relatives à l'histoire du XVIe siècle, dans une perspective ouverte à tous les paradigmes méthodologiques et herméneutiques, toutes les aires culturelles et toutes les connexions transdisciplinaires. Elle souhaite ainsi participer à une vitalité des mises et remises en questionnement, qui sans transiger avec l'érudition, appréhende l'histoire sous l'angle d'une lutte contre l'anachronisme et d'une nécessité du débat critique.

Retrouvez tous les titres de la collection en scannant ce code QR :

Et pour recevoir nos dernières actualités, abonnez-vous ici :

IMPRIM'VERT®

Achevé d'imprimer par Corlet,
Condé-en-Normandie (Calvados),
en Mars 2025
N° d'impression : 187188 - dépôt légal : Mars 2025
Imprimé en France